일하는 방식의 혁신이
진짜 혁신이다

일하는 방식의 혁신이
진짜 혁신이다

디지털 선도국가 부활의 길

문용식 지음

클라우드나인

"더 나은 방법이 있다. 그것을 찾아라."

There's a better way to do it. Find it.

– 토머스 에디슨

놀랍도록 솔직하고 뼈아픈 대한민국 위기 처방전

정부에 대한 고언이 가득해서 씁쓸한 만큼 좋은 약이 될 것이다
최기영, 전 과기정통부 장관·서울대학교 전기공학부 명예교수

코로나19로 인해 경제적, 사회적으로 매우 어려웠던 시기에 정부가 추진한 국가 정책이 한국판 뉴딜이고, 그 주축은 디지털 뉴딜이다. 디지털 뉴딜의 기본 설계를 포함하여 업무를 주도한 기관이 한국지능정보사회진흥원NIA이고, 그 일을 이끈 이가 문용식 원장이다.

저자는 이 책에서 대한민국 정부가 안고 있는 문제점을 날카롭게 분석하고, 문제를 해결하고 새롭게 도약하기 위한 정책 방향을 제시하고 있다. 정부에 대한 고언도 많이 담겨 있다. 씁쓸한 만큼 좋은 약이 될 것이다. 정부 부처 공무원들이 무척 열심히 일하지만, 이러한 고언의 글을 읽으면서 고민하는 시간을 가질 필요가 있다.

인공지능 전환과 디지털 전환은 생존과 번영을 위해서 반드시 추구해야 할 시대적 요구이다. 국가나 기업이 그 파도에 휩쓸리지 않고, 변화를 능동적으로 앞서서 끌어가려면 방향키를 제대로 잡아야 한다. 대한민국 정부가 지금까지의 국가 디지털 전환 과정에서 반성하고 고쳐야 할 점이 무엇인지, 앞으로 운영은 어떻게 하며 집중해야 할 부분은 무엇인지, 그리고 이를 실행하기 위한 거버넌스는 어떻게 구축되어야 하는지 등등 이 책의 핵심 제안이 앞으로의 방향 설정에 큰 도움이 될 것이다.

대한민국이라는 환자의 병상일지이자 치료법을 제시하는 처방전

조성준, 서울대학교 산업공학과 교수·전 공공데이터전략위원장

2017년 우리는 마침내 1인당 GDP 3만 달러의 문턱을 넘었다. 그러나 7년이 지난 2024년에도 겨우 3,000달러를 더한 채 제자리걸음이다. '제조업 신화'는 우리를 여기까지 이끌었지만 더 높은 봉우리를 향해 가려면 새로운 장비가 필요하다. 바로 서비스 산업의 혁신이다. 그러나 현실은 참담하다. 우리의 시간당 노동생산성은 50달러. OECD 국가들의 평균 67달러에도 미치지 못하고, 독일이나 미국(90달러)과 비교하면 절반 수준이다.

이 암울한 현실을 직시한 전문가가 있다. 아프리카TV를 일으켜 세운 혁신가이자 2018년부터 2022년까지 대한민국 정부의 CIO를 지낸 문용식이다. 그의 진단은 날카롭다. AI 시대에 정부 문서들이 여전히 컴퓨터가 읽을 수 없는 아래아한글 파일로 잠자고 있다니. 이를 바꾸는 데 대통령까지 나서야 했다는 사실이 우리의 현주소를 적나라하게 보여준다. 더 충격적인 것은 공공데이터 개방을 가로막는 보이지 않는 손들이다. 저자는 이들의 정체를 과감히 벗겨낸다.

이 책은 단순한 보고서가 아니다. 대한민국이라는 환자의 병상일지이자 치료법을 제시하는 처방전이다. 정부 관료부터 기업 경영진, 현장의 실무자들까지 이 처방전을 읽어야 할 시간이다. 우리는 지금 4만, 5만, 6만 달러의 높은 봉우리를 바라보고 있다. 이 책은 그곳에 도달하기 위한 등반 계획서다.

생산성의 역설을 누가 빨리 극복할 것인가?

이정동, 서울대학교 교수 · 전 대통령비서실 경제과학특보

디지털 시대로 진입한다는 것은 최신의 디지털 하드웨어를 깔고 새로운 소프트웨어를 장착하는 것으로 끝나지 않는다. 막대한 자원을 투입해서 뭔가 새로운 것을 갖춘 듯 보이는 순간부터 생산성 역설이 나타나게 마련이다.

역사적으로 증기기관의 시대, 전기의 시대, 컴퓨터의 시대 등 새로운 시대를 선언하는 기술혁신의 물결이 몰려올 때마다 항상 나타났던 현상이다. 예전의 방식대로 생각하고 일하면서 새로운 기술이 요구하는 시스템에 투자하기 때문에 오히려 생산성은 하락하는 것이다. 이 생산성 역설을 누가 빨리 극복하는가에 따라 새로운 기술혁신의 파도를 앞서 타는가, 그 파도에 밀려 후진국으로 전락하는가가 결정된다.

디지털 전환에 나서야 한다는 공감대로 정부와 민간 모두 지난 수년간 엄청난 투자를 했다. 그러나 우리 사회가 진정 디지털로 전환했는지, 그 효과가 어디서 얼마나 났는지에 대해서는 아무도 자신 있게 대답하지 못하고 있다. 일하는 방식을 바꾸지 않은 채 눈에 보이는 시스템 구축에만 신경을 썼기 때문이 아닐까?

대한민국이 디지털 시대에 진정한 선도국으로 발돋움할 수 있는가는 과거의 일하는 관행을 디지털 시대에 맞게 얼마나 빨리, 그리고 획기적으로 탈바꿈시킬 수 있는지에 달려 있다. 디지털 혁신을 이야기하는 책의 주제로 '일하는 방식의 혁신이 진짜 혁신이다.'만큼 적절한 표현을 찾기 어렵다.

제2, 제3의 문용식이 정부 안에 나타나기를 바란다

한상기, 테크프론티어 대표·『AGI의 시대』 저자

문용식 대표가 NIA 원장으로 갔을 때 나는 탁월한 선택이라고 생각했다. 예상대로 그는 NIA 원장으로 최고의 성과를 보여주었고 국가정보화 정책을 이끌고 실행하는 역량을 보여줬다.

4년 동안 NIA 원장의 경험을 통해 얻은 교훈을 정리한 이 책은 단지 덕담을 담은 회고록이 아니라 냉철한 진단이고 매서운 경고이다. 책에서 제시한 레거시는 보통 기업에서 말하는 기술 부채, 문화 부채, 정책 부채들이다. 이런 부채를 안고 지금까지 국가정보화를 꾸려 왔다는 것이 놀라울 정도이다.

이 책의 탁월함은 문제 제기 수준이나 실천 방안이 매우 실천적이고 구체적이라는 점이다. 문제를 구체적으로 하나하나 꺼내서 이를 어떻게 해결할 수 있는가를 제시한다. 그 또한 장벽에 부딪혔지만 문제를 해결하기 위해 꾸준하게 노력했고 이제 후배들에게 그 역할을 주문한다.

나우콤부터 NIA 시절까지 문용식 원장과 여러 가지 일을 같이 해 본 경험이 있어서 그가 이런 문제에 얼마나 진심을 갖고 접근했는지 잘 안다. 이 책은 앞으로 IT 정책과 국가정보화 정책에 관여하는 모든 공무원이 제일 먼저 읽어야 한다. 특히 다음 정부의 핵심 인력이 될 사람들은 이 책에 나와 있는 문제점과 해결책을 지침으로 삼아서 하나씩 실행해야 한다. 일하는 방식의 혁신이 디지털 혁신의 시작임을 잊지 않는 제2, 제3의 문용식이 정부 안에 나타나기를 바란다.

일머리가 있는 사람만이 할 수 있는, 문용식다운 주장

윤대균, 아주대학교 소프트웨어학과 교수·전 NHN 테크놀로지서비스 대표

'일머리'. 이 단어를 표준국어대사전에서는 '어떤 일의 내용, 방법, 절차 따위의 중요한 줄거리'라 정의하고 있다. 우리는 보통 "일머리가 있다." 또는 "일머리가 없다."라고 흔히 얘기한다. NIA 문용식 원장은 내가 접해본 기관장 및 고위 공직자 중 '일머리'에서는 단연 톱 오브 톱Top of Top인 분이다.

디지털 선도국가의 미래를 위해 다들 현란한 키워드와 수사로 비전과 전략 제시에만 몰두하고 있을 때 문용식 원장은 '일하는 방식의 혁신'을 들고나온다. 참으로 문용식다운 방식이다. 일머리가 있는 사람만이 할 수 있다. 이러한 고민의 결과가 이 책에 고스란히 담겨 있다.

공공기관과 과제를 해본 독자라면 책을 읽는 중간중간 가끔씩 이런 생각을 할 것이다. '맞아. 그때 그런 적이 있었지!' 이 책이 주는 재미가 바로 여기에 있다. 저자는 실제 경험을 바탕으로 질문을 시작하기 때문이다. 해외 사례 및 우리나라 공공 디지털 사업의 역사로부터 얻을 수 있는 교훈 등 저자가 많은 시간과 노력을 들인 탐구의 결과도 주제별로 잘 정리되어 있다.

조금이라도 이쪽에 발을 걸치고 있는 사람이라면 반드시 읽어야 힐 필독서이다. 나 역시 앞으로 공공부문 자문 등 관련 일을 할 때마다 수시로 들춰 보게 될 것 같다.

놀랍도록 솔직한 책! 어공이 제대로 일하는 법에 관해

이제까지 이런 매뉴얼은 없었다

박태웅, 녹서포럼 의장·『박태웅의 AI 강의 2025』 저자

이 책은 다음 정부의 모든 '어공'이 머리맡에 두고 아침저녁으로 읽어야 할 책이다. '어공'이 제대로 일하는 법에 관해 이제까지 이런 매뉴얼은 없었다. 놀랍도록 솔직하고 그만큼 날 것이다. 정부와 일을 조금이라도 해본 사람들이라면 읽는 내내 거듭 무릎을 치지 않을 수 없을 것이다.

왜 모든 정권은 초반의 기세등등함과 다르게 터무니없이 초라하고 변변치 못한 성과를 내놓을까? 왜 모든 민간위원회는 결국 거수기가 될 수밖에 없는가? 왜 정부의 정보화 프로젝트들은 죄다 망할 수밖에 없는가? 하루가 다르게 새로운 기술이 쏟아지는 이 혁신의 시기에 왜 정부 시스템은 8~9년이 지나서야 차세대 프로젝트를 구축하는 걸까? 왜 정부 홈페이지들은 하나같이 쓰기가 이렇게 어려울까? 담당 부서의 국장들은 과연 자기들이 만든 서비스를 한 번이라도 써보기는 하는 걸까?

우리는 정권이 바뀌면 그간 수립한 대부분의 정책들이 흐지부지되는데, 왜 미국은 정권이 바뀌어도 국가 AI 전략이 흐트러지지 않고 계속될까? 오바마가 세운 정책을 트럼프가 집행하고 트럼프가 세운 정책을 바이든이 집행하는 일이 대체 어떻게 가능한가?

이 책에서 이런 어려운 질문들에 대한 답을 다 얻을 수 있다. 땅에 발을 단단히 딛고 제대로 목표를 세워 일을 독하게 해본 어공이 진심을 담아 쓰면 이런 책이 나온다. 문용식 원장의 열정이 정말 감사하다.

디지털 전환을 가로막는 정부 조직, 관행, 정책의

문제점을 진단한 필독서

이민석, 국민대학교 소프트웨어학부 교수 · 전 이노베이션 아카데미 학장

문용식 NIA 원장은 대한민국의 디지털 정책과 데이터 산업의 최전선에서 핵심적인 임무를 수행했다. 이 책은 그러한 경험과 통찰을 바탕으로 디지털 전환을 가로막는 정부 조직, 관행, 정책의 문제점을 정확히 진단하고 근본적인 해결책을 제시하는 필독서다.

그중에서도 3부 '국가정보화, 개발에서 운영까지'는 대한민국 공공 정보화 사업이 당면한 근본적 한계를 날카롭게 짚어낸다. 한때 세계 최고 수준을 자랑했던 대한민국의 전자정부는 이제 노후화된 레거시 시스템과 비효율적인 개발 방식 때문에 위기에 봉착해 있다. 차세대 지능형으로 이어지는 대규모 SI 프로젝트 방식으로는 해결될 수 없는 구조적 문제다.

저자는 이에 대한 대안으로 정부가 기획과 운영의 역량을 근본적으로 강화하고, 공공에 맞는 애자일 개발 방식과 기술 지원조직을 적극 도입해야 한다고 강조한다. 또한 공공 서비스의 품질을 높이기 위해 정부가 민간과의 협업 방식을 근본적으로 혁신해야 한다는 점을 역설한다. 또한 민간의 창의적 역량을 적극 활용하는 새로운 패러나님의 필요성을 주장한다.

기존 시스템의 한계를 뛰어넘지 못하면 대한민국은 디지털 혁신의 흐름에서 도태될 수밖에 없다. 이 책은 단순한 문제 제기를 넘어 실현할 수 있는 대안을 제시한다. 정부와 민간이 협력하여 더 나은 디지털 사회를 만들어가는 데 중요한 길잡이가 될 것이다.

레거시의 역설을 넘어서 디지털 르네상스를 꿈꾸는

디지털 혁신가의 도전과 비전

이원태, 아주대학교 사이버보안학과 연구교수·전 한국인터넷진흥원 원장

코로나19라는 전례 없는 위기 속에서 문용식 원장은 '디지털 뉴딜'이라는 국가전략을 주도하며 우리나라 디지털 전환의 새로운 이정표를 제시했다. 당시 나는 한국인터넷진흥원장으로서 개인정보보호와 사이버보안 분야의 정책적, 기술적 지원에 힘썼다.

문용식 원장이 강조하는 '일하는 방식의 혁신'은 단순한 구호가 아닌 실천적 경험에서 우러나온 통찰이다. 레거시 시스템의 한계를 극복하고, 부처 간 칸막이를 허물며, 공공과 민간의 협력을 강화하는 것이야말로 디지털 시대에 걸맞은 새로운 거버넌스의 핵심이라는 그의 메시지는 나 또한 현장의 경험을 통해 절감했다.

이 책은 우리나라가 진정한 디지털 선도국가로 도약하기 위해 무엇을 혁신해야 하는지, 그 구체적인 청사진을 제시하고 있다. 특히 디지털 혁신이 기술의 발전만이 아닌 일하는 방식, 제도, 문화의 전면적인 혁신을 통해 이루어져야 한다는 저자의 통찰은 우리가 모두 귀 기울여야 할 소중한 제언이다. 이 책은 단순한 정책 제안서가 아닌, 디지털 혁신가의 진정성 있는 고민과 열정이 담긴 비전서이다.

독자들은 단순히 디지털 정책에 대한 이해를 넘어서, 디지털 시대를 준비하는 데 필요한 근본적이고 실천적인 통찰을 얻게 될 것이다. 대한민국이 진정한 디지털 르네상스 시대를 열어가기를 꿈꾸는 사람이라면 반드시 읽어야 할 책이다.

책에서 제기한 문제점들을 실제로 개선해내야
디지털 AI 정부 실현이 가능하다

하정우, 네이버클라우드 AI혁신센터장·사) 과실연 공동대표

AI가 불러온 혁신은 정부와 공공분야도 예외가 아니다. 많은 문서 작업, 방대하지만 파편화된 정부 기관 내 자료, 국민이 사용하기 불편한 공공 서비스, 잦은 보직 이동과 순환 근무가 불러온 비효율, 경쟁력 있는 IT 개발자 확보 어려움 등 고질적인 공공분야의 한계점을 극복할 수 있는 솔루션으로서 AI 기술에 많은 기대를 걸 수 있다.

그러나 정부와 공공분야 내 AI의 성공적 도입과 전환에 장밋빛 미래만 펼쳐져 있는 것은 아니다. 지난 20여 년간 공공분야 디지털 혁신을 위한 여러 노력에도 불구하고 성공으로 기억되는 사례가 많지 않다. 성공적으로 잘 정착된 전자정부 시스템이 레거시로서 오히려 혁신의 걸림돌이 되는 게 역설적인 현실이다.

이 책은 저자가 공공분야 디지털 전환을 위해 참여했던 직간접적인 경험을 바탕으로 공공분야 디지털 혁신의 문제점과 해법을 정리했다. 아날로그 시대의 업무수행 방식이 아닌 AI 시대의 공공분야 업무의 재정의가 필요하다. 더 나아가 기술 혁신을 넘어 일하는 방식 혁신의 중요성을 이해해야 한다. 이를 실행하기 위한 거버넌스와 성과평가지표와 보상 체계까지 가볍게 볼 내용이 하나도 없다.

'좋은 약은 입에 쓰다.'라는 속담처럼 이 책에는 쓴소리가 많다. 정부와 공공기관의 의사결정자들은 물론 정책입안자와 실무담당자들 모두 정독해야 할 책이다.

대한민국 최전성기는 디지털과 함께 온다

저는 국비장학생입니다!

2018년부터 2022년 6월까지 만 4년 2개월 동안 '한국지능정보사회진흥원NIA' 원장으로 일했다. 운이 좋았던지 NIA 원장 재임 동안 대한민국 국가정보화의 주요 정책을 제안하고 추진할 수 있었다. 가장 대표적인 게 '디지털 뉴딜'이다. 문재인 정부 5년 동안 최대 규모의 국가사업이 '한국판 뉴딜'이고 한국판 뉴딜의 핵심사업이 '디지털 뉴딜'이다. 나는 영광스럽게도 디지털 뉴딜의 설계자이자 최초 제안자라는 영예를 얻게 되었다.

임기 내내 데이터 경제, 디지털 정부혁신, 디지털 포용 등 국가 디지털 전환 3대 아젠다에 집중했다. 다행스럽게도 3대 아젠다 모두 문재인 정부에서 국가정책으로 확정되어 추진되었다. 데이터 경제는 문재인 대통령의 '데이터 경제 활성화 선언' 이후 인공지능AI과 함께 국가경제의 새로운 키워드가 되었다. '디지털 정부혁신 추진계획'은 1년 반의 노력 끝에 국무회의 의결을 거쳐 정부계획으로 공식 결정되었다. 디지털 포용은 디지털 뉴딜의 주요 사업으로 추진되었고 2024년 정기

국회에서 '디지털 포용법' 제정까지 마무리되었다.

NIA에서 일한 것은 행운이었다. NIA는 대한민국 국가정보화의 산 증인과도 같은 기관이다. NIA 내부에는 지난 30여 년 동안 데이터, 네트워크, AI, 클라우드, 전자정부 등의 국가정보화 사업을 주관하면서 얻은 경험, 정보, 국내외 전문가 네트워크가 엄청나게 축적되어 있다. NIA 원장으로 일하면서 이 모든 자산과 성과를 흡수할 수 있었다. 디지털 정책에는 혁신 기술에 대한 이해, 산업 트렌드와 민간기업에 대한 이해, 공공의 법과 시스템에 대한 이해 등 삼박자가 모두 필요하다. 현실에서 이 세 가지 조건을 모두 갖추기는 극히 어렵다. 나 역시 IT 기업에서 20년 일을 했다고 해도 공공의 법과 시스템에 대한 이해는 부족할 수밖에 없었다. NIA 원장으로 일하면서 이를 채울 수 있었다.

당시 주변에 나를 소개할 때 농반진반으로 'NIA 원장'이 아니라 '국비장학생'이라고 얘기하곤 했다. 월급 받으면서 배우기까지 하니 국비장학생이란 말이 딱 제격이었다. 국비장학생으로 선정되어 국가로부터 과분한 혜택을 받았다. 문재인 정부의 주요 디지털 정책의 수립과 추진에는 크든 작든 역할을 할 수 있었다. NIA 원장으로 일하면서 얻은 배움과 깨달음을 사회에 돌려드리는 게 도리라 생각했다.

레거시의 역설에 빠지다

대한민국의 미래는 성공적인 디지털 전환과 성공적인 AI 전환에 달려 있다. 콘트라티에프와 슘페터의 장기파동설에 따르면 AI 기술은 향후 50년 세계 경제의 흥망성쇠를 좌우할 여섯 번째 파고이다. 미국과 중국의 경쟁도 AI 기술 패권 경쟁으로 접어든 지 오래다. AI는 의료부터 전쟁까지 많은 부분을 바꿔놓고 있다. 대한민국 역시 AI 시대의 장기 파동에 올라타면 흥하고 올라타지 못하면 망한다.

대한민국은 현재 심각한 한계상황에 놓여 있다. 대한민국을 디지털 선도국가의 위상으로 이끌었던 고유한 구조와 시스템이 한계치에 봉착해서 더 이상 작동하지 않는다. 예를 들어 대한민국의 전자정부 시스템은 한때 세계 최고를 자랑했으나 최근에는 잇단 장애 사태로 위기를 맞고 있다. 수천억 원이 투입된 대규모 차세대 프로젝트는 실패를 거듭하고 있다. 전자정부 사업을 성공시켰던 법적, 제도적, 재정적, 사업적 장치들이 더 이상 작동하지 않는 상태이다.

과거의 성공을 바탕으로 구축되어 현재까지 뿌리박혀 있는 기존 체계를 보통 레거시Legacy 시스템이라고 한다. 대한민국 국가정보화의 위기는 역설적으로 레거시 시스템이 너무나도 유능했기 때문이다. 지금까지 레거시가 너무나 잘 작동하니까 급변하는 환경에 맞는 변화와 혁신을 제때 이루지 못했다. 레거시의 역설이자 승자의 저주다. 대한민국은 레거시의 힘이 너무 세다. 이는 비단 국가정보화의 영역에 국한된 문제가 아니다. 대한민국 정치와 경제 체제 전반에 두루 해당하는 얘기다. 대한민국 자본주의 경제 시스템은 너무나도 유능하게 작동하여 세계 10대 경제 강국을 만들어냈지만 동시에 극단적인 양극화, 각자도생의 능력주의, 약자에 대한 계급적 혐오라는 지옥문을 열어놓았다. 산이 높으면 골이 깊고 빛이 밝을수록 그림자는 짙게 드리우는 법이다.

레거시 시스템의 한계를 극복하지 못하면 대한민국은 정치도, 경제도, 국가정보화도 한 걸음조차 앞으로 나아가지 못한다. 기존 시스템 내에서 아무리 노력해도 마른 수건에서 물 짜듯 더 이상 새로운 성과가 나오기 힘들다. 한계를 뛰어넘으려면 패러다임을 바꾸고 완전히 새로운 시스템을 만들어야 한다. 한계상황은 구조적이고 근본적인 문제이기 때문에 예산을 더 많이 투입하거나 새로운 기술로 포장한다고 해서 해결되지 않는다.

레거시 시스템은 정권이 바뀐다고 저절로 혁신되지 않는다. 몇 번의 정권교체에도 불구하고 레거시 시스템은 끄떡없이 유지될 뿐 아니라 오히려 악화하고 있다. 지금 요구되는 과제는 진보와 보수 간의 이념의 문제가 아니다. 시대 변화에 맞게 시스템을 혁신해내는 국가 운영관리 능력의 문제다.

일하는 방식을 바꾸는 게 진짜 혁신이다

레거시 시스템은 정부가 일하는 방식을 근본적으로 규정짓는 틀이다. 레거시 시스템을 바꾸어야 정부가 일하는 방식을 혁신할 수 있다. 정부는 문제만 생기면 습관적으로 '혁신 종합계획'을 수립한다. 그러나 혁신은 혁신 종합계획에서 나오지 않는다. 새로운 혁신적인 기술을 도입한다고 해서 혁신이 이루어지는 것도 아니다. 일하는 방식의 혁신이 진짜 혁신이다. 우리가 레거시 시스템의 혁신에 주력해야 할 이유가 여기에 있다. 현재 대한민국의 국가정보화를 규정짓는 대표적인 레거시 요소는 이런 것들이다.

- 데이터 활용을 방해하는 산업화 시대 아날로그 법제도
- 이원화되고 분산된 국가정보화 거버넌스
- 국가 디지털 전환 최고책임자CDxO의 부재
- 민간을 들러리로 세우는 허울뿐인 민관 협업구조
- 민간과 공공 간의 적극적인 인사 교류를 가로막는 국가공무원법

- 국민보다는 인사권자만 바라보게 만드는 공무원 인사제도
- 클라우드의 이용을 제약하는 정부 예산 시스템과 조달 체계
- 기술 역량의 축적을 어렵게 만드는 전문 기술 지원조직의 부재
- 공공 정보화 사업 개발 방법론의 한계

　책을 쓰면서 레거시 시스템이 국가정보화의 현장에서 어떤 문제를 낳고 있는가를 매우 구체적으로 들여다보았다. 문제점을 드러내는 데 주저하지 않았고 문제와 정면으로 대결하는 길을 피하지 않았다. 절실하게 묻고 가까운 곳에서 답을 찾으려고 노력했다. 진실은 항상 구체적인 것에 있다고 믿기 때문이다. 내가 가장 싫어하는 것이 대안 없는 비판이다. 원론적으로 옳은 얘기만을 반복하는 이유는 지적 게으름 때문이다. 고장 난 시계도 하루에 두 번은 맞추는 법이다. 옳든 그르든 실현할 수 있는 개선책을 제시하려고 노력했다.

　대안을 찾는 과정에서 영국과 미국의 사례를 많이 비교 분석했다. 하지만 여느 보고서처럼 그들이 만들어낸 탁월한 성과에 중점을 두지 않았다. 탁월한 성과보다는 탁월한 성과를 만들어내는 바탕이 무엇인지, 혁신적인 조직이 지향하는 철학과 원칙이 어떤 것인지 알아내는 데 더 중점을 두었다.

　그들이 일하는 방식을 들여다보니 새로운 조직이 수많은 혁신을 만들어낸 것이 아니라 새로운 조직을 만들어낸 것 자체가 혁신의 산물이었다. 이것이 가장 커다란 깨달음이었다. 영국과 미국의 전문 기술 지원조직의 개발 가이드라인이 모두 '고객의 요구를 이해하라.'에서 시작해서 '공개를 기본원칙으로 하라.'로 끝나는 것은 새로운 발견이었다.

나만이 할 수 있는 얘기를 하자

이 책은 디지털 대전환을 위한 국가전략, 데이터 정책, 각종 레거시 시스템의 혁신 방안을 집중적으로 다루고 있다. 하루가 다르게 변하는 디지털 환경 속에서 정책과 제도의 완성은 있을 수 없다. 현재의 시점에서 최선의 결론을 내리고 부족한 부분은 뒷사람에게 맡겨놓아야 한다. 인생은 이어달리기와 비슷해서 중간 주자로 열심히 달리다가 바통을 잘 넘겨주는 게 성공하는 인생의 비결일 것이다.

책을 쓰면서 유념한 게 한 가지 있다. 책은 메시지가 분명해야 한다. 책상머리 연구보고서나 이것저것 모아놓은 정책자료집은 만들지 말자는 뜻이다. 내가 연구자나 전문 학자가 아니므로 현장 경험에 기초한 실천적인 대안이 더 중요할 것이다. 나의 관점에서 나만이 할 수 있는 얘기를 하자. 누구나 알고 있지만 주변 눈치 보느라 아무도 쉽게 꺼내지 않는 얘기를 담자. 이 두 가지를 하고자 노력했다.

나는 장석 시인의 이 말을 좋아한다.

"시인은 늘 스스로 나는 지금 뭘 하고 있나, 내가 지금 하는 행위는 뭔지 물어야 합니다. 시는 질문으로 꽉 차 있어야 합니다. 사람은 자기와 자기가 있는 세상에 대해 질문해야 합니다. 그 답 자체가 시가 아니라 답에 가까이 가는 과정이 시이죠."

시는 질문으로 꽉 차 있어야 한다. 그 답에 가까이 가는 과정이 시다. 멋진 말이다. 시를 인생으로 바꿔 말해도 그대로 들어맞는다고 생각한다.

"인생은 질문으로 꽉 차 있어야 한다. 그 답에 가까이 가는 과정이 인생이다."

디지털 대전환 시대, 디지털 선도국가로의 도약이라는 국가 비전에 도전하여 질문과 답을 내보고자 했다. 정답은 모르겠다. 다만 답에 조금이라도 가까이 갔기를 바랄 뿐이다. 디지털 르네상스 시대의 대한민국을 설계할 분들과 그 시대의 주역으로 살아갈 젊은이들에게 도움이 되기를 바란다. 공공이든 민간기업이든 각자 몸담은 조직에서 무언가 혁신하고자 하는 분들께 단 한 가지의 인사이트라도 줄 수 있다면 더 이상 바랄 게 없다.

이 책에 조금이라도 새길 말이 담겨 있다면 정책 수립을 도와주었던 '디지털 혁신특보단'의 디지털 전문가들과 당, 정부, 청와대에 고루 포진했던 지인들 그리고 나를 도와 열심히 뛰었던 NIA 임직원들 덕분이다. 이 자리를 빌려 두루 감사의 말씀을 전한다. 마지막으로 필자의 오랜 신념 한마디를 남긴다.

"대한민국의 최전성기는 디지털과 함께 올 것입니다."

2025년 2월
문용식

| 목차 |

1부 정부가 일하는 방식, 이것만은 바꾸자

2부 정부에도 기술 스타트업 조직이 필요하다

**3부 국가정보화,
개발에서 운영까지**

4부 AI시대,
데이터 정책이 좌우한다

5부 데이터 문제의 전략과제를 해결하라

6부 디지털 선도국가, 갈림길에 서다

7부 결론은 거버넌스 개편이다

용어 해설

API, Application Programming Interface: 서로 다른 프로그램들끼리 소통하고 정보를 주고받을 수 있는 연결통로 역할을 하는 소프트웨어다.

CDDO, Central Digital and Data Office: 영국 중앙디지털데이터청, 영국 정부의 디지털 전략과 표준을 총괄하는 조직. GDS와 함께 영국 정부의 디지털 혁신을 이끈다.

CDO, Chief Data Officer: 최고데이터책임자

DevOps: 소프트웨어 개발(Development)과 운영(Operations)을 결합한 용어로, 소프트웨어 개발과 IT 운영 간의 협업을 강조하여 더 빠르고 안정적인 소프트웨어 배포를 가능하게 하는 문화와 방법론

DPG, Digital Platform Government: 디지털플랫폼 정부, 혹은 그 위원회

DUR, Drug Utilization Review: 의약품 안전사용 정보 시스템

GDPR, General Data Protection Regulation: EU가 제정한 개인정보보호 법률로, EU 시민의 개인정보 권리를 보호하고 기업의 개인정보 처리에 대한 엄격한 규제를 정의한 포괄적인 데이터 보호 체계

GDS, Government Digital Service: 정부디지털서비스청, 영국 정부의 디지털 서비스 혁신을 주도하는 조직

GPU, Graphics Processing Unit, 컴퓨터의 그래픽 처리를 전담하는 프로세서. AI 학습에 필수적인 하드웨어

IaaS, Infrastructure as a Service: 클라우드 컴퓨팅의 가장 기본적인 서비스 모델로, 가상화된 컴퓨팅 자원(서버, 스토리지, 네트워크 등)을 클라우드를 통해 서비스로 제공

ISP, Information Strategy Planning: 정보화전략계획

KPI, Key Performance Index: 핵심성과지표

MSA, Micro Service Architecture: 하나의 큰 애플리케이션을 여러 개의 작은 독립적인 서비스로 나누어 개발하고 운영하는 소프트웨어 아키텍처 방식

NIA, National Information Society Agency: 한국지능정보사회진흥원

NSCAI, National Security Commission on Artificial Intelligence: 인공지능 국가안보위원회

ODF, Open Document Format: 특정 소프트웨어나 업체에 종속되지 않고 문서를 자유롭게 공유하고 접근할 수 있도록 설계된 개방형 국제 표준 파일 형식

One Gov: 하나의 정부, 정부의 모든 서비스와 시스템을 사용자 관점에서 하나로 통합하여 제공하는 정부 혁신 개념

PaaS, Platform as a Service: 애플리케이션 개발과 구동에 필요한 플랫폼을 제공하는 클라우드 컴퓨팅 서비스

PIF, Presidential Innovation Fellows: 대통령 혁신 펠로우, 민간의 혁신적인 기술 전문가들을 정부에 영입하여 미국 연방정부의 주요 기술 프로젝트와 디지털 혁신을 지원하는 프로그램

PMO, Project Management Office: 프로젝트 관리 조직, 표준화된 프로젝트 방법론을 수립하여 프로젝트의 성공적인 수행을 지원하는 전담 조직

SaaS, Software as a Service: 완성된 소프트웨어를 웹 브라우저 등을 통해 바로 사용할 수 있는 클라우드 서비스

SEO, Search Engine Optimization : 검색 엔진 최적화

SI, System Integration: 시스템 통합

STEM: Science(과학), Technology(기술), Engineering(공학), Mathmatics(수학)의 약자로, 이공계 교육 및 관련 직무 분야를 통칭하는 용어

TTS, Technology Transformation Services: 기술혁신처, 미국 연방 정부의 디지털 서비스 혁신을 주도하는 GSA(연방조달청) 산하 조직

UI, User Interface: 사용자 인터페이스

USDS, United States Digital Service: 미국 디지털서비스국, 미국 정부의 디지털 서비스를 개선하기 위해 2014년에 설립된 기술 조직

UX, User Experience: 사용자 경험

1부

정부가 일하는 방식,
이것만은 바꾸자

1장
의사결정의 주도권을 민간에게 넘겨라

:: 살아남기 위해 혁신하는 것이지, 확대 발전하기 위해 혁신하는 것이 아니다. 살아남으려는 본능보다 더 큰 힘은 없다. 항상 생존 경쟁에 내몰리는 민간기업이 혁신을 주도할 수밖에 없는 이유다.

1. 적응하면 살아남고 뒤처지면 죽는다

나는 30여 년 전에 도서 정보 부가가치통신망VAN,Value Added Network 사업으로 IT 벤처기업을 시작했다. 도서 정보의 유통을 혁신해서 서점과 출판사 간 도서 물류 유통을 혁신한다는 거창한 계획이다. 하지만 1~2년 헛심만 쓰다가 보기 좋게 실패했다. 아이디어만 가지고 너무 빨리 시작한 것이 패착이었다. 사업은 역시 타이밍이다! 그 후 과감하게 PC통신으로 업종 전환을 했다. 요즘 용어로 피봇팅Pivoting을 선택한 것이다. 그렇게 재창업한 회사가 PC통신 '나우누리'로 유명한 '나우콤'이었다. 나우누리는 젊은 층의 새로운 소통 창구로서 많은 인기를 끄는 통신 서비스였다. 나우콤은 한때 대학생 취업 선호도 1위를 차지할 만큼 잘 나갔다.

그러나 그것도 순간이었다. 인터넷이 모든 걸 바꿔놓았다. 정보통신 분야는 인터넷을 기준으로 선사시대와 역사시대를 가른다. 아무리 잘 나가던 PC통신도 인터넷의 등장 앞에서는 추풍낙엽 신세였다. 천리안, 하이텔, 유니텔 등 모두 추억의 이름이 되고 말았다. 폐쇄형의 가두리 양식장에 불과한 PC통신 서비스가 어찌 세계 모든 웹 사이트를 연결하는 정보의 바다 인터넷 앞에서 힘을 쓸 수 있겠는가. 어느 순간 모뎀 접속은 사라지고 전국에 브로드밴드망 열풍이 불었다. 영광도 잠시. 인터넷 시대에 회사가 살아남기 위해서는 나우누리를 버려야 했다. 이렇게 죽을 둥 살 둥 몸부림쳐서 만든 서비스가 '아프리카TV'였다.

많은 사람이 나우누리나 아프리카TV의 성공이라는 겉모습만 보고서 나에게 선견지명이 있다고 한다. 그거 절대 아니다. 너무나도 빠른 기술 변화에 적응하려고 몸부림치다가 다행히 운이 좋아 구사일생으로 살아남았을 뿐이다. 선견지명이 아니라 구사일생이었다. 게다가 인터넷으로 끝이 아니었다. 곧바로 스티브 잡스가 모바일 세상을 열었고 클라우드 컴퓨팅이 대세가 되었다. 생성형 AI 모델LLM, Large Language Model의 등장으로 발전 속도는 더 가속화되었다. AI가 인간 수준을 뛰어넘는 인공 일반 지능AGI, Artificial General Intelligence의 출현을 눈앞에 둔 세상이 되었다. 딥마인드 CEO 데미스 허사비스나 오픈AI의 샘 알트먼은 5년 안에 AGI가 가능하다고 공언하고 있다.

이게 불과 30여 년 사이에 벌어진 일이다. 한 세대가 바뀌는 동안에 전화망을 이용하던 PC통신이 인터넷으로, 모바일로, AI 시대로 바뀌었다. 변화의 속도가 어찌나 빠른지 현기증이 날 지경이다. 민간기업은 기술 변화의 속도에 적응하면 살아남고 뒤처지면 죽는다. 회사는 법인격체로서 생명력을 갖는다. 자연의 생명이 생존과 번식을 위해 몸부림치듯이 법인격체도 자신의 생존을 위해 최선의 노력을 다한다.

디지털 시대에 혁신은 생존의 최소 조건이다. 흔히 혁신은 하면 좋은 일, 안 해도 생존에는 별 지장이 없는 일로 이해한다. 180도 잘못된 생각이다. 혁신하지 않으면 생존 자체가 불가능하기 때문에 혁신하는 것이다. 살아남기 위해 혁신하는 것이지 확대 발전하기 위해 혁신하는 것이 아니다. 살아남으려는 본능보다 더 큰 힘은 없다. 항상 생존 경쟁에 내몰리는 민간기업이 혁신을 주도할 수밖에 없는 이유다.

국가정보화 역시 급격한 기술 변화를 좇아가며 발전했다. 네트워크 인프라만 하더라도 대한민국은 전전자 교환기TDX 국산화를 시작한 지 40년 만에 세계 최초로 5G 서비스를 상용화하고 6G 통신을 준비하는 단계에 이르렀다. 오늘날 정보통신망은 유무선 결합을 넘어 모든 사물이 촘촘히 연결된 지능형 네트워크로 진화하고 있다. 이는 엣지 컴퓨팅 기술과 결합하여 스마트시티와 자율주행 등 실시간 데이터 처리에 기반한 미래의 도시 혁신을 가능하게 한다. 클라우드 컴퓨팅의 확산과 오픈 소스 생태계의 성장에 따라 공공 정보화 사업의 개발 방식도 변화한다. 기존의 낡고 경직된 시스템 통합SI, System Integration 방식의 개발에서 벗어나, 오픈 소스 소프트웨어와 서비스형 소프트웨어 SaaS, Software as a Service를 적극적으로 활용하는 클라우드 기반의 애자일 개발 방법론으로의 전환이 필요한 시점이다.

모든 걸 기술 이슈가 좌우한다. 정보기술 패러다임의 변화를 순발력 있게 포착하는 능력이 중요하다. 그러나 유감스럽게도 공무원 조직과 공공기관은 기술 변화에 둔감하고 기술 역량이 떨어진다. 공무원 개개인의 역량이 부족하거나 혁신 의지가 없어서 생기는 문제가 아니다. 조직과 문화 탓이다. 공무원 사회 고유의 관료제적 조직문화와 안정 지향적 성향은 본질적으로 혁신 친화적이지 않다. 공무원 조직의 디지털 리터러시를 높이기 위해 아무리 노력해도 근본적인 한계에 봉착한다. 폐쇄적인 충원 시스템의 벽과 순환보직으로 인한 전문성의 부족 등을 뛰어넘을 수가 없다.

제대로 된 국가정보화 정책의 추진을 위해서는 공무원 조직만으로는 안 된다. 디지털 선도국가로서 대한민국의 미래는 정부가 민간의 전문 기술 역량을 어떻게 자기 것으로 내재화하느냐에 달려 있다. 민간과 정부가 협업하는 방식도 바꾸고 정부 산하 공공기관의 역할도 업그레이드되어야 한다. 국가정보화 전담 부처를 기술적으로 뒷받침할 '전문 기술지원 조직'도 만들어야 한다.

뉴욕시가 스마트시티 엑스포 세계총회에서 최고의 스마트시티로 선정된 적이 있었다. 세계총회 결과 보고서에는 뉴욕시가 시민들에게 서비스와 인프라를 통해 실질적인 혜택이 돌아가도록 노력한 것이 선정의 이유라고 설명되어 있었다. 그런데 무언가 성에 차지 않았다. 뉴욕시가 다양한 혁신을 이끌어갈 수 있었던 실제 원동력은 과연 무엇일까? 내가 일하는 기관인 NIA에서 뉴욕시 공무원은 어떻게 혁신하는지 벤치마킹 인터뷰를 진행했다. 역시 현장의 생생한 얘기를 들어보니 답을 찾을 수 있었다.

뉴욕시는 빅데이터 분석 등 신기술을 도입하는 프로젝트를 추진할 때는 민간기업의 개발자나 교수가 프로젝트 리더를 맡았다. 공무원은 프로젝트를 위한 한 명의 팀원에 불과했다. 덕분에 민간 전문가들이 더 많이 참여하고 공무원과 민간 전문가는 협업 관계가 될 수 있었다. 오픈 이노베이션이 변화를 가져왔다. 결국 뉴욕시 공무원들의 일하는 방식의 혁신이 답이었다.

2. 민간 주도 협업의 새로운 이정표

결국 공무원들의 일하는 방식을 혁신해야 한다. 우리에게도 소중한 경험이 있다. 바로 코로나19 시기에 마스크 앱 개발 경험이다. 정부의 통상적인 SI 개발 프로세스대로 하면 서너 달 이상 걸릴 일을 민간 주도 방식으로 바꾸어 단 일주일 만에 완벽하게 마무리했다. 약국을 통한 공적 마스크 유통과 함께 국민 손에 마스크 앱이 주어지자 마스크 대란은 봄눈 녹듯이 사라졌다. 정부가 데이터를 적시에 제대로 개방하고 시민 개발자(시빅 해커)와 민간 클라우드 기업 등과 협력하여 일하면 얼마나 창의적인 결과를 만들어낼 수 있는지를 생생하게 보여주는 사례였다. 이 경험을 잘 살리면 대한민국 국가정보화의 수준을 한 단계 더 업그레이드할 수 있다고 자신한다.

2020년 1월부터 2월은 코로나바이러스의 급속한 확산으로 온 나라가 공포에 휩싸여 있을 때였다. 마스크값이 천정부지로 폭등하고 돈을 주고 살려 해도 살 수 없는 품귀현상이 벌어졌다. 국민은 마스크 한 장 사려고 새벽부터 매서운 추위 속에 기나긴 줄을 섰으나 번번이 허탕을 쳐야 했다. 확진자는 나날이 늘어가는데 국민은 안전을 지키기 위한 최소한의 보호 수단인 마스크조차 구할 수 없었다. 국민의 불만과 혼란은 극에 달했다. 문재인 대통령이 취임 후 최초로 대국민 사과를 한 까닭도 바로 마스크 대란 때문이었다.

정부는 즉각적으로 '마스크 수급 안정화 대책'을 내놓았다. 마스크의 생산, 유통, 분배 전 과정을 정부가 직접 관리하겠다고 나섰다. 전국 2만 3,000개 약국을 통해 공적 마스크를 유통하는 것이 대책의 뼈대였다. 공적 마스크 물량 비중을 50%에서 80%로 확대했고 출생 연도 끝자리에 맞춰 정해진 요일에만 공적 마스크를 구매하는 5부제를 실시했다. 또한 1인당 1주 2매로 구매를 제한하는 등 세부 사항이 정해졌다. 그러나 문제는 그다음부터였다.

정부가 공적 마스크의 생산, 유통, 분배 전 과정의 물류 시스템을 잘 구축했다고 해서 문제가 모두 해결되지는 않는다. 물류 시스템 구축 다음에는 시민들에 대한 정보서비스가 제공되어야 했다. 시민으로서는 어느 약국에서 공적 마스크를 살 수 있는지, 약국에 재고는 얼마나 남아 있는지 등 판매 정보가 가장 필요하다. 공적 마스크 판매처, 위치, 입고 시간, 입고량, 재고량 등 실시간 판매 현황정보를 알 수 있는 모바일 앱이나 웹 사이트의 개발이 시급했다.

청와대에 비상이 걸렸다. 마스크 앱과 웹을 개발하는 데 아무리 빨라도 서너 달이 걸린다는 보고가 올라왔다. 사업 발주 → 심사평가 → 계약 → SI 개발 → 검수 및 테스트 → 개통 등 통상적인 정부조달 프로세스를 따르면 서너 달도 부족해 보였다. 하지만 지금은 한시를 다투는 코로나바이러스 방역 위기 상황 아닌가. 걷잡을 수 없이 커지는 마스크 대란 사태 속에서 마스크 앱과 웹을 개발하는 데 서너 달이나 소모할 수는 없었다. 특별한 대책이 필요했다.

문재인 대통령의 대국민 사과 바로 다음 날인 2020년 3월 4일 아침이었다. 당시 청와대에서 디지털소통센터장을 맡고 있던 강정수 박사가 오랜만에 전화를 해왔다. 마스크 대란의 심각성과 정부의 공적 마스크 약국 유통계획을 얘기하면서 마스크 앱과 웹 개발의 어려움을 호소했다. 정부의 공식 조달 절차에 맡겨놓아서는 도저히 답이 안 보인다고 했다. 어떻게든 해결 방법을 찾아달라는 하소연이었다. 마침 문재인 정부의 국민 정책 소통 플랫폼인 '광화문 1번가'에 시민 개발자들로부터 코로나19 관련 공공데이터 개방 제안이 접수되었다는 사실도 알려주었다. 공공데이터 개방 업무는 NIA의 고유업무였다. 당연히 시민 개발자들의 데이터 개방 요청에 적극적으로 대처하기로 약속하고 마스크 앱 개발을 최대한 앞당길 방안도 찾아보겠노라고 하고서는 전화를 끊었다.

정부 발표에 따르면 공적 마스크 약국 유통은 일주일 후로 예정되어 있었다. 약국 유통 개시와 함께 국민 손에 마스크 앱이 쥐어져야 이 약국 저 약국 찾아다니는 불편을 막을 수 있었다. 겨우 일주일의 기한이 남았다. 데이터 개방, 시스템 준비, 기획과 개발을 순차적으로 준비해서는 답이 없었다. 이 모든 걸 동시에 진행해야 했다. 곧장 비상 대응에 들어갔다. 이때부터 전쟁 같은 상황이 벌어졌다.

마스크 앱이 나오기까지 몇 가지 결정적 장면이 있다. 첫째는 데이터 개방 준비와 개발 준비를 동시에 진행하기로 한 민간 전문가 주도의 긴급 대응 회의다. NIA는 청와대의 비공식적인 요청과 시민 개발자들의 제안에 즉시 응답하여 민관 공동의 '공적 마스크 판매 데이터 개방 태스크포스'를 구성하였다. 그리고 제안 바로 뒷날인 3월 5일 오전에 민간 디지털 전문가와 함께 긴급 대응 회의를 개최하였다. 이 회의에 박태웅 한빛미디어 의장, 임문영 경기도 미래성장정책관, 홍영훈 다이나믹앤라이브 대표, 권정혁 하다 대표 등이 참여했다. 이날 오전 회의에서 몇 가지 중요한 사항을 결정하였다.

핵심은 마스크 판매 정보에 관한 메타데이터 포맷을 미리 확정해줄 테니 시민 개발자들은 이 메타데이터 포맷에 맞춰 개발 준비에 착수하라는 것이다. 데이터 개방 준비와 개발 준비를 동시에 진행해서 앱 개발시간을 획기적으로 앞당기는 결정이었다. 당일 오후에는 청와대 디지털 혁신비서관실에서 NIA, 건강보험심사평가원, 시민 개발자, 스타트업 등이 참여한 회의를 개최하였다. 이 회의에서 시민 개발자들의 의견을 받아 데이터 개방 항목을 구체화하였다. 앱과 웹 서비스 개발이 쉽도록 NIA에서 오픈 API Application Programming Interface 명세서를 작성하여 공유하기로 했다.

둘째는 민간 클라우드 기업의 클라우드 인프라 무제한 지원 결정이다. 공적 마스크 판매 정보를 국민에게 장애 없이 제공하기 위해서는 충분한 클라우드 자원이 요구되었다. 마스크 앱이 출시되면 수천만 국민이 마스크 판매 정보를 확인하기 위해 한꺼번에 밀려들 것이 분명했다. 접속 폭주로 인해 사이트가 다운되는 것은 막아야 했다. 또 약국의 위치정보를 제공하려면 네이버와 카카오의 지도 API를 제약 없이 사용하는 것이 필수적이었다. 민간 클라우드 기업 협의회가 코로나 위기 극복을 위해 즉각적으로 움직였다. NBP(네이버 비즈니스 플랫폼), NHN, KT, 코스콤 등 국내 클라우드 기업은 접속 폭주에 탄력적으로 대응하도록 클라우드 인프라의 무상 지원을 약속했다. 네이버와 카카오는 코로나 관련 공익적 앱과 웹 서비스에 대해 자사의 지도 API를 무제한 제공하겠다고 결정했다. 마스크 앱 개발과 서비스 제공은 민간기업의 자발적이고도 즉각적인 협력 속에서 이루어졌다.

셋째는 중학생부터 일반 직장인까지 시민 개발자의 적극적인 참여다. 국제사회에서는 이들을 시빅 해커라 칭한다. 시빅 해커란 디지털 기술로 사회문제를 해결하려는 사람들이다. 우리나라는 이전부터 코드나무나 코드포서울 등의 시빅 해킹 커뮤니티들이 존재했다. 이들이 코로나19 관련 공공데이터 제안 공동작업을 추진했다. 이들은 마

공적 마스크 데이터 개방 및 앱 개발 흐름도

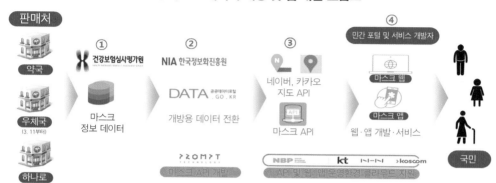

공적 마스크 앱

스크 앱 개발에 필요한 정보를 수많은 개발자에게 전파하여 일사불란하게 서비스를 제공했다. 이들의 긴밀한 의사소통과 발 빠른 대응 덕분에 정확히 일주일 만에 수많은 마스크 앱 개발이 성공할 수 있었다. 2020년 4월 30일 기준으로 무려 75개의 마스크 앱과 웹이 개발되었다. 시빅 해커 그룹은 마스크 앱 개발 작업을 거치면서 코드포코리아를 결성하기에 이르렀다.

3. 마스크앱 사례에서 혁신을 배우다

마스크 앱 개발은 지금까지의 민관협력 모델과는 달리 철저히 민간 주도 방식으로 진행되었다. 공공에서는 단지 필요한 데이터만 개방했을 뿐이다. 시민 개발자들이 밤새워 앱 개발에 나서고 민간기업이 클라우드 인프라를 제공해주었다. 데이터 개방, 앱 개발, 인프라 준비, 테스트 등 모든 과정이 불과 4~5일 만에 끝났다. 약국 유통 시작 전날 저녁에 이미 완성된 앱 서너 개가 모든 테스트를 마친 채 공식 개통을 기다리고 있었다. 최소 서너 달 걸린다는 일이 일주일도 안 되어 마무리되었다. 민간의 자발적인 참여로 훨씬 다양한 기능의 앱이 제공되었다. 기록에 의하면 모두 150개가 넘는 웹과 앱 서비스가 출시되었다고 한다. 중학생 개발자도 등장했고 외국에서도 개발에 동참했다.

마스크 앱의 안정성과 정확성 또한 좋았다. 마스크 약국 유통이 시작된 첫 번째 토요일 오전에는 시간당 최대 964만 회의 마스크 API 호출이 있었다고 한다. 쉽게 말해서 한 시간에 964만 번 마스크 앱을 이용했다는 얘기다. 그럼에도 데이터 응답 속도는 평균 0.05초밖에 걸리지 않을 정도로 안정적이었다. 모든 국민이 마스크 앱을 이용함에 따라 약국의 마스크 완판율은 급속히 증가했다. 마스크 판매 시간도 고르게 분산되어 현장에서의 줄서기와 전화 문의는 대폭 줄어들었다.

마스크 앱 개발은 정부, 공공기관, 시민 개발자, 스타트업, 포털, 클라우드 기업 등 다양한 이해관계자가 참여하는 프로젝트다. 비상 상황에서 이런 프로젝트를 민첩하고 기민하게 추진하려면 참여자 간에 정확한 업무 정의와 분담이 필수적이다. 역할 분담을 보면 성공의 핵심 요인을 알 수 있다. 서비스 개발과 시스템 구축은 민간에 맡기고 정부는 필요한 데이터의 식별과 제공에 집중했다. 참여자들의 핵심적인 역할은 다음과 같이 정의할 수 있다.

- 의료정보 담당 기관(건강보험심사평가원)은 판매처의 중복구매 확인 시스템을 관리하고 마스크 판매 관리 데이터를 제공했다.
- 민간기업(클라우드 기업과 네이버, 카카오)은 판매 정보 API 서버, 앱 개발 환경, 지도 API 등 클라우드 인프라를 제공했다.
- 직능단체(대한약사회 등)는 판매처 현장의 어려움을 전달하고 중재했다.
- 시민 개발자(시빅 해커)와 기업은 국민에게 필요한 서비스를 신속하게 개발했다.
- 정보화 전문기관(NIA)은 데이터 개방과 서비스 개발의 실무 지원을 총괄하고 이해관계자 간 소통과 대국민 소통 창구를 운영했다.

마스크 앱이 성공하자 국제적인 찬사가 쏟아졌다. 대한민국은 코로나 초기에 방역 위기를 성공적으로 관리한 모범국가로 인정받았다. 특히 신속한 역학 추적 검사, 드라이브 스루Drive through, 자가 격리 앱과 같은 최첨단 정보통신기술을 활용한 신속 대응 체계는 전 세계의 모범사례가 되었다. 세계 여러 나라에서 마스크 앱 같은 것을 자신들의 나라에서도 서비스할 수 있도록 도와달라는 협조 요청을 많이 받았다. 그러나 마스크 앱 개발을 다른 나라에서 똑같은 방식으로 시도한다고 해서 성공할 수 있을까? 거의 불가능하다. 대한민국에서는 성공할 수 있지만 다른 나라에서는 성공할 수 없다. 마스크 앱은 대한민국이 가진 강력한 전자정부 인프라의 힘 위에서만 실현할 수 있다.

단적인 예가 공적 마스크 중복구매 확인 시스템 같은 것이다. 초기에 공적 마스크 약국 유통은 주 5부제와 1인당 2매 제한 구매제도를 시행했다. 한 사람이 이 약국 저 약국 옮겨 다니면서 마스크를 중복으로 구매하는 것을 시스템상으로 원천적으로 막을 수 있어야 시행할 수 있는 제도다. 중복구매 확인 시스템이 없으면 절대로 시작도 못 할 일이다. 다행히 대한민국은 의약분업을 시행하면서 약국마다 '의약품 안전 사용 정보 시스템DUR, Drug Utilization Review'이 깔려 있다. DUR은 한 약국에서 특정 약을 조제 받으면 다른 약국에서 이를 확인할 수 있어서 중복 조제를 방지하는 시스템이다. 이미 DUR이 약국마다 깔려 있어서 이 시스템에 마스크 메뉴 하나만 추가하면 마스크 중복구매를 방지할 수 있다. 만약 DUR 같은 시스템이 없다면 코로나19 같은 비상 상황에서 이런 시스템을 어느 세월에 개발하겠는가?

또 하나 중요한 포인트가 있다. 우리나라는 공공데이터포털data.go.kr, 클라우드 서비스 등 경쟁력 있는 IT 인프라를 보유하고 있다는 점이다. 우리는 경제협력개발기구OECD의 공공데이터 평가에서 4회 연속 1위를 차지할 만큼 탄탄한 공공데이터 정책 기반을 갖춘 나라다. 마스크 판매 데이터 개방의 책임을 맡은 건강보험심사평가원도 이미 NIA가 운영관리하는 공공데이터포털을 통해 다양한 데이터를 개방한 경험을 갖춘 기관이다. 건강보험심사평가원과 NIA 간에는 데이터 개방에 관한 업무 프로세스가 잘 구축된 상태였다. 잘 구축된 시스템과 프로세스 위에 공적 마스크 판매 데이터를 하나 추가했을 뿐이다. 건강보험심사평가원에서 NIA로 판매 데이터 항목을 제공하면 이걸 받아서 최종적으로 공적 마스크 API 데이터로 변환 제공할 수 있었다. 대한민국의 초고속 인터넷 통신망, 모바일 생태계, 클라우드 기업 등이 위기 상황에서 큰 역할을 한 것은 두말할 필요가 없다. 대한민국이 경쟁력 있는 IT 인프라를 보유하고 있다는 점이 혁신을 가능하게 한 요인Enabler였음을 잊어서는 안 된다.

마스크 앱 개발 사례는 자연 재난이나 사회재난처럼 급박한 위기 상황에서 민간 주도로 문제를 해결하는 좋은 본보기라 하겠다. 세상은 기술 변화의 속도와 상황의 복잡도가 갈수록 빨라지고 커가는 쪽으로 변화해 간다. 이런 상황에서는 절대로 정부가 혼자 다 해결할 수 없다. 민간의 혁신 에너지를 받아들이고 민간의 주도권을 인정해야 한다. 이슈가 발생하는 즉시 모든 이해관계자에게 필요한 데이터를 제대로 제공하는 것을 기본원칙으로 삼아야 한다.

민간 주도의 민관협력! 공공이 디지털 기술을 활용하여 사회문제를 해결하고자 할 때 항상 떠올려야 할 키워드이다. 민간 주도 민관협력의 반대말은 '관 주도, 민간 들러리'이다. 관 주도 방식으로는 더 이상 디지털 혁신 시대에 국가사회 문제를 창의적으로 해결할 수 없다. 지금까지 대부분의 민관협력은 실제로는 관이 결정을 내려놓고 마치 민관협력으로 이루어진 것처럼 포장하는 경우가 많았다. 온갖 민간자문위원회가 대부분 관의 결정을 뒷받침하기 위한 구색 갖추기 용도였다. 관 주도 방식으로 안일하게 대처하다가 '폭망'했던 일을 긴급히 민간의 주도적 참여를 통해 성공적으로 해결한 또 하나의 사례를 보자.

4. 백신 사전 예약 시스템의 악몽

코로나19 방역 위기 상황에서 지옥과 천당을 오고 간 대표적인 사건이 백신 사전 예약을 둘러싼 혼란이었다. 2021년부터 전 세계적으로 백신 수급 대란이 있었다. 정부는 국민의 불안과 우려를 잠재우기 위해 예방접종 사전 예약 시스템을 도입하였다. 2021년 7월 12일 0시부터 50대 연령층 중에 만 55~59세(1962년~1966년 출생자) 352만 명을 대상으로 코로나19 백신 예방접종 사전 예약이 시작되었다. 사전 예약 첫날 질병관리청 예약 사이트가 오픈하자마자 접속자가 한꺼번에 몰리며 접속 장애 현상이 발생했다. 이어 수십 시간을 기다려야 한다는 안내 문구가 고지되었다. 그러고는 사이트가 열리지 않는 마비와 먹통(작동불능) 증상이 이어졌다.

백신 사전 예약 시스템은 7월 12일 첫 먹통 사태 이후로도 모두 네 차례나 연속적으로 먹통이 되었다. 대상자 연령대를 분산해서 예약 접수를 해도 소용이 없었다. 긴급작업 끝에 클라우드 서버를 긴급 증설해도 효과가 없었다. 백신 예약하느라 밤새워 시도하다가 포기하는 사태가 속출했다. 국민의 짜증과 분노는 이루 말할 수 없이 커져만 갔다. 점잖은 문재인 대통령마저 "예약 시스템 마비 사태는 IT 강국 대한민국의 위상에 맞지 않는 일"이라며 질책했다. 대통령은 범정부 차원의 신속한 대응을 주문했다.

악순환은 더 큰 악순환을 불러오는 법이다. 예약하는 데 걸리는 대기시간이 길어지자 많은 국민이 여러 컴퓨터와 여러 단말기(스마트폰, 태블릿PC, 컴퓨터 등)를 통해 동시에 접속해서 예약을 시도했다. 그러다

보니 50대 연령층의 예약 대상자가 700만 명 정도였는데 당시 대상자의 약 4배가 넘는 접속자들이 예약을 시도했다. 동시 접속이 폭주하자 질병관리청 내부의 서버를 증설해도 역부족이었다. 장애 발생 이후 행안부에서 부랴부랴 국가정보자원관리원 시스템 진단팀을 투입해서 문제점 진단 및 개선 방안 마련에 나섰으나 이미 엎질러진 물이었다.

기술적인 문제보다 더 심각한 게 조직 차원의 구조적인 문제였다. 도대체 질병관리청은 백신 사전 예약 시스템을 준비하는 초기 단계에서 범부처 차원의 협력체계를 왜 구축하지 않았을까? 더구나 질병관리청 내부의 작은 접종 관리시스템을 개발하던 중소기업에 5,000만 국민이 사용할 대규모 시스템 개발을 맡기는 무모한 결정은 어떤 과정을 통해서 이루어진 것일까? 질병관리청이나 보건복지부는 방역 전문기관이다. 디지털 시스템 개발의 전문기관은 아니지 않은가. 그렇다면 너무나 당연히 민간 전문가의 협조를 구하고 중요한 의사결정을 민간 전문가에게 맡겨야 하지 않았을까?

부처 간 칸막이 문화가 범부처 협력을 가로막는다. 부처는 자신의 업무 영역을 고수하기에 급급하고 권위적인 관료문화로 인해 사태가 곪아 터질 때까지 정보를 통제하는 데 집중한다. 문제점을 미리미리 공개하여 협력을 구하는 데 몹시 서툴다. 이런 경우에는 외부에서 도와주려고 해도 도와줄 방법이 없다. 청와대, 총리실, 전자정부 주무 부처인 행안부의 조율 능력도 잘 발휘되지 않는다. 정작 정부 내에 그 어떤 기관도 실질적인 기술지원을 해줄 역량을 보유하고 있지 않다. 이게 더 뼈아픈 현실이다.

현재 대한민국 정부는 디지털 문제를 자체적으로 해결할 전문 기술 역량이 없다. 그래서 더더욱 민간 주도의 민관협력체계가 절실히 요구되는 것이다. 우리에게는 백신 사전 예약 시스템을 준비할 서너 달의 시간이 있었다. 초기부터 범부처 차원의 민관협력체계를 구축했더라면 예약 시스템이 이토록 장기간 먹통이 되는 사태는 피할 수 있었을 것이다. 하지만 결국 초동대응에 실패하여 사태가 걷잡을 수 없이 커졌다. 대통령이 나서서 질책하는 한계상황에 이르러서야 부랴부랴 민간에 손을 벌렸다. 소 잃고 외양간 고친다는 말이 딱 맞는 경우였다. 그러나 나머지 소마저 잃을 수는 없기에 외양간은 긴급히 고쳐야 했다. 이렇게 숨 가쁜 2주간의 전쟁이 시작되었다.

5. 2주간의 전쟁과 기적

2021년 8월 9일부터 만 18~49세 연령층 1,777만 명을 대상으로 한 사전 예약이 기다리고 있었다. 50대 연령층보다 훨씬 더 큰 규모였다. 기존 시스템의 현황 진단, 문제점 파악, 개선 방향 수립, 개발과 테스트가 단 2주 만에 이루어져야 하는 상황이었다.

7월 21일 곧바로 문제 원인 파악 및 개선책 마련을 위한 전문가 TF가 긴급 구성되었다. 전담팀에는 최종적으로 18개 기관과 기업, 총 110여 명의 전문가가 참여하였다. NIA가 프로젝트 실무 총괄을 맡았다. 네이버클라우드와 베스핀 글로벌 등 클라우드 기업이 인프라 운영 및 앱 개발 등 중요 업무를 처리해 주었다. 네이버, 카카오, 토스, 통신 3사 등이 모두 참여하여 부하가 집중되었던 본인인증 서비스의 개선에 참여했다. 과기정통부, 질병관리청, 사회보장정보원, 인터넷진흥원 등 공공 영역에서도 적절한 의사결정을 신속하게 내려주어 병풍 역할을 잘해주었다.

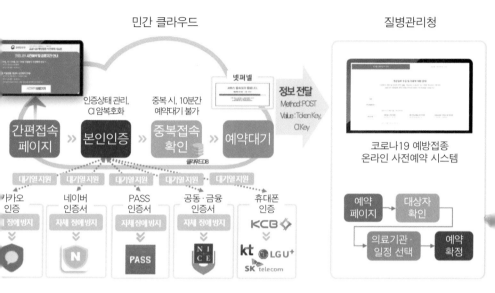

코로나19 백신 예약 시스템 개선 구성도

문제 해결은 3단계로 진행되었다. 첫째, 원인 파악과 개선안 마련에 주력했다. 사실상 첫 단계에서 프로젝트의 성패가 갈린다. 시스템성능 저하를 가져오는 주범이라 할 본인인증 단계를 민간 클라우드로이전하기로 했다. 아마 기술적인 차원에서는 이 결정이 문제 해결의핵심이었을 것이다. 인증 수단도 3개에서 5개로 확대하고 인증 서비스 신호제를 도입하여 신청자들이 상황에 맞게 빠른 인증 수단을 선택하도록 했다. 둘째, 예약 신청 프로세스를 재설계했다. 대표적인 게사전 예약 10부제의 실시다. 주민등록번호 생년월일 끝자리를 기준으로 사전 예약 날짜를 분산시켰다. 셋째, 개발과 테스트 단계인데 민간기업에서 책임을 질 수밖에 없는 일이다. 네이버클라우드가 서비스접속부터 인증, 대기까지 클라우드를 제공했고 베스핀 글로벌이 본인인증 연계 개발을 책임졌다. KT, LG, CNS 등도 네트워크 지원과 시스템 개선에 크게 이바지했다.

2주간의 전쟁은 기적 같은 결과를 안겨주었다. 정부는 후단에서 지원에 충실했을 뿐이다. 민간 클라우드 기업, 서비스 개발 기업, 본인인증 서비스 제공 기업들이 자발적으로 모여서 이뤄낸 성과였다. 접속 장애는 사라졌고 대기시간도 획기적으로 단축되었다. 8월 11일 예약자 접속 최고조 시간대(저녁 8~9시)에 최대 1,941만 건의 서비스 요청을 안정적으로 처리한 기록을 남겼다.

본인인증 신호등과 같은 아이디어는 민간의 창의성을 보여주는 사례라 하겠다. 인증 수단별로 현재 인증 서비스의 상태를 원활, 지연, 혼잡, 선택 불가 등 4단계로 나누어서 실시간 정보를 제공했다. 원활한 서비스는 초록색으로 표시해 국민이 우선으로 이용할 수 있도록 했다. 어느 특정 인증 수단의 폭주로 인한 장애를 방지하고자 하는 목적으로 도입했는데 매우 성공적으로 적용되었다.

2장
대통령 비서실의 명과 암

:: 대부분의 경우 대통령실의 어공은 정책의 디테일에 약하다. 늘공은 줏대 있는 소신이 부족하다. 권력의 중심부에 들어가면 어공은 늘공을 잡지 못한다. 그들에게 설득당하고 만다.

1. 대통령실 어공은 그립력이 세야 한다

나는 NIA 원장으로 4년 2개월 동안 중앙부처의 고위 공무원들이 일하는 것을 가까이에서 지켜봤다. 대부분 성실하고 유능했다. 그 어렵다는 고시에 합격한 사람들이니 어련하겠는가? 모두 자신의 업무에 열심히 일했다. 특히 대통령이나 장관에게 돋보일 수 있는 업무를 주면 놀라울 정도로 집중했다. 대통령이 참석하는 행사를 준비할 때는 아주 세부적인 사항까지 두 번 점검하고 세 번 점검했다. NIA가 대통령이 참석하는 행사의 실무를 뒷받침했던 경험이 몇 번 있다. 규제 혁신 점검 회의와 디지털 뉴딜 현장 점검 회의 등으로 기억한다. 행사 책임을 맡은 부처의 실장, 국장, 과장의 꼼꼼함에 놀랐다. '이렇게까지 챙기는구나!' 하는 생각이 저절로 들었다.

중앙부처 업무라는 게 한 부처 내에서 완결되는 경우는 드물다. 여러 부처의 협조를 받아야 하는 일이 많다. 국민에게 중요한 일일수록 더욱 그랬다. 하지만 범부처 협력은 말처럼 쉽지 않았다. 부처 간 경쟁 심리가 장난이 아니었다. 자기 부처가 주도하여 빛이 나는 일에는 열심이지만 타 부처에게 힘을 보태주는 조연 역할에는 소홀했다. 일부러 태업한다고 느낄 정도였다. '타 부처 빛나는 일에 내 아이디어와 열정을 왜 쏟아부어?' 하는 심리가 작동하는 듯했다. 그나마 기재부와 행안부가 여타 부처를 이끌고 갈 힘이 있었다. 기재부는 예산편성권으로 나머지 부처의 정책을 통제한다. 행안부는 각 부처의 조직 신설, 개편 심사, 조직 진단 평가를 통해 통제한다. 결국 돈과 조직이라는 통제 수단을 통해서만 조직은 통제된다.

총리실은 명목상 대통령의 명을 받아 부처 업무를 통할한다고 되어 있으나 그것은 헌법 책자 안에서만 존재하는 조문이다. 총리실 산하 국무조정실은 부처 간의 이견과 갈등을 실제로 조정할 힘이 약하다. 부처 간에 사전 합의된 사항만 사후에 조정 회의를 거치는 요식 절차인 경우가 많다. 국무총리실에는 예산을 다루는 기재부나 조직을 다루는 행안부와 같은 강제력 있는 조정 수단이 없다. 애당초 실질적인 역할을 기대하는 것이 무리다.

법률상 국무총리가 위원장을 맡도록 규정된 회의체가 무수히 많다. 공공데이터전략위원회도 그중 하나다. 나는 이 위원회에 민간위원으로도, 당연직 정부위원으로도 참여한 경험이 있다. 민간위원일 때는 정부가 준비한 정책을 날카롭게 비판하는 공격수 역할을 했다. 반면에 정부위원일 때는 방어하는 수비수 역할을 했다. 공공데이터전략위원회의 실질적인 모든 의사결정은 주관부처인 행안부가 주도한다. 실질적인 역할이 없는데도 법률상 국무총리를 위원장으로 둔 이유가 있다. 각 부처가 위원회의 결정을 따르도록 형식상의 권위를 부여하기 위해서다.

대한민국 정부 조직에서 국무총리실은 옥상옥 조직에 가깝다. 총리실에는 400명 가량의 국무조정실과 100명 가까운 총리 비서실 등 500명 가량의 공무원이 소속되어 있다. 이 많은 직원이 대부분 일을 위한 일, 즉 보여주기식의 일을 한다. 차라리 국무총리실을 없애고 대통령실의 인원을 대폭 늘려서 대통령실의 정책조정 능력을 키워주는 게 실질적이다. 헌법 개정 사항이라 당장은 쉽지 않다.

대한민국에서 범부처 차원의 중요한 일은 역시 대통령실이 나서야 추진된다. 대통령 책임제에서 의사결정의 키는 대통령이다. 대통령을 보좌하는 대통령실의 역할이 막중할 수밖에 없다. 책임총리제와 책임장관제는 듣기 좋은 소리일 뿐 현실에서는 거의 작동되지 않는다. 대통령실은 대통령을 '빽'으로 두기 때문에 힘을 가진다. 문제는 그들이 힘을 제대로 사용할 만큼 유능하지 못하다는 점이다.

대통령실은 어쩌다 공무원이 된 정치권 언저리 출신의 '어공'과 행정부에서 승진을 바라보고 파견된 '늘공'으로 구성된다. 대부분의 경우 대통령실의 어공은 정책의 디테일에 약하고 늘공은 줏대 있는 소신이 부족하다. 5공 정권 초기의 김재익 경제수석 같은 소신파 관료는 더 이상 찾아보기 어려운 세상이 되었다. 그가 전두환 대통령으로부터 "경제는 당신이 대통령이야."라는 소리를 들었다는 일화는 유명하다. 그는 대통령의 두터운 신임을 바탕으로 정권의 유불리를 따지지 않고 자유주의 시장경제 원리에 따라 소신껏 경제정책을 펼칠 수 있었다. 김재익 경제수석과 같은 인물이 드문 까닭에 지금까지 신화로 남아 칭송받는 것 아니겠는가.

대통령실의 어공들은 대통령과의 신뢰 관계라는 '빽'과 당, 정부, 청와대에 깔린 튼튼한 네트워크를 활용할 수 있는 장점을 가지고 있다. 이들이 정무적인 감을 바탕으로 추진력을 발휘하면 의외로 커다란 정책적인 성과를 거둘 수 있다. 이럴 때 부처를 장악하는 '그립력'이 세다는 소리를 듣는다. 정권 초창기일수록 권력의 힘이 살아 있어서 그립력이 세게 작용할 것은 두말할 필요가 없다. 문재인 정부 초창기 때 데이터 경제와 클라우드 정책에서 일대 전환점이 생겨난 게 바로 이런 경우였다.

2. 클라우드 가이드 라인의 함정

문재인 정부 초창기였다. 문재인 대통령이 한창 4차산업혁명위원회도 만들고 '혁신적 포용 성장'이라는 국가적인 비전 아래 규제개혁을 위해 동분서주할 때였다. 청와대에서는 '규제 개선 점검 회의'라는 이름으로 대통령이 산업 현장에서 규제 혁파를 선언하는 행사를 계속해서 추진했다. 규제를 개혁하여 일자리를 창출한다는 명분으로 청와대 일자리수석실이 행사를 주관했다. 첫 번째가 의료기기 인허가 문제였고 두 번째가 인터넷은행 활성화 방안이었다. 여기까지는 별다른 쟁점이 없이 순조롭게 추진되었다. 세 번째 규제개혁 아이템부터 진도가 잘 안 나갔다.

당시 IT산업 현장에서는 개인정보보호법의 개정 문제가 가장 중요한 쟁점이었다. 그러나 이 문제만을 가지고 대통령이 직접 정책 발표를 하기에는 무언가 부족하다고 판단했던 것 같다. 국회에서 법 개정이 필요한 사안이고 아직 시민단체의 반대 여론도 충분히 수렴되어 있지 않은 상태였다. 대한민국의 혁신성장에 절실하면서도 대통령의 아젠다로 적합한 규제개혁 아이템을 발굴하는 게 일자리수석의 고민이었다. 마침 당시 정태호 일자리수석에게 데이터 경제 관점에서 행안부 클라우드 가이드라인의 심각성을 얘기할 기회가 있었다.

"데이터 경제를 키우려면 두 가지 규제를 개선해야 한다. 개인정보보호법과 공공부문의 민간 클라우드 이용 규제다. 민간 클라우드 활용 문제는 행안부 가이드라인의 개정이 시급하다. 이 가이드라인에 따르면 중앙부처와 지방자치단체는 민간 클라우드 이용이 원천 금지되고 정부 산하 공공기관만 일부 제한적으로 이용할 수 있다. 공공기관이 보유한 정보시스템 중에서 중요도 '하'에 해당하는 정보만 민간 클라우드 이용이 가능해 결국 전체 공공 시스템 중에서 1%만 이용할 수 있는 수준이다.

과기정통부에서는 클라우드 육성법을 제정하여 민간 클라우드 활용이라는 고속도로를 만들어 놓았는데 행안부에서는 고속도로의 1, 2, 3 차로를 다 막아놓고 갓길로만 다니라고 하는 꼴이다. 중앙정부, 지자체, 공공기관 모두 국가안보상의 민감한 시스템을 제외한 모든 정보시스템을 민간 클라우드에서 이용할 수 있도록 해야 한다. 클라우드 이용의 네거티브 규제 원칙을 확실히 세워야 소프트웨어 산업을 비롯한 디지털 생태계의 빅뱅이 일어날 수 있다."

일자리수석은 문제의 중요성을 금방 이해했다. 청와대에서 곧장 관련 부처 회의를 소집했다. 국정원의 정보보안 업무 책임자도 참석했다. 청와대가 대통령 규제개혁 아젠다 차원에서 행안부 클라우드 가이드라인 개선 문제에 접근하자 정보보안을 이유로 끈질기게 반대하던 행안부와 국정원도 더 이상 반대하지 않았다. 그동안 행안부는 국정원의 정보보안 지침을 핑계 대고 개선에 소극적이었고 국정원은 자기 소관 사항이 아니라는 이유로 강 건너 불구경하듯이 나 몰라라 해왔다. 전형적인 부처 간 '핑퐁질'이었다. 청와대가 나서니 이렇게 쉽게 풀릴 문제를 그동안 몇 년씩 부처와 민간 사이에서 실랑이를 해왔다는 게 허탈할 정도였다. 물론 이후에도 구체적인 부분에서 논란은 계속 발생했지만 전환의 큰 물꼬는 트인 셈이었다. 정권 초기에 대통령실에서 문제의 방향을 잘 잡고 그립력을 발휘하면 이처럼 일이 잘 풀리는 것을 실감할 수 있었다.

2018년 8월 31일 판교 스타트업 캠퍼스에서 '데이터 경제 활성화를 위한 규제혁신 현장 회의'가 열렸다. 이 자리에서 문재인 대통령은 산업화 시대의 경부고속도로처럼 데이터 경제 시대를 맞아 '데이터고속도로'를 구축하겠다고 밝혔다. 민간 IT 산업계에서는 이날 정부의 정책 발표를 '데이터 경제 선언'으로 받아들이며 적극 환영했다. 기재부는 발 빠르게 '데이터 및 AI 경제 활성화 전략'으로 화답했다. 대통령의 데이터 경제 선언은 AI, 빅데이터Big Data, 클라우드Cloud 등 소위 ABC가 혁신성장 전략의 핵심 키워드로 떠오르는 결정적 계기가 되었다.

3. 리더십, 팔로어십, 스튜어드십

우리나라 정보통신기술ICT 관련 범부처위원회의 성과 중에서 가장 성공적인 사례로 평가받는 게 김대중 정부 시절의 전자정부특별위원회 활동이다. 전자정부특별위원회가 추진한 전자정부 11대 중점과제는 지금까지도 대한민국 국가정보화의 기반을 마련한 대표 사업들로 기억되고 있다. 지금 우리가 익숙하게 사용하는 주요 전자정부 서비스의 골격이 대부분 이때 만들어졌다. 정부 민원 업무를 단일창구에서 처리하는 전자민원 포털을 구축했다. 이게 지금 '정부24'의 전신이다. 4대 사회보험 통합관리 시스템, 정부 통합 전자조달 시스템(나라장터), 인터넷 종합 국세 서비스(홈택스), 국가 재정정보 시스템(디-브레인), 시군구 행정정보 시스템(새올 시스템), 표준 인사관리 시스템(e사람), 전자결재 및 전자문서 시스템(온나라) 등 전자정부의 초석이 이때 놓였다. 내가 NIA 원장으로 일할 때 선임 간부 직원 중에는 2000년대 초에 실무자로 11대 과제의 추진에 참여했던 직원들이 있었다. 그들은 한결같이 그때 그 순간을 자랑스럽게 회고했다. 몇 달씩 밤새우느라 고생은 했지만, 역사의 한 페이지에 위대한 성과를 남긴 것에 무한한 긍지를 간직하고 있었다.

11대 중점과제의 성공은 정부의 대국민 서비스 수준을 한 단계 개선하고 정부 내 업무처리의 효율성과 투명성을 증대하는 성과를 낳았다. 온라인 민원 처리로 국민 편의성이 크게 증대되었다. 재정, 인사, 조달 등 핵심적인 업무 프로세스의 개선과 전산화로 행정의 생산성이 대폭 향상되었다. 시스템의 표준화는 향후 전자정부 발전의 토대가 되었고 전체적으로 행정의 투명성과 책임성을 높이는 계기가 되었다. 김대중 정부 시절 벤처 열풍으로 대표되는 IT산업의 성장에도 전자정부의 성공이 크게 이바지하였다.

전자정부 특위는 2001년 1월에 출범하여 만 2년이 채 되지 않은 2002년 11월에 '전자정부 기반 완성 보고회'를 열 수 있었다. 이 자리에 참석한 김대중 대통령은 11대 중점과제의 완수 보고를 받고서 "내 인생에서 오늘같이 기쁘고 뜻깊은 날이 흔치 않았습니다."라고 감격

했다고 한다. 전자정부 특위는 어떻게 이렇게 짧은 시간 안에 하나같이 굵직한 과제들을 모두 완성할 수 있었을까? 전자정부 특위는 조직체계상 대통령 직속의 독립된 위원회 조직도 아니었다. 기존에 존재하던 정부혁신추진위원회의 틀을 빌려서 그 산하에 별도 특위를 만드는 임시방편식으로 꾸려진 조직이었다. 위원들은 그 흔한 임명장이나 위촉장도 없이 일을 시작했다고 한다. 당시 기록과 특위 참여자들의 증언을 종합하면 전자정부 특위의 성공에는 세 가지 결정적인 요인이 있었다.

첫째, 가장 중요한 것이 김대중 대통령의 리더십이었다. 전자정부는 김대중 대통령의 '대통령 아젠다'였다. 대통령이 국정의 가장 중요한 목표로 제시하고 수시로 진행 상황을 챙기는 사업이었다는 얘기다. 김대중 대통령은 지식정보화가 국가 경쟁력을 강화하고 국민 삶의 질을 향상하는 가장 중요한 전략이라는 확고부동한 신념을 가지고 있었다. "대한민국을 컴퓨터를 가장 잘 쓰는 나라로 만들겠다."라는 그의 취임사는 지금도 두고두고 회자된다. 김대중 대통령에게 전자정부는 자신의 국가 비전을 실현하는 가장 중요한 수단이었다. 그는 신년사, 국무회의, 수석비서관회의, 부처 업무보고, 각종 공식 행사 자리에서 끊임없이 전자정부 성공의 중요성을 강조했다.

김대중 대통령은 대통령 직속 위원회가 아님에도 직접 주재하는 전자정부 전략회의를 세 차례나 개최했다. 대통령이 이 정도 열의를 보이는 것은 누구 눈에도 그 메시지가 분명했다. 대통령이 강력한 의지를 보여주며 수시로 진행 상황을 점검하자 관련 부처에서는 전자정부 업무를 최우선으로 할 수밖에 없었다. 저절로 나라가 한 방향과 한 목표를 가지고 움직여 갔다. 국가 운영에서 대통령 아젠다가 얼마나 중요한지, 대통령의 리더십이란 어떻게 작동해야 하는지를 보여주는 살아 있는 교과서라 하겠다.

둘째, 청와대 비서진들의 팔로어십이다. 대통령의 리더십이 관철되려면 대통령의 비전을 구체화하고 효과적으로 실행하는 실행력이 절대적으로 요구된다. 이게 참모진의 추종력과 팔로어십이다. 전자정부 특위의 성공에는 김성재 정책기획수석의 역할이 절대적으로 중요했다. 그는 한마디로 일머리가 있는 사람이었다. 김대중 대통령의 비전을 구체화하여 '정부가 당신의 손안에'라는 전자정부 구호를 만든 사람도 그였다. 대통령이 전자정부를 여러 차례 강조했음에도 집권 초창기에는 성과가 별로 없었다. 대통령 주재 수석비서관회의에서 정책기획수석이 전자정부 업무를 담당하는 것으로 정리했지만 추진체계나 기구도 없었다. 기왕에 존재하던 정부혁신추진위원회라는 거버넌스 틀 안에 전자정부특별위원회를 구성하는 아이디어를 낸 것도 그였다.

이 결정이 신의 한 수였다. 특위는 형식적으로는 정부혁신추진위원회에 속하지만, 실질적으로 독립적 운영이 보장되며 대통령께 직접 보고하는 체제로 운영했다. 그는 청와대 정책기획조정비서관이 위원회 간사를 맡도록 했다. 청와대 비서관이 민간위원회의 간사로 참여한 일도 극히 드문 일이었다. 김성재 수석은 특위의 공식 위원이 아님에도 특위 회의에 수시로 참석해 업무 추진 시 애로사항이나 부처 간 갈등을 즉시 해결했다.

당시 실무 기술지원을 위해 특위에 파견 나가 일했던 NIA 직원들의 회고를 들어보면 김성재 수석의 일에 대한 열정을 알 수 있다. 전자정부 특위에는 당시 실세 부처들의 차관들이 정부 측 위원으로 참여하고 있었다. 재정경제부, 기획예산처, 행정자치부, 교육인적자원부, 정보통신부 등 8개 부처 차관과 서울시 행정부시장이 정부 측 위원이었다. 정부 측 위원들은 이런저런 부처 업무로 바쁘다는 핑계를 대며 회의에 불참하고 대신 실장과 국장들을 대리 참석시키는 경우가 많다. 지금도 정부의 각종 민관자문위원회에서 늘 벌어지고 있는 일이다. 전자정부 특위 출범 초기에도 그런 경우가 몇 차례 발생했다. 그러자 김성재 수석이 불같이 화를 내면서 "이런 일이 두 번 다시 생기면 다음 회의부터는 아예 참가를 금지하겠다."라고 불호령을 내렸다고 한다. 그다음부터는 아무도 회의에 불참할 엄두를 내지 못했다. 그는 업무에 대한 열의와 책임감 그리고 청와대 수석으로서 가지고 있는 대통령에 대한 보고 권한 등을 적절히 활용하여 국가적인 과제를 성공시켰다. 대통령실의 참모가 지녀야 할, 일에 대한 장악력(그립력)의 본보기 사례일 것이다.

셋째, 민간 전문가의 스튜어드십Stewardship이다. 스튜어드십은 전문가들이 자신의 전문성을 공공의 이익을 위해 사용하는 책임감 있는 태도를 말한다. 전자정부 특위의 민간위원들은 전문성에 기반하여 공익에 헌신적으로 이바지하는 스튜어드십을 발휘할 수 있었다. 정부는 민간위원의 스튜어드십이 발휘될 수 있도록 특위 운영의 자율권을 최대한 보장했다. 민간 전문가가 위원회에 참가했다고 해서 스튜어드십이 저절로 발휘되지 않는다. 위원회의 의사결정 구조와 운영 행태, 위원장의 리더십이 스튜어드십을 좌우한다.

전자정부 특위가 민간위원회이면서도 독자적이고 자율적인 의사결정 권한을 가지게 된 데는 안문석 위원장의 지혜가 크게 작용했다. 특위 활동은 정책수석을 통해 수시로 대통령에게 보고되었다. 위원회의 주요 의사결정 시점마다 대통령에게 직접 보고하는 공식 회의를 개최했다. 전자정부 특위가 추진한 11대 중점과제는 과제별로 책임과 권한을 지닌 주관부처가 정해져 있었다. 하지만 쟁점 현안이 발생하면 주관기관과는 별개로 전자정부 특위가 전권을 가지고 조정권을 행사했다. 안문석 위원장은 특위가 성공할 수 있었던 것에 대해 '정부의 강력한 의지와 위원회의 권한과 책임이 컸던 것'이라고 평가했다.

대통령은 민간위원장을 전폭적으로 신임했고, 비서실 참모들은 민간위원장에게 자율적인 결정 권한을 보장했고, 민간위원장은 스튜어드십을 발휘하여 공익에 헌신했다. 대통령의 리더십, 청와대 참모들의 팔로어십, 민간 전문가의 스튜어드십 등 3박자가 어우러져 두고두고 역사에 기억될 성과를 낳았다. 전자정부 특위가 성공적으로 마무리된 2002년은 대한민국이 월드컵에서 4강 신화를 쓰던 해다. 아무래도 당시가 대한민국 최고의 국운 융성기였다는 생각이 든다. 앞으로 범부처 민간위원회를 운영할 때는 전자정부 특위의 성공 사례를 철저히 벤치마킹해야 할 것이다.

4. 계획 확정까지 1년 반이 걸리다

문재인 정부에서는 '디지털 정부혁신 추진계획'이 진행되었다. 이 계획을 수립하여 대통령에게 보고하기까지 짧게는 10개월에서 'One Gov(하나의 정부)' 프로젝트까지 포함하면 길게는 1년 반이 걸렸다. 지금처럼 변화가 빠른 시기에 입안에서부터 계획 수립까지 1년 반이 걸린다는 것 자체가 있을 수 없는 일이었다. 이렇게 어렵게 성사했음에도 '디지털 정부혁신 추진계획'은 국민의 기억에 남는 성과를 남기지 못했다. 계획 실행의 사령탑 역할을 해야 할 청와대 비서실의 욕심과 무능이 모든 일을 용두사미로 만들어버렸다.

디지털 정부혁신 추진계획을 진행했던 까닭은 대한민국 전자정부가 한계에 봉착했기 때문이다. 이전에는 전자정부 구축만으로도 국민은 편리함을 느꼈고 또 전 세계적으로도 인정받을 수 있었다. 그러나 민간 부문을 중심으로 디지털 전환Digital Transformation이 본격화되면서 우리나라의 전자정부는 위기에 봉착하였다. 기존의 프로세스를 단순히 전산화하고, 용역 개발 위주로 시스템을 개발하고, 부처 간 분절적으로 정보화를 추진하는 기존 방식으로는 국민의 높아진 기대 수준에 부응하기에는 역부족이었다. 우리나라 전자정부는 그동안 축적해놓은 자산stock으로 체면을 유지하고 있으나 성장의 흐름flow이 정체되어 버린 형국이었다.

위기의 근본적인 원인은 전자정부의 태생적 한계에서 찾을 수 있다. 우리의 전자정부는 아날로그 시대의 행정체계와 종이 기반 업무 프로세스를 그대로 전산화하고 온라인화했다. 행정전산화를 통해 모든 정보를 전산시스템에 보관해두고서도 업무처리 절차는 모든 정보가 종이에만 보관되던 시절의 관행을 여전히 따르고 있다. 정보시스템을 조회하는 것만으로도 거의 모든 정보를 확인할 수 있음에도 굳이 민원 구비서류를 온라인으로 발급하고 출력하여 제출하도록 한 관행이 대표적이라 하겠다.

전자정부 시대에는 1,500종의 민원서류를 온라인으로 발급한다는 것만으로도 자랑거리였다. 하지만 정부의 업무 프로세스를 디지털에 맞게 재설계하면 민원서류 발급 자체가 전혀 불필요하게 된다. 이게 OECD에서 권고하고 있는 디지털 정부 개념이다. 디지털 정부 개념에 따르면 정부 시스템을 프로세스 설계단계부터 디지털 기반으로 구축하여 국민에게 통합적인 디지털 서비스를 제공해야 한다. 전자정부를 디지털 정부로 업그레이드하지 못하는 것이 전자정부 위기의 근본 원인이다.

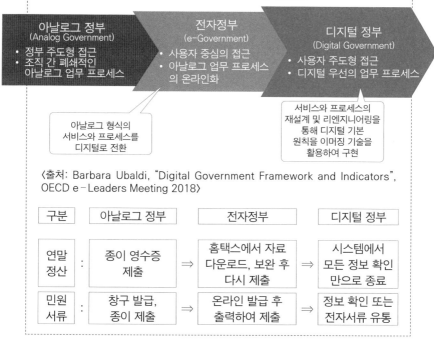

• 디지털 정부 정의

"정부 시스템을 프로세스 설계단계부터 디지털 기반으로 구축하여 국민에게 통합적인 디지털 서비스를 제공하고, 민간이 문제 해결의 주체가 되게끔 플랫폼으로 기능하는 정부"

전자정부와 디지털 정부의 차이

아날로그 정부 (Analog Government)	전자정부 (e-Government)	디지털 정부 (Digital Government)
• 정부 주도형 접근 • 조직 간 폐쇄적인 아날로그 업무 프로세스	• 사용자 중심의 접근 • 아날로그 업무 프로세스의 온라인화	• 사용자 주도형 접근 • 디지털 우선의 업무 프로세스

아날로그 형식의 서비스와 프로세스를 디지털로 전환

서비스와 프로세스의 재설계 및 리엔지니어링을 통해 디지털 기본 원칙을 이머징 기술을 활용하여 구현

〈출처: Barbara Ubaldi, "Digital Government Framework and Indicators", OECD e-Leaders Meeting 2018〉

구분	아날로그 정부	전자정부	디지털 정부
연말정산	: 종이 영수증 제출	⇒ 홈택스에서 자료 다운로드, 보완 후 다시 제출	⇒ 시스템에서 모든 정보 확인만으로 종료
민원서류	: 창구 발급, 종이 제출	⇒ 온라인 발급 후 출력하여 제출	⇒ 정보 확인 또는 전자서류 유통

디지털 정부는 정부혁신을 위한 결정적인 수단이다. 부처 간에 높이 둘러쳐진 칸막이는 결코 공무원들의 선의로 없어지지 않는다. 부

처 간의 협업은 공무원들의 선의가 아니라 시스템에 의해 강제될 때 가능하다. 디지털 기술을 이용해 서로 다른 부처가 한 조직처럼 일하게 해야 한다. 현재는 부처별로 업무 단위별로 개별 서비스를 제공한다. 국민은 시스템마다 별도의 ID로 개별 접속해야 한다. 개별 부처는 과도한 보안과 개인정보보호를 앞세워 행정정보의 공유를 피한다. 국민은 같은 정보를 부처마다 중복해서 제출해야 한다. 정부 웹 사이트별로 다른 디자인, 국민 눈높이에 못 미치는 저급한 사용자 인터페이스UI, User Interface, 사용자 경험UX, User Experience, 복잡한 플러그인 및 보안 솔루션 설치 등 그 피해는 고스란히 국민에게 돌아간다.

디지털 정부혁신 추진계획은 애초 'One Gov(하나의 정부)' 전략으로 시작했다. 청와대 시민사회수석실과 함께 수 개월간 'One Gov 추진계획'을 수립했는데 그 핵심은 명확했다. 부처 간 그리고 중앙부처와 지자체 간 업무 분담은 정부 내부의 문제일 뿐 국민에게는 정부가 하나여야 한다는 것이었다. 국민은 서비스 신청 창구나 절차를 찾아다닐 필요 없이 단일창구와 하나의 ID로 모든 것을 해결할 수 있어야 한다. 정보는 '단 한 번만 제공하면Once Only' 부처 간 공유를 통해 맞춤형 원스톱 서비스를 받을 수 있어야 한다. 또 중복 회원가입이나 반복 로그인을 최소화하고 편리한 본인인증 수단을 제공한다는 구상이었다. 그러나 계획이 거의 완성될 무렵에 갑작스럽게 청와대 수석과 담당 비서관이 교체되는 일이 벌어졌다. 새롭게 바뀐 수석비서관실은 디지털 정부혁신에 아무런 관심이 없었다. 주무 부처인 행안부도 청와대가 관심이 없으니 계획은 아깝지만 조용히 묻어두자는 분위기로 바뀌었다.

하지만 이대로 묻어둘 수는 없었다. 세상이 디지털로 바뀌어가는데 대한민국만 전자정부 프레임에 머물러 있을 수는 없는 일이다. 2019

년 초 기존 디지털 One Gov 전략을 확대하여 '디지털 정부혁신 추진 계획'을 다시 추진하기로 했다. 청와대 내에 디지털 정부혁신 문제를 다룰 수석비서관실이 명확하지 않다는 점 때문에 어려움에 봉착했다. 과기 보좌관실은 정부혁신 문제가 행안부 소관이므로 자기 일이 아니라 하고 행안부 업무를 담당하는 시민사회수석실은 디지털 혁신 문제에 관심이 없었다. 문재인 정부에서 디지털 정부혁신 문제는 공중에 붕 떠 있는 처지였다. 문재인 정부 대통령 비서실이 전반적으로 디지털 리터러시가 매우 떨어진다는 것을 실감했다. 일을 추진하려면 할 수 없이 모든 수석과 비서관을 접촉하여 하나하나 설득할 수밖에 없었다. 비서실장을 비롯해 만날 수 있는 모든 수석, 보좌관, 특보, 비서관을 모두 만나서 설득했다.

다행히 제도개혁비서관실과 디지털 정부혁신에 대한 공감대가 형성되어 계획 수립 작업이 탄력을 받을 수 있었다. 이후 계획을 구체화하는 과정에서 행안부, 과기정통부, 기재부, 복지부, 권익위, 국정원 등 관계 부처 회의만 21회 진행하면서 방향성과 세부 과제에 대한 추진을 협의하였다. 계획은 최종적으로 2019년 10월 29일 국무회의에 상정되어 의결되었다. 2018년 3월 One Gov 프로젝트 시작부터는 1년 반이었다.

5. 디지털 정부혁신, 용두사미가 되어버리다

대통령 보고와 국무회의 의결 소식을 최종적으로 듣고 얼마나 기뻤는지 모른다. 하지만 기쁨은 거기까지였다. 문재인 정부는 밥상을 차려 바쳐도 결국 제 발로 걷어찼다. 공공기관과 민간의 전문가가 1년 반 동안 고생해서 만들어낸 '디지털 정부혁신 추진계획'은 그 후 실행이 어찌 되었나? 대통령이 만시지탄의 안타까움과 함께 속도감 있는 추진을 당부하고 기획단 보고 단계부터 내실 있게 진행할 것을 주문했음에도 후속 과정은 대통령 지시대로 진행되지 않았다.

모든 일이 그렇듯이 성공적인 사업추진을 위해서는 추진체계부터 명확히 해야 한다. 디지털 정부혁신 추진계획도 실행 과제의 성공적인 추진을 위해 특별히 추진체계 강화를 핵심 요소로 명시했다. 청와대 내에 '디지털 정부혁신기획단'을 새로 설치하고 디자인 전문가팀, 개발 전문가팀, 범정부 태스크포스를 운영하도록 했다. 그러나 사령탑 역할을 할 기획단 설치부터 흐지부지되고 말았다.

당시 청와대 정책실장은 후속 회의 석상에서 "자신을 태스크포스 팀장이라 생각해라." "자신의 프로젝트처럼 직접 챙기겠다." 등의 발언을 했다고 한다. 정책실장이 자신이 직접 이 프로젝트를 끌고 가겠다는 욕심을 낸 것이다. 이유는 아무도 모른다. 성과에 대한 욕심일 수 있고 일머리가 없어서 생기는 무능일 수도 있다. 현실적으로 정책실장은 실행 불가능한 욕심을 냈다. 청와대 정책실장 자리가 얼마나 일이 많은 자리인가? 경제정책, 부동산정책, 일자리정책, 연금 정책, 에너지정책 등 모든 영역에서 국가 중대사가 끊임없이 밀려올 텐데 어찌 정책실장이 한가하게 '디지털 정부혁신'의 기획과 실행을 끝까지 챙길 수 있단 말인가. 당연히 이런 일은 권한위임이 기본이다. 그리을 거느리고 일을 해본 사람에게는 기본 중 기본인 사항이다.

결국 청와대 내에 민간 중심의 기획단을 설치하는 최초 계획은 무산되고 행안부 차관을 팀장으로 하는 범정부 태스크포스만 구성되어 굴러갔다. 민간 주도의 안정적인 거버넌스 없이 행안부 중심의 범정부 태스크포스만 운영되었다. 이후 코로나 시기에 디지털 뉴딜이 추진되면서 행안부 주도로 제2차 발전계획이 수립되었다. 하지만 행안부 생색내기 사업에 지나지 않았다. 이후 실무적인 몇 가지 잔챙이 성과만 남기고 정권이 바뀌었다. '밥상을 차려 바쳐도 제 발로 걷어찼다.'라고 하는 게 이런 이유에서다.

김대중 정부의 전자정부 특위와 문재인 정부의 디지털 정부혁신 추진체계는 리더십 측면에서 비교 연구 대상이다. 대통령의 비전과 리더십, 청와대 비서진의 팔로어십이 180도 달랐다. 그 결과 사업 성과도 180도 다른 결과를 만들어 냈다. 크게 보면 최근 빈발하는 정부 행정 시스템 장애 사태의 근본 원인도 문재인 정부 디지털 정부혁신 추진계획의 좌절에서도 찾을 수 있다. 문재인 정부에서 정책 결정을 주도한 청와대 고위급 '어공'의 무능력은 지탄받아야 마땅하다.

국무회의 자리에서 문재인 대통령이 직접 하신 말씀을 보면 그 이후 진행이 얼마나 문제가 많았는지 알 것이다. 2019년 10월 14일 국무회의 때 한 말씀을 역사의 기록으로 남겨둔다.

"디지털 정부혁신을 위한 방안들이 거의 빠지지 않고 아주 잘 정리되어 있다. 내용은 요구되는 것들이 거의 다 담길 정도로 빈틈없이 되어 있다. 내용이 참 좋고 공감한다. 예를 들면 다음과 같다.

- 신청한 경우에만 서비스받을 수 있는 것이 아니라 국민께서 언제든지 필요할 때 찾아 들어가면 확인할 수 있게끔 서비스하겠다는 것,
- A 부처에서 증명서를 발급받아서 B 부처에 제출하는 번거로움이 없도록 행정부처 간 공유망을 통해서 곧바로 민원인의 수고 없이 바로 그 사실을 확인할 수 있도록 하는 것,
- 출산 이후에 따르는 예방접종, 온종일 돌봄, 아동수당 이런 것을

그때그때 신청하게 되어 있는 것을 출산 때 일괄해서 신청하면 계속해서 서비스받을 수 있게 하겠다는 것,

- 스마트폰을 가지고 각종 증명을 하도록 하고, 심지어 신분증도 문제가 없는 것부터 시행하겠다는 내용은 국민께서 정말 좋아하실 내용이다.

다만 보고서 표현이 '대국민 편익 제공 서비스 맞춤형 안내' '생애주기 원스톱 패키지 대폭 확대' 등 너무 어렵다. 국민과 언론에 쉽게 이해되지 않으면 전달이 안 된다. 홍보를 국민의 시각으로 수요자와 소비자의 관점에서 표현해주기 바란다.

속도감 있게 진행해야 한다. 2022년 이런 목표는 너무 늦었다고 생각한다. 정부 출범 초기부터 해야 했을 일인데 시작이 너무 늦었다. 그동안 흘려보낸 시간을 만회한다는 차원에서라도 일단 우리 정부 내에서 상당한 구체적인 성과를 내야 한다. 데이터 3법 등 규제혁신 이전이라도 우리 의지만으로 가능한 부분들을 우선 추진해야 한다. 예를 들어 부처 간 칸막이 때문에 제대로 공유되지 못하는 행정정보 그런 부분들을 속도감 있게 추진해주기를 당부드린다.

디지털 정부혁신기획단 보고 단계부터 주관부처인 행안부를 참여시켜 적극적인 실무 역할을 하도록 하고 기획이 완료된 과제의 시행은 행안부로 넘겨주어서 행안부가 속도감 있게 추진해 나길 수 있도록 잘 설계해주길 바란다.

참여정부 시기 혁신수석실을 두고 전자정부를 비롯한 정부혁신을 총괄했다. 그 결과 전자정부 평가에서 오랫동안 1위를 유지했다. 참여정부 전자정부 혁신 성과를 바탕으로 한 단계 더 도약해야 할 시기가 도래했다. 기술 진보에 따라 더 발전시켜나가야 할 필요가 있다."

3장
공무원 KPI를 바꿔라

:: 국민의 삶에 그다지 의미 없는 일에 공무원들이 목숨을 거는 경우가 많다. 공무원 사회에서는 상사 만족도가 국민 만족도보다 훨씬 중요하다.

1. 버려지는 로그 파일

공무원들과 일하면서 개인적으로 깜짝 놀란 적이 많다. 지금도 머릿속에 선명하게 남아 있는 기억 한 가지가 있다. 공무원 사회의 일하는 특성을 바로 보여주는 일화다.

대한민국 전자정부에서 '정부24'가 얼마나 중요한 서비스인지는 굳이 강조할 필요가 없다. 한마디로 대한민국 정부 대표 포털의 위상을 자랑한다. 그런데 이 중요한 서비스의 로그 파일log file이 제대로 보관되지 않고 폐기되고 있었다. 처음에 우연히 이 정보를 듣고서는 내 귀를 의심했다. '설마 그럴 리가……' 사실 자체를 믿지 않았다. 20년 IT 기업을 경영한 나로서는 상상조차 할 수 없는 일이었다.

로그 파일이 무엇인가? 이용자가 시스템에 접속(로그인)할 때부터 종료(로그아웃)할 때까지 전반적인 사용 행태를 기록한 데이터 묶음이다. 로그 파일에는 이용자의 행동, 시스템의 상태 변화, 오류 발생 등 다양한 정보가 시간순으로 기록된다. 로그 파일은 이용자가 시스템에 접속해서 빠져나올 때까지 시스템에 남겨놓은 흔적이기 때문에 '디지털 발자국'이라 불러도 좋다. 이용자의 발자국을 잘 추적하면 이용 행태상의 각종 패턴이 저절로 드러난다. '지난여름 네가 한 일을 다 알고 있어!' 하는 식이다.

로그 데이터 분석을 통해 얻을 수 있는 정보는 매우 다양하고 가치가 높다. 우선 당연히 이용자의 행동 패턴을 파악할 수 있다. 어떤 페이지를 많이 방문하는지, 어떤 기능을 자주 사용하는지, 서비스 이용 시간대는 언제인지 등의 정보를 통해 UX_{User Experience}를 개선할 수 있다. 또 시스템의 성능 지표를 모니터링할 수 있다. 페이지 로드 시간, 서버 응답 시간, 오류 발생 빈도 등을 분석하여 시스템의 병목 지점을 찾아내고 최적화할 수 있다. 보안 측면에서도 로그 파일은 중요하다. 비정상적인 접근 패턴과 공격 패턴 등을 감지하여 보안 위협에 신속하게 대응할 수 있다. 이상 징후를 자동으로 감지하고 알림을 제공하는 등 선제 대응이 가능하다. 이처럼 로그 파일은 서비스의 이용 현황을 분석할 때, 장애 문제를 해결할 때, 또 서비스 성능을 개선하고자 할 때 없어서는 안 될 필수 데이터라 하겠다.

실천적인 관점에서 로그 데이터를 활용하여 가장 효과를 볼 수 있는 업무가 서비스 UI_{User Interface}와 UX의 문제점을 파악하고 개선하는 것이다. 예를 들어 유독 특정 서비스의 한 화면에서 다음 화면으로 넘어가는 시간이 길다면 그것은 인터페이스상에 무언가 문제가 있음을 의미한다. 다음 화면으로 넘어가는 메뉴를 찾기 어렵거나 충분한 안내가 부족한 채로 UI가 설계돼 있기 때문이다. 이럴 때는 원인을 찾아서 UI를 개선해주어야 한다.

더 결정적으로 중요하게 활용할 때가 있다. 이용자가 서비스에 접속해서 특정 화면까지 왔다가 그다음 페이지로 넘어가지 않고 갑자기 그곳에서 서비스를 중단하는 경우가 빈번히 발생한다고 해보자. 서비스 내에서 이용자의 동선이 특정 화면 안에서만 계속 맴도는 모양의 발자국이 찍힐 것이다. 그곳이 바로 인터페이스상에 근본적으로 설계가 잘못된 곳이다. 이런 경우를 IT 기업에서는 페인 포인트Pain Point라 한다. 고객이 자신이 원하는 바를 해결하지 못하고 중간에서 서비스 이용을 중단하고 떨어져 나가는 곳, 고객 불만이 발생하는 지점이라는 의미다. 온라인 서비스는 바로 이런 지점을 찾아내는 게 중요하다. 고객이 불편함을 느끼는 페인 포인트를 찾아내서 해결하는 데에 기업의 사활이 걸려 있다고 해도 과언이 아니다.

이처럼 문제를 해결할 열쇠가 담겨 있는 게 로그 파일이다. 로그 파일의 적절한 관리와 분석은 단순한 기술적 과제를 넘어 서비스의 질을 높이고 보안을 강화하며 고객 가치를 창출하는 중요한 수단이다. 그런데 이처럼 중요한 정보를 담고 있는 로그 파일을 '정부24'와 같이 중요한 서비스에서 제대로 관리를 안 하고 있다니 놀라도 깜짝 놀랄 일이다. 민간기업 같으면 도저히 상상조차 할 수 없는 일이 정부에서는 아무런 문제의식 없이 관행처럼 지속되어 오고 있었다.

2. 잘못된 공무원 사회의 KPI

'정부24' 사이트는 행안부 내의 '행정 서비스 통합추진단'이라는 조직이 개발 용역 업체와 함께 직접 운영관리를 맡고 있다. 행안부 담당 조직은 왜 이용자 행태 분석에 필요한 로그 파일을 제대로 관리하지 않았을까? 로그 데이터를 제대로 관리하는 데 일부 현실적인 제약이 있을 수 있다. 로그 데이터 생성을 하려면 웹 서비스의 반응 시간이 느려질 수도 있고 방대한 데이터 저장과 관리에 필요한 비용도 증가한다. 무작정 모든 로그 데이터를 생성하고 보관할 수는 없는 일이다. 그래서 로그 파일 관리의 목적을 분명히 정한 다음에 어떤 로그 파일을 생성할지 우선순위를 결정하는 게 중요하다. 문제는 바로 여기에 있었다. 담당 조직이 정부24를 운영하면서 중요하게 생각하는 성과목표가 국민의 눈높이와 달랐다.

공무원 사회의 핵심성과지표KPI, Key Performance Indicator가 잘못 설정된 게 가장 큰 원인이다. KPI는 조직이나 개인의 목표를 성공적으로 달성하는 데 핵심적으로 관리해야 하는 성과지표를 말한다. KPI가 외형적인 단기성과만 중요시하면 로그 파일 분석을 통해 해결할 수 있는 고객 불만 해소와 같은 실질적인 성과는 결코 중요성을 인정받지 못한다. 정부가 수많은 정보시스템을 운영하고 있지만 국민은 공공 서비스가 잘 관리되고 있다고 생각하지 않는다. 공무원이 중시하는 지표와 국민이 체감하는 지표가 따로 놀기 때문이다.

어느 조직이든 KPI는 조직의 방향성과 구성원의 행동을 결정짓는 역할을 한다. 고객 서비스 센터에서 KPI를 '통화 처리 건수'라는 양적 숫자로 설정한다면 상담원들은 건수를 높이기 위해 빠른 통화 종료에 집중하게 된다. 이는 단기적으로 효율성을 높일 수 있지만 고객의 문제를 제대로 해결하지 못하는 결과를 초래할 수 있다. 반대로 '고객 문제 해결률'과 '고객 만족도'를 KPI로 설정한다면 상담원들은 고객의 문제를 진정성 있게 해결하려는 노력을 기울일 것이다. 이처럼 KPI 설정은 조직원들의 일상적인 업무수행 방식과 의사결정에 직접적인 영향을 미친다.

공직사회도 마찬가지다. 공무원의 KPI는 일반적으로 업무처리의 신속성, 예산 집행률, 민원 처리 건수 등 양적 지표를 중심으로 구성되어 있다. 이러한 KPI 체계는 당연히 단기적이고 구체적인 성과에 치중하는 경향을 낳는다. 반면 정책의 장기적 효과나 국민의 실질적인 만족도는 단기간에 측정하기 어려운 데다가 그 결과도 명확하게 드러나지 않기 때문에 저절로 소홀해진다. 그래서 공무원들은 장기적인 국민 이익보다는 단기적인 성과지표에 집중하게 된다.

정부는 정부24 서비스를 관리하면서 성과지표로 무엇을 내세우고 있을까? 정부24는 대한민국 성인 국민 거의 모두가 회원으로 등록되어 있고 일일 평균 이용자 수가 200만 명을 넘는다. 정부24를 통하여 1,500종 이상의 민원 신청이 가능하고 연간 1억 5,000만 건 이상의 민원 서비스를 처리한다. 중앙부처와 지자체 등 1만 3,900여 개 사이트에서 분산되어 제공하던 9만여 종의 정보서비스를 통합하여 제공하는 곳이다. 아마 정부24를 관리하는 조직에서는 이 숫자들을 높이기 위해서 열심히 일하고 있을 것이다. 하루 방문자 숫자를 늘리고 이미 9만 종에 달하는 제공 서비스 숫자도 더 확대하고 정부24에서 처리할 수 있는 온라인 민원도 더 늘리려 한다. 그러면 이 숫자들이 늘어나면 정부24에 대한 국민 만족도는 커질까? 정부가 챙기는 성과지표가 국민의 삶에 실질적으로 중요한가?

한 가지만 물어보자. 정부24에 민원 서비스를 신청하러 왔다가 인터페이스가 너무 어렵고 불편해서 중간에 포기하고 떨어져 나간 숫자가 하루에 몇 명이나 되는지? 중간 이탈률 톱10 서비스는 무엇인지?

이탈률이 매달 얼마나 줄어드는지? 국민이 정부24를 이용하면서 불편을 느끼는 페인 포인트가 무수히 많은데 정부는 로그 파일 분석을 통해서 페인 포인트 관리를 하고 있는지? 정부24 운영관리 책임자가 출근해서 매일 아침 가장 먼저 보고받아야 할 것은 바로 이런 성과지표이다.

국민 사이에는 정부의 공공 정보서비스를 이용할 때 불편한 인터페이스 때문에 열불 나서 못 살겠다고 하소연하는 얘기가 넘쳐난다. 이 점은 정부24 만족도 조사에도 잘 드러난다. 화면구성의 직관성이 낮고, 서비스 이용 절차 안내가 부족하고, 인증 절차가 복잡하고, 검색 결과 표출이 복잡한 것 등 주로 UI와 UX 문제에 불만이 집중되어 있다. 나도 정부24 서비스를 이용하면서 짜증이 나는 경우가 한두 번이 아니다. 정부24에서 지방세 완납증명을 뗄 때 한 번에 성공한 적이 없다. 주소 입력창에 왜 도로명 주소만 강제하는가? 지번 주소를 입력하면 도로명 주소로 바꿔주면 될 것이다. 이 간단한 기능을 왜 제공하지 않는지 알다가도 모를 일이다.

정부의 온라인 서비스를 이용할 때는 지레 긴장부터 하게 된다. 마음가짐을 정갈하게 고쳐먹는다. '부디 제가 이 서비스를 무사히 잘 마칠 수 있기를 바라옵고 중간에 잘못되더라도 제 머리 뚜껑이 열리는 일이 없기를 바랍니다…….' 많은 국민이 정부 서비스를 이용하다가 머리 뚜껑 열리는 경험을 수도 없이 했을 것이다. '정부의 서비스는 국민의 인내력 테스트를 하기 위해 만드는 것인가?' 하는 생각마저 든다.

조직의 최고책임자가 자기 조직이 운영하는 공공 웹 사이트를 한 번이라도 직접 써보는지 의심이 들 때가 많다. 오죽했으면 웹 사이트 개통 전에 최고책임자가 반드시 주요 기능을 직접 써보는 걸 의무화하는 법을 제정하자는 얘기가 나오겠는가. 공무원들과 일하면서 놀랄 때가 바로 이럴 때다. 국민이 체감하는 불편 사항은 무시한 채 겉만 번지르르한 외형적인 성과지표만 챙길 때, 국민에게 중요한 일이 공무원들에게는 전혀 중요하지 않을 때다. 반대도 마찬가지다. 국민의 삶에 그다지 의미 없는 일에 공무원들이 목숨을 거는 경우도 많다. 공무원 업무의 평가 기준이 국민 눈높이에 맞춰져 있지 않다. 공무원 사회에서는 상사 만족도가 국민 만족도보다 훨씬 중요하니까. 정부24와 같이 중요한 서비스에서 로그 파일 관리가 안 되는 까닭은 공무원의 KPI가 국민 눈높이에 맞춰져 있지 않기 때문이다.

3. 아웃풋 관리에서 아웃컴 관리로

공공 영역의 성과관리지표에서 아웃풋Output과 아웃컴Outcome의 차이를 인식하는 게 중요하다. 아웃풋은 우리말로 산출물이다. 예산과 인력을 투입하면 거의 자동으로 산출되는 결과물이란 뜻이다. 거의 모두 양적 지표들이고 쉽게 측정할 수 있다. 반면 아웃컴은 우리말로 '실질성과'라 풀이할 수 있다. 양적인 산출물이 사회나 시민들에게 미치는 실질적인 영향과 변화를 나타낸다. 변화의 성과는 대부분 장기적으로 나타나기 때문에 성과를 측정하기가 쉽지 않다.

정부가 제공하는 공공 정보서비스의 성과지표에서 이 차이는 더욱 분명하다. 아웃풋 지표는 이용자 수, 이용 시간, 온라인 민원 건수, 제공되는 정보서비스 개수, 시스템 장애율 등과 같은 직접적인 서비스 제공 실적을 측정한다. 반면 아웃컴 지표는 온라인 민원 서비스 성공률, 처리시간의 단축, 서비스 만족도 개선 등 국민의 서비스 이용에 실제로 어떤 긍정적인 변화를 불러왔는지를 평가한다. 질적 평가가 대부분이라서 객관적인 평가가 어렵고 장기간의 변화를 추적하는 데 오랜 시간이 든다. 이런 이유로 공공 영역의 성과평가지표는 대부분 아웃풋 지표 중심이다. 하지만 어려움이 있더라도 최대한 아웃컴을 측정해야 국민의 눈높이에 맞는 평가가 가능해진다. 국민 삶의 질에 영향을 미치는 것은 아웃풋이 아니라 아웃컴이기 때문이다.

공공기관 역시 사정이 크게 다르지 않다. 공공기관은 일 년에 한 번씩 기재부가 주관하는 경영평가를 받는다. 국회의 국정감사와 함께 수백 개 공공기관과 공기업들의 가장 중요한 연례행사라 할 수 있다. 경영평가 성적에 따라 임직원들의 인센티브 금액이 달라지는 실질적인 영향도 중요하지만, 무엇보다도 기관의 명예가 걸린 문제라서 거의 모든 기관이 최선을 다해 준비한다. 그런데 경영평가의 지표들도 대부분 아웃풋 중심이다.

NIA의 경우 이런 식이다. 공공데이터 개방 건수, AI 학습용 데이터 구축 종수, 공공 와이파이 구축 건수, 디지털 배움터 구축 개수 등이다. 대부분 예산을 투입하고 직원 인력을 투입하면 나오는 산출물들이다. 경영관리 분야의 평가지표 중에는 '예산 집행률'이란 항목도 있었다. 사업의 실질적인 효과와는 상관없이 사업 계획에 맞춰 예산을 얼마나 제때 집행했는지 실적만 따지는 전형적인 아웃풋 지표였다.

국민의 삶에 중요한 것은 산출물의 양적 숫자가 아니라 질적 결과이다. 7만 개의 공공데이터 개방 건수가 중요한 게 아니다. 실제 국민에게 필요한 사업자등록 정보제공을 위해 수년 동안 계속해서 국세청을 설득하여 '사업자 진위 확인 서비스'를 제공하도록 합의해낸 게 중요하다. AI 학습용 데이터도 구축 종수의 양이 중요한 게 아니라 데이터 다운로드 등 활용 건수가 중요하다. 그래야 막대한 예산을 투입해서 만들어낸 AI 학습용 데이터가 AI 모델 개발과 학습에 얼마나 많이 사용되는가를 파악할 수 있기 때문이다. 나는 4년간 경영평가를 받으면서 평가지표를 아웃풋 지표에서 아웃컴 지표로 바꾸도록 최대한 노력했다. 그러나 기재부를 설득하는 데에 역부족인 경우가 많았다.

국세청의 사업자 진위 확인 서비스는 국민의 실생활에 매우 중요하기 때문에 설명이 좀 더 필요하다. 경제 활동의 중심이 온라인 플랫폼으로 옮겨감에 따라 소비자 처지에서는 거래 상대방 사업자의 상태를 확인하는 게 중요해졌다. 실제로 부동산 중개와 음식 배달 등 온라인 플랫폼에서 휴폐업 사업자와 미등록 사업자의 허위 매물로 인해 소비자 피해가 눈덩이처럼 커지는 실정이었다. 이에 따라 사업자등록 정보에 대한 개방 요청이 급증했다. 그러나 데이터를 보유하고 있는 국세청은 각종 법을 근거로 데이터 개방을 완강히 반대했다. 사업자등록 정보는 국세의 부과와 징수를 위해 업무상 취득한 과세정보이기 때문에 국세기본법의 '비밀 유지' 조항에 따라 타인에게 제공하거나 목적 외 사용이 불가하다는 이유로 데이터 개방에 소극적이었다.

이때 대안으로 오픈 API 기반의 진위 확인 방식으로 사업자등록 정보를 제공하자는 아이디어가 나왔다. 사업자등록 정보 전체를 개방하는 대신에 개별 사업자등록 정보 번호나 대표자 성명을 조회하면 사업자등록 진위와 휴폐업 상태 등을 알려주자는 것이다. 이 방식으로 사업자등록 정보를 제공하는 것은 국세법에도 위반되지 않는다는 법률 조언까지 받았다. NIA 주도로 청와대, 행안부, 국세청 등 여러 차례 관계기관 협의를 통해 기관을 설득하여 마침내 합의에 이르렀다. 조회 방식도 대폭 효율화하였다. 사업자등록 정보를 오픈 API로 구축하고 개방하여 다수 사업자의 사업자등록 상태(정상인지 휴폐업인지의 여부 등)를 일괄 확인할 수 있도록 했다.

효과는 놀라웠다. 제공된 오픈 API를 활용하여 민간에서 6개월 만에 30여 개의 응용서비스를 출시했다. 월평균 3,800만 건의 API 호출이 발생했다. 공공데이터포털 전체 통틀어서 9,000건 가까운 오픈 API가 제공되는데 1년도 안 되어서 10위 수준의 매우 높은 활용도를 보였다. 국내 최대의 전사적자원관리ERP 솔루션 기업인 더존비즈온 등 주요 기업에서도 적극적으로 활용하고 있다.

이 모든 게 사업자등록 정보 진위 확인 조회 서비스 개시 1년도 안 되어서 이루어진 성과였다. 2024년에는 가장 많이 활용되는 공공데이터 API 1위를 기록하고 있다. '진위 확인' 방식은 사업자등록 정보에만 그치지 않았다. 코레일 승차권 진위 확인, 주민등록정보, 자격증 정보 확인 등으로 계속 확대되고 있다. 사업자등록 정보 진위 확인 서비스로 인해 온라인 플랫폼에서 사기업체들이 설 땅이 없어졌다. 소비자의 피해가 줄어들고 만족도가 높아진 것은 물론이다. 양적 지표가 중요한 게 아니다. 질적 성과가 중요하다. 이런 게 실질적인 성과인 아웃컴이다.

공공의 성과관리지표를 아웃풋에서 아웃컴 중심으로 바꾸어야 한다. 단순히 아웃풋만을 측정하는 것은 공공 업무의 진정한 가치를 제대로 평가하지 못한다. 아웃컴 중심의 성과 평가로 전환함으로써 성부는 실질적인 사회적 가치 창출에 초점을 맞출 수 있다. 공공의 웹 서비스 운영관리도 양적인 아웃풋 지표에서 벗어나야 한다. 공공 웹 서비스 성과관리의 초점을 UI, UX 편리성, 시민 편의성, 정보 접근성 등의 아웃컴 지표로 옮겨야 한다. 이럴 때 공공 웹 서비스의 질적 향상과 함께 시민들의 실제 요구에 더 잘 부응하는 정부가 가능하다.

4. 과정 관리에서 결과 관리로

공무원들은 혼자 일하지 않는다. 수많은 산하기관과 협력하면서 일한다. 공무원과 일하면서 답답했던 것 중 하나가 공무원들이 조직관리의 기본을 모른다는 점이었다. 위계적 질서에 기초한 관료주의적인 조직관리에 익숙한 탓인지 수평적이고 자율적인 조직관리에는 거의 빵점 수준이었다.

조직관리의 가장 커다란 원칙은 권한과 책임의 부여다. 조직의 책임을 맡겼으면 그에 합당한 권한을 부여하는 게 우선이다. 일정한 기간은 자율적인 경영을 하도록 권한을 보장하고 이후에 산출된 결과를 보고 신상필벌의 원칙에 따라 책임을 물으면 된다. 조직의 책임자는 책임에 합당한 재량과 자율성을 가져야 한다. 그래야 책임감 있고 창조적인 방식으로 일할 수 있다. 공공기관장이 자기 권한과 책임하에 기관의 조직과 인사조차 관장할 수 없으면 그것은 기본이 잘못된 것이다. 경영의 세부 과정에서는 자율권을 주고 최종 결과로 평가하면 된다. 법과 규정상에 하자가 없는 한 과정에 개입해서는 안 된다.

대한민국 관료들은 일을 거꾸로 한다. 진행 과정에서는 배 놔라, 콩 놔라 일일이 간섭한다. 과정에 시시콜콜히 개입하면서도 결과에 대해서는 아무런 책임을 지지 않는다. 법과 규정상에 아무런 근거가 없음에도 과정을 관리하는 것이 자신의 권한인 줄로 착각한다. 일 처리의 절차에서 문제가 없으면 결과가 어떻게 나오든 자신의 책임은 없다는 식이다. 과정에 개입하는 걸로 자신의 관리 감독 책임을 다했다는 식이다. 일종의 보신주의적 행태이자 면피주의적 행태다.

문재인 정부 초창기 때의 일이다. 과기정통부 장관 주재로 과기정통부 산하 기관장 회의가 소집되었다. 회의의 주제는 기관 간의 역할과 책임R&R, Role & Responsibility을 재정립하자는 것이었다. 과기정통부 산하 기관 간의 역할과 책임에 중복 요소와 애매한 점이 있으니 교통 정리를 명확히 하자는 취지였다. 일을 하다 보면 기관끼리 서로 욕심을 내어 업무 영역이 허물어지기도 하고 기술 발전에 따라 생겨나는 새로운 사업 영역의 업무 소관이 불확실하게 되는 것이 다반사다. 그러니 적당한 시점에 역할과 책임을 재조정하는 것은 필요한 일이라 하겠다.

원장으로 부임한 지 몇 달 되지 않을 때라서 기관의 업무도 정확히 파악하고 미래의 방향도 구상할 겸 나름으로 열심히 회의를 준비했다. 500명 넘는 인원이 1조 원 안팎의 예산을 집행하는 조직이라 사업을 정확히 파악하는 게 쉬운 일은 아니었다. 사업의 종류도 다양하고 역사도 복잡했다. 어쨌든 경영기획실 간부들의 도움을 받아서 기관의 여러 사업을 4개 큰 축으로 재정리했다. 첫째, 데이터Data. 둘째, 네트워크Network. 셋째, AI와 융합 서비스. 넷째, 플러스로 분류하고 각 영역의 앞 글자를 모아서 'DNA플러스'로 이름을 붙였다.

데이터Data	국가 데이터 기반 구축 및 활용 확산
네트워크Network	초연결 지능화 인프라 구축
AI·융합 서비스	지능화(융합) 국가·사회 확산
플러스Plus,+	디지털화 역기능 대응과 디지털 포용

DNA플러스! 기관의 역할과 책임을 한마디로 보여주는 문구로서는 안성맞춤이었다. 우선 한 번 들으면 기억하기 좋았다. 대외적으로 NIA의 역할을 설명하기도 쉬웠다. 내부적으로는 직원들 사이에 소통하기에도 적절한 용어였다. 데이터 업무의 중요성도 자연스럽게 드러났다.

4개 핵심 업무에 부합하는 사업에 집중하고 부합하지 않는 사업은 타 기관으로 이관하면 되었다.

그런데 회의를 불과 하루 이틀 앞두고 문제가 생겼다. NIA의 R&R 재정립계획 발표 자료를 검토하던 과기정통부 담당과장이 딴지를 걸고 나왔다. NIA의 핵심사업을 4개로 재정리하는 것까지는 좋은데 기관의 역할과 책임을 대표하는 용어로 'DNA플러스'라는 문구는 사용하지 말라는 것이다. 담당과장과 소통하던 NIA 경영기획실의 간부 직원이 지나친 간섭 아니냐고 항의해도 막무가내였다. 문구를 사용하지 못하는 합당한 이유도 없었다. 그냥 안 된다고 했다. 간부 직원은 기관과 부처 사이에서 이견을 조율하느라 난감해했다.

나는 지금도 담당과장이 왜 고집을 피웠는지 그 이유를 모른다. 다만 정부 부처 공무원들의 산하기관 관리 행태가 한심할 따름이다. 과정에 시시콜콜히 간섭하는 것을 자신의 마땅한 소임이라고 잘못 생각하는 공무원들이 많다. 관여해야 할 일과 관여하지 말아야 할 일을 구별하지 못한다. 심지어 자신들이 무엇을 잘못하고 있는지조차 알지 못한다. 부처는 정책을 결정하고 산하기관은 전문성을 바탕으로 부처의 정책 수립을 지원한다. 그리고 확정된 정책의 성공을 위해 위탁 사업의 집행을 책임진다. 수평적인 협력관계 속에서 서로 간에 각자의 역할 분담에 충실하면 된다. 문제는 이게 잘 지켜지지 않는다는 점이다.

관료들에게는 '관 주도 의식'이 기본값으로 설정된 것 같다. 관官은 다스리는 존재이고 산하기관을 포함해서 민民은 다스림의 대상이다. 앞에서 보았듯이 마스크 대란 사태나 백신 사전 예약 시스템 먹통 사태와 같은 전 국민적인 혼란 상황에 몰려야 겨우 산하기관과 민간기업에 손을 벌린다. 관은 의사결정의 주도권을 가능한 한 놓지 않으려하니 수평적인 민관협력은 생각보다 쉽지 않다. 하물며 민간 주도의 협력은 언감생심일 수밖에 없다.

5. 공무원 갑질 문화의 실상

부처 공무원들과 산하기관 직원 간의 일하는 행태를 보면 기형적인 것이 한둘이 아니다. 세부적인 업무로 들어갈수록 우스꽝스러운 일이 벌어진다. 내가 직접 경험한 황당한 사례도 여러 번이다. 앞에서 말한 산하기관 R&R 재정립 회의를 할 때도 마찬가지였다. 당시 장관의 당부사항이 몇 가지 있었다. 그중 하나로 부처의 발표 자료인 파워포인트 장표 작성 업무를 산하기관 직원에게 떠넘기지 말라는 당부를 꼽을 수 있다. 당시 과기정통부 장관 역시 공공기관장 경험이 있어서 부처 공무원들의 갑질에 가까운 업무 행태를 잘 알고 있었기에 이런 당부 말씀을 준비했을 것이다. 그러나 실행은 어찌 되었을까? 결국 과기정통부 공무원은 "부처 파워포인트 장표 작성을 산하기관 직원에게 떠넘기지 말라."라는 발표 장표까지 NIA 직원에게 떠넘겼다. 이쯤 되면 웃어야 하나, 울어야 하나.

'디지털 정부혁신 추진계획'을 정부 공식계획으로 확정하기 위해 청와대와 몇 달 동안 작업을 할 때의 일이다. 그때까지 작성한 중간 계획의 방향에 대해 청와대가 주요 핵심 부처 몇 군데에 검토 의견을 요청했다. 그러자 모 부처는 전문기관인 NIA의 의견과 겹치지 않게 좀 다른 내용으로 그럴듯한 검토 의견을 따로 작성해 달라는 요구까지 할 정도였다.

부처의 주무관과 사무관들은 공공기관의 보직자나 직원들을 자기 부하직원으로 착각한다. 공무원과 공공기관은 파트너십으로 일해야 하는데도 용역회사 직원 취급하는 때도 많다. 부처와 관련된 회의를 가면 회의록을 무조건 산하기관에 작성하도록 요청한다. 전문기관 직원으로서 전문성을 발휘해야 할 회의에서도 회의록 적기에 바쁘다. 산하기관 직원으로서는 속기사가 된 듯한 느낌을 받는다. 디지털로 정부혁신을 하겠다는 회의에서조차도 네이버 클로바를 써서 자동으로 회의록을 생성할 생각을 안 하고 무조건 산하기관 직원에게 회의록 정리를 맡긴다.

결과 관리보다 과정 관리를 앞세우는 행태는 공무원 자신의 업무를 지원해 줄 산하기관의 인력 챙기기에서 전형적으로 드러난다. 디지털 뉴딜처럼 국가적으로 최우선 순위의 사업에 조직과 인력을 투입하려고 해도 자기 부처를 지원할 인력의 축소는 절대 받아들이지 않았다. 국가적으로 어떤 상황 변화가 오더라도 자기 부처 지원 인력 숫자는 건드리지 말라는 것이다. 정부 차원의 필요에는 눈을 감은 채 자기 부처의 역할과 과제 수행만 강요하는 꼴이다.

관료 사회의 조직문화와 인사제도의 문제점을 거론할 때마다 귀가 따갑도록 들었던 얘기들이 여전히 반복된다. 고시제도라는 폐쇄적인 충원 시스템은 순혈주의와 관료주의를 낳는다. 피라미드와 같은 위계 구조를 향한 내부 승진 경쟁은 당연히 과열될 수밖에 없다. 이는 인사권자에 대한 상명하복의 권위주의적 조직문화를 낳는다. 경쟁은 단기 실적 위주의 성과주의로 이어진다. 순환보직 인사로 인해 두루두루 잘 통하는 제너럴리스트만 길러진다. 관료들은 승진할수록 전문성이 떨어지고 자기 혼자 힘으로는 아무것도 하지 않는다. 부처 할거주의와 칸막이 행정은 고스란히 국민의 불편으로 귀결된다.

공무원들의 일하는 방식이 이렇게 후졌으니 어찌 산하기관의 자율적인 조직운영과 효율적인 인력 활용이 가능하겠는가? 부처의 근시안적인 조직 이기주의 때문에 국가정보화 사업의 전체적인 효율이 희생된다. 국가 차원의 합리성과 효율성보다는 자기 부처, 자기 조직, 자기 승진이 우선이었다. 아마도 전국의 모든 부처와 모든 공공기관에서 일상적으로 벌어지고 있는 고질적인 병폐일 것이다. 공무원 인사제도의 근본적인 혁신이 절실하다. 민간 채용을 확대하고 민관 교류와 민관 협업을 촉진하는 방식으로 바뀌어야 한다. 공무원의 KPI 혁신, 아웃풋 관리에서 아웃컴 관리로, 과정 관리보다는 결과 관리로의 업무 전환이 요구된다.

4장
대통령 직속 민간위원회의 한계를 보다

:: 혁신이란 원래 시끄러운 것이다. 모두가 한 걸음씩 양보해서 원만하게 합의하는 아름다운 혁신이란 없다.

1. 4차위, 정체성의 위기에 빠지다

정부마다 시대적 과제를 안고 출발한다. 국가사회의 디지털 전환 분야에서도 그렇다. 박근혜 정부 때는 정부3.0 패러다임이 등장했고 문재인 정부는 4차산업혁명을 화두로 내세웠다. 윤석열 정부는 난데없이 디지털플랫폼 정부를 들고 나왔다. 이렇듯 새롭게 등장하는 정부는 시대적 과제를 해결하기 위해 출범과 동시에 범정부 차원의 민관 합동위원회를 만든다. 박근혜 정부의 '정부3.0 추진위원회', 문재인 정부의 '4차산업혁명위원회', 윤석열 정부의 '디지털플랫폼정부위원회' 등이 대표적이다.

문제는 대부분 민관 합동위원회가 용두사미로 끝난다는 점이다. 출범 당시에는 화려한 스포트라이트를 받는다. 보통 대통령 직속 위원회이기 때문에 출범식이나 첫 번째 회의에는 대통령이 참석하여 자리를 빛낸다. 정권 초기에 대통령 파워가 가장 막강할 때인 만큼 언론에서도 대서특필해준다. 민간위원장은 총리급 대우를 받는다고 하고 해당 분야의 내로라하는 전문가들이 민간위원으로 참여한다. 위원장이나 주요 참여자들에게는 인터뷰와 강연 요청이 쏟아진다. 그러다가 몇 달이 지나면 관심이 급속히 식는다. 위원회에는 관련 부처 장관들이 정부 측 당연직 위원으로 참여한다. 처음 한두 차례 회의에는 인사치레로 참석했다가 그다음부터는 얼굴 보기가 힘들다. 장관들은 위원회 구색 갖추기에 충실할 뿐 어떠한 실질적인 역할도 하지 않는다. 범정부위원회로 출범했지만 각 부처의 공고한 칸막이 구조를 허물기에는 역부족이다. 결국 정권이 바뀌면 위원회 역시 문패를 내리고 새 정부에서는 새로운 문패를 내건다. 출범 초기에 위원회가 내걸었던 시대적 과제는 여전히 미완의 과제로 남는다. 정부3.0, 4차산업혁명, 디지털플랫폼 정부 등 도대체 무엇을 해결했고 무엇이 남았는가?

정부 혼자서는 AI 발전의 속도를 감당하기 어렵다. 디지털 전환의 속도와 폭은 갈수록 거세지고 넓어진다. 정부와 민간의 협업은 그만큼 중요해진다. 민관 합동위원회가 제대로 작동하면 범정부 차원의 과제를 해결하는 좋은 거버넌스 틀이 될 수 있다. 이 가능성을 우리는 김대중 정부 시절의 전자정부 특위의 성과에서 이미 확인했다. 그러나 최근 10여 년간 눈에 띄는 성과를 찾기 어렵다. 몇 번의 정부에 걸쳐서 연속적으로 유의미한 성과를 내지 못했다면 거기에는 무언가 구조적인 문제가 있음이 분명하다. 위원회의 구성, 역할, 작동 방식 등에서 실패를 잉태하는 원인을 밝혀내야 한다.

문재인 정부의 '4차산업혁명위원회(이하 4차위)'나 윤석열 정부의

'디지털플랫폼정부위원회(이하 DPG)'는 모두 대통령령에 따라 설치된 자문기관이다. 정부조직법 제4조는 대통령령으로 각종 자문위원회 설치를 규정하고 있다. 자문기관은 법률에 따라 설립되는 행정기관과 달리 법적 지위와 권한에서 많은 제약을 지니고 있다. 행정기관은 법률에 따라 직접적인 집행 권한을 가진다. 하지만 자문기관은 주로 조언과 자문 역할에 한정된다. 예산도 소속 상위기관의 예산 내에서 운영되며 직접적인 사업수행은 제한된다. 자문기관은 최종 의사결정 권한은 없다. 제안이나 권고에 그친다. 행정기관이 실질적인 정책 집행을 담당한다면 자문기관은 전문적인 지식과 의견을 제공하여 정책 결정을 지원하는 역할을 한다.

대통령 직속이란 타이틀이 붙거나, 위원회 명칭에 '혁명'이 들어가거나, 위원장이 총리급 대우를 받거나 등등과 상관없이 자문위원회는 자문위원회일 뿐이다. 자문위원회는 자문에 충실하면 된다. 그런데 대부분의 대통령 직속 자문위원회의 설치 규정을 보면 범부처의 사업을 심의, 조정, 의결하게 되어 있다. 4차위 설치에 관한 대통령령이 전형적이다. 4차위의 기능으로 '4차산업혁명 관련 부처별 실행계획과 주요 정책의 추진성과 점검 및 정책 조율에 관한 사항'을 심의 조정한다고 되어 있다. 4차위가 스스로 생산하지도 않은 타 부처의 정책을 어쩌다가 회의에 참석할 뿐인 비상근 자문위원이 무엇을 얼마나 안다고 심의 조정한다는 말인가? 내가 4차위에 1기 위원으로 참여했고 디플정위 전담 지원기관의 장으로서 가까이에서 지켜볼 때 가장 안타까운 점이었다.

그러다 보니 우스꽝스러운 사태가 벌어진다. 4차위는 2017년 10월 위원회 출범식 및 제1차 회의를 개최하면서 '4차산업혁명 대응을 위한 기본 정책 방향'을 의결했다. 첫 번째 회의를 하는 자리였다. 위원회의 역할, 운영 방향, 활동 범위 등에 대해 사전에 아무런 토의도 이루어지지 않았다. 위원들 간에 4차산업혁명이 무엇인지에 대한 개념 정의도 채 합의되지 않은 상태였다. 이제 첫 삽을 뜨는 출범식 자리에서 위원회 활동의 중요한 결과물이어야 할 기본 정책 방향을 심의 의결했다. 시험문제 풀이를 하는 학생이 아무런 사전 학습도 없이 답부터 써 내려가는 꼴이었다. 물론 답은 4차위 주관부처인 과기정통부 공무원들이 미리 써준 것이다. 공무원들이 준비해 준 답안을 마치 4차위가 열심히 공부해서 풀이한 것처럼 4차위 이름으로 답안을 제출했다. 이런 건 시험 부정행위 아닌가?

4차위가 심의 의결한 안건들은 대부분 안건을 상정한 부처가 독자적으로 추진해도 무방한 정책들이었다. 스마트공항 종합계획(국토부), 지능형 산림 재해 대응 전략(산림청), 2020 신산업 및 생활 주파수 공급계획(과기정통부), 창의형 인재와 융합형 인재 성장 지원을 위한 발명 교육 확산 방안(교육부) 등이었다. 도대체 이런 정책을 굳이 4차위 안건으로 상정할 필요가 뭐가 있겠는가? 지금까지도 부처가 독자적으로 잘 해왔고 타 부처와 조율할 사항도 별로 없는 정책들이다. 그럼에도 부처가 4차위에 안건을 상정하는 것은 초기에 4차위가 언론의 스포트라이트를 받고 있기 때문이다. 4차위의 심의를 거쳤다는 것 자체가 부처의 성과다. 거기에다 개별 정책 추진에 조금이라도 힘을 더 받을 수 있다고 판단한 것이다. 부처마다 해결하고 싶은 정책 민원이 있다. 4차위를 부처의 민원 해결 창구로 활용한 꼴이다.

4차위가 부처의 개별 정책을 심의 의결하는 것은 사실상 개별 부처의 거수기 역할 그 이상도 이하도 아니었다. 부처의 중요 정책을 심의 의결한다니까 마치 중요한 일을 하는 것 같지만 실은 들러리 역할에 불과했다. 4차위는 자신의 고유한 역할은 전혀 하지 못한 채 부처의 들러리, 거수기 역할에만 충실했다. 초기의 관심이 사그라지자 4차위는 정체성 위기에 빠지지 않을 수 없었다. 4차위 스스로 정체성 위기를 자초했다.

2. 스마트시티 사업은 어디로 갔는가?

4차위가 스마트시티 사업을 추진한 것은 내 기억 중에 가장 황당한 일이었다. 어느 날 갑자기 4차위 산하에 특별위원회 형태로 '스마트시티 특위'가 설치되었다. 그러더니 4차위 전체 회의에 '도시 혁신 및 미래성장동력 창출을 위한 스마트시티 추진 전략'이 안건으로 상정되었다. 몇 달 후에는 스마트시티 시범도시 추진 현황을 보고했다. 스마트시티 특위와 국토교통부가 엄밀한 평가 과정을 거쳐 시범도시로 세종과 부산의 에코델타 지역 등 두 곳을 선정했다고 했다. 그런데 시범도시 입지 선정 문제는 민감한 사항이 많아 보안에 주의해야 한다면서 보고 후에 자료는 회수해 갔다.

모든 게 일사천리였다. 하지만 자문위원회인 4차위에서 스마트시티 시범도시 선정 작업을 왜 주관해야 하는지 상식적으로 납득이 가지 않았다. 국토교통부가 총대를 메고 책임져야 할 사업에 4차위가 철저히 들러리 서는 모양새였다. 스마트시티가 무엇인지, 스마트시티를 추진하면서 지켜야 할 기본원칙이 무엇인지 토의도 하지 않았고 그 어떤 합의도 하지 않았다. 당연히 여러 가지 근본적인 의문이 떠올랐다. '인간의 본성이 본질적으로 스마트하지 않은데 문자 그대로의 스마트시티가 과연 가능한가? 스마트시티에 살면 인간이 행복해질까?' 서울의

대중교통 안내 시스템은 이미 세계 최고 수준의 스마트시티 인프라로 칭찬받고 있지 않은가? 그렇다면 잘하고 있는 것을 발전시키는 게 우선 아닌가? 마치 신도시 건설하듯이 허허벌판에 스마트시티를 건설하겠다는 게 맞는 접근법인가? 풀어야 할 과제가 한둘이 아니었다. 4차위 위원들 상당수가 떨떠름했다. 하지만 위원장과 청와대가 교감을 가지고 진행하는 일에 위원들이 어깃장을 걸고 나설 수도 없는 노릇이었다. 굿이나 보고 떡이나 먹는 처지로 전락하는 순간이었다.

나중에 사정을 알고 보니 스마트시티 특위는 문재인 대통령 지시 사항이었다. 문재인 대통령이 2017년 10월 대통령실 수석보좌관 회의를 통해 '스마트도시 특별위원회' 구성을 지시했다고 했다. 내 짐작이 맞는다면 틀림없이 민주당 의원이나 대통령 측근 중에 대통령 귀를 사로잡은 인물이 있었을 것이다. 4차산업혁명 시대에는 스마트시티처럼 국민의 눈에 그 성과가 당장 보이는 사업을 해야 한다고 대통령을 열심히 설득했을 것이다. 선무당이 사람 잡는 법이다. 4차산업혁명을 매력적인 유행어Buzzword 정도로 받아들인 민주당 정치인에게 4차위를 비롯해 문재인 정부가 통째로 휘둘린 것이다.

스마트시티 특위는 그 뒤로도 열심히 활동했다. 4년간 26차례 전체회의를 개최했다. 스마트시티 추진 전략, 시범도시 기본구상, 시행계획과 추신체계 수립, 스마트시티 해외 진출 전략, 기존도시의 스마트화 방안 등을 마련했다. 부산에서 대통령이 참석하는 스마트시티 혁신전략 보고회라는 성대한 행사도 개최했다. 그러나 정작 가장 중요한 대목에서 성과가 없다. 스마트시티 국가 시범도시는 어디로 갔는가? 시범도시로 선정된 세종과 부산 에코델타시티에서 부동산 분양은 이루어지고 있을지 모르겠다. 그러나 이미 스마트시티 프로젝트와는 크게 상관없는 부동산 분양 사업이 되어버렸다. 스마트시티는 한때 대통령 주요 관심 사업으로 주목받다가 어디론가 표류해 버렸다. 스마트시티 사업의 전개 과정은 4차위가 얼마나 역할 설정을 잘못했는지를 보여주는 적나라한 징표이다. 적어도 스마트시티 사업에서만큼은 4차위는 국토교통부의 완벽한 들러리 신세였다.

3. 차라리 해커톤 활동에 집중했으면

4차위 활동 중에 그나마 유의미한 것을 찾으라면 '규제 및 제도 개선 해커톤' 행사를 들 수 있다. 어찌 보면 해커톤 행사는 4차위의 설립 목적에 가장 부합하는 활동이다. 4차산업혁명의 본격적인 추진은 필연적으로 법적 장벽과 제도적 장벽에 부딪힌다. 기술 발전은 선행하지만 법과 제도 정비는 필연적으로 후행하기 때문이다. 규제 개선과 법과 제도 정비 없이는 신산업과 신서비스의 육성은 불가능하다. 해커톤은 이 핵심과제를 해결하려는 신선한 시도였다.

해커톤 행사는 규제개혁의 필요성이 제기된 의제에 대해 민간의 이해 당사자와 소관 부처 책임자가 함께 모여 1박 2일 집중 토의를 거쳐 사회적 합의안을 만들어내는 것을 목적으로 운영되었다. 서로 갈등하는 민간 이해 당사자들이 해커톤에 직접 참여하는 원칙으로 진행되었다. 개인정보보호법의 개정이나 승차 공유서비스와 같은 모빌리티 아젠다는 사회적 갈등이 워낙 커서 정부가 일방적으로 규제 개선에 나서는 것이 불가능했다. 이럴 때 해커톤 행사는 민관 소통을 기반으로 정부의 규제혁신 및 법과 제도 정비의 동력을 확보하는 사회적 합의의 틀로 유용했다. 해커톤 행사 추진에는 장병규 4차위 위원장의 공이 가장 컸다. 장병규 위원장의 아이디어와 추진력으로 규제 문제 해결을 위한 공론의 장이 만들어졌다. 국민의 시각에서는 해커톤은 4차위의 대표적인 브랜드로 자리 잡았다.

해커톤은 약 4년간 총 28개의 아젠다를 논의하였다. 이중 개인정보보호법을 개정하자는 합의점 도출이 대표적인 성과다. 개인정보와 관련된 법적 개념체계를 개인정보, 가명정보, 익명 정보로 구분하여 정비하는 데 합의했다. 그리고 익명 정보는 개인정보보호법의 적용 대상이 아니라고 명확히 하여 구분이 가능해지게 했다.

해커톤 행사가 4차위의 상징적인 브랜드인 것은 맞다. 하지만 더 잘할 수 있었는데 하는 아쉬움이 남는다. 4차위는 사회적으로 쟁점이 되는 혁신 이슈에 대해 독자적인 목소리를 더 과감하게 냈어야 했는데 그렇지 못했다. 당시 사회적으로 가장 커다란 쟁점이 되고 있던 것이 승차 공유서비스를 둘러싼 논쟁, 소위 '타다' 이슈였다. 승차 공유서비스 문제는 해커톤의 의제로 선정되었다가 개최 하루 전에 어그러졌다. 이해 당사자의 한쪽 축이었던 택시업체 대표가 합의를 깨고 불참 선언을 해버린 것이다.

이때 4차위는 선택의 갈림길에 섰다. 택시업체 대표가 불참한 상태에서 나머지 당사자인 승차 공유서비스 대표자와 시민단체, 학계, 법조계, 국토교통부 관계자 등이 모여 예정대로 해커톤 행사를 진행할 수도 있었다. 이 경우 핵심 이슈에 대해 이해 당사자 간에 완벽한 합의를 이룰 수는 없지만 4차위가 사회적 합의의 방향성을 제시하는 역할 정도는 할 수 있었다. 최선은 아니지만 차선은 되는 모양새였다. 그러나 4차위는 그렇게 하지 않았다. 당시가 2020년 4월 총선을 앞둔 시점이었다. 정치권으로부터 선거를 앞두고 괜히 택시 기사들을 건드려서 좋을 게 없다는 우려가 전해졌다는 얘기를 들었다. 이것저것 다

고려하다가는 죽도 밥도 안 되는 법이다. 혁신이란 원래 시끄러운 것 아닌가? 모두가 한 걸음씩 양보해서 원만하게 합의하는 아름다운 혁신이 가능한 얘기인가?

4차위가 모빌리티 이슈에 대해 어떠한 독자적인 목소리도 내지 않았듯이 가상화폐 불법화 이슈에서도 마찬가지였다. 가상화폐가 얼마나 사회적으로 뜨거운 쟁점이었나? 법무부 장관과 금융위원장이 불법화를 주장하고 나섰을 때도 4차위에서는 어떤 언급도 없었다. 4차위가 가상화폐 합법화에 나서야 했다는 얘기가 아니다. 합법이든 불법이든 4차산업혁명을 총괄하는 거버넌스로서 자신의 독자적인 목소리를 냈어야 한다는 것이다. 4차위는 4차산업혁명의 진전에 따라 발생하는 중요한 사회적 이슈 두 가지에 대해 침묵했다. 내가 보기에는 이러한 이슈에 대해 공론의 장을 만들고 사회적 합의를 이끌어내는 것이 스마트시티 사업이나 스마트헬스케어 사업보다 100배는 더 중요한 과제였다.

4. 미국 인공지능국가안보위원회와 비교해보자

미국이 AI 국가전략 수립을 위해 운영했던 인공지능 국가안보위원회 NSCAI, National Security Commission on Artificial Intelligence의 활동은 세계적인 화제가 되었다. NSCAI 운영 방식과 우리 4차위의 활동을 비교해 보면 몇 가지 차이점이 두드러진다. 첫째, NSCAI의 설립 목적은 매우 명확하다. 미국과 중국 간 AI 패권 경쟁 시대를 맞아 미국의 국가안보 및 국방 역량을 높이도록 AI 기술 발전을 이룰 정책 수단과 방법을 조사하는 것이다. 반면에 우리 4차위는 설립 목적이 매우 애매하다. 조사 연구에서부터 심의 의결까지 포괄적이다. 어떻게 보면 정부의 4차산업혁명 관련 정책을 총괄하는 사령탑 같다. 하지만 그런 미션은 애당초 달성할 수 없다. 어떤 미사여구로 수식해도 법적으로 자문기관일 뿐이다.

둘째, NSCAI는 위원의 선임 방안이 법에 따라 규정되어 있다. 의회가 위원 선임을 주도하고 여야를 뛰어넘는 초당적인 위원회 구성이 강제되어 있다. 4차위는 대통령령으로 설치되고 위원 선임은 대통령실의 의중에 따라 정파적 한계를 벗어날 수 없었다. 이 차이 때문에 NSCAI의 최종 보고서는 정권이 바뀌어도 승계되어 실행에 옮겨지지만, 4차위의 온갖 계획은 정권교체와 함께 폐기되었다.

셋째, NSCAI는 '자문과 권고'라는 위원회 본연의 역할에 충실했다. 실행력 있는 최종 보고서의 작성에 위원회 활동의 모든 초점을 맞추었다. 하지만 최종 보고서에 제출된 해법에는 성역이 없다. 정부의 리더십과 거버넌스 구조의 문제점에도 날카로운 수술 칼날을 들이댔다. AI 인재 양성을 위해서는 놀라울 정도로 파격적인 제안을 제시했다. 반면 4차위는 4차산업혁명과 관련된 여러 부처의 온갖 정책의 심의 조정에 역량을 소진했다. 4차위 스스로 고민하고 스스로 생산하지 않는 정책들을 마치 4차위의 활동 결과인 것처럼 발표했다. 4차위는 역할의 범위를 과감히 축소하여 행정부 조직에서는 다루기 어려운 사회적 이슈의 해결에 정면승부를 보아야 했다.

5장
미국 NSCAI에서 무엇을 배울 것인가

:: 최종 보고서는 거칠 것이 없었다. 중국이라는 적을 무너뜨리는 것이 미국의 전략목표임을 천명하고 동원할 수 있는 모든 카드를 빼 들었다.

1. 행동의 필요성과 투명의 중요성

미국의 NSCAI는 미국의 AI 국가전략의 수립과 실행에 지대한 영향을 미친 위원회로 유명하다. 2024년 가을 윤석열 정부는 국가 AI 정책 전반의 심의·조정역할을 담당할 '국가인공지능위원회'를 출범시켰다. 위원장은 당연직으로 대통령이 맡고 실질적인 책임자라 할 부위원장에 행정학 교수 출신이 임명되었다. 이때 많은 사람이 탄식했다. 우리나라는 왜 미국 NSCAI처럼 조직을 운영하지 못하냐고 안타까워했다.

2021년 3월 2일 NSCAI는 최종 보고서를 대통령과 의회에 제출했다. NSCAI는 '2019 국방수권법'에 기반해 설립된 범정부 차원의 전략기획 태스크포스였다. 위원회가 의회 주도로 특별법에 근거하여 설립되었다는 점이 중요하다. 대한민국의 민간자문위원회가 보통 행정부 주도로 대통령령에 따라 설립되는 것과 출발부터 다르다.

NSCAI 설립 목적은 매우 명확하다. 미국의 AI, 머신러닝, 관련 첨단 기술 역량을 종합적으로 진단한다. 그리고 국가안보 및 국방 역량을 포괄적으로 제고하기 위해 AI 기술 발전을 이룰 정책 수단과 방법을 조사하는 것이다.

NSCAI는 미국의 IT 산업계, 과학계, 국방 안보 전문가 등 다양한 분야에서 풍부한 경험을 가진 15인의 민간 전문가들로 구성되었다. 구글 이사회 의장을 역임했고 실리콘밸리의 구루라 불리던 에릭 슈미트가 위원장을 맡은 까닭에 에릭 슈미트 위원회로도 불리었다. NSCAI를 구성하는 15인의 위원들은 국방수권법 제1051조 A항에 따라 다음과 같이 행정부와 의회의 지명에 의해 선정되었다.

행정부(2명)	국방부 장관이 1명 지명
	상무부 장관이 1명 지명
의회(12명)	하원 소수당 원내대표가 2명 지명
	상원 다수당 원내대표가 2명 지명
	상원 소수당 원내대표가 2명 지명
	하원 군사위원회 위원장이 1명 지명
	하원 군사위원회 야당 간사가 1명 지명
	상원 군사위원회 위원장이 1명 지명
	상원 군사위원회 야당 간사가 1명 지명
위원장(1명)	선임된 14명의 위원이 투표를 통해 위원장 1명을 선출

의회의 지명이 압도적으로 많다. 의회 지명은 12명이고 행정부는 단 2명이다. 이는 위원회가 의회 주도로 설립되었음을 보여준다. 또

NSCAI 최종 보고서와 에릭 슈미트 NSCAI 의장

위원 선임에서 여당과 야당 간의 균형을 맞추려고 노력했다. 이런 구조를 통해 NSCAI는 초당적이고 균형 잡힌 시각으로 AI와 국가안보 문제를 다룰 수 있었다.

반면에 우리의 위원회 구성은 딱히 정해진 규정이 없다. 민간위원들은 보통 주관부처의 추천을 거쳐 최종적으로 대통령실에서 선정한다. 부처는 부처 상황을 대변해줄 우호적인 민간위원을 추천하고, 대통령실은 전문성보다는 정치 성향을 우선 고려한다. AI 시대에도 0101 디지털 코드보다는 여야, 진보와 보수로 편 가르기 하는 여의도 문법이 작동한다. NSCAI는 위원 선임의 원칙을 아예 법으로 못 박았다. 우리도 이 사례처럼 여야 간의 균형을 고려하여 위원을 선정하는 방식을 본받을 필요가 있다.

NSCAI는 의회와 대통령에게 최종 보고서를 제출하기 위해 2년 동안 다양한 활동을 전개했다. 특정 주제에 대해 집중적으로 연구하기 위해 작업 그룹을 운영했고 다양한 전문가들을 초청하여 청문회를 개최했다. 특정 주제에 대해 외부 전문가나 기관에 연구를 의뢰하여 심도 있는 분석 결과를 얻었다. 위원회는 2019년 7월 첫 보고서를 냈고, 2019년 11월과 2020년 10월 중간보고서를 냈고, 분기별로 메모 2건, 코로나 팬데믹에 대응한 특별보고서를 냈다. 모든 문제에 대해 초당적으로 접근했다. 덕분에 최종 보고서에 대한 합의에 도달할 수 있었다.

최종 보고서 서문에 위원회의 운영 원칙 두 가지를 밝히고 있다. 위원회 운영은 '행동의 필요성'과 '투명의 중요성'이라는 두 가지 원칙에 따라 진행되었다. 첫째, 전 세계의 경쟁자들, 특히 중국이 AI 전략을 개발하고 자원에 적극 투자하고 있으니, 위원회는 미국 행정부와 의회가 무엇을 해야 할지 결정하는 데 도움이 되도록 계속해서 권고안을 전달했다. 둘째, 위원회 운영에 투명성을 기했다. 연방 자문위원회로서 총 5회의 공개적 총회를 15시간 동안 개최했고 온라인으로 생중계했다. NSCAI 웹 사이트에 회의 기록도 올려놓았다. 24개 이상의 정보공개 요청에 응답했으며 2,500쪽 이상의 자료를 제공했다. NSCAI는 공개 검토 및 논평에 응답해 700쪽 이상의 초안 자료를 게시했다. 국가안보상의 이유로 분류된 자료와 안건을 제외하고 위원회는 완전히 투명성을 기했다.

2. 중국의 '대국굴기'를 향한 선전포고

두 가지 운영 원칙에 기반한 다양한 활동을 통해 NSCAI는 포괄적이고 깊이 있는 최종 보고서를 작성할 수 있었다. NSCAI 최종 보고서의 주장은 매우 강렬했다. 보고서는 중국과의 AI 기술 경쟁을 '국가적 비상사태'라고 진단한다. 경제 및 안보의 글로벌 주도권을 좌우할 AI 핵심기술에서 미국의 기술적 우위가 중국에 의해 크게 위협받고 있다고 했다. 현재 추세가 지속된다면 향후 10년 이내에 중국이 AI 분야에서 미국을 능가할 역량을 갖출 것으로 평가했다. 이에 비해 당시 미국은 중국과의 기술 경쟁에 필요한 조직화와 투자가 부족하고 AI 활용으로 발생할 위협으로부터 국가를 보호할 조정 능력이 미비하다고 주장했다. 따라서 미국이 국가안보 측면에서 AI에 초점을 맞추지 않으면 국가적 위협에 빠질 수 있음을 경고했다.

NSCAI 최종 보고서를 읽고서 몇 가지 점에서 놀랐다. 첫 번째로 가장 놀랐던 점은 보고서의 주장이 너무나도 노골적이라는 점이다. 보고서는 '패권국가의 노골적인 이인자 죽이기 계획'이었다. 패권국가 미국은 잠재적인 위협으로 떠오른 중국을 절대로 용납하지 않겠다는 공개선언이었다. 경제력에서부터 군사력, 기술력, 우주 탐사력에 이르기까지 중국이 미국의 패권을 위협하는 국가임을 명확히 하였다. 국가의 모든 역량을 총동원하여 수단과 방법을 가리지 않고 중국의 '대국굴기'를 꺾어버리겠다는 선전포고 같았다.

국제관계에서는 외교적 언사라는 게 있다. 잠재적인 위협에 대해서는 속으로 철저히 대비할망정 겉으로는 웃는 척하는 게 통상의 외교관계 아닌가. 그런데 NSCAI 최종 보고서는 거칠 것이 없었다. 애매하게 에두르지 않는다. 중국이라는 적을 무너뜨리는 것이 미국의 전략 목표임을 천명하고 동원할 수 있는 모든 카드를 빼 든다. 국제 무대에서 어느 나라의 눈치도 볼 필요가 없는 패권국가의 무지막지한 힘 같은 것이 느껴졌다. NSCAI 최종 보고서는 중국을 향해 대놓고 밟아버리겠다고 나선 셈이다. 미국 행정부는 이 제안대로 충실히 실행에 옮기고 있다.

NSCAI 보고서에서 특히 우려하는 것은 중국 정부가 국가적 차원에서 AI 발전 전략을 일관되게 추진하고 있다는 점 그리고 그 결과 특허 등 지식재산에서 이미 역전 현상이 벌어지고 있다는 점이다. 중국의 강점은 15억 인구와 중국 공산당 주도의 강력한 실행력이다. 중국 공산당에는 '인터넷 영도 소조'란 조직이 있다. 공산당에서 '소조'란 작은 조직이란 뜻이 아니고 '핵심 집단Core Group'을 의미한다. 이 영도 소조의 위원장이 시진핑이고 부위원장이 리커창 전 총리였다. 중국 공산당 서열 1위와 2위가 중국의 첨단기술 분야의 혁신을 일관되게 이끌어가고 있었다.

중국은 이미 2017년 차세대 AI 발전계획에서 2030년까지 글로벌 AI 선도국 지위에 도달할 것을 목표로 제시해놓았다. '중국제조 2025'는 건국 100주년이 되는 2049년까지 반도체, 로봇, 전기차, 바이오, 항공우주 등 첨단산업에서 최강국이 될 것을 선언했다. 중국은 추격 전략에서 추월전략으로의 전환을 명확히 했고, 미국이 본격적으로 위기감을 느끼기 시작한 것도 이때부터였다.

코로나 시기에 중국판 뉴딜이라 할 양신일중兩新一重 계획을 수립하여 AI와 5G 등 7대 신형 인프라에 10조 위안(약 1,700조 원)의 투자계획을 발표했다. 2021년 중국 공산당 양회兩會행사에서 리커창 총리는 "향후 10년간 오로지 칼 한 자루를 갈자十年磨一劍."라고 역설했다. 무슨 칼인가? 칼은 AI, 양자컴퓨팅, 반도체, 뇌과학, 유전자 바이오, 우주 심해 탐사, 헬스케어 등 7대 첨단분야에서 자립과 자강을 의미했다.

그 결과 중국은 AI와 첨단통신 등의 첨단기술 분야에서 미국을 위협하는 지식재산 경쟁력을 확보한 것으로 평가받는다. NSCAI 보고서에서 주목한 것이 바로 이 부분이었다. 미국과 중국의 특허청에 출원된 특허 건수는 현재 완전히 역전된 상태다. 2009년 미국이 45만 6,000건이고 중국이 24만 1,000건이던 것이 2019년에는 미국 62만 1,000건, 중국 140만 건으로 2배 이상 뒤집어졌다. 5G 특허에서도 중국이 미국 대비 2배 이상 출원 건수를 기록하고 있다.

중국의 추격은 과학기술 연구 역량에서도 확인할 수 있다. 과학기술 논문의 양과 질 모두 중국이 이미 미국을 추월했다는 연구 결과가 속속 나오고 있다. 스탠퍼드대학의 AI 인덱스 보고서를 보면 2020년대부터 AI 저널 논문 인용 숫자에서 중국이 미국을 추월하기 시작했다. 최상위 1%의 논문 수를 기준으로 비교 분석한 결과를 보자. 한국과학기술정보연구원이 2022년 4월에 발표한 「글로벌 미중 과학기술 경쟁 지형도」에 따르면 10개 분야 중에서 생명과학과 임상의학 등 2개 분야에서만 미국이 앞선다. 컴퓨터과학, 물리, 수학 등 스템STEM을 비롯한 나머지 대부분의 분야에서 중국이 우위를 차지했다. 미국의 연구개발 지출 대비 중국 연구개발 지출 비중도 80%대를 넘어섰다.

김영우의 저서 『반도체 투자 전쟁』에 따르면 전 세계 경제에서 미국이 차지하는 비중도 1980년대 최대 35%에서 2020년 24.8%로 줄어들었다. 반면 중국은 2003년 불과 4.3%에서 2020년 18.2%로 증가했다. 글로벌 국내총생산GDP 비중에서 중국이 미국의 75% 수준까지 추격한 것이다. 핵심 기술력에선 80% 수준, 경제력 규모에선 75% 수준이다. 미국을 추격하는 중국의 위상을 말해주는 핵심 지표들이다. 패권국가와 신흥 강대국 간의 갈등을 예고한 '투키디데스의 함정'이 작동하기에 딱 좋은 수치들이다. 미국은 냉전으로 소련을 무너뜨렸고 환율전쟁을 통해 일본 경제의 추격을 70%선에서 주저앉히는 데 성공했다.

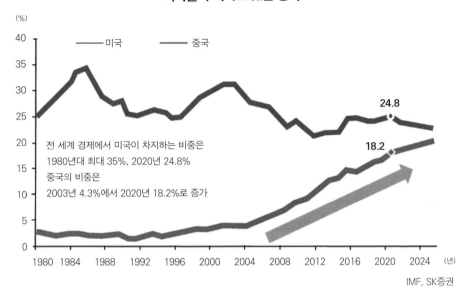

미국을 추격하고 있는 중국

전 세계 경제에서 미국이 차지하는 비중은
1980년대 최대 35%, 2020년 24.8%
중국의 비중은
2003년 4.3%에서 2020년 18.2%로 증가

24.8

18.2

IMF, SK증권

(출처: 김영우, '반도체 투자전쟁', 2021.)

　　미국과 중국 간 기술 패권 경쟁은 단순한 경제적 경쟁을 넘어 국가 안보와 글로벌 패권 확대를 위한 전략적 경쟁이다. 미국의 기술 패권 유지를 위한 대對중국 제재는 계속해서 심해지고 있다. 미국 내 반도체 생산 지원 및 중국의 첨단 반도체 접근 제한을 골자로 하는 '반도체 지원법CHIPS and Science Act', 중국산 전기차와 배터리의 수입을 사실 상 금시한 '인플레이션 감축법IRA, Inflation Reduction Act' 등이 대표적인 입법 사례다. 바이든 행정부는 2세대 이상의 반도체 기술 격차 유지를 목표로 중국으로의 첨단 반도체 제조 장비 및 관련 기술 수출을 엄격히 통제하였다. 동맹체제에 기반하여 첨단산업의 글로벌 공급망도 재편하고 미국 내 제조 역량을 확보하기 위해 신규 공장 건설에 막대한 인센티브를 주고 있다.

NSCAI 최종 보고서는 전면적인 AI 패권 경쟁을 촉구하는 사실상의 선전포고 역할을 한 셈이다. NSCAI는 포문을 열었고 미국 정부는 충실하게 뒤를 따랐다. 근래 들어 NSCAI 최종 보고서만큼 미국의 대내외 정책에 영향을 끼친 보고서는 찾기 어렵다.

3. 전략적인, 너무나도 전략적인

두 번째 놀랐던 점은 NSCAI 최종 보고서의 제안 내용이 매우 전략적이라는 점이다. 보고서는 주어진 현실에서 해법을 이리저리 꿰어맞추는 전술적인 접근을 하지 않는다. 중국과의 AI 패권 경쟁에서의 승리라는 전략목표를 달성하기 위해 국가 역량을 총동원해서 근본적인 해결책을 찾는다는 점에서 전략적이다. 제안의 범위가 정부 리더십, 거버넌스 보완에서부터 인재 양성, 지식재산, 반도체, 기술동맹 등 거의 모든 영역을 망라하고 있다.

AI 거버넌스와 관련해서는 대통령실 내에 '기술 경쟁력위원회'를 설립하고 CTO 직을 신설하여 국가 차원의 기술 전략의 수립 및 이행을 점검할 것을 제안했다. 위원회는 AI 시스템의 신뢰성과 안전성을 보장하기 위한 '테스트, 평가, 검증, 인증TEVV, Test, Evaluation, Verification and Validation' 프레임워크를 개발하는 역할을 한다. 국립과학재단과 별도로 국립기술재단NFT, National Technology Foundation을 설립할 것과 AI 연구개발 투자를 대폭 확대할 것을 촉구했다. 비非국방 AI 연구개발 예산을 매년 2배씩 증액하여 2026년까지 320억 달러를 지원한다.

최종 보고서에 담긴 AI 인재 양성 제안은 깜짝 놀랄 정도로 파격적이다. 정부가 할 수 있는 모든 정책 수단을 총동원하는 느낌이다. 먼저 AI 및 디지털 역량을 갖춘 인력을 양성하기 위해 STEMScience,

Technology, Engineering, Mathmatics 교육을 강화하고 대학원 수준의 AI 교육 프로그램을 확대할 것을 제안했다. 구체적으로 입법을 통해 연간 72억 달러의 재정을 확보하고 STEM 분야의 학부에서 박사후과정까지 총 3만 500개의 장학금 신설을 촉구했다. AI와 소프트웨어 핵심 인재 확보를 위해 미국의 여섯 번째 사관학교인 '디지털 서비스 아카데미' 설립을 제안했다. 4년제 대학 과정으로서 졸업 후 정부와 정보기관에 5년 복무를 의무화하고 있다. '국가안보 이민법'을 제정하여 해외의 AI 및 스템 분야 우수 인재를 유치함과 동시에 중국의 두뇌유출을 유도한다. 이민법의 구체 내용은 미국 내 인가대학 STEM 전공의 박사학위 졸업자 전원에게 영주권을 발급하고 노동 비자 H‒1B 기반의 이민 쿼터를 14만 명에서 28만 명으로 확대한다. 기업가 비자 및 첨단 기술 비자를 신설하고 최고급 인재 확보를 위해 기존 특기자 비자 규정의 조건을 대폭 완화할 것을 권고했다.

또한 지식재산 보호 강화를 위해 AI 및 첨단기술 개발을 촉진하고 확산하고 동시에 보호할 수 있는 '국가 지식재산전략' 수립을 권고했다. AI와 같은 대표적 민군 겸용dual-use 기술로 인해 초래되는 문제에 대응하기 위해 수출 제한 및 투자 모니터링 체계 고도화를 제안했다. 핵심 민군 겸용 기술을 보호하는 규정을 명확히 수립하고 지식재산 긴계기관의 세도 정비를 지시하는 행정명령 발동을 권고했다. 외국인 투자위원회 법안을 개정하여 중국 등 특별관심국의 민감 기술 관련 투자의 사전 모니터링과 보고 의무화를 제안했다. 그뿐만 아니라 중국의 천인계획 등 지식재산 탈취용 포섭 프로그램 방지책을 실행하고 중국 군 관련 인사 및 기관과의 협업 금지를 제안했다.

반도체산업 경쟁력 및 기술 보호 조치 강화 방안도 보고서의 중요한 내용이다. 중국과의 반도체 기술 격차를 최소 2세대 이상 확보하기 위해 첨단 제조 장비의 수출통제를 한다. NSCAI는 2세대 기술 격차 유지를 위해 16나노미터 이하 미세공정에 필요한 제조 장비의 수출통제를 제안했다. 미국의 반도체 기술과 산업경쟁력을 강화하고 미국 내 제조 역량을 확보하기 위해 국가적 차원에서 '반도체 국가전략National Microelectronics Strategy' 수립을 권고했다. 국가 반도체 기술센터를 신설하고 반도체 관련 연구개발 예산을 향후 5년간 120억 달러 규모로 증액할 것을 제안했다. 3나노미터 초미세 공정의 국내 양산과 산업 생태계 강화를 위해 350억 달러 규모의 연방 재정지원, 40%의 투자 세액공제 제도 도입, 반도체 기술 확보를 위한 연구개발 증액 등을 제안했다. 전체적으로 반도체 공급망의 안전성을 확보하기 위해 국내 반도체 생산 능력을 강화할 것을 촉구했다.

국제 협력 측면에서는 민주주의 국가들과의 AI 동맹을 강화하여 중국의 첨단산업 굴기를 저지할 것을 제안했다. 기술동맹 체계에 기반하여 AI 및 관련 첨단산업의 국제 표준과 규범을 마련한다. 중국산 디지털 인프라의 글로벌 확산을 저지하고 중국을 배제한 배타적 공급망 구축을 제안했다. 기술동맹을 통해 권위주의 국가의 AI 기술 악용에 대응하면서 인권, 법치 등 민주적 가치 수호를 촉구한다. 특히 미래 핵심 산업인 반도체, 배터리, 첨단 네트워크 및 바이오 등의 분야에서 중국을 배제한 배타적 공급망 구축을 제안했다. 동시에 중국의 불공정한 기술 이전 관행에 대응하기 위해 수출통제를 강화하고 핵심기술 공급망의 안전성을 확보할 것을 권고했다.

국방 분야에서는 2025년까지 국방부와 정보기관이 'AI 준비' 상태에 도달해야 한다고 강조했다. 이를 위해 군의 합동 AI 센터JAIC의 역할을 강화하고 모든 주요 무기 체계에 AI를 통합할 것을 제안했다. 또한 AI 윤리 지침을 수립하고 군사 작전에 적용할 것을 권고했다. 마지막으로 AI 보안과 관련하여 적대적 AI 공격에 대비한 방어 기술을 개발하고 AI 시스템의 취약점을 찾아내고 보완하는 'AI 레드팀'을 구성할 것을 권고했다. 이러한 제안들은 AI 기술의 발전이 국가안보와 경제 경쟁력에 미치는 영향을 종합적으로 고려한 것으로 미국이 AI 시대에 국제적 지도력을 유지하기 위한 청사진을 제시하고 있다.

4. 정권의 한계를 뛰어넘는 보고서

세 번째 놀랐던 점은 미 정부 정책의 연속성과 실행력이다. 미국 정부는 정권교체와 상관없이 NSCAI 최종 보고서의 전략 제안을 차근차근 정책으로 실행했다. NSCAI는 2019년 트럼프 행정부 시기에 활동을 시작하여 2년여 후인 2021년 바이든 행정부 출범 후에 최종 보고서를 제출하였다. 위원회 활동기간에 행정부가 바뀌는 큰일을 겪고도 위원회의 활동은 연속성을 가지고 진행되었다. 의회 주도로 만들어진 위원회라 하더라도 바이든 행정부는 어쨌든 트럼프 시기에 출범한 위원회의 최종 권고에 따라 단계적으로 정책 집행을 하였다.

미국의 또 다른 힘을 여기서 찾을 수 있다. 국가안보를 둘러싼 국가 전략적 사안에는 여야가 따로 없다. 국가 경제를 좌우하는 중요한 산업정책 또한 여야가 따로 없다. 트럼프가 집권하고서 'ABO'란 약어가 한때 유행했다. '오바마의 정책이 아니면 무엇이든 좋다Anything But Obama.'라는 말의 약어다. 오바마 대통령이 시행했던 사회 정책들, 즉 오바마케어와 기후협약, 이민정책 등을 트럼프가 집권하자마자 원점으로 되돌려버린 것을 비꼬는 말이었다. 하지만 트럼프조차도 AI, 데이터, 클라우드 등의 미래 혁신 정책은 오바마의 정책을 유지했고 일관성을 고수했다.

대표적인 게 오바마 행정부가 2016년 발표한 '국가 AI 연구개발 전략'이다. 전략 수립을 주도한 조직은 국가과학기술위원회NSTC이다. 오바마 대통령이 위원장이었다. 그럼에도 트럼프 행정부는 2019년에 이를 업데이트하여 계승했다. 이 전략은 미국의 AI 연구개발에 대한 첫 번째 종합적인 국가전략으로 이후 트럼프와 바이든 행정부의 AI 정책의 기초가 되었다. 오바마 행정부의 오픈 데이터 정책을 트럼프 행정부가 '연방 데이터 전략'으로 확장하여 계승했고 마찬가지로 STEM 교육 강화 정책을 트럼프 행정부가 계승하고 확대했다.

바이든 행정부도 마찬가지다. 트럼프 행정부가 2019년 발표한 '미국 AI 이니셔티브'를 바이든 행정부가 계승하고 확대했다. 반도체산업 육성 정책, 동맹국과의 기술협력 정책, 연방 데이터 전략 등도 트럼프 행정부에서 수립한 전략을 바이든 행정부가 계승하고 업데이트하고 있다.

바이든 행정부가 NSCAI의 최종 보고서 권고사항을 얼마만큼 실행에 옮겼는지를 살펴보자. AI 연구개발 투자를 대폭 확대하여 2022년 예산안에 비국방 AI 연구개발 예산을 크게 증액했다. 국립과학재단NSF을 통한 AI 연구 지원도 확대했다. 백악관 과학기술정책실OSTP 내에 '국가 AI 이니셔티브 오피스'를 설립하여 연방정부의 AI 연구개발 활동을 조정하는 체계를 마련했다. 유럽연합과 무역기술위원회TTC를 설립하여 기술협력을 확대했다. 데이터 전략과 관련해서는 연방 데이터 전략을 업데이트하여 AI 개발을 위한 데이터 가용성을 높이는 정책을 추진 중이다.

미국과 한국은 정치적 양극화가 가장 심한 나라에 속한다. 그럼에도 미국은 국가안보와 첨단기술 분야에서는 여야를 구분하지 않고 필요한 정책은 계승하고 발전시킨다. 이는 오바마, 트럼프, 바이든 행정부로 이어지면서 확인할 수 있는 사실이다. 반면에 대한민국은 어떠한가? 디지털이든 AI가든 데이터이든 전임 정부의 흔적을 지우기에 바쁘다.

문재인 정부가 코로나19 경제위기를 극복하기 위해 국가적 역량을 투입해서 추진했던 '디지털 뉴딜' 사업은 어찌 되었나? 디지털 뉴딜로 추진되었던 사업들은 국가와 사회 디지털 전환을 좀 더 전면화하고 가속하는 데 필요한 사업이다. 정권교체와 상관없이 일관되게 진행할 필요가 있는 정책들이다. 정권이 바뀐다고 AI 학습용 데이터의 필요성이 줄어들까? 정권이 바뀐다고 해서 행정 공공기관의 클라우드 전환의 필요성과 전 국민 대상 디지털 역량 교육의 필요성이 줄어드는가? 정책의 브랜드는 정권 입맛에 맞게 바꿔 달 수 있다. 그렇더라도 정책의 내실만큼은 일관되게 추진해야 마땅하다. 그러나 대한민국은 목욕물 버리면서 아이까지 버리는 잘못을 반복하고 있다.

2부

정부에도 기술 스타트업
조직이 필요하다

6장
정부의 기술 리더십을 세우자

:: 혁신적인 조직 운영 없이 혁신적인 업무성과는 나올 수 없다. '공공부문의 스타트업'처럼 운영하는 조직이 필요하다.

대한민국 정부는 국가정보화에 매년 10조 원 안팎의 막대한 예산을 투입하고 있다. 정부 부처의 대규모 차세대 프로젝트는 2,000억 원에서 3,000억 원의 예산이 투입된다. 그럼에도 정부의 정보서비스들은 국민의 눈높이에 한참 못 미친다. 차세대 시스템의 장애 문제는 워낙 심각해서 차세대 프로젝트는 공무원들 기피 업무 1순위에 오르내린다. 국가정보화를 주관하는 부처와 위원회에서 종합대책을 세우느라 바쁘지만 정작 중요한 질문이 빠져 있다. 생성형 AI와 클라우드 네이티브 환경으로 기술환경이 급변하는 시점에서 과연 정부는 기술 리더십을 발휘할 내적 역량을 가지고 있을까? 한계에 닥친 공공 정보화 사업을 혁신하려면 더 이상 아웃소싱에만 의존하지 말고 내부에 전문 기술 지원조직을 두어서 핵심적인 업무는 인소싱 방식을 도입해야 하지 않을까?

이 문제에 답을 찾아야 한다. 이를 간과하는 정부 종합대책은 수박 겉핥기식의 사상누각에 불과하다. 정부는 어떻게 기술 전문성을 내재화할 수 있을까? 정부와 공공부문에 기술 전문조직을 새로 구축할 수 있는 현실적인 방법은 무엇이며 핵심 역할은 무엇인가? 지금까지 간헐적으로 문제 제기는 있었지만 아무도 적극적으로 해결책을 찾지 않았다. 외부인은 수박 겉핥기 식의 주문에 그치고 내부 사람은 문제의 복잡성을 잘 알기에 몸을 사린다. 새로운 조직을 만드는 일은 필연적으로 기존 조직의 권한과 역할에 손을 대야 하기 때문에 사정을 잘 아는 사람은 아무도 선뜻 나서지 못한다.

1. 10조 원이 넘는 국가정보화 예산

우리나라의 한해 '국가정보화 예산' 규모는 얼마나 될까? 매년 공표되는 예산안을 들여다보면 금방 파악할 수 있을 것 같지만 이게 말처럼 쉽지 않다. '국가정보화'의 범위를 어디까지 잡느냐에 따라 들쭉날쭉해지기 때문이다. 행정부, 입법부, 사법부, 지방정부, 공공기관 등까지 국가의 범위를 최대한 넓게 잡으면 국가정보화 예산 규모는 당연히 커지고 중앙행정기관 중심으로 파악하면 작아진다. 또 사업의 범위를 정보시스템 구축, 인프라 투자, 연구개발 투자, 인력양성 등을 모두 포괄하면 국가정보화 예산 규모는 당연히 늘어난다. 반대로 정보시스템 구축 예산으로 한정하면 축소될 것이다.

국가정보화 예산에 대한 통계는 부처마다 모두 다르게 관리한다. 부처마다 관장하는 법이 다르기 때문이다. 여기서도 국가정보화 거버넌스가 분산되어서 생기는 문제를 확인하게 된다. 과기정통부는 '지

1,000억 원 이상 대규모 정보시스템 재구축 사업 <small>(최근 5년간)</small>

	사업명	총사업비 (백만 원)	사업 기간	구축 사업 수행 체계	
				발주기관	구축사업자
1	차세대 우체국 종합 금융시스템	314,243	2020 ~2023	우정사업본부	SK C&C
2	차세대 지방세입 정보 시스템	310,634	2020 ~2021	KLID	삼성SDS(1차) 메타넷대우 (2차)
3	차세대 등기시스템 (미래 등기시스템 구축)	306,843	2020 ~2024	대법원	LG CNS
4	차세대 형사사법정보시스템	293,977	2022 ~2024	법무부	LG CNS
5	4세대 지능형 나이스	282,400	2021 ~2023	KERIS	쌍용정보통신
6	차세대 사회보장 정보시스템	259,315	2019 ~2021	보건복지부	LG CNS
7	지능형 연금 복지통합플랫폼	241,586	2021 ~2024	국민연금공단	SK C&C
8	차세대 전자 소송시스템	210,021	2020 ~2023	대법원	LG CNS
9	디지털예산회계시스 템 전면 재구축	185,120	2019 ~2022	기획재정부	삼성SDS
10	차세대 지방재정관리시스템	179,936	2021 ~2023	KLID	LG CNS
11	차세대 국가종합 조달 시스템	176,491	2021 ~2024	조달청	SK C&C

능정보화기본법'에 따라 국가정보화 예산을 가장 포괄적으로 집계하고 관리한다. 과기정통부 발표에 따르면 우리나라 국가정보화 예산은 2022년에 11조 5,395억 원, 2023년에 10조 4,741억 원, 2024년

에 8조 3,000억 원이었다. 문재인 정부 디지털 뉴딜 사업이 한창이던 2022년도에 정점을 찍었다가 윤석열 정부 이후로 줄어들었다. 특히 2024년도 예산은 국가 연구개발 예산의 축소가 국가정보화 예산에도 크게 영향을 미쳤음을 보여준다.

최근 부처마다 차세대 시스템 구축이라는 이름으로 대규모 정보시스템 재구축 사업이 활발히 추진되었다. 최근 5년간 1,000억 원 이상의 예산이 투입된 사업만 대법원을 포함해서 11건에 달한다. 이들 정보시스템은 2000년대 초반 김대중 정부와 노무현 정부 시절에 전자정부 11대 과제와 31대 과제라는 이름으로 구축됐다. 구축 운영된 지 10~20년이 흐르는 동안의 변화된 업무와 기술을 반영하기 위해 시스템 고도화 작업의 필요성이 생긴 것이다.

2. 정부의 기술 리더십 공백

막대한 예산 규모에도 불구하고 대한민국의 국가정보화 사업은 치명적인 결함을 가지고 있다. 정보화 사업을 관장하는 정부 조직의 기술적 전문성이 떨어진다는 것이다. 정보화 사업의 책임자가 정보통신 기술을 모른 채 의사결정을 내린다. 단지 조직의 책임자라는 이유로 행정전문가가 정보화 사업을 기획하고 관리 감독한다. 이는 중앙행정부처, 기초자치단체, 산하기관 등을 가리지 않고 모두에게 해당하는 문제다. 민간기업이라면 있을 수 없는 일이다. 기업은 조직 내부에 기술 전략을 책임지는 최고기술책임자CTO, Chief Technology Officer가 있어서 정보통신 개발과 인프라 투자에 관한 의사결정의 책임을 진다. 최근 빈발하고 있는 행정전산망의 장애 사태와 대규모 차세대 시스템 개발의 숱한 문제들은 발주기관의 기술적 무능이 원인의 50% 이상을 차지한다고 생각한다.

우선 정부 조직에서 최고정보책임자CIO, Chief Information Officer, 혹은 최고데이터책임자CDO, Chief Data Officer의 존재가 불분명하다. 정부 CIO 와 CDO는 정부 IT 인프라, 정부 디지털 서비스, 정부 데이터, 정부 IT 예산 등의 관리와 운영을 책임지는 사람이다. 우리나라 정부조직법상으로 보면 행안부가 전자정부 업무를 총괄하는 부처이기 때문에 행안부 장관이 사실상의 정부 CIO와 CDO 역할을 한다고 볼 수 있다. 그러나 대한민국 역대 행안부 장관 중에 IT 전문성을 가진 사람이 누가 있었던가? 대부분 행정 관료 출신이거나 정치인 출신이었다. 그럼에도 우리나라는 별도로 정부 CIO와 CDO를 임명하지 않은 채 행안부 장관이 실질적으로 겸임하고 있다.

비전문가가 권한과 책임을 지고 있으면 당연히 숱한 문제가 생겨난다. 국가정보화의 명확한 비전과 리더십이 있을 리 만무하다. 국가 차원의 기술 전략은 불명확해지고 부처별 정보화 사업에 대한 통제력은 약해진다. 정부 서비스의 품질은 저하되고 부처 간 SI와 연계는 어려워진다. 중복 프로젝트는 많아지고 IT 예산의 비효율은 커진다. 이런 문제를 해결하고자 '디지털플랫폼정부위원회' 같은 대통령 직속 위원회를 설치하지만 또 하나의 옥상옥에 그칠 뿐이다. 정부의 주요 IT 프로젝트가 잘못되어도 책임 소재가 불분명해진다. 장관 아래 실장과 국장은 문책당하지만 정작 정부 CIO나 CDO 역할이 주어진 장관은 절대로 책임지지 않는다. 2023년 가을부터 숱하게 터져 나온 행정전산망 장애 사태에도 행안부 장관은 아무 책임을 지지 않았다.

정보시스템 구축 프로젝트의 실무를 담당하는 일선 공무원들의 기술 전문성 부족이 낳는 문제 또한 심각하다. 차세대 프로젝트의 책임을 맡은 공무원들은 해당 업무 도메인의 전문가일 망정 당연히 IT 개발 전문가들이 아니다. 이럴수록 조직 내부에서 조금이라도 IT 전문성이 있는 공무원들을 중심으로 외부의 IT 관련 전문가와 안정적으로 협업할 수 있는 체계를 갖추는 게 필요하다. 대규모 사업은 복잡성이 높아서 책임자들이 정보화전략계획ISP, Information Strategy Plan 수립 단계에서부터 발주, 설계, 구축, 검수, 개통 단계까지 전체 과정에 걸쳐 연속성을 가지고 일할 수 있어야 한다.

그런데 지금은 모든 게 거꾸로 가고 있다. 담당 공무원들의 IT 전문성도 부족하고 잦은 인사이동으로 업무의 연속성도 보장되지 않는다. 그러니 ISP 산출물은 단지 투입 예산 규모를 추정하는 형식적인 용도로 전락하고 시스템 설계의 완성도는 떨어진다. 설계단계에서 사업책임자의 의사결정이 잘못되거나 지연되면 개발 과정에서 반드시 설계 변경 요구가 발생한다. 과업 변경이 많아지면 시스템 안정성은 깨지고 사업은 무한히 지연되는 일이 벌어진다. 감당할 수 없는 문제들이 복합적으로 터져 나와도 감사와 인사 평가가 두려워서 문제를 덮는 데 급급해한다. 외부에서 사태를 알 길이 없을뿐더러 비상 상황이 발생했다손 쳐도 외부에 지원을 요청할 기관도 없는 실정이다. 결국 충분한 테스트 없이 발주 부처의 정무적 판단에 따라 시스템 개통이 강행되고 대규모 서비스 링에 사태는 반복적으로 발생한다. 우리 국민이 숱하게 경험하고 있는 불행한 현실이다.

정부 주요 부처는 산하에 정보시스템의 개발과 운영을 지원해 주는 산하기관들과 함께 일한다. 정보화 초창기에는 NIA가 전자정부 전담 기관으로서 주요 정보시스템의 기획과 감리 업무를 책임지고 수행했다. 2000년대 들어 부처마다 주요 정보시스템의 운영이 안정화되고 정보화 업무에 관한 경험이 쌓이면서 부처별로 정보화 업무 지원기관의 설립이 확산했다. 주요한 기관만 열거해 보자.

- 한국교육학술정보원KERIS (교육부)
- 한국재정정보원FIS (기획재정부)
- 한국사회보장정보원SSIS (보건복지부)
- 한국지역정보개발원KLID (행정안전부)
- 한국고용정보원KEIS (고용노동부)
- 국토교통과학기술진흥원KAIA (국토교통부)
- 한국문화정보원KCISA (문화체육관광부)
- 농림수산식품교육문화정보원EPIS (농림축산식품부)
- 한국보건의료정보원KHIS (보건복지부)

문제는 정보화 사업을 지원하는 수많은 산하기관에도 기술 전문성이 부족하다는 점이다. 산하기관의 역할이 사업관리와 운영지원 등에 국한되어 있는 경우가 대부분이고 개발 운영 역량을 갖춘 곳은 거대 규모의 공단과 공사를 제외하고는 거의 없는 실정이다. 산하기관은 정보시스템의 단순한 운영관리와 유지 보수 책임을 맡을 뿐이다. 기획과 개발 과정에서는 역할이 배제되어 있다. 역할이 없으니 역량이 쌓일 일도 없다. 현재로서는 정부 부처에서 정보시스템 개발에 관한 기술 전문적인 지원을 받으려 해도 산하기관에서는 그럴 조직과 인력이 전혀 준비되어 있지 않다. 그럼에도 정보시스템 개발 프로젝트에 문제가 발생하면 관리 감독 소홀로 문책을 당하는 것은 산하기관이다. 차세대 교육행정정보시스템NEIS의 장애 사태로 한국교육학술정보원KERIS 원장이 책임을 지고 물러났고, 차세대 지방세입정보시스템의 장애 사태로 한국지역정보개발원KLID 원장이 책임을 졌다. 문제가 발생했을 때 희생양을 찾기는 쉽다. 하지만 희생양을 바친다고 정부와 산하기관의 부족한 기술 전문성이 회복되지는 않는다.

3. 이명박 정부 시절이 변곡점이었다

정부의 기술 전문성이 처음부터 없지는 않았다. 오히려 전자정부 초창기에는 정부의 공공부문이 전산화를 주도했다. 컴퓨터를 업무에 도입한 것도 정부가 민간기업보다 빨랐고 대학에 전산학과가 설치되기도 전에 한국과학기술연구소KIST는 전자계산실 조직을 꾸리고 컴퓨터 교육반을 운영했다.

당시 한국과학기술연구소 전자계산실에는 최고의 젊은 두뇌들이 모였다. 초대 전자계산실 실장으로 성기수 박사가 발탁되었다. 그는 대단히 신화적인 인물이었다. 『되돌아보는 대한민국 전자정부 이야기 23선』에 따르면 그는 현역 공군 대위였는데 중책을 맡았다. 알고 보니 하버드대학교 대학원에서 2년 1개월 만에 기계공학 석박사 학위를 취득했다. 하버드대학교 300년 역사에서 지금까지 전무후무한 기록이라고 한다.

정부 부처에 아직 전산 개발 능력이 없던 초창기에 한국과학기술연구소KIST 전자계산실의 활약은 눈부셨다. 특히 88서울올림픽 전산시스템 개발과 운영을 성공적으로 마무리해 외국 언론들로부터 사상 최고의 '무오류' 올림픽 전산화라는 극찬을 받았다. 민간의 정보화 능력이 채 자리 잡기 전에 중요한 개발사업은 모두 정부의 인하우스 개발 역량이 주도했음을 알 수 있다.

초기에는 정부와 공공부문의 기술 역량이 국가정보화 사업을 주도했다는 점은 전산망 표준화와 감리제도에서도 확인할 수 있다. 전산망 표준화는 호환성, 확장성, 효율성 등을 위해 필수적인 작업이다. 당시 한국전산원NCA(현 NIA의 전신)은 행정전산망의 표준 규격 작성을 주도했다. 정보시스템 감리는 발주자와 사업자가 아닌 독립적인 제삼자의 관점에서 공정한 평가를 함으로써 정보시스템의 품질 향상과 신뢰성 확보를 꾀하는 핵심 수단이다. 국가기간전산망 사업의 초창기 시절에는 한국전산원 전산 감리의 품질확인 없이는 사업비가 집행되지 못할 만큼 감리의 권위가 강력했다. 한국전산원은 당시 정보화 사업 추진에 필요한 국내 최초의 정보시스템 개발 방법론을 개발하고 보급하였다. 그리고 국가기간전산망 사업 및 전자정부 시스템 구축 사업의 감리를 직접 수행했다. 이 점에서 한국전산원은 기술적 전문성을 바탕으로 하여 초기 전자정부 사업의 성공과 서비스 품질 제고에 이바지했다.

2000년대 들어서 정보통신산업이 급속히 성장하고 민간의 IT 역량이 발전함에 따라 정부와 공공부문의 기술 전문성은 상대적으로 약화하기 시작했다. 경제성장과 함께 정부와 시장의 역관계가 역전되는 것은 어찌 보면 불가피한 현상이라 하겠다. 이때 이명박 정부가 등장했다. 작은 정부를 지향하는 이명박 정부의 정책은 기술 전문성 약화의 결정적인 변곡점 역할을 했다.

이명박 정부는 타 부처와의 기능 중복을 해소하고 효율성을 높인다는 명분 아래 정보통신부를 해체했다. 정부의 정보통신기술 거버넌스 체계는 무너졌고 정책의 일관성이나 통합성은 약화됐다. 이명박 정부는 또 공공부문 슬림화를 명분으로 공기업 민영화, 공공기관 통폐합,

민간 이양을 적극 추진했다. IT 개발 프로젝트도 최대한 용역 업체에 아웃소싱 주는 것을 원칙으로 했다. 한국전산원이 수행하던 감리 기능도 민간 감리법인으로 대부분 넘어갔다. 이명박 정부는 정부 조직 개편, 정부 평가, 공공기관 경영평가 등을 압박 수단으로 삼아서 민간 이양을 적극적으로 추진했다. 조직이 없어지고 관련 기능이 이양되고 개발 및 운영관리 업무가 모두 아웃소싱되는 상황에서 정부와 공공부문이 기술 전문성을 유지하는 것은 불가능했다.

4. 역할을 주고 역량을 쌓게 하라

전문 기술지원 조직의 역할은 크게 세 가지 정도를 상정할 수 있다. 첫째, 대규모 정보화 사업을 추진할 때 발주기관에 대한 긴밀한 기술지원을 통해 사업 전 과정에 대해 책임관리를 하는 일이다. 정부의 주요 차세대 프로젝트가 심각한 오류를 낳고 있는 상황에서 가장 시급하게 요구되는 역할이다. 여기서 '책임관리'라는 말이 중요하다. 단순한 사업관리에 그쳐서는 안 된다. 품질에 대한 최종 평가, 이슈 사항해결, 개통 여부 결정권까지 가졌을 때 '책임관리'라 할 수 있다. 발주기관의 권한 대행자로서 권한과 책임이 동시에 부여되어야 한다. 필요한 경우 개발 중지까지 내릴 수 있어야 한다.

둘째, 정부의 주요 정보시스템에 심각한 문제가 생겼을 때 비상 대응을 주관한다. 코로나 시기에 질병관리청 백신 예약 시스템 장애나 EBS 원격교육 시스템 장애 상황 등이 여기에 해당한다. 최근 행정정보 서비스의 잇따른 장애 상황도 마찬가지다. 국가사회의 디지털 전환이 가속화되면 될수록 디지털 기반의 국가 위기 상황은 규모가 더욱 거대화되고 빈도가 더욱 잦아질 수밖에 없다. 디지털 인프라의 국가 위기 상황이 발생했을 때 이를 신속히 해결하고 안정적으로 대국민 서비스를 제공할 기술 전문 지원기관의 역할은 갈수록 중요해진다.

셋째, '정부24' 서비스와 같이 모든 국민이 사용하는 주요 핵심 서비스의 기능 개선과 운영을 주관한다. 이를 통해 특히 정부 주요 서비스의 디자인 및 UX를 집중적으로 개선한다. 전문 기술지원 조직에서 UI와 UX의 가이드라인과 표준 모델을 설정하고 통제할 수 있어야 한다. 영국의 정부디지털서비스청GDS, Government Digital Service에서 가장 중점을 두고 있는 업무이다. 영국은 GDS 조직을 신설하여 사용자 중심의 정부 서비스 구축에 획기적인 성과를 거둔 바 있다. 국민이 가장 절실히 필요로 하는 역할이다.

대규모 정보화 사업의 품질 혁신을 위해 전문 기술지원 조직이 수행해야 할 역할을 좀 더 상세히 살펴보자. 정보화 사업은 크게 계획단계, 구축 단계, 운영·유지 단계를 거친다. 세부적으로는 ISP 수립 및 단계별 정보시스템 구축계획 단계, 정보시스템 구축 단계(분석, 설계, 구현, 시험, 검수, 개통), 운영 및 유지 보수 단계 등으로 나눌 수 있다.

ISP 수립 및 단계별 정보시스템 구축계획 단계에서는 내실 있는 전략계획을 산출하는 일이 중요하다. ISP와 이에 기반한 제안요청서RFP는 모든 일의 첫 단추를 끼우는 일이다. 전문 기술지원 조직은 발주기관의 사업추진단에 직접 전문가로 참여하거나 밀착 컨설팅 지원을 통해 내실 있는 ISP가 수립되도록 지원한다. 이때 과업의 범위, 신기술 사용의 적절성, 데이터베이스 재설계, 데이터 전환전략, 시스템 전환전략 등 세부 사항에 대한 검토를 강화해야 한다. 첫 단추를 잘 끼워야 이후 구축 단계에서 개발 오류나 개발 지연 등의 문제 상황 발생을 최소화할 수 있다.

정보시스템 구축 단계에서는 전문 기술지원 조직 같은 제3의 전문기관이 사업 전반에 걸쳐 품질관리를 하는 게 필요하다. 현재 구축 과정의 품질관리를 위해 감리와 PMO(프로젝트 관리조직, Project Management Office) 제도가 존재하지만, 제도의 실효성이 의심받고 있다. 감리는 성과물을 점검하는 역할이다. 하지만 예산과 일정 등의 문제로 인해 품질관리에 한계가 있다. 또 PMO는 발주자로부터 위탁을 받아 사업관리를 대행한다고 한다. 그러나 발주기관과 수행 업체 간 중재자 역할에 한계가 많은 실정이다. 대부분의 감리기관이 도메인 지식과 신기술 지식이 부족하여 형식적인 관리에 그치고 객관적인 점검에 한계를 보인다. 따라서 대규모 정보화 사업일수록 전문 기술지원 조직 같은 전문적이고 독립적인 기관에서 감리와 PMO 역할을 전담 수행할 필요가 있다. 충실한 시스템 설계가 나오도록 기술적 관점과 업무 도메인 관점에서 면밀하게 검토해야 한다. 그리고 사업 진행상의 각종 위험 요소와 이슈 사항에 대해 미리미리 대응해야 한다. 또한 개발 완료된 시스템에 대해 통합테스트를 하여 오류를 점검하는 일 등을 수행한다. 정보시스템이 개통 기준을 충족하는지를 객관적으로 진단하여 개통 여부에 대한 의사결정을 지원하는 역할도 매우 중요하다.

운영 및 유지 보수 단계에서는 운영 업무의 역할을 업그레이드하는 게 핵심이다. 지금처럼 개발 따로 하고 운영 따로 하는 식으로 이원화되어서는 발전이 없다. 운영과 유지 보수 단계에서 일상적으로 시스템 기능의 마이너 업그레이드가 이루어져야 한다. '운영이 곧 개발'이라는 데브옵스DevOps, Development + Operations가 일상에서 구현되어야 한다. 이게 정착되면 '차세대 시스템 구축'이라는 말이 없어질 수 있다.

이를 위해서는 시스템 구축사업자와 유지보수업체 간의 역할 분담과 소통이 잘되도록 지원하는 역할이 중요하다. 현재는 개발과 운영 모두 개별 업체에 맡겨 해결할 뿐이다. 공공 영역 내부에 기술력을 축적할 아무런 장치가 없다. 역할이 없으면 역량도 쌓이지 않는다.

5. 공공 영역의 스타트업처럼 작동해야 한다

전문 기술지원 조직의 필요성은 그동안 여러 정부를 거쳐 꾸준히 논의됐다. 문재인 정부 때 국무회의 의결을 통해 확정 발표한 '디지털 정부혁신 추진계획'은 디자인과 개발 전문가팀의 신설을 제안하는 내용을 담고 있다. 소위 '한국형 18F' 조직을 만들자는 발상이었다.

미국 총무청GSA 산하에 '18F'라는 조직이 있다. 이 조직은 기술 전문가, 디자이너, 제품 관리자 등으로 구성된 팀이다. 미국 연방정부 기관들과 협력하여 더 나은 디지털 서비스를 설계하고 구축할 수 있도록 지원하는 역할을 한다. 미국의 18F를 벤치마킹하여 한국에도 비슷한 역할을 하는 조직을 신설하자는 제안이었다. 국무회의 의결을 거쳤음에도 미국 등 해외와 다른 우리나라 공무원법의 특성상 공무원 조직에 도입하기에는 어렵다는 한계에 부딪혔고 결국 흐지부지되고 말았다.

윤석열 정부의 '디지털플랫폼정부위원회'에서도 또다시 전문 기술지원 조직의 필요성이 제기되었다. 대규모 정보화 사업 실패의 근본적인 해결책으로 사업의 기획, 구축, 개통, 운영의 전 과정을 책임 관리할 전문 지원기관을 운영하자는 것이다. 전문 지원기관은 정보화 사업의 기획 및 추진 단계에서 인프라, 데이터, 기술, 서비스, 거버넌스가 적절히 계획되고 실행되고 있는지 밀착 컨설팅을 지원하는 역할을 한다.

항상 계획보다 실행이 중요하다. 그렇다면 전문 기술지원 조직을 정부 영역 안에 어떻게 만들 것인가? 우선 전문 기술지원 조직을 정부 기관의 하나로 만들어 '공무원 조직화'하는 것은 불가능하고 바람직하지도 않다. 현재의 공무원 보수 체계하에서는 민간의 유능한 정보통신기술 전문가를 채용할 수도 없다. 그리고 설령 채용하더라도 정년까지 신분보장을 받는 국가공무원법 규정 때문에 금방 관료화될 우려가 있다. 전문 기술지원 조직은 기술 변화에 민감히 반응하고 현안에 신속히 대응하는 게 생명이다. 관료화되는 순간 조직의 생명력은 사라진다. 비유적으로 표현하면 전문 기술지원 조직은 '공공 영역의 스타트업'처럼 작동되어야 한다.

기존의 공공기관에 새로운 역할을 부여하거나 새로운 기관을 설립하는 방법이 있다. 기존 공공기관에도 인사, 제도, 지식역량, 조직문화 등 오랜 시간 동안 축적된 레거시가 존재한다. 그만큼 기존의 조직에 새로운 역할을 부여하는 게 어렵다. 새 술은 새 부대에 담는다는 격언이 나온 이유일 것이다. 모든 걸 따져봤을 때 새로운 기관을 설립하는 게 가장 깔끔하다. 이런저런 현실적인 사정으로 기존 공공기관을 활용하더라도 공공기관 산하에 별도 법인을 신설하는 게 바람직할 것이다.

어떤 방식으로 조직을 설립하더라도 인사와 채용 측면에서 기존의 경직된 레거시 제도의 제약으로부터 자유로워야 한다. 민간에서 최고의 디지털 혁신기술 전문가를 채용하려면 최고 수준의 급여와 처우를 제공할 수 있어야 한다. 물론 국가적으로 중요한 업무를 책임진다는 자부심과 공공에 대한 봉사 정신으로 처우의 부족한 부분을 채울 수 있다. 그렇더라도 지금의 공공기관 처우 수준보다는 월등히 높아야 한다. IT업계 최고 수준은 아니지만 민간 부문과 비교할 만한 수준의 급여는 제공해야 한다. 그래야 최소한의 채용 경쟁력을 가질 수 있다.

채용 계약도 프로젝트별로 할 수 있어야 한다. 대규모 차세대 시스템 구축 사업, 주요 정보서비스의 UI와 UX 개선, 전자정부 핵심 기반 서비스의 개발 등과 같은 특정한 정부 프로젝트별로 계약한다. 일반적으로 2년에서 4년 사이의 제한된 기간에 근무하고 필요한 경우 연장 계약을 한다. 근무 형태도 유연해야 한다. 전일제, 시간제 등 다양한 근무가 가능해야 하고 당연히 원격근무 옵션이 제공된다.

대부분의 조직 구성원이 정규직보다는 비정규직이나 기간제 계약직으로 근무해야 한다. 최고책임자 역시 정무직 준공무원으로서 기간제 신분이다. 일부 간부를 제외한 대부분의 고위 관리자는 민간의 전문가를 프로젝트별로 영입하여 혁신을 주도한다. 성과에 따라 계약을 갱신하여 조직의 혁신과 안정성을 동시에 꾀하도록 한다. 또한 필요에 따라 신속하게 인력을 충원하거나 축소할 수 있어야 하고, 민간으로부터 계속해서 새로운 인재와 아이디어가 유입되어 혁신을 촉진해야 한다. 정부 부처에서 파견 나온 공무원이 일정 기간 간부를 맡는 순환보직도 가능하다. 전문 기술지원 조직은 문제해결형 조직이 돼야 하며 업무의 혁신적 성과 창출에 초점을 맞춰야 한다.

공공부문에서 민간의 뛰어난 인재를 채용하고 혁신적인 성과를 창출하려면 조직 운영 자체를 혁신하지 않으면 안 된다. 미국과 영국 등 세계의 주요 기술 전문 지원조직은 이미 이런 운영 방식으로 작동한다. 미국 예산관리실OMB, Office of Management and Budget 산하의 디지털서비스청USDS, U.S. Digital Service, 앞서 언급한 미국 총무청 산하의 '18F' 조직, 영국의 GDS, 호주의 디지털혁신처DTA, Digital Transformation Agency 등 대부분 프로젝트 기반으로 민간 IT 전문가를 채용한다.

실리콘밸리의 유명 투자자이자 링크드인 설립자인 리드 호프먼은 이런 인재 채용 방식을 '투어 오브 듀티Tour of Duty' 모델이라고 개념화했다. 우리말로 하면 '한시적 임무 수행 모델' 정도로 풀이할 수 있다. '투어 오브 듀티'라는 용어는 원래 군사용어에서 유래했다. 군대에서 '투어 오브 듀티'는 군인이 특정 임무나 특정 지역에서 복무하는 정해진 기간을 의미한다. 이 개념을 공공부문의 인재 채용 모델에 적용한 것이다.

이 모델은 공공부문의 혁신을 위해 민간의 전문성을 활용하는 효과적인 방식으로 인식되어 점차 다양한 정부와 조직에서 확대 적용되고 있다. 이 모델의 목적은 정부의 디지털 역량을 강화하고, 민간의 혁신적인 방식을 공공부문에 도입하고, 복잡한 정부 프로젝트를 효율적으로 수행하는 데 있다. '투어 오브 듀티' 모델은 정부와 민간 부문 사이의 인재 교류를 촉진하고 공공 서비스의 질을 향상하는 데 기여하고 있다.

혁신적인 조직 운영 없이 혁신적인 업무성과는 나올 수 없다. 전문기술지원 조직은 '공공부문의 스타트업'처럼 운영하는 게 중요하다. 이를 위해 필요하면 정부조직법, 국가공무원법, 공공기관 운영에 관한 법 등 관련 법과 제도의 정비가 뒷받침되어야 한다.

7장
영국 GDS는 어떻게 탁월한 성과를 냈는가

:: GDS는 혁신적인 기술을 적용하는 것을 혁신이라 하지 않았다. 그들은 단지 정부 웹 사이트를 바꾸려 일하지 않았다. 디지털을 통해 정부를 바꾸려고 했다.

1. GDS는 설립 자체가 혁신이었다

우리나라 국가정보화 거버넌스의 정비나 전문 기술지원 조직의 필요성을 얘기할 때마다 약방의 감초처럼 등장하는 조직이 영국의 GDS이다. 영국의 GDS는 출범 이후 놀라운 성과를 거두었고 곧 세계적인 벤치마킹 대상이 되었다. 많은 국가가 영국 GDS에 영감을 받아 유사한 디지털 정부 기관을 설립했다. 미국의 미국디지털서비스청USDS, 18F 조직, 캐나다의 캐나다디지털서비스청CDS, Canadian Digital Service, 호주의 디지털혁신처DTA, 싱가포르의 유명한 정부디지털기술청GovTec, Government Technology Agency 등이 영국 GDS를 본떠 설립된 기관들이다. 디지털 기술의 혁신은 미국이 주도하지만, 디지털 거버넌스의 흐름은 영국이 주도했다.

우리 행안부는 영국 GDS를 관할하는 영국의 내각사무처와 디지털 협력을 위한 양해각서mou를 맺고 있다. 정부 부처, 공공기관, 학계에서는 수시로 영국 GDS를 방문하여 주요 인사들을 면담하고 인터뷰를 진행했다. 아마 영국 GDS 간부들 처지에서 보면 한국에서는 왜 이리 똑같은 문제를 이 사람 저 사람 바꿔가면서 묻고 가는지 의아했을 것이다. 이 결과 NIA을 비롯한 여러 공공기관에서 이미 수많은 보고서가 발간되었다. 그러나 영국 GDS의 현황과 성과 등 겉으로 드러난 외형적인 정보를 요약하는 데 그치는 게 대부분이다. 이런 보고서로는 영국 GDS가 작동되는 내부의 메커니즘을 파악하기가 어렵다. 우리에게 필요한 것은 무슨 성과를 창출했는가가 아니라 성과를 내기까지 어떻게 일했는가이다. 영국 GDS 역시 일하는 방식의 변화가 진정한 혁신이고, 이 혁신이 성과를 창출하는 원동력이기 때문이다. 질문을 잘해야 원하는 답을 얻을 수 있다. 실천적인 문제의식이 있어야 벤치마킹도 가능하다.

영국 GDS가 낳은 대표적인 혁신 사례로 흔히 세 가지 서비스가 거론된다.

1. 범정부 단일창구인 GOV.UK 포털의 혁신적 설계와 재구축.
2. 가장 중요하게 사용되는 25개 서비스의 재설계와 연동.
3. 알림(GOV.UK Notify), 결제(GOV.UK Pay), 디자인 시스템(GOV.UK Design System) 등 공통의 서비스 구축 도구 지원.

서비스 혁신 얘기는 차차 하기로 하자. 조직이 낳은 혁신적 성과 이전에 GDS라는 형태의 조직을 만들기로 한 결정 자체가 더 혁신적이다. 영국 정부는 현실의 문제를 해결하기 위해 아무도 걷지 않았던 새로운 길을 개척했다. 정부의 온라인 정보제공 방식을 근본적으로 바꾸기로 했다. 민간기업에 위탁 개발하여 정보서비스를 제공하던 전통적인 방식에서 탈피하여 정부 내에 새로운 조직을 만들어 통일적으로 제공하는 방식을 시도했다. 인터넷과 모바일 시대에 접어들어 높아진 국민의 눈높이에 맞추기 위해 영국 정부 스스로 문제해결 조직을 갖추기로 한 결과다. 새로운 발상이고 과감한 도전이었다.

이 결정이 영국적인 창의성을 잘 보여준다. 그때까지 어느 텍스트에도 정부 내에 '전문 기술지원 조직'을 만드는 게 필요하다는 이론이 없었다. 영국이 영국 GDS를 만든 것은 책에서 배워서 한 게 아니었다. 텍스트로 재구성된 이론을 근거로 조직을 만든 것이 아니라 현실 문제에 정면으로 부딪쳐 해결 방책을 찾았다. 그 결과 '새로운 제도'라는 창조적 혁신을 만들어냈다. 현실에 뿌리내려야 생명력을 얻을 수 있다. "모든 이론은 회색이요, 오직 영원한 것은 저 푸른 생명의 나무다."라는 말은 그래서 건강하다.

당시 영국이 디지털 분야에서 처한 현실을 들여다보자. 2011년 보수당과 자유민주당의 연립으로 캐머런 정권이 들어섰다. 캐머런 정권은 2008년 글로벌 금융위기로 인한 경제 침체를 극복하기 위해 긴축재정 정책을 추진했다. 당시 영국의 공공 정보서비스는 숱한 문제를 드러내고 있었다. 정부 웹 사이트는 우후죽순 난립하여 사용자의 혼란은 가중되었고, 정부가 추진하는 IT 프로젝트는 실패를 거듭했다. 국민보건서비스NHS의 대규모 국가 프로그램이 실패를 거듭하고 있었다는 것이 가장 커다란 난제였다.

당시 NHS는 유럽에서 가장 많은 인력을 보유한 조직이었다. NHS 국가 프로그램은 NHS의 정보기술 인프라를 현대화하고 통합하는 목적으로 추진되었다. 그러나 프로젝트는 지연되고 비용은 눈덩이처럼 불어났다. 초기 예산은 약 60억 파운드였으나 최종적으로는 100억 파운드 이상으로 증가했다. 당시 환율이 1파운드당 1,750원 정도였으니 100억 파운드는 우리 돈으로 17조 5,000억 원에 해당하는 막대한 규모다. 당시 세계 최대 규모의 민간 IT 프로젝트로 알려졌다.

캐머런 정부는 2011년 11월에 NHS 국가 프로그램의 공식적인 해체를 선언한다. NHS 국가 프로그램의 실패는 영국 정부의 대규모 IT 프로젝트 접근방식을 전환하는 촉발점이 되었다. 이는 GDS 출범의 주요한 배경으로 작용했다. GDS 초대 CEO였던 마이크 브라켄Mike Bracken, 개발 책임자 톰 루스모어Tom Loosemore 등 창립 멤버 4명이 저술한 『대규모의 디지털 전환Digital Transformation at Scale』에는 당시 상황이 이렇게 정리되어 있다.

"2011년 9월 영국 정부는 NHS 국가 IT 프로그램을 폐기했다. 120억 파운드 프로젝트는 유사한 공공 IT 프로젝트 중 가장 규모가 큰 것이었다. 이것보다 더 복잡한 과제를 상상하기는 어렵다. 하지만 거의 모든 예산이 낭비되었다. 이것은 값비싸고 창피한 일이었다. 이 실패는 정치적인 동시에 기술적인 실패였다. 더 안 좋은 일은 NHS 프로그램만이 비정상적인 것이 아니라는 사실이다. 영국을 드나드는 모든 사람의 데이터를 수집하고 분석하기 위해 2003년에 시작된 영국 최초의 e-Borders 시스템은 11년 후에 8억 3,000만 파운드를 투자한 후에 취소되어 '수작업 기반의 매우 비효율적인' 시스템만이 남게 되었다.

이러한 연속적인 IT 문제에 대응하여 영국은 2011년에 GDS를 설립하였다. GDS는 새로운 기관으로서 정부의 디지털 전환에 대한 책임을 맡고 인터넷 시대를 위한 공공 서비스를 설계한다. 이 기관은 정부의 기술 예산 중 140억 파운드를 줄이고, 공공부문의 계약을 수천 개에 이르는 새로운 공급업체에 개방했다. 좋은 온라인 서비스를 제공함으로써 대규모의 마케팅 캠페인 없이도 국민이 오프라인 대신에 온라인 서비스를 선택하도록 유도했다. 다른 나라와 민간 기업들도 이를 주목했다."

2. 두 명이 보여준 혁신적인 리더십

현실이 새로운 제도를 잉태할 필요조건을 제공해준다고 해도 결국 그것을 실현하는 것은 인간의 의지와 선택이다. GDS가 탄생하는 데 결정적인 역할을 한 두 사람이 있다. 두 사람은 GDS의 탄생뿐만 아니라 출범 이후 성공적인 역할을 하는 데에도 크게 이바지했다. 한 사람은 영국 내각사무처Cabinet Office 장관 프란시스 모드Francis Maude이고, 다른 한 사람은 모드 장관에게 처음으로 설립을 권고한 보고서를 작성한 영국의 디지털 챔피언 마샤 레인 폭스Martha Lane Fox다.

프란시스 모드는 2010년부터 2015년까지 5년간 내각사무처 장관을 역임했다. 이는 캐머런 총리의 첫 임기와 거의 일치하는 것으로 모드의 경험과 개혁 의지에 대한 총리의 신임을 잘 보여준다. 모드는 5년간 장관직을 수행하면서 강력한 리더십으로 디지털 정부 전략의 연속성을 확보할 수 있었다. 모드는 마샤 레인 폭스의 제안을 적극적으로 수용하여 GDS의 설립을 실행했다. 설립 이후에는 마샤와 간부들의 전략과 철학을 강력히 지원했다. 디지털 우선 전략Digital by Default을 강력히 추진하고 부처별 디지털 전환에 대한 각 부처의 저항을 극복했다. 또한 GDS를 위한 충분한 예산과 인력을 확보하는 데 주력했다.

모드는 장관 재임 5년 동안 GDS의 설립과 초기 성장에 결정적인 역할을 했다. 모드의 재임 기간에 GDS는 단순한 IT 부서에서 정부 전체의 디지털 전략을 주도하는 핵심 조직으로 성장할 수 있었다. 모드 장관의 사임 이후에 GDS는 영향력이 점차 약해졌다. 정부 각 부처의 디지털 전환을 주도하는 조직에서 지원기관 역할로 기능이 변화하면서 영향력을 상실해 갔다. 모드는 퇴임 후에 정부 부처의 보수적인 문화가 디지털 전환의 발목을 잡을 것임을 '제국의 역습!'이라는 표현으로 예감했다. 항상 불행한 예감은 틀리지 않는다.

마샤 레인 폭스는 영국 정부로부터 공식적으로 임명된 첫 번째 디지털 챔피언이었다. 디지털 챔피언은 영국 국민의 디지털 리터러시를 높이고 인터넷 사용을 장려하는 역할이라 한다. 마샤는 2010년 프란시스 모드 장관으로부터 영국의 기존 포털 서비스인 'Directgov'에 대한 전략 검토 요청을 받고 수십 명의 전문가 자문을 거쳐 보고서를 제출했다. 역사적인 문건 「Directgov 2010년과 그 이후: 진화가 아닌 혁명Directgov 2010 and Beyond: Revolution, not evolution」 보고서는 이렇게 탄생했다.

이 보고서는 단일한 정부 웹 사이트 GOV.UK 구축과 중앙집중식 디지털 팀의 설립을 제안했는데 이것이 GDS 출범의 기반이 되었다. 그녀의 디지털 우선 전략은 GDS의 핵심 원칙이 되었다. 서비스 설계 시 사용자 니즈User Needs를 최우선으로 고려하는 정신은 GDS의 핵심 철학이 되었다. 그녀는 자신의 제안에 대한 정치적 지지를 이끌어내는 데에 성공했다. 이는 GDS 설립의 결정적 요인이 되었다.

「Directgov 2010년과 그 이후: 진화가 아닌 혁명」 보고서의 핵심 제안 사항을 요약하면 다음과 같다.

첫째, Directgov는 시민과 기업을 위해 제공되는 모든 부처의 온라인 업무처리 서비스의 대국민 접점Front-end이 되어야 한다. 이를 위해 Directgov가 범부처에 통용되는 솔루션 설치를 의무화하고 표준을 정립하며 부처들이 핵심 업무처리에서 시민의 경험을 개선하도록 할 수 있는 권한을 가져야 한다.

둘째, Directgov는 정부 서비스와 콘텐츠를 직접 제공하거나 연계해서 제공하는 소매상이자 도매상의 역할을 모두 해야 한다. 이를 위해 Directgov는 제삼자에게 제공하는 API 개발과 개방에 대한 권한을 가져야 한다.

셋째, 정부의 온라인 정보제공 모델을 근본적으로 바꿔야 한다. 이를 위해 내각사무처에 신설된 새로운 조직이 모든 디지털 채널에서 UX를 완벽하게 제어하고 범부처 온라인 정보를 위임받아 일괄적으로 제공해야 한다.

넷째, 내각사무처 내에 디지털 부문을 관장하는 새로운 CEO를 임명해야 한다. CEO는 정부의 모든 온라인 서비스(웹 사이트, API)의 UX에 대한 절대적인 권한과 모든 부처의 온라인 예산 사용을 총괄할 수 있어야 한다.

제안 사항 하나하나가 아름답다. 향후 만들어질 단일 정부 웹 사이트 GOV.UK의 비전과 이를 책임질 조직인 GDS의 권한과 역할이 매우 명료하게 정리되어 있다. 정부는 민간 전문가에게 공식적인 조언을 요청하고 민간 전문가는 주변 전문가의 역량을 모아 공개적으로 공식 보고서를 제출했다. 정부는 민간의 제안을 수용하여 그때까지 세상에 없는 새로운 조직을 만들어냈다. 디지털 분야에서 민관 협업의 거버넌스가 작동하는 최고의 모범사례라 하지 않을 수 없다.

3. 설립 초기에 홈런을 날리다

GDS가 초기에 거둔 성과는 탁월했다. 가장 대표적인 것이 GOV. UK 포털의 혁신적 설계다. 일관된 디자인과 UX를 제공하여 사용자 중심의 직관적인 인터페이스를 구현했다. 이에 따라 정부 서비스에 대한 접근성이 대폭 향상되었다. 서비스를 시작한 2012년 한 해에 방문자 수 1억 명을 기록했고, 2014년에 약 2억 명, 2018년에는 3억 명으로 늘어났다. GOV.UK 출시 이전 영국 정부 대표 웹 사이트였던 Directgov의 연간 방문자가 2011년 3,000만 명이었던 것과 비교하면 7년 사이에 약 10배로 증가한 것을 알 수 있다. 물론 Directgov는 정부의 여러 웹 사이트 중 하나였다. 반면에 GOV.UK는 2,000개 이상의 정부 웹 사이트를 단일 도메인으로 통합re-direction하였기 때문에 단순하게 비교하는 것은 무리가 있다.

그럼에도 혁신적 개선의 성과는 높이 평가해 줘야 한다. GOV.UK 사이트는 디자인과 UI 및 UX 측면에서 많은 찬사를 받았다. 디자인의 메시지가 단순했고 명확했다. 그리고 모든 정부 서비스에 걸쳐서 일관된 디자인 언어를 사용했다. 장애인을 포함한 다양한 사용자를 고려하여 접근성을 높였다. 반응형 웹 디자인으로 모바일 퍼스트를 구현했다. 강력하고 직관적인 검색 기능으로 정보 탐색을 쉽게 했다. 마지막으로 중요한 한 가지가 있다. 콘텐츠 디자인 개념을 본격 적용했다. 복잡한 정부 용어를 쉽고 명확한 언어로 고쳐 썼고 이해하기 쉬운 콘텐츠를 만들어내려고 노력했다. 초창기 창립 멤버 12명 중에 이 분야 업무를 담당하는 콘텐츠 디자이너가 두 명이나 될 정도로 비중을 두었다.

GOV.UK는 서비스 개시 다음 해부터 디자인상과 기술혁신상, 공공 서비스 상을 휩쓸었다. GOV.UK는 정부 웹 사이트의 새로운 표준을 제시했다. 또한 전 세계 많은 국가의 디지털 정부 서비스 개발에 영감을 주었다. GOV.UK는 영국 정부의 디지털 서비스 혁신을 상징하는 플랫폼으로 자리 잡았다.

GDS는 GOV.UK 포털을 근간으로 가장 수요가 많은 25개 주요 공공 서비스의 재구축과 통합을 추진했다. 이 프로젝트는 서비스 자체를 근본적으로 재설계하고 개선하는 것을 목표로 삼았다. 예를 들어 자동입국 심사를 위한 여행자 등록제도Registered Traveler Service는 입국 심사 처리시간을 45분에서 불과 10초로 단축했다. 여행자 만족도는 95%까지 증가했다. 교도소 수용자 접견 예약제도를 개선하여 온라인 예약률을 70%까지 올렸다. 유권자 등록 시스템은 등록 소요 시간을 평균 5분으로 단축했다.

GDS는 이 25개 프로젝트를 수행하면서 '중앙집중식 통제'와 '분산식 실행'의 균형을 맞추려 노력했다. 핵심 표준과 플랫폼은 직접 개발하고 관리했지만 개별 서비스의 구현은 해당 부처와의 긴밀한 협력하에 이루어졌다. GOV.UK와 디지털 인증 서비스Verify와 같은 주요 서비스 구축 도구는 직접 개발했다. 25개 주요 서비스는 해당 부처와 협력하여 개발하는 방식을 택했다.

협력 방식은 다양했다. GDS가 강조하는 사용자 요구 분석, 서비스 설계, 초기 프로토타입 개발 등에는 직원들이 직접 참여했다. 본격 개발 과정에는 교육, 컨설팅 및 가이드라인을 제공하는 방식으로 협업했다. 이러한 협력 방식을 통해 '일관된 UX의 제공'과 '각 부처의 전문성 활용'이라는 두 마리 토끼를 잡을 수 있었다.

GDS의 대표적인 성과 중 하나로 꼽히는 것이 모든 서비스 개발에 공통으로 활용되는 '서비스 구축 도구'들이다. 인증 시스템GOV.UK Verify, 알림 시스템GOV.UK Notify, 결제 시스템GOV.UK Pay, 디자인 시스템 GOV.UK Design System 등 공통의 컴포넌트를 직접 개발하여 각 부처가 활용하도록 지원했다.

서비스 구축 도구는 수많은 정부 서비스를 개발하고 운영하는 데에 공통으로 사용되는 기본 인프라 역할을 한다. GDS는 서비스 구축 도구를 통해 일관된 품질의 서비스를 효율적으로 개발하고 운영할 수 있게 되었다. 각 부처가 개별적으로 개발할 필요가 없으니 비용과 시간이 절감되었다. 또 모든 정부 서비스에서 일관된 UX를 제공하게 되고 검증된 솔루션을 사용하니 품질이 향상되었다. 중앙에서 관리되는 보안 표준을 적용하니 보안이 강화되고 모든 사용자를 고려한 설계를 적용하여 접근성의 개선을 이룰 수 있었다. 주요 구축 도구 중에서 특히 3가지 도구의 활용도가 돋보인다.

첫째, 알림 서비스다. 민원 등 공공 서비스를 요청한 사용자에게 업무처리 현황을 메시지 또는 이메일로 알려주는 기능이다. 손 편지까지 지원한다. 그리고 실시간 전송상태 추적이 가능하다. API를 이용해 서비스 구축할 때 쉽게 기능을 탑재할 수 있다. 2020년 기준으로 2,500개 이상의 정부 서비스에서 사용했고 연간 20억 건 이상의 알림 메시지를 전송했다. 예상 비용 절감액이 연간 3,500만 파운드 이상이다.

둘째, 결제 서비스다. 정부 서비스에 안전한 온라인 결제 시스템을 제공한다. 예를 들어 여권 신청 수수료를 결제하거나 법원 수수료 납부할 때 이용한다. 카드나 이체 등 다양한 결제 방식을 지원하고 환급 및 부분 결제도 가능하다. 2020년 기준 50개 이상의 중앙 및 지방 정부 기관에서 활용 중이고 600개 이상의 서비스에서 사용하고 있다. 연간 거래액 10억 파운드 이상 처리하고 90% 이상의 높은 사용자 만족도를 기록하고 있다.

셋째, 디자인 시스템이다. 정부 서비스에 일관된 UX를 제공하기 위한 디자인 가이드라인 및 재사용할 수 있는 컴포넌트를 제공한다. 색상, 타이포그래피, 레이아웃 등의 표준 스타일 가이드가 지원된다. 디자인 요소로서 HTML·CSS 컴포넌트, 접근성 가이드라인, 사용 패턴 및 모범사례 등을 이용할 수 있다. GOV.UK의 모든 서비스에 적용되며 2020년 기준 100개 이상의 정부 기관에서 채택했다. 개발시간을 30% 이상 단축해주고 일관된 브랜드 아이덴티티 확립에 기여하고 있다.

초기 5년 동안 GDS 개발 책임자로 일했던 톰 루스모어가 DigiShift 55회 강연에서 말한 내용을 들어보자. 알림 서비스의 활용도를 예로 들고 있다. 하지만 GDS가 구축한 인프라 서비스에 대한 자부심이 묻어 나온다.

"하수도와 같은 서비스는 19세기에 도시의 성장을 이끈 공공 인프라의 일종이었습니다. 디지털 인프라에 해당하는 것은 무엇인가요? 결제 플랫폼, 신원 보증, 데이터 레지스트리 같은 것들입니다. 그래서 저희는 어떤 모델을 만들 수 있을지 고민한 끝에 메시지를 보내는 플랫폼인 'UK Notify' 같은 일을 시작했습니다.

문자 메시지, 이메일, 편지가 전부입니다. 하지만 정말 흥미로운 점은 GOV.UK 이메일이 있는 공공부문 종사자라면 누구나 무료로 가입하여 사용할 수 있다는 점입니다. 내부 사용자를 위해 매우 잘 설계된 제품입니다. 정부는 현재 5,000개의 다양한 서비스에서 GOV.UK Notify를 사용하여 연간 수십억 개의 메시지를 전송하고 있으며 NHS 및 학교와 같은 더 많은 조직이 추가됨에 따라 매주 수십 개씩 증가하고 있습니다. 정부는 GOV.UK Notify에 액세스하여 메시지를 보낼 수 있습니다.

이 서비스는 상상할 수 있는 모든 시스템에 연결할 수 있는 다양한 API를 갖추고 있어 계약서나 협의, 구매 주문서 없이도 메시지를 쉽게 보낼 수 있습니다. 메시지를 보내려는 사람들이 쉽게 메시지를 보낼 수 있도록 열심히 노력할 뿐입니다. 이는 20억 개의 메시지와 모범사례를 체계화하여 많은 조직을 아우르는 디지털 수평적 인프라의 좋은 예입니다."

반면에 2016년에 시작한 사용자 신원인증 서비스인 GOV.UK Verify는 실패로 드러났다. 애초 2,500만 명 사용을 목표로 했으나 2020년 기준 670만 명에 그쳤다. 복잡한 등록 절차와 제한된 신원 확인 방법이 제약요인이었다. GDS는 Verify를 대체할 새로운 신원인증 방식을 도입할 계획이다. 2023년부터 'One Login'으로 대체할 예정이었다. 그러나 이것 역시 완전한 전환에는 시간이 더 소요될 예정이다.

4. GDS의 한계와 CDDO의 출범

국가 차원의 디지털 전환을 추진하는 데에 GDS 조직만으로는 한계가 있었다. GDS는 정보화 프로젝트의 실행에는 커다란 능력을 발휘했다. 하지만 정부 전체의 디지털 전환을 이끌어가는 리더십을 발휘하기에는 역부족이었다. GDS는 실행단위이지 전략단위는 아니다.

GDS는 2015년 이후 '플랫폼으로서의 정부GaaP, Government as a Platform'를 새로운 접근방식으로 제시했다. 공통 구성 요소와 표준화된 플랫폼을 통해 정부 서비스 개발의 효율화를 이루겠다는 목표를 세웠다. 그러나 부처 간의 협력을 이끌어낼 수 없었다. 일부 부처는 여전히 자체 시스템을 선호했고, 기술적 복잡성 때문에 레거시 시스템과의 통합도 어려웠다. GOV.UK의 인증 시스템과 알림 시스템 등 일부 성공적인 공통 컴포넌트 개발에도 불구하고 전반적인 정부 시스템의 플랫폼화는 예상보다 느리게 진행되었다. 실행기관 성격의 GDS가 부처들의 저항을 이겨내고서 이를 실현할 수는 없었다.

GDS가 정치적으로 소외되고 '플랫폼으로서의 정부' 추진이 한계에 부딪힌 상황 속에서 내각사무처 산하에 '중앙디지털데이터청CDDO, Central Digital and Data Office'이 새로 설립되었다. CDDO는 정부 전체의 일관된 디지털 전략 수립을 목표로 출범했다. 데이터 활용의 중요성 증대에 따른 데이터 중심 정부로의 전환도 중요한 과제였다. 전체 조직을 총괄하는 데이터 전략 담당CDO, Chief Data Officer과 기술 전략 담당 CTO, Chief Technical Officer 등이 조직의 리더십을 구성하고 있다. 총직원은 약 200명 내외로 행정 공무원뿐만 아니라 다양한 배경의 전문가로 구성되어 있다. 디지털 전략가, 데이터 과학자, 정보통신기술 전문가, 정책 분석가 등을 포함하며 일부 고위직은 민간기업 출신을 영입했다. CDDO는 전략 수립과 정책 결정에 중점을 두면서 실행조직인 GDS와의 협력을 통해 정부의 디지털 전환을 더욱 효과적으로 추진하는

CDDO 주요 조직과 업무범위

디지털 전략 및 정책팀 Digital Strategy and Policy	– 정부 전체 디지털 전략 수립 – 디지털 정책 개발 및 조정
데이터 및 AI팀 Data and AI	– 데이터 전략 및 거버넌스 – AI 정책 및 윤리 프레임워크
기술 아키텍처팀 Technology Architecture	– 정부 IT 아키텍처 표준화 – 신기술 도입 전략
사이버 보안팀 Cyber Security	– 정부 사이버 보안 전략 수립 – 보안 정책 및 가이드라인 개발
디지털 역량 개발팀 Digital Capability	– 공무원 디지털 역량 강화 프로그램 – 디지털 인재 유치 및 관리
성과 및 혁신팀 Performance and Innovation	– 디지털 프로젝트 성과 측정 – 혁신 프로그램 운영
대외협력팀 Partnerships and Engagement	– 부처 간 협력 조정 – 민간 섹터 및 학계와의 협력

것을 목표로 하고 있다.

　CDDO의 주요 부서를 보면 조직의 주요 업무 범위를 파악할 수 있다. CDDO의 업무 중에서 한국의 거버넌스 구조와 비교하여 눈에 띄는 것이 몇 가지 있다. 우선 CDDO가 정부 사이버 보안 전략 및 정책 수립 권한을 가지고 있는 점이다. 어찌 보면 너무나 당연한 업무 분담인데 이 사실이 무척 부럽다. 우리는 안보 현실을 핑계로 국정원이 사이버 보안 정책 결정권을 행사한다. 국정원의 각종 보안지침이 얼마나 신기술의 적용과 디지털 전환을 옥죄는지 모른다. 공공 영역의 사이버 보안 정책 결정권은 국가정보화 주관부처에서 행사하는 게 마땅하다.

　또 한 가지는 정부의 디지털 전환에 필요한 모든 업무가 CDDO에

GDS와 CDDO의 역할

구분	GDS	CDDO
역할	– GOV.UK 플랫폼 운영 및 개선 – 공통 디지털 서비스(예: GOV.UK Pay, GOV.UK Notify) 개발 및 운영 – 디지털 서비스 표준 구현 및 지원 – 사용자 중심 디자인 및 서비스 개선 실행	– 디지털 및 데이터 전략 수립 – 범정부 디지털 정책 및 표준 개발 – 주요 디지털 프로그램 감독 및 보증 – 디지털 인재 확보 및 역량 개발 전략 수립 – 데이터 공유 또는 활용 정책 수립

집중되어 있다는 점이다. 한 조직 내에서 AI, 데이터, 신기술 도입 등을 일관되게 수행하는 구조다. 우리처럼 과기정통부와 행안부로 나뉘어 싸울 일이 없다. 국가정보화 거버넌스는 이처럼 간명하게 정비하는 게 맞다.

GDS와 CDDO 간의 역할 분담도 상대적으로 명확하다. CDDO는 전략과 정책 수립, 표준 개발에 집중한다. GDS는 플랫폼 운영과 디지털 서비스의 개발과 운영에 집중한다. 이렇게 서로 상호보완적인 관계다. CDDO가 전략과 정책을 수립하면 GDS가 이를 실행에 옮기는 구조다. 전략적 의사결정에 있어 CDDO가 상위 조직의 역할을 하고 실행 단계에서 GDS는 상당한 자율성을 가진다. CDDO가 주요 정책을 결정하지만, GDS는 실행 가능성을 검토하여 피드백을 제공한다.

5. 영국의 거버넌스 체계에서 배울 점

영국의 GDS와 CDDO 조직에서 우리는 무엇을 배울 것인가? 당장 눈에 보이는 것은 국가정보화 거버넌스 측면에서 얻을 수 있는 시사점들이다. 첫째, 정부 디지털 전환전략과 정책 수립을 책임질 조직을 단일하게 정비할 필요가 있다. 우리는 이 기능이 과기정통부, 행안부,

국정원, 기재부(조달업무) 등으로 흩어져 있다. 이를 한 부처로 모아서 책임과 권한을 분명히 해야 한다. 영국 CDDO 조직이 이 필요성을 잘 보여준다.

둘째, GDS 사례처럼 정부 정보시스템의 개발과 운영을 책임질 전문 기술지원 조직의 설립이 시급하다. 기술 변화를 신속히 수용하고, 높아진 국민의 눈높이에 맞춰 정보서비스의 수준을 계속해서 업그레이드해 나갈 실행 역량을 갖춰야 한다. 지금 정부에서 가장 취약한 부분이 이 지점이다. 영국은 막대한 예산을 투입했던 NHS 국가 프로그램 개발의 실패와 부처별로 난립하는 IT 프로젝트 문제에 대처하기 위해 GDS 조직을 설립했다. 매우 근본적이고 창조적인 대응이었다.

현재 우리도 행정 정보 시스템의 각종 장애와 대규모 차세대 프로젝트의 실패를 숱하게 겪고 있다. 영국이 직면했던 문제와 우리의 문제가 크게 다르지 않다. 그러나 대응 방식은 너무나도 다르다. 우리의 대책은 항상 관료적인 한계에 갇혀 있다. 우리 모두에게 너무나도 익숙한 '관계 부처 합동 종합대책'을 엄숙하게 발표하지만, 여전히 변죽만 울릴 뿐 문제의 핵심에는 벗어나 있다. 안일하고 상투적인 대책만 반복한다. 문제의 핵심을 파고들어야 한다. 혁신적인 대책을 내세우는 것을 두려워하면 안 된다.

셋째, 영국의 GDS와 CDDO가 모두 내각사무처 산하의 소속으로 편제되어 있다가 2023년 2월 신설된 과학기술혁신부DSIT, Department for Science, Innovation and Technology 산하로 옮겼다. 과학기술혁신부DSIT의 주요 역할은 과학기술 연구 및 혁신, 디지털 경제 육성, 디지털 인프라 구축, 데이터 정책 수립, AI 등 신기술 발전 촉진 등을 포괄한다. 과학기술 – 혁신성장 – 디지털 전환을 하나의 부처에서 총괄함으로써 정책의 일관성과 시너지를 높이는 것을 목표로 삼았다. 과학기술혁신부 DSIT의 신설은 디지털 전환을 단순한 정부혁신의 수단이 아닌, 국가 경제 혁신의 핵심 동력으로 삼겠다는 의지를 반영한다고 할 수 있다. 우리나라에서 거버넌스를 개편할 때 반드시 고려해야 할 지점이라 생각한다.

6. 린 스타트업 모델에 충실한 원칙과 철학

더 중요한 벤치마킹 포인트는 GDS가 일하는 방식이다. GDS는 디지털 전문조직이다. 일하는 사람 태반이 개발자, 디자이너, 프로덕트 매니저, 기획자 등 디지털 전문가들이다. 디지털 전문조직은 디지털 전문조직답게 일해야 한다. 그게 무엇인가? 디지털 전문조직에 걸맞은 조직 운영 방식, 문제 해결 방식, 프로젝트 수행 방식은 무엇이며 이러한 것의 원칙과 철학은 무엇인가? GDS가 초창기 5년 동안 커다란 성과를 거둘 수 있었던 핵심 성공 요인이 여기에 있다. GDS는 일하는 방식을 혁신했기에 성공할 수 있었다. 신기술을 흉내 내는 것이 혁신이 아니고 일하는 방식의 혁신이 진정한 혁신이다. 이게 핵심이다.

GDS가 어떻게 일했는지를 초기로 돌아가서 살펴보자. GDS가 2011년 12명의 소규모 팀으로 출범했다. 너무나도 작은 규모로 출범한 것을 확인하고 깜짝 놀랐다. 동시에 "멋지네!"라고 하는 탄성이 터져 나왔다. GDS에 부여된 미션과 역할이 얼마나 막중하던가? 정부의 디지털 전환을 주도하는 미션을 지닌 조직, 분산된 정부 웹 사이트들을 통합하여 단일 관문인 GOV.UK를 구축하는 역할을 부여받은 조직, '디지털 우선' 전략의 실행을 책임진 조직 아닌가. 그럼에도 GDS는 단 12명의 팀원으로 시작했다. 민간의 혁신적인 조직 운영 방식인

'린 스타트업Lean start up' 모델을 정부 조직에 적용하려는 시도였다. 팀원의 규모는 작았지만 모두 유능했고 종합적인 능력을 갖춘 팀이었다. 12명 팀원의 구성은 다음과 같았다.

- 조직 책임자 1명
- 프로덕트 매니저 1명
- 프로그램 매니저 1명
- 내부 소통 촉진자 1명
- 콘텐츠 디자이너 2명
- UI/UX 디자이너 2명
- 전체 기술 스택 개발자 4명(테크 리드 포함)

이들의 한 가지 목표는 정부를 위한 더 간단하고 명확하며 빠른 단일 웹 사이트를 만드는 것이었다. 이들은 작게 시작해서 단위 모듈 개발을 반복하고, 반복하고, 반복하고, 또 반복했다. 많은 정부 관계자에게 작은 것부터 시작해서 반복, 반복, 반복하는 것이 올바른 방법이라고 실제 성과로 보여주고자 했다. 결국 12명의 팀원은 10주 만에 GOV.UK 알파 버전을 만드는 데 성공했다. 실제 사용자 앞에서 실제 사용자 테스트를 진행했다.

알파 버전의 가능성을 확인한 다음 베타 버전 개발에 착수했다. 이 시점부터는 약 60명으로 구성된 두 팀이 운영되었다. 6개월 후 베타 버전을 출시했다. 베타 버전은 거의 완성된 상태였고 거의 실시간으로 운영되는 사이트였다. 10주 만에 알파 버전이, 그리고 6개월 만에 베타 버전이 나왔다. GOV.UK의 베타 버전을 구축하는 데 드는 비용이 160만 파운드, 우리 돈으로 30억 원이 안 되는 금액이다. 마케팅은 전혀 하지 않았고 검색엔진 최적화에 집중했다.

GDS는 GOV.UK를 구축하면서 일관되게 애자일 개발 방법론을 고수했다. 작게 시작해서 빠르게 프로토타입을 만들었다. 이후 반복에 반복을 거쳐 계속해서 프로덕트의 완성도를 높여갔다. 이들은 '전략계획' '마스터플랜'을 수립하려 하지 않았다. 오히려 작은 실행을 반복하면서 전략을 완성해 갔다. 전략이 먼저 있고 실행이 뒤따른 것이 아니라 애자일한 접근방식 아래 실행을 우선했다. 전략과 계획을 말로 하지 말고 실행해서 결과물로 보여주는 편이 더 빠르고 바른 접근법이라는 것이다(Show, don't tell). 그래서 GDS 초기 간부들은 자신들의 경험과 노하우를 담은 전략서 『대규모의 디지털 전환』을 출간하면서 책의 부제를 '왜 배포가 전략이 되는가Why the strategy is delivery'라고 붙였다. 전략이 실행이고 (프로그램의) 배포가 곧 전략이라는 철학을 담은 메시지일 것이다.

이들이 프로젝트 과정에서 가장 중시한 것이 '고객의 요구'를 듣는 것이었다(Focus on user need!). 모든 일의 시작은 고객 요구의 파악에서 출발했다. 실제 사용자의 요구사항을 파악하기 위해 조사하고 테스트를 진행했고 이를 바탕으로 서비스를 설계했다. 모든 결과물에 대해 계속해서 사용자의 피드백을 수집하여 개선에 반영했다.

애자일 개발 방법론을 적용하고 프로젝트를 고객의 요구에서부터 시작한다는 것은 기존의 개발 프로세스가 완전히 뒤바뀌는 것을 의미한다. 우리에게 익숙한 정보시스템 구축 프로세스와 비교해 보면 이해하기 쉽다. 기존 폭포수 방식에 기초한 SI 개발 방식에는 고객의 요구가 반영될 틈이 없다. 고객 현장과 동떨어진 특정 조직에서 정책 결정이 먼저 내려진다. 이 결정을 받아서 실행 팀에서 요구사항을 작성한다. 제안요청서RFP가 이때 나온다. 이에 기초해서 IT 시스템 조달 절차가 진행된다. SI 업체가 선정되어 몇 년에 걸친 개발 작업이 완료된 다음에야 사용자에게 적용한다. 이때야 비로소 사용자가 자신의 요구가 제대로 반영되었는지 확인할 수 있다. 수시로 고객 피드백을 받아 가며 민첩하게 개발에 반영하는 것은 상상하기도 어렵다. GDS는 GOV.UK를 개발하면서 이전까지의 정부 업무처리 방식과는 근본적으로 다른 새로운 업무처리 방식을 보여주었다.

모든 것에 앞서 사용자의 요구를 중시하는 철학이 있었기에 GDS의 정부 서비스 디자인 원칙Government Design Principles도 나올 수 있었다. GDS가 발표한 디자인 원칙 10개 조항의 첫 항이 '사용자 니즈에서 출발하라'이다. GDS의 디자인 원칙은 너무나 아름답고 훌륭하다. 이는 영국뿐만 아니라 전 세계의 모든 정부가 서비스 디자인에 적용해야 할 원칙이자 지침이라 할 만하다.

1. **사용자 니즈에서 출발하라**
   Start with user needs

2. **너무 많은 것을 하려 하지 마라**
   Do less

3. **데이터 기반으로 디자인하라**
   Design with data

4. **단순함을 위해서 힘들게 일하라**
   Do the hard work to make it simple

5. **반복하고, 반복하라**
   Iterate, Then iterate again

6. **모두를 위한 서비스를 만들어라**
   This is for everyone

7. 맥락을 이해하라
   Understand context
8. 웹 사이트가 아닌 디지털 서비스를 구축하라
   Build digital services, not websites
9. 획일성이 아닌 일관성을 견지하라
   Be consistent, not uniform
10. 개방하라: 개방이 더 좋은 방향으로 이끈다
    Make things open: it makes things better

GDS는 조직 출범 자체가 혁신적인 접근의 산물이었다. GDS가 일하는 방식은 더 혁신적이었다. 그들은 혁신적인 기술을 적용하는 것이 혁신이라 하지 않았다. 고객의 요구에서 출발하는 것, 프로젝트에 애자일한 방식을 적용한 것, 진행 과정을 투명하게 개방하고 공유하는 것, 데이터 기반으로 의사 결정하는 것, 단순명료한 디자인을 추구하는 것, 실패를 두려워하지 않고 반복을 통해 지속적인 개선을 추구하는 것 등을 통해 혁신을 실행했다. 그들은 단지 정부 웹 사이트를 바꾸려 일하지 않았다. 디지털을 통해 정부를 바꾸려고 했다. GDS는 일하는 방식을 혁신함으로써 성공할 수 있었다.

8장
미국은 위기에 어떻게 대응했는가

:: 실패를 용인하는 문화 없이 과감한 혁신은 불가능하다. 디지털 혁신조직은 이런 철학과 원칙에 따라 설계되고 작동되어야 한다. 그래야 관료주의에 찌들어 있는 방대한 정부 조직에 변화의 물꼬를 틀 수 있다.

미국의 디지털 서비스 혁신을 책임지는 제도나 기관으로는 대표적으로 다음 세 조직이 꼽힌다. 모두 영국 GDS의 성과에 영향을 받아 오바마 행정부 때 만들어진 조직들이다. 이들의 역할과 일하는 방식에서 차차 드러나겠지만 사용자 중심의 디자인과 애자일 개발 방법론 등을 원칙으로 삼고 있다는 점에서 영국 GDS의 운영 원칙과 일맥상통하는 부분이 많다

- PIF: 대통령 주도 혁신 펠로우십Presidential Innovation Fellowship
- 18F: 총무청 산하 디지털 서비스 조직
- USDS: 백악관 예산관리실OMB, Office of Management and Budget 산하 조직

1. 대통령 주도 혁신 인재 프로그램, PIF

18F와 USDS 두 조직이 유명하고 중요하다. 하지만 18F의 출발이 PIF에서 시작되었기 때문에 간단히 PIF부터 살펴보기로 하자. PIF는 안정적인 기관이 아니라 2012년에 오바마 행정부에 의해 시작된 프로그램이다. PIF, 즉 Presidential Innovation Fellowship을 우리말로 옮기면 '대통령 주도 혁신 인재 프로그램' 정도가 되겠다. 대통령이 후원하는 혁신적인 인재 양성 및 활용 프로그램이라는 의미다. PIF는 완전히 새로 시작한 프로그램이 아니다. 예전부터 존재하던 '백악관 펠로우Fellows' 프로그램을 발전시킨 것이다. '펠로우 프로그램'이란 말에 잘 나타나듯이 젊은 리더들에게 연방정부에서 일할 기회를 제공하자는 취지에서 시작되었다. 주로 정책, 리더십, 공공 서비스 분야에 초점을 맞추어 1년 동안 진행되는 프로그램이었다.

PIF 프로그램은 백악관 펠로우 프로그램을 모델로 삼으면서도 더 기술 중심적이고 혁신 지향적인 인재에 초점을 맞추어 선발하였다. 오바마 행정부는 연방정부를 더 스마트하고 혁신적이고 투명하고 국민에게 더 신속하게 반응하는 조직으로 만들고 싶었다. 정부의 디지털 서비스와 기술 인프라를 현대화하고 개선할 필요성도 대두되었다. 민간 부문의 혁신 성과를 정부에 도입하는 게 필요했다. 스타트업 창업자, 엔지니어, 개발자 등 민간 부문의 혁신적인 인재들을 정부에 단기적으로 영입하여 정부의 가장 어려운 과제들을 해결하고자 했다. 기존 정부 시스템의 경직성과 관료주의를 극복하고 조직운영과 프로세스에서 린 스타트업 방식과 소프트웨어 개발에서 애자일 개발 방법론을 도입하고자 했다. 동시에 민간의 혁신가와 기술 기업가들 사이에 공공 서비스 영역에 이바지하는 문화를 불어넣고자 했다.

PIF 프로그램은 트럼프 1기 행정부 때도 계속 운영되었다 선발 인원이 조금 줄고 업무의 우선순위가 조정되는 정도의 변화가 있었다. 현재는 매년 20~30명 정도의 펠로우를 선발한다. 펠로우는 일반적으로 1년 임기를 기본으로 하되, 1년 더 연장할 수 있다. 연방정부의 주요 부처나 기관에 배치되어 프로젝트를 수행한다. 펠로우는 해당 연방기관의 최고정보관리책임자CIO, 18F와 USDS 담당자 등과 함께 프로젝트 개선을 주도적으로 추진한다. PIF의 펠로우로 활동하다가 나중에 18F의 공동 창립자이자 디렉터로 일했던 애런 스노우Aaron Snow는 PIF의 문화와 철학에 대해 이렇게 증언하였다.

"PIF 문화, 즉 대통령 혁신 펠로우십의 문화는 '메모가 아닌 데모' 였습니다. PIF 문화는 '한 장의 그림이 천 마디 말의 가치가 있고, 실제 작동하는 코드는 백만 마디 말의 가치가 있다.'라고 요약할 수 있습니다. 어떤 양의 슬라이드, 개요, 또는 문서도 실제로 작동하는 것을 보는 것만큼 문제를 바라보는 시각을 바꿀 수 없습니다. 실제로 무언가를 만지고 사용해 볼 수 있는 것은 단순히 생각뿐만 아니라 사고방식 자체를 바꿉니다. 배포가 바로 전략입니다!Delivery is Strategy! 항상 배포하라. 이것이 우리의 좌우명이며 PIF의 핵심입니다."

'메모가 아닌 데모'가 PIF의 문화였다는 표현이 참 인상적이다. 그리고 '배포가 곧 전략'이라는 말은 초기 간부들이 강조한 GDS의 철학과 정확히 일치한다. 조직 운영에 린 방식을 적용하는 것은 스타트업과 혁신조직의 기본 작동 원리라 하겠다. 펠로우가 최근 수행했던 구체적인 프로젝트들은 다음과 같다.

- 코로나19 대응을 위한 데이터 분석 및 시각화
- 연방정부의 AI 도입 전략 수립
- 재향군인 서비스 개선을 위한 디지털 솔루션 개발
- 국가 사이버 보안 전략 강화
- 정부 서비스의 UX 개선

PIF는 처음에는 실험적인 프로그램으로 시작되었으나 크고 작은 성공을 거두면서 점차 확대되었다. 2012년부터 시작된 PIF 프로그램의 성과를 기반으로 좀 더 지속적이고 안정적인 혁신조직의 필요성이 대두되었다. 게다가 2013년 말 'Healthcare.gov' 웹 사이트 출시 실패는 디지털 서비스 혁신조직의 설립을 가속하는 계기가 되었다. 이런 과정을 통해 PIF 프로그램은 18F라는 디지털 서비스 혁신 기관의 설립으로 이어졌다.

2. 실패를 통해 탄생한 혁신조직, 18F

18F는 본질적으로 미국 정부를 위한 디지털 컨설팅 조직이다. 미국 정부가 디지털 서비스를 구축하고 구매하는 방식을 변화시키는 게 기본 임무다. 구체적으로 정부 내 디지털 서비스를 개선하고, 정부 내에 민간 부문의 기술과 혁신을 도입하고, 비용 효율적이고 사용자 중심적인 디지털 솔루션을 제공하는 역할을 한다. 20개 이상의 연방기관과 협업을 수행한다.

18F는 2014년 3월에 미국 연방정부 총무청 산하의 디지털 서비스 전문 실행조직으로 설치되었다. 당시 백악관 CTO였던 토드 박Todd Park, 백악관 부副CTO로 일하던 제니퍼 팔카, 총무청 책임자 댄 탱걸

리니Dan Tangherlini 등 정부 내외의 기술혁신가들이 설립을 주도했다. 설립 당시부터 실리콘밸리 스타일의 혁신을 정부에 도입하고자 하는 열망이 컸다. 이는 오바마 행정부의 디지털 정부 전략의 중요한 부분이었으며 이후 미국 정부의 기술혁신 접근방식에 큰 영향을 미쳤다.

18F는 초기에 15명의 직원으로 시작했다. 이는 영국 GDS가 12명으로 시작한 것과 비슷하다. 미국의 18F나 영국의 GDS 모두 민간의 혁신적인 조직 운영 방식인 린 스타트업 모델을 정부 내에 도입하고자 했다. 린 모델을 근간으로 조직에 스타트업 문화를 도입하고, 애자일 개발 방법론을 실천했다. 18F는 2019년에 약 120명으로 증가했으며 2021년에 약 200명으로 증가했다. 구글, 애플 등 글로벌 IT 기업에서 근무한 민간 전문가의 참여가 많아졌다고 한다.

흔히 '18F'라는 명칭이 공식 이름이 아니고 별칭인 줄 안다. 그렇지 않다. 18F는 단순히 약어나 코드명이 아니라 조직의 공식 명칭이다. 정부 문서나 공식 커뮤니케이션에서도 '18F'로 지칭된다. 18F라는 이름은 기관의 주소에서 유래했다. 18F가 속한 미국 총무청 본부의 주소가 워싱턴D.C.의 18번가와 F가F Street의 교차점 '18th and F streets NW, Washington, D.C.'였다. 이 주소에서 유래한 '18F'라는 이름은 간단하면서도 기억하기 쉬워 조직의 공식 브랜드로 채택되었다. 이는 실리콘밸리 스타트업 스타일의 간결하고 현대적인 이미지를 반영하려는 의도로 볼 수 있다. 현재 18F라는 이름은 미국 정부의 디지털 혁신을 상징하는 브랜드로 자리 잡았다.

18F의 주요 성과로는 미국 정부의 모든 부처와 기관들이 공통으로 사용할 인프라 서비스를 개발한 것과 정보통신기술 분야 정부조달의 혁신에 이바지한 것 등을 꼽을 수 있다. 첫째, 대표적인 게 클라

우드 호스팅 플랫폼 Cloud.gov의 개발이다. Cloud.gov는 연방정부 기관들이 쉽고 안전하게 클라우드 서비스를 사용할 수 있도록 돕는 플랫폼이다. 연방 위험 및 인증 관리 프로그램FedRAMP, Federal Risk and Authorization Management Program 인증을 받아 높은 수준의 보안성을 확보했기 때문에 정부 기관들의 클라우드 도입 시간과 비용을 대폭 절감해준다. 또 오픈 소스로 개발되어 투명성이 높고 개발자 커뮤니티의 협력을 증진한다. 18F는 Cloud.gov의 FedRAMP 인증 과정에서 얻은 경험을 바탕으로 FedRAMP 프로세스 개선에도 이바지했다. 18F의 Cloud.gov 개발과 FedRAMP 개선 노력은 미국 정부의 클라우드 컴퓨팅 도입과 보안 강화에 중요한 역할을 했다.

둘째, US 웹 디자인 시스템USWDS, US Web Design System의 개발이다. USWDS는 단순한 디자인 권고 가이드라인을 넘어서는 종합적인 디자인 시스템이다. 또한 디자인 원칙과 가이드라인과 함께 실제 개발에 사용할 수 있는 코드와 컴포넌트를 제공하는 실용적인 개발도구이다. 공식 통계에 따르면 2023년 기준으로 400개 이상의 연방정부 웹 사이트에서 사용하고 있다. 일부 기관은 전면적으로 채택하여 웹 사이트를 구축한다. USWDS를 채택하면 장점이 많다. 정부 웹 사이트 간의 디자인 일관성을 제공하고 각 기관이 처음부터 디자인 시스템을 만들 필요가 없어 시간과 비용을 절약해 준다. 내장된 접근성 기능으로 장애인 사용자들의 접근성을 보장하고 반응형 디자인으로 다양한 기기에서 사용성을 확보할 수 있다. 현재도 USWDS는 계속해서 업데이트되고 있으며 미국 정부 디지털 서비스의 품질, 일관성, 접근성을 향상하는 데 크게 기여하고 있다.

셋째, 정부 서비스에 단일 계정으로 접근할 수 있게 해주는 통합 인증 시스템 login.gov의 개발이다. login.gov는 2023년 기준으로 약 4,000만 명의 사용자 계정이 있고 200개 이상의 정부 서비스에서 사용되고 있다. 이중 인증 등 강력한 보안 기능을 제공하고 기관별 별도 인증 시스템 개발 비용을 감소시켜 주는 강점이 있다. 그러나 영국의 GOV.UK 인증 시스템처럼 예상만큼 빠르게 확산하고 있지는 않다. 많은 연방기관이 여전히 자체 인증 시스템을 사용하고 있다. 기존 레거시 시스템에서 login.gov로의 전환하는 데에 통합이 복잡하고 시간이 많이 소요되는 문제를 안고 있다. login.gov는 영국의 인증 시스템보다는 상대적으로 성공적이지만 여전히 기술적 난관과 재정적 난관을 안고 있다.

이 세 가지 프로젝트는 18F의 린 스타트업 방식을 잘 보여주는 사례들이다. 사용자 중심의 설계, 반복적 개발, 오픈 소스 활용 등의 원칙을 적용하여 정부의 디지털 서비스를 혁신적으로 개선했다. 18F는 총무청 산하기관으로서 정부조달, 특히 정보통신기술 분야의 조달 혁신에 큰 노력을 기울였다. 정부가 아무리 디지털 서비스에 애자일 개발 방법론을 적용하고 싶어도 예산제도와 조달 시스템이 뒷받침하지 않으면 백약이 무효다. 낡은 조달 시스템하에서는 어떤 혁신도 진척시킬 수 없다. 18F는 정부가 애자일 개발 서비스를 더 쉽고 빠르게 구매할 수 있도록 '애자일 BPA Blanket Purchase Agreement' 제도를 도입했다. 우리말로는 '유연한 포괄구매협약'이다. 여러 공급업체와 사전 계약을 맺어두고 필요할 때마다 신속하게 서비스를 구매하거나 특정 기간에 반복적으로 구매가 필요한 물품이나 서비스에 대해 미리 계약을 체결해 두는 방식을 말한다.

또 18F는 소액 구매 플랫폼 Micro-purchase Platform 을 개발했다. 이 플

PIF와18F의 협업체계도

전략

PIF
- 상급 리더십
- 제품 전략
- 데이터/AI 전략
- 전략적 파트너십
- 문화의 변화
- 고객경험

- 제품 로드맵
- 사용자 중심적 디자인 스프린트
- 고객 여정 지도
- 제품 제작
- 애자일 방식 코칭
- 콘텐츠 디자인·아키텍처

18F

실행

(자료: NIA, 디지털 전환에 대응하는 각국의 혁신조직)

랫폼은 정부의 소규모 IT 프로젝트 조달 과정을 간소화하는 것으로 통상 1만 달러 이하의 프로젝트에 사용된다. 등록된 공급업체들이 제시된 프로젝트에 대해 경쟁 입찰을 할 수 있다. 전통적인 조달 과정보다 훨씬 빠르게 진행되어 기존에는 몇 달 걸리던 조달 시간을 며칠로 단축했다. 많은 연방기관이 이 플랫폼을 통해 소규모 정보통신기술 서비스를 구매하고 있다. 이 플랫폼의 성공은 정부의 IT 조달 방식에 큰 변화를 불러왔다. 다른 국가들도 이와 유사한 시스템을 도입하거나 검토하고 있고 정부조달 혁신의 모델이 되고 있다. 이러한 노력을 통해 18F는 정부의 IT 조달 프로세스를 더 효율적이고 현대적으로 만드는 데 기여하고 있다.

18F와 PIF는 모두 총무청 산하의 디지털 혁신조직이다. 따라서 18F와 PIF는 서로 고유한 역할 분담하에서 긴밀히 협력하여 업무를 수행한다. 크게 보면 PIF는 전략기능, 18F는 실행 담당이다. PIF가 정부와

민간의 가교로서 복잡한 정부 문제에 대한 혁신적 해결책을 제시하면 18F는 사용자 중심의 디자인 철학과 애자일 개발 방법론을 적용하여 디지털 서비스의 개발과 제공을 책임지는 역할을 한다. PIF의 강점은 기술적인 현장 리더십과 전략이며 18F의 강점은 소규모의 원격 팀을 구성하여 파트너 기관 내에서 개발과 운영을 지원하는 것이다. 18F 공식 블로그에 나와 있는 PIF와 18F의 협업 체계도는 다음과 같다.

3. 총무청 내에 TTS 조직을 신설하다

정확성을 위해 한 가지 더 덧붙이자. 총무청GSA은 미국 정부의 디지털 전환을 추진하기 위해 2016년에 부처 내부에 TTS 조직을 신설했다. TTS는 '기술혁신서비스국Technology Transformation Services'이다. TTS의 주요 구성 조직을 보면 18F와 PIF 이외에 정부 기술혁신 우수센터 CoE Centers of Excellence, 솔루션 사무국Office of Solutions 등의 조직을 더 관할하고 있다. 범정부 차원의 본격적인 디지털 전환을 위해 관련 조직을 통합하여 더 큰 규모와 영향력을 지닌 총괄조직을 출범시켰다. 거버넌스 구조로 보면 TTS는 미국 정부의 디지털 서비스를 현대화하고 기술을 통해 정부 운영을 개선하는 디지털 전환의 핵심 조직이다.

정부 기술혁신 우수센터CoE의 주요 역할은 혁신적인 기술 솔루션의 개발 및 구현, 정부 전반의 기술 역량 강화 등이다. AI, 클라우드 확산, 데이터 분석, 고객 경험 개선, 정보기술 현대화, 로보틱 프로세스 자동화RPA 등의 핵심기술 영역에 중점을 두고 있다. 민간 부문의 전문가들과 협력하여 정부 기관의 클라우드 전환을 가속하거나 AI 및 로보틱 프로세스 자동화 도입을 통해 업무 효율성을 증대하는 성과를 올리고 있다.

TTS 소속 솔루션 사무국은 범정부 공통으로 쓰이는 Login.gov, Cloud.gov, Forms.gov 등의 공통 기술 솔루션을 개발하고 제공한다. 당연히 18F와의 협업이 중요하다. 18F가 개발한 플랫폼과 공통 도구들을 솔루션 사무국이 정부 전체에 적용하거나 솔루션 사무국의 플랫폼을 18F가 활용하여 개별 기관의 프로젝트 수행에 적용하는 식의 협력이 이루어진다. 정리하면 18F는 혁신적인 아이디어 제시, 초기 개발, 사용자 중심 디자인 적용 등을 담당한다. 솔루션 사무국은 장기적인 운영, 확장, 정부 전체로의 배포를 담당한다.

미국 총무청 산하의 TTS 최근 조직 구조(2023년 기준)

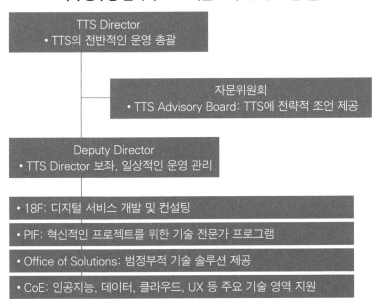

- TTS Director
  - TTS의 전반적인 운영 총괄
- 자문위원회
  - TTS Advisory Board: TTS에 전략적 조언 제공
- Deputy Director
  - TTS Director 보좌, 일상적인 운영 관리
- 18F: 디지털 서비스 개발 및 컨설팅
- PIF: 혁신적인 프로젝트를 위한 기술 전문가 프로그램
- Office of Solutions: 범정부적 기술 솔루션 제공
- CoE: 인공지능, 데이터, 클라우드, UX 등 주요 기술 영역 지원

4. USDS, 긴급 대응팀 출신들이 모이다

미국은 2014년 8월에 백악관 직속 조직으로 예산관리실 내에 미국

디지털 서비스국USDS, United States Digital Service을 신설했다. 총무청 산하에 18F 조직이 있음에도 백악관 내에 디지털 서비스 혁신조직을 별도로 신설했다. 조직의 소속이 다르고 예산집행 방식이나 업무 영역이 약간씩 다르다. 하지만 역할이 겹치는 측면이 있는 점도 부인할 수 없다. 정부 내에 '린 스타트업'을 표방하는 조직이 두 개 존재하는 셈이다.

18F 조직에 이어 USDS 조직을 별도로 신설하기로 한 가장 직접적인 계기는 Healthcare.gov 사태였다. 2013년 10월 1일, 오바마 행정부의 핵심 정책인 의료보험개혁법(일명 오바마케어)에 따라 온라인 등록 시스템인 Healthcare.gov가 개통되었다. 그러나 웹 사이트는 즉시 기술적 문제에 직면했다. 서버 과부하로 인한 잦은 다운 사태로 사용자 대부분이 접속조차 할 수 없었다. 많은 시민이 정해진 기한 내에 보험에 가입하지 못할 위기에 처했다. 오바마케어 자체에 대한 국민의 신뢰도는 땅에 떨어졌고 정부의 기술 역량과 서비스 제공 능력에 대한 불신은 하늘을 찔렀다. 정권 차원에서 신뢰의 위기를 맞았다.

Healthcare.gov 사태는 단순한 기술적 실패를 넘어 정부의 디지털 역량, 대규모 프로젝트 관리 능력, 핵심 정책 실행 능력에 대한 근본적인 의문을 제기했다. 이 사건은 정부의 IT 시스템과 프로세스에 근본적인 변화가 필요하다는 인식을 확산시켰다. 오바마 행정부는 이 위기에 정직하게 대담했다. 더 빠르고 더 광범위한 디지털 혁신을 추구하기로 했다. 행정부 차원에 18F 조직이 있음에도 백악관 차원에 USDS를 신설하여 동시에 문제 해결을 시도했다. 두 개의 혁신조직을 통해 정부 전반에 걸쳐 빠르게 '스타트업 문화'를 확산시키고자 했다. 이는 기존의 관료주의적이고 시대에 뒤처진 정부 문화를 빠르게 변화시키기 위한 공격적인 전략이었다.

오바마 행정부는 Healthcare.gov 사태의 극적인 해결 과정을 보고서 공격적인 디지털 혁신전략에 확신을 가질 수 있었다. 사태가 발생하자 긴급 대응팀을 구성했는데 여기에 구글, 오라클, 레드햇 등 실리콘밸리의 기술 전문가들이 자원하여 참여했다. 이때 참여한 구글 수석 엔지니어 마이키 디커슨Mikey Dickerson은 후에 USDS의 초대 책임자가 되었다. 2013년 10월 말부터 12월 초까지 약 6주간 집중적인 개선 작업이 이루어졌다. 12월 1일, 대부분 사용자가 문제없이 사이트를 이용할 수 있게 되었다.

긴급 대응팀은 어떻게 불과 6주 만에 복잡하게 꼬인 시스템의 문제를 해결할 수 있었을까? 방법론의 혁신이 결정적인 역할을 했다. 긴급 대응팀은 시간적 제약으로 인해 전면 재개발 대신 기존 시스템의 주요 문제점을 식별하고 개선하는 방식을 택할 수밖에 없었다. 기존의 폭포수 모델에서 벗어나 빠른 반복과 지속적인 개선을 강조하는 애자일 개발 방법론을 적용했다. 아마존웹서비스AWS를 활용하여 시스템의 확장성과 안정성을 개선했다. 데이터베이스를 최적화하고, 캐싱을 도입하여 응답 속도를 개선하고, 불필요한 코드를 제거하여 성능을 최적화하는 등 구체적인 기술적 개선 사항도 빠트리지 않았다. 무엇보다도 복잡한 가입 프로세스를 간소화하여 UX를 개선했다. 24시간 운영되는 '상황실War Room'을 마련하여 실시간 대응을 가능하게 했다. 그리고 매일 아침 오바마 대통령에게 직접 진행 상황을 보고했다.

결과는 우리가 익히 아는 바대로다. 2013년 12월 1일 기준 웹 사이트 성공률이 80%까지 상승했다. 2014년 3월 말까지 약 800만 명이 성공적으로 새로운 의료보험에 가입했다. 이 사태 해결 과정은 정부의 IT 프로젝트 관리 방식과 디지털 서비스 제공 방식에 근본적인 변화를 불러왔다. 이는 USDS와 18F 설립의 직접적인 계기가 되었으며 정부의 디지털 혁신을 가속하는 중요한 전환점이 되었다.

USDS는 Healthcare.gov 사태를 해결한 긴급 대응팀 출신들이 주축이 되어 출범했다. 역할도 백악관의 우선순위에 따라 연방정부 차원의 긴급하고 중요한 프로젝트에 집중했다. 18F가 정부 기관들과 폭넓게 협력하여 다양한 규모의 프로젝트를 수행한다면 USDS는 주로 핵심 시스템 위주로 대규모, 고위험 프로젝트에 집중했다. 백악관으로서는 대규모 IT 실패에 신속하게 대응할 긴급 대응 조직이 여전히 필요했다.

USDS의 초대 책임자 마이키 디커슨은 프로젝트를 선택하는 기준으로 '가장 많은 수의, 가장 필요로 하는 사람들에게 가장 큰 차이를 만들어 낼 수 있는 것은 무엇인가가 가장 중요하다.'라고 밝힌 바 있다. 대표적으로 재향군인회VA, Veterans Affairs의 온라인 서비스 개선 작업, 이민 시스템 현대화, 코로나19 대응을 위한 디지털 도구 개발 지원, 연방정부의 채용 프로세스 개선 작업 등이다. 특히 코로나19 팬데믹 이후 USDS의 역할과 중요성이 더욱 커졌다.

USDS는 미국의 디지털 정책이나 전략 수립에도 큰 역할을 하고 있다. USDS는 디지털 정책과 관련한 다양한 가이드라인과 원칙들을 발표했다. 하나같이 정부의 디지털 서비스 혁신을 위한 중요한 지침들이다. '아이덴티티 플레이북 5대 원칙'은 정부 서비스에서의 디지털 신원 확인 및 인증에 관한 지침이다. 또 공공 서비스 혁신 가이드라인으로 '디지털 서비스 플레이북'을 발표했다. 이 중에서 디지털 서비스 13대 개발 전략이 지침서의 핵심이다. 13대 개발 전략은 공공 IT 프로젝트를 수행할 때 공공과 민간이 함께 준수해야 할 기본원칙이다.

디지털 서비스 플레이북 13대 개발 전략

- 전략1 **사용자의 니즈를 이해하라**
  Understand what people need.

- 전략2 **서비스의 시작부터 끝까지 사용자의 전체 경험을 고려하라**
  Address the whole experience, from start to finish.

- 전략3 **단순하고 직관적으로 설계하라**
  Make it simple and intuitive.

- 전략4 **서비스는 애자일하게 그리고 반복 실행을 통해 구축하라**
  Build the service using agile and iterative practices.

- 전략5 **서비스 제공을 목표로 예산과 계약을 구조화하라**
  Structure budgets and contracts to support delivery.

- 전략6 **리더를 정하고 그에게 충분한 권한을 부여하라**
  Assign one leader and hold that person accountable.

- 전략7 **경험이 풍부한 팀을 영입하라**
  Bring in experienced teams.

- 전략8 **최신의 기술 계층을 선택하라**
  Choose a modern technology stack.

- 전략9 **유연한 호스팅 환경에서 배포하라**
  Deploy in a flexible hosting environment.

- 전략10 **테스트와 배포를 자동화하라**
  Automate testing and deployments.

- 전략11 **재사용할 수 있는 프로세스를 통해 보안 및 개인정보를 관리하라**
  Manage security and privacy through reusable processes.

- 전략12 **데이터를 기반으로 의사결정 하라**
  Use data to drive decisions.

- 전략13 **공개를 기본원칙으로 하라**
  Default to open.

두고두고 참고할 내용이라 전략의 제목을 옮겨본다.

13대 개발 전략은 영국 GDS가 발표한 정부 서비스 디자인 원칙과 철학적 맥락이 매우 비슷하다. 사용자의 요구, 단순함의 추구, 데이터 기반, 애자일한 반복 실행 등 핵심 키워드가 같다. 특히 USDS의 개발 전략과 GDS의 디자인 원칙은 시작과 끝이 같은 구조를 이루고 있다.

사용자의 요구에서 시작해서 공개 원칙으로 끝을 맺고 있다. 두고두고 곱씹어봐야 할 대목이다.

다시 한번 강조해야 할 작업이 있다. USDS가 발표한 「TechFAR 핸드북」의 중요성이다. 'FAR'은 Federal Acquisition Regulation의 약어로 미국 연방정부의 물품 및 서비스 조달에 관한 규정을 의미한다. 「TechFAR 핸드북」은 미국 정부의 IT 조달 프로세스를 현대화하고 개선하기 위한 지침이다. 앞서 18F의 활동에서도 언급했다시피 조달의 혁신 없이 디지털 혁신은 불가능하다. 애자일한 조달 없이 애자일한 개발은 있을 수가 없다. 우리나라 기재부와 조달청만 이를 모르는 것 같다.

「TechFAR 핸드북」은 전통적인 폭포수 개발 모델 대신 애자일 개발 방법론을 정부 IT 프로젝트에 적용할 수 있는 방법을 제안했다. 점진적이고 반복적인 개발 과정을 지원할 유연한 계약 구조를 설명하고 이의 사용을 권장했다. 정부조달에 가급적 많은 중소기업과 스타트업이 참여할 수 있는 전략을 제시했다. 대규모 프로젝트의 위험성을 낮출 수 있도록 작은 모듈로 나누어 조달하는 '모듈식 조달' 방식도 권장하고 있다. 어느 정부나 정부조달은 매우 보수적이고 엄격한 절차로 진행되는 게 기본속성이다. USDS 역시 이 점을 잘 알기 때문에 현행 FAR 규정을 준수하면서도 혁신적인 조달 방식을 적용할 수 있는 방법을 찾기 위해 노력하고 있다.

5. 강남의 귤이 탱자가 되지 않으려면

미국의 디지털 혁신 거버넌스는 대부분 오바마 행정부 때 신설되거나 정비되었다. 문제를 회피하지 않고 정직하게 대면한 결과였다. 민간 정보통신기술 전문가가 중심이 된 디지털 혁신조직을 만들어 스타트업 문화와 혁신적인 업무 프로세스를 정부에 확산시키려 했다. 관료주의적인 정부 문화, 낡은 IT 시스템, 업무 프로세스에 근본적인 변화를 시도했다.

우리가 눈여겨봐야 할 것은 조직과 제도 너머에 있는 철학, 원칙, 문화이다. 영국의 GDS, 미국의 18F, USDS 등의 조직은 비슷한 문화와 철학 위에서 작동된다. 그들은 항상 고객의 요구에서 출발한다. 조직이든 프로젝트든 작게 시작한다. 검증과 추가 개발을 끝없이 반복하면서 알파 버전에서 베타 버전으로 나아간다. 계획보다 실행과 배포를 중시한다. 멋진 완성품을 꿈꾸지 않고 최소 기능을 갖춘 제품MVP, Minimum Viable Product을 빠르게 만들고 끝없이 개선해 나간다. 가급적 API를 공개하여 관련 기업이 활용하도록 한다. 모든 과정과 결과물은 공개를 원칙으로 한다.

영국과 미국의 디지털 혁신조직은 '린 스타트업' 방법론을 프로그램 설계뿐만이 아니라 조직 설계에도 적용하려고 했다. 스타트업은 조직 자체가 '구축 – 측정 – 학습 – 반복'이라는 피드백 루프 위에서 작동해야 한다. 그래야 실험, 진화, 지속적인 반복, 개선의 문화가 자리잡을 수 있다. 작은 실험을 통해 개선으로 나아가기도 하지만 작은 실험이 실패로 끝나는 경우가 더 많다. 끊임없이 작은 실험을 반복하는 스타트업 방식은 실패를 용인하는 모델이다. 실패를 용인하는 문화 없이 과감한 혁신은 불가능하다. 적어도 디지털 혁신조직은 이런 철학과 원칙으로 설계되고 작동되어야 한다. 그래야 관료주의에 찌들어 있는 방대한 정부 조직에 변화의 물꼬를 겨우 틀 수 있다.

18F의 공동 창립자이자 수석 크리에이티브로 일하는 힐러리 하틀리Hillary Hartley는 18F가 기반하고 있는 조직 운영의 다섯 가지 원칙을

밝히고 있다. 조직을 지탱하고 있는 다섯 가지 기둥이라 해도 좋다.

"첫 번째로 우리는 변화의 주체가 되어야 합니다Be the Change. 우리는 모범을 보이며 선도하고자 합니다. 우리는 기관의 파트너들과 협력하여 이 새로운 경험을 안내하고 디지털 서비스가 어떻게 될 수 있는지에 대한 그들의 기대치를 재설정하고 있습니다.

두 번째로 우리는 디자이너처럼 생각하려고 합니다Think like Designer. 단지 팀의 디자이너뿐만 아니라 모든 사람이 그렇게 합니다. 우리의 제품 담당자, 엔지니어, 모든 사람이 인간 중심적 사고방식을 중시합니다. 우리는 사용자 요구를 최우선으로 생각합니다. 이해관계자의 요구나 정부의 요구, 기관의 요구가 아닌 사용자의 요구가 우리가 내리는 모든 결정을 주도합니다.

세 번째는 데이터 주도적이고 데이터 정보에 기반한 접근입니다 Data Driven. 우리는 모든 사용자 중심 결정을 지원하기 위해 분석을 사용하고, 모든 일을 측정하며, API를 우선시합니다.

네 번째로 우리는 민첩하게 일합니다Agile Practice. 구축, 측정, 학습의 빠른 피드백 루프를 통해 작은 실패를 감수하고 큰 실패는 막습니다.

마지막으로 우리는 기본적으로 개방적입니다Open by Defaults. 우리는 오픈 소스 팀입니다. 우리가 하는 모든 일은 프로젝트 첫날부터 공개됩니다. 깃허브GitHub에서 우리를 찾을 수 있고 우리 블로그에서 이야기하고 있습니다. 우리는 우리가 구축하고 배포하는 것뿐만 아니라 우리의 프로세스에 대해서도 투명해지려고 노력합니다."

디지털 기술과 서비스를 다루는 우리의 정부 조직 중에서 린 스타트업 모델로 움직이는 곳이 단 한 군데라도 있는가? 유감스럽게도 대한민국 정부 조직은 18F의 조직 운영 다섯 가지 원칙과 정확히 정반대의 원칙으로 움직인다. 모두가 '변화의 주체'가 아니라 '변화의 객체'로 머물고 있다. 사용자의 요구를 최우선으로 생각하는 것이 아니라 '인사결정권자의 요구'를 최우선으로 한다. 데이터에 기반한 의사결정이 아니라 아직도 '감과 이해관계'에 따라 의사결정을 한다. 애자일한 실행은 요원하고 아직도 '폭포수 개발 방법론'에 머무르고 있다, 공공의 의사결정은 여전히 '밀실'에서 이루어지고 공공 프로젝트의 아웃풋을 깃허브에서 찾을 수 있다는 얘기는 별로 못 들어봤다. 대한민국의 정부는 아직도 틀에 박힌 구습만 반복하고 있을 뿐이다.

대한민국 정부는 문제가 발생했을 때, 문제를 정면으로 응시하여 정직하게 대응하지 않는다. 항상 문제의 본질과 핵심을 비켜 간다. 정치권이나 관료들의 이해관계에 따라 문제가 뒤틀린다. 자신들의 이해관계에 방해가 되면 문제의 해결을 하염없이 뒷전으로 방치한다. 영국과 미국은 대규모 IT 프로젝트가 실패하자 근본적인 해결책을 찾아나섰다. 영국은 NHS 국가 프로그램의 실패를 계기로 GDS 조직을 설립했다. 미국 역시 Healthcare.gov 사태를 겪고서 18F 조직과 USDS 조직을 거의 동시에 공격적으로 설립했다. 양국 모두 기존의 대규모 IT 프로젝트 수행 방식으로는 문제를 해결할 수 없다고 판단하고 근본적인 변화를 시도한 것이다. 그들은 관료조직의 한계와 기존 제도의 무능, 기존 프로세스의 비작동을 인정했다. 그리고 그 바탕 위에서 완전히 새로운 시스템과 해법을 추구했다.

대한민국은 어떤가? 대규모 차세대 프로젝트가 계속해서 실패를 거듭해도 어느 부서 하나 실패를 인정하는 부서가 없다. 행정 정보서비스가 대규모 장애가 발생해도 기왕의 제도와 프로세스를 근본적으로 혁신할 생각을 하지 않는다. 이쯤 되면 국가정보화 거버넌스의 근본적인 수술 대책이 논의 테이블에 올라오는 게 정상이다. 아무도 그렇게 하지 않는다. 정치권은 무능하고 관료들은 밥그릇 앞에서 노회하다. 정부에서 내놓는 대책이라고는 항상 그렇고 그런 '관계 부처 합동 종합대책'뿐이다. 이 대책의 감추어진 진실은 '자신들의 밥그릇은 절대 건드리지 않는다.'이다.

강남의 귤이 강북에서는 탱자가 된다고 했다. 지금과 같은 제도 아래서는 영국과 미국의 사례를 벤치마킹해서 민간 전문가들 중심으로 기술 전문 지원조직을 만들더라도 실패할 것이 불을 보듯 뻔하다. 디지털 혁신조직은 혁신적인 방식으로 조직 운영이 가능해야 한다. 자유롭게 채용하고 성과에 따른 보상이 가능해야 한다. 실행과 검증을 반복하는 과정에서 작은 실패는 용인해야 한다. 애자일 개발 방법론을 실행하려면 애자일한 정부조달 체계가 뒷받침되어야 한다. 혁신조직의 가이드라인을 정부 모든 조직에 적용할 수 있는 조정 능력을 발휘할 수 있어야 한다. 대한민국에는 공공 영역에서 '린 스타트업' 조직 운영 모델을 실행에 옮길 법적 여건과 제도적 여건이 아무것도 갖추어져 있지 않다. 그렇기에 영국과 미국의 제도를 단순히 흉내 내는 것으로는 안 된다.

거버넌스 정비에서부터 전문 기술지원 조직의 설립, 혁신적인 조직 운영 방식을 뒷받침해줄 법과 제도의 정비를 포함해서 정책의 우선순위 조정까지 전반적이고 꼼꼼한 손질이 필요하다. 너무나도 복잡하고 어려운 과제임이 분명하다. 그러나 더 이상 회피할 수 없는 지점에 몰려 있다.

3부

국가정보화,
개발에서 운영까지

9장
애자일 개발 방법론은 만능인가?

:: 새로운 개발 방법론의 도입은 개발 방식을 바꾸는 일이 아니라 공공의 기존 제도와 조직, 관행, 문화를 바꾸는 일이다. 디지털 전환 시대에 디지털의 장점이 극대화되도록 정부 자체를 바꾸는 일이다.

1. 좋은 말 대잔치로 끝나서는 안 된다

대규모 차세대 시스템 구축 사업에서 심각한 장애 사태가 발생할 때마다 시스템을 통으로 개발하는 '폭포수 방식'의 문제점이 거론된다. 지난 수십 년 동안 클라우드 컴퓨팅과 모바일화의 진전 등으로 개발 환경은 급속히 변화했다. 그러나 공공의 정보화 사업은 기존의 낡은 방식을 고수함으로써 기술 변화에 부응하지 못하고 있다. 폭포수 방식 대신에 새롭게 강조되는 것이 클라우드 네이티브 방식에 기초한 애자일 개발 방법론이다. 애자일 개발 방법론은 시스템을 통으로 개발하지 않고 작은 모듈 단위로 쪼개서 개발하고 배포하고 고객 피드백 과정을 반복한다. 애자일 개발 방법론은 폭포수 방식에 비교해서 유연성과 효율성이 좋아진다는 장점이 있다. 디지털플랫폼 기업과 스타트업에서 선호하는 방식이다.

그러나 한 가지 의문을 떨칠 수가 없다. 공공의 정보화 사업에 애자일 개발 방법론이 적용될 수 있는가? 새로운 개발 방법론의 수용은 단지 새로운 기술의 채택에 국한되는 문제가 아니다. 기술을 뒷받침할 조직체계와 조직문화가 있을 때 가능하다. 그렇다면 현재 공공은 애자일 개발 방법론을 수용할 조직체계와 조직문화를 갖추고 있을까? 또 한 가지 의문이 더 있다. 공공이 진행하는 모든 개발 프로젝트가 애자일 개발 방법론과 부합하는가? 프로젝트의 성격에 따라 개발 방법론의 선택은 달라지지 않을까? 무조건 폭포수 방식은 악이고 애자일 방식은 선이라는 식으로 접근할 문제는 아니지 않나?

폭포수 방식을 선택하는지 애자일 개발 방법론을 선택하는지가 중요하지 않다. 원하는 결과를 만들어내면 된다. 폭포수 방식은 개발의 사이클이 길다. 애자일은 일단 작은 모듈 단위로 개발, 운영, 기능 개선을 하는 방식이라서 개발 사이클이 짧다는 차이가 있을 뿐이다. 각각 장단점이 존재한다. 폭포수 방식은 분석, 설계, 개발, 시험 등의 단계를 순차적으로 진행하기 때문에 요구사항의 변화를 유연하게 반영하는 게 어렵다. 반면에 애자일 개발 방법론은 기획, 개발, 운영의 일관된 조직체계가 보장되지 않으면 작동할 수가 없다.

나는 폭포수 방식이 무조건 잘못이라는 입장에 동의하지 않는다. 폭포수 방식에서 생길 수밖에 없는 구조적인 문제를 조금이라도 개선할 제도적인 방안이 무엇인지를 찾는 게 현실적이라는 입장이다. 마찬가지로 애자일 개발 방법론이 무조건 선이라고 생각하지 않는다. 애자일 방식이 성공할 수 있는 제도적인 여건이 무엇인지를 추적하는 게 중요하다고 생각한다.

문제의 대안은 '좋은 말 대잔치' 한다고 해서 해결되지 않는다. 좋은 말이 좋은 말로 그치지 않으려면 씨가 뿌려져서 싹이 틀 토양을 살펴야 한다. 정치가, 정부가, 정책이 할 일은 제도를 정비하여 토양을 준비하는 일이다. 그다음 일, 즉 기술을 개발하여 싹을 틔우는 일은 민간에서 알아서 잘한다.

2. 토스에는 차세대 프로젝트가 없다

내가 NIA 원장으로 일할 때의 경험이다. 검찰에는 '검찰정보화 자문위원회'라는 민간자문위원회 조직이 있다. 어느 날 자문위원회를 개최한다고 연락이 왔다. 웬일인지 알아보니 NIA 원장이 당연직으로 자문위원장을 맡게 되어 있었다. 아마도 전자정부 사업의 하나로 법무부의 형사사법정보시스템KICS 구축을 지원한 일이 있었는데 그때 이후로 만들어진 관행이었던 것 같다. 그때도 검찰의 이미지가 워낙 안 좋을 때였다. 자문위원회에 별로 가고 싶지 않았으나 NIA 원장으로서 공적 의무를 소홀히 할 수는 없었다.

자문위원회의 주된 안건은 '차세대 KICS' 추진계획 보고와 토의였다. KICS가 개발된 지 10여 년이 지나서 차세대 시스템이 필요하다는 것이다. 참여기관도 늘리고 기능도 업그레이드할 예정이었다. 본격적으로 프로젝트를 시작하면 3~4년 후에 개통할 수 있을 것이라는 보고였다. 회의를 주재하면서 차세대 사업에 조금이라도 도움이 되는 조언을 자문위원들로부터 끌어내려고 나름대로 애썼다. 많은 자문위원의 조언 중에서 가장 기억에 남는 얘기가 있다. 위원 중 한 명이 토스의 이승건 대표였다. 누군가가 토스는 차세대 프로젝트를 몇 년 주기로 하느냐는 질문을 했던 것 같다.

"저희는 필요하면 매일 패치를 합니다. 하루에 수십 번씩도 합니다. 기능 개선이 필요하면 그때그때 수시로 하면 되지, 왜 몇 년씩 모아두었다가 한꺼번에 합니까? 우리는 특별히 차세대 프로젝트라는 게 없습니다."

우문에 현답이었다. 이 이상으로 민간과 공공의 차이를 극명하게 보여줄 수 없는 대답이었다. 플랫폼 기업에 차세대 프로젝트가 어디 있겠는가? 네이버와 카카오가 차세대를 하던가. 필요할 때마다 수시로 자동으로 업데이트할 뿐이다. 스타트업, 플랫폼 기업, 인터넷 서비스 기업은 모두 이런 식으로 일한다. 정부와 금융권만 일하는 방식이 다르다. 모든 요구사항을 한 번에 분석하고 설계한 후 전체 시스템을 한꺼번에 개발하는 빅뱅식의 프로젝트는 주로 공공과 금융권에서 찾아볼 수 있다. 사용자의 편리성보다는 내부 업무처리의 정확성과 투명성에 더 가치를 두는 기관들의 특징이라 할 수도 있겠다.

3. 토스 뱅크의 클라우드 네이티브 환경

토스가 애자일한 방식으로 개발을 진행할 수 있는 까닭은 실제 시스템이 클라우드 네이티브 방식으로 구성되어 있기 때문이다. 그리고 토스의 조직체계가 클라우드 네이티브 환경을 뒷받침하도록 편제되어 있어서 가능하다. 토스의 핵심 계열사인 토스뱅크의 최근 사례를 좀 더 들여다보자. 토스뱅크는 스타트업 특유의 기술을 중시하는 유연한 조직문화를 바탕으로 클라우드 네이티브 환경을 갖추었다. 토스뱅크가 처음 뱅킹 시스템을 구축할 때는 SI 방식으로 모놀리식Monolithic 시스템을 구축했다. 그러나 이후 기술 내재화를 통해 점진적으로 마이크로 서비스 아키텍처MSA, Micro Service Architecture 구조로 전환을 이루었다.

MSA 구조란 단독으로 실행 가능하고 독립될 수 있는 작은 단위 모듈로 기능을 분해하여 서비스하는 아키텍처를 말한다. 보통 트랜잭션이 이루어지는 비즈니스 기능 단위로 모듈을 구축한다. 이때 비즈니스 기능 단위로 데이터베이스DB를 잘라내는 게 중요하다. 거대한 데이터베이스를 쪼개지 않고 통으로 구축하면 MSA 구조가 이루어질 수가 없다. 토스뱅크 역시 개별 마이크로 서비스마다 개별 데이터베이스를 보유하고 있다. 단위 서비스 모듈 사이의 통신은 API를 통해 이루어진다. 전체 시스템이 MSA 구조로 구축되어야 비로소 시스템의 개발과 운영이 온전한 의미에서 클라우드 네이티브 방식으로 이루어질 수 있다. 주요 기능이 개별 서비스화되어 있어서 개별 서비스별로 기능을 추가하거나 성능 개선을 이루는 확장성도 확보한다. 그리고 장애가 나더라도 전체 장애 상황을 피할 수 있어서 안정성이 대폭 개선된다.

토스뱅크의 조직체계는 클라우드 네이티브 방식을 뒷받침하도록 설계되어 있다. 개발팀, 운영팀, 플랫폼팀 등의 개발조직이 있다. 개발조직은 모두 스쿼드Squad 조직 구조를 채택하고 있는 게 특징이다. 스쿼드 조직이란 애자일 개발 방법론을 기반으로 한 현대적인 팀 구조로 특정 제품이나 서비스 개발에 집중하는 작고 자율적인 다기능 팀cross-functional team이다. 토스뱅크의 스쿼드 조직은 여러 기능을 가진 멤버가 협업하기 좋도록 구성되어 있다.

- Product Owner(PO): 담당 서비스에 대한 개통과 폐지 등 전권 보유
- Product Manager(PM): 제품과 서비스의 전략과 로드맵 수립

- Product Designer: 서비스의 UI와 UX 담당
- Developer(개발자): 프론트엔드와 백엔드 개발 담당
- Data Scientist(DS): 데이터 분석을 통한 의사결정 지원

상품기획팀이 상품화를 결정하면 담당 개발팀이 플랫폼팀과 협업하여 개발, 출시, 초기 운영을 담당한다. 상품의 안정화가 이루어지면 개발팀은 상품을 운영팀으로 이관하고 새로운 개발 업무를 수행한다. 이 과정에서 플랫폼팀은 공통 모듈의 개발, 운영, 시스템 미들웨어의 운영 및 관리, 파이프라인을 통한 자동 배포(CI·CD), 시스템 전체의 밸런싱 조절 등의 업무를 담당한다.

토스뱅크는 MSA 구조로 전환했기 때문에 신속한 기능 개선과 배포를 할 수 있었다. 이승건 대표 말대로 하루에 수십 회씩이나 업데이트할 수 있었다. 운영과 배포는 모두 자동화되었다. 신규 소프트웨어는 일단 일부 서버에만 배포하여 검증 과정을 거친 후에 점진적으로 확대해나갔다. 최초에는 구버전 90%, 신버전 10% 정도의 비중으로 운영하다가 신버전에서 오류가 확인되면 다시 구버전으로 원상 복구시킨다. 수정 후 재배포하여 문제가 없는 것이 확인되면 신버전의 배포를 20%, 30% 등으로 점진적으로 확대해나간다.

토스는 클라우드 네이티브 환경의 시스템 구성과 애자일 방식의 개발 방법론을 채택하여 성공한 조직이다. 애자일 방식이나 폭포수 방식이나 개발 과정에서 밟아야 할 세부 단계는 크게 다르지 않다. 두 방식 모두 '요구 분석 – 설계 – 구현 – 테스트 – 출시'에 이르는 개발 단계를 거친다. 다만 애자일 방식은 개발의 요구사항을 모듈별로 나누어 작은 단위로 여러 번 반복 수행하고 폭포수 방식은 모든 요구사항을 모아서

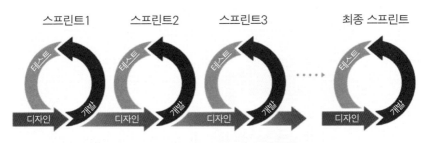

애자일 방법론

한꺼번에 수행하는 차이가 있을 뿐이다. 애자일 개발 방법론을 형상화한 다이어그램에서 알 수 있듯이 동그라미 하나하나의 개발 단계를 스프린트라고 한다. 스프린트 단위로 개발해서 빨리 배포하고 고객에게 빠른 피드백을 받는 게 애자일 개발 방법론의 핵심이다.

애자일 개발 방법론은 소프트웨어의 개발부터 배포, 운영까지의 협업 프로세스를 자동화하는 데브옵스DevOps 방식으로 구체화할 수 있다. 데브옵스는 개발, 검증, 운영이라는 세 가지 업무를 하나의 팀처럼 유기적으로 통합하는 것이다. 개발자가 코드를 만들어내면 이게 자동으로 테스트된다. 그리고 자동으로 운영 시스템에 올라가서 배포도 자동으로 되고 문제가 생기면 문제가 있다는 피드백조차도 자동으로 날라오게 된다. 프로세스의 각 단계를 자동화하고 최적화하여 서비스 출시 및 업데이트 주기를 단축할 수 있다.

4. 폭포수 방식이 낳는 문제들

폭포수 방식은 소프트웨어 개발의 각 단계가 순차적으로 진행되는 선형적인 접근방식이다. 폭포수 방식은 일반적으로 다음과 같은 단계를 거치면서 진행된다.

폭포수 방식 개발 단계

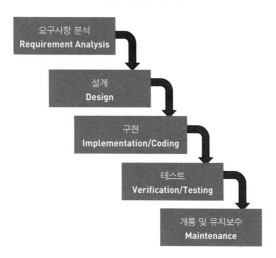

각 단계는 이전 단계가 완료된 후에 시작되며 한 단계가 끝나면 다음 단계로 '떨어지는' 구조로 되어 있어서 '폭포수'라는 이름이 붙었다. 폭포수 방식은 '빅뱅식 개발'이라고도 불린다. 그동안 공공의 정보화 사업은 거의 모두 폭포수 방식에 근거한 SI 사업으로 추진됐다. 민간의 IaaS(Infrastructure as a Service, 인프라 클라우드 서비스)를 이용하는 경우와 운영 체제03, 업무용 소프트웨어 등 상용 소프트웨어를 구매해서 쓰는 게 유일한 예외였다. 대부분의 응용 소프트웨어나 정보시스템은 요구사항을 종합하여 한 번에 구축하고 개통 이후에는 유지보수 회사로 넘겨서 운영 단계로 전환하는 프로세스를 밟았다.

신규 정보시스템의 구축과 개통까지는 최소 3년의 세월이 소요되었다. 이는 대한민국의 예산집행 절차상 불가피하다. 보통 ISP(Information

Strategy Planning, 정보화전략계획) 수행에 1년, 예산 신청부터 사업화까지 1년, 개발 기간 최소 1년 등 총 3년이 걸린다. Y년에 시스템을 개통하려면 Y－3년에는 업무재설계와 ISP 수립을 위한 예산확보를 시작해야 한다. Y－2년에 업무재설계와 ISP를 수행하고 구축 사업예산을 확보한다. Y－1년에 구축 사업을 진행하여 Y년에 개통한다. 구축 기간 3년은 어디까지나 구축 사업이 순조로웠을 경우다. 만약 과업 변경 등의 사유나 개발 과정상의 문제가 발생하면 개통은 Y+1, Y+2년까지 미뤄진다. 이러면 4~5년은 금방 지나간다. 이것도 예비타당성 조사를 거치지 않는 경우다. 만약 예비타당성 조사를 수행해야 한다면 프로젝트 기간은 더 길어진다.

차세대 시스템 개발사업 같은 경우 개발 규모가 매우 방대하고 시스템이 매우 복잡하게 얽혀 있다. 전체 시스템을 분석하고 설계를 완료하는 데 필연적으로 오랜 시간이 걸릴 수밖에 없다. 장시간의 분석과 설계 이후에 관련한 법과 제도가 바뀌면 설계 변경과 과업 변경이 불가피하다. 이런 식으로 프로젝트 기간이 길어질수록 새로운 요구사항이 안 생길 수가 없다. 너무 빈번한 과업 변경 문제는 공공 정보화 사업의 가장 커다란 분쟁 요인이 되었다. 사업수행 도중에 새로운 기술은 계속 등장하지만, 프로젝트 구조상 이를 반영할 여건이 안 된다. 이런 연유로 공공의 정보시스템은 개통할 때 이미 낙후한 시스템이라는 소리를 듣게 된다. 발주기관의 사업관리 능력이 부족하거나 SI 수행 업체의 설계와 개발 역량이 떨어지는 것도 폭포수 개발 방식의 문제점을 키우는 중요한 요인이다.

폭포수 방식의 고질적인 문제는 개발과 운영이 분리되어 있다는 점에서 발생한다. 시스템을 운영하는 유지 보수 사업자의 역할이 지나치게 소극적이다. 현재는 시스템이 죽지 않고 굴러가면 자신의 할 일을 다 한 것이다. 오류의 수정이나 기능 개선은 계약 범위 밖의 일이다. 미미한 제도 변경 사항을 시스템에 적용하는 것조차도 자기 일이 아니라 생각한다. 폭포수 방식에서는 애당초 개통 이후의 시스템 유지 보수 업무에 예산 할당도 미흡하다. 당연히 유지 보수 업체의 역량도 떨어지고 투입하는 인력의 수준도 떨어진다. 차세대 사업과 고도화 사업을 수행하기 전까지는 시의적절한 기능 개선이 불가능해진다. 어쩔 수 없이 모든 요구사항을 모았다가 빅뱅식의 구축 사업을 하게 되는데 자연히 고위험의 장애 리스크가 발생할 수밖에 없는 악순환이 반복된다.

5. 공공에서 애자일 방식이 성공하려면

수천억 원의 예산을 들인 차세대 정보시스템이 연이어 대규모 장애 사태를 낳자 공공 정보화 사업에 대한 국민의 불신은 눈덩이처럼 커졌다. 국민의 불신에 불을 지른 것이 2023년 11월의 지방행정 전산망 장애 사태였다. 지방행정 전산시스템의 접속 장애로 지자체의 행정업무가 중단되었고 동일 네트워크에 연결된 정부24 등 대국민 서비스가 먹통이 되는 사태로 확산했다. 전자정부 1등 국가, 디지털 선진국이라는 국가 위상은 이미 추락했다. 우리의 디지털 정부가 민간의 디지털 혁신 수준에 현격히 뒤처지고 있다는 것이 명백해졌다.

정부가 가만있을 리가 없다. 국무조정실장을 단장으로 '행정전산망 개선 범정부 대책 TF'를 구성하여 2024년 1월에 '디지털 행정 서비스 국민 신뢰 제고 대책'을 내놓았다. 우리에게 너무나도 익숙한 '관계 부처 합동' 종합대책이다. 종합대책의 보고서를 꼼꼼히 읽어봤다. 내 머릿속에 첫 번째로 드는 생각은 "과연 이걸로 가능할까?"였다.

주요 대책 중의 하나가 '클라우드 네이티브 도입 가속화'였다. 정보시스템의 시스템별 특성을 고려해서 클라우드 네이티브 전환계획을 수립하고 2026년까지 전환을 추진하겠다고 했다. 그리고 장애 발생시 신속한 대응이 가능하도록 데브옵스 적용 방안을 마련하고 예산편성, 계약 방식, 조직과 인력 구성 방안까지 준비하겠다고 했다. 2024년 1월에 종합대책을 발표하면서 2024년 3월까지 공공부문에 데브옵스 적용 방안을 마련하겠다는 것이다. 듣기에는 좋지만, 현실성은 없는 대책이다. 문제를 너무 가볍게 보든지 아니면 대국민 발표용으로 '그럴듯한 말'을 던져 보든지 둘 중 하나다. 그렇지 않고서야 이렇게 과감할 수가 없다. 데브옵스 방식을 개발하고 운영체계를 갖추는 것은 새로운 기술을 채택하는 문제가 아니다. 공공 정보화 사업을 둘러싼 거의 모든 제도, 규정, 조직, 문화가 바뀌어야만 실현할 수 있는 문제다. 역시나 2024년 1월의 종합대책 발표 이후 해가 바뀐 지금까지 공공부문의 데브옵스 적용 방안은 아무런 소식이 없다.

공공 정보화 사업에서 기존 폭포수 방식의 SI 사업방식의 문제점을 인식하고 대안을 찾기 시작한 것은 분명 칭찬받을 일이다. 그렇다고 해서 폭포수 방식은 무조건 낡은 것이고 애자일 개발 방법론을 도입하는 것이 무조건 올바른 게 아니다. 어떤 개발 방법론을 선택할 것인가는 프로젝트의 특성이나 조직 여건에 따라 다를 수 있다. 구체적인 실현 조건을 세밀하게 따져본 다음에 성공 가능성을 높일 현실적 방안을 찾아내야 한다. 적어도 다음 세 가지 사항은 짚어봐야 한다.

첫째, 프로젝트의 성격이다. 폭포수 방식이 맞는 프로젝트가 있고 애자일 개발 방법론이 맞는 프로젝트가 있다. 장기간의 개발 소요 시간이 걸리더라도 요구사항이 거의 변하지 않는 프로젝트는 폭포수 방

공공 정보화 사업 방향성 개선 방안

구분	현재(AS-IS)		개선(TO-BE)
응용 소프트웨어	(아키텍처) 모놀리식 (개발 방법론) 폭포수 (조직) 개발·운영조직 분리 운영	→	(아키텍처) MSA (개발 방법론) 애자일 (조직) DevOps 통합 운영
상용 소프트웨어	설치형 소프트웨어	→	SaaS 중심
시스템 소프트웨어	설치형 소프트웨어	→	SaaS 중심
인프라	IaaS 또는 온프레미스 (자체 구축환경)	→	PaaS 중심

식이 적합하다. 보안성과 신뢰가 중요한 국방 관련 프로젝트나 안정
성이 더 강조되는 은행의 핵심 뱅킹 시스템 같은 프로젝트는 폭포수
방식이 적합하다. 폭포수 방식이 적합한 프로젝트들은 대체로 다음과
같은 특성을 띤다.

- 요구사항이 명확하고 변경 가능성이 작음
- 안전성과 신뢰성이 매우 중요함
- 엄격한 규제 준수가 필요함
- 장기적인 계획과 실행이 요구됨
- 대규모 예산과 인력이 투입됨

반면에 빠른 변화와 지속적인 업데이트가 필요한 프로젝트에는 당
연히 애자일 개발 방법론이 적합하다. 앞서 말한 토스 같은 핀테크 서
비스, 페이스북 같은 소셜미디어 플랫폼, 쿠팡 등의 전자상거래 플랫

폼, 계속해서 밸런스를 조정하고 새 콘텐츠를 추가해줘야 할 게임 사이트 등이 대표적이다. 공공에서는 정책 변화와 시민 요구사항에 따라 신속하게 서비스를 개선해야 할 정부24와 같은 통합 플랫폼이나 '공공데이터포털'과 같은 각종 데이터 플랫폼에 적합하다. 이러한 서비스들은 사용자의 요구사항이 자주 변경되거나 실시간 데이터와 정보를 다루는 특징을 지니고 있다. 애자일 개발 방법론을 통해 빠른 개발, 지속적인 피드백, 유연한 대응이 가능해져 효과적인 서비스 제공과 개선이 이루어질 수 있다.

둘째, 프로젝트Project와 프로덕트Product의 차이를 구별해야 한다. 우리는 'SI 프로젝트'를 한다고 하지, SI에 프로덕트 개념을 사용하지는 않는다. 프로젝트는 특정 목표를 달성하기 위한 시작과 끝이 정해져 있는 작업이다. 예산, 인력, 시간 등 예정된 자원을 투입하여 특정 결과물을 산출하는 목표를 가지고 있다. 산출물(시스템)을 만드는 주체와 산출물(시스템)을 통해 서비스를 제공하는 주체가 다른 경우가 많다. 그래서 다른 회사 간에 프로젝트를 수행할 때는 SI 용역계약을 맺는다. 반면에 프로덕트는 계속해서 가치를 제공하는 제품이나 서비스를 말한다. 장기적이고 지속적인 개선과 유지와 보수가 필수다. 자원 역시 계속해서 투자된다. 프로덕트는 시스템을 개발하는 주체와 그걸 사용하는 주체, 즉 그걸 이용해 서비스하는 주체가 같은 경우가 많다. 네이버, 카카오, 토스와 같은 민간 IT 플랫폼 기업은 프로덕트를 개발하고 운영하는 게 회사의 본업이다.

외주로 프로젝트를 수행하는 것인지, 혹은 프로덕트를 개발하는 것인지에 따라 개발 방법론의 선택이 달라진다. 폭포수 모델은 요구사항이 명확하고 변경이 적은 '프로젝트'를 수행할 때 적합하다. 대부분의 공공 정보 시스템은 여기에 해당한다. 애자일 개발 방법론은 지속적인 개선과 빠른 피드백을 반영할 필요가 있는 '프로덕트'를 개발할 때 적합하다. 공공에서는 아직 자체적으로 '프로덕트'를 개발하고 운영한다는 개념이 취약하다. 그러나 최근 들어 경쟁적으로 만들어지고 있는 각종 데이터 플랫폼은 한 번 만들어진다고 끝이 아니다. 지속적인 추가 개발과 기능 개선이 필요한 시스템들이다. 이들 시스템은 폭포수 방식보다는 애자일 개발 방법론을 적용하는 게 훨씬 효과적이다.

셋째, 내부 조직체계와 조직문화의 뒷받침이 되어 있는지가 중요하다. 기획자, 개발자, 운영자가 한 조직처럼 움직이는 게 가능하면 애자일 개발 방법론을 채택할 수 있지만 그렇지 않으면 불가능하다. 현재 공공부문의 조직체계에서는 애자일 개발 방법론의 도입은 불가능하다. 앞서 토스뱅크의 사례에서 보았듯이 공공에서 크로스펑셔널Cross Functional한 팀을 구성할 수 있는가? 부서 간 경계를 넘어 다양한 전문성을 지닌 구성원으로 팀 구성이 가능한가? 불가능하다. 더 근본적으로 프로덕트에 관한 의사결정 권한을 팀 레벨로 내려보낼 수 있는가? 담당 서비스에 대한 개통이나 폐지 등 전권을 프로덕트 오너PO, Product Owner에게 위임할 수 있는가? 역시 불가능하다. 공공의 조직체계가 기존의 수직적이고 관료적인 구조에서 좀 더 유연한 수평적인 구조로 전환하지 않는 한 본격적인 애자일 개발 방법론의 도입은 불가능하다.

더 나아가 애자일 개발 방법론의 채택에는 예산편성, 계약제도, 조달제도의 뒷받침이 필수적으로 요구된다. 연간 고정예산을 할당하는 제도에서 성과에 따라 예산을 조정할 수 있는 체계로 전환되어야 한다. 일 년 예산에서 벗어나 다년도 예산체계의 도입도 필요하다. 계약제도 역시 상황에 따라 유연하게 대응할 수 있는 계약 구조의 도입이 필수적이다. 단계적 계약 제도, 성과 기반 지불제도, 성과 공유제도 등을 생각해 볼 수 있다. 조달제도에서도 신속한 변화 대응이 가능한 프로세스가 정비되어야 한다. 모든 것을 자체 개발하기보다는 오픈 소스 및 상용 솔루션을 효과적으로 활용할 수 있도록 바뀌어야 한다.

이러한 변화를 과연 대한민국 정부가 감당할 수 있는가? 새로운 개발 방법론의 도입은 기존 제도와 조직은 그대로 두고서 새로운 기술을 도입하는 일이 아니다. 개발 방식을 바꾸는 일이 아니라 공공의 기존 제도, 조직, 관행, 문화를 바꾸는 일이다. 일하는 방식을 근본적으로 바꾸는 일이다. 디지털 전환 시대에 디지털의 장점이 극대화되도록 정부 자체를 바꾸는 일이다. 개발 방법론의 혁신은 기존 정부의 관행과 규정에 거대한 도전이 될 것이고 당연히 기존 조직으로부터 엄청난 저항에 직면할 것이다. 애자일 개발 방법론의 도입은 서둘 일도 아니고 서둔다고 될 일도 아니다.

현실적으로 가능한 방법은 무엇일까? 어려울수록 바로 가라고 했다. 과학적 엔지니어링의 기본 접근법을 따라야 한다. 작은 단위에서 시범적으로 진행하고 그 성과를 검증한 다음 개선 보완책을 찾는다. 다시 더 큰 단위에서 더 다양한 사업에 점진적으로 확대한다. 이 과정을 통해 솔루션과 제도를 완비해서 국가 전체로 적용한다.

애자일 개발 방법론도 마찬가지다. 먼저 영국의 GDS나 미국의 18F 조직처럼 전문 기술지원 조직을 만들어서 그 조직에서부터 새로운 방법론의 적용을 시작하는 것이다. 물론 전문 기술지원 조직을 만들 때는 영국 GDS나 미국 18F 조직의 최근 성과까지를 따져서 지속할 수 있는 모델로 설계해야 한다. 이게 그동안 이야기된 '한국형 18F' 조직이 될 것이다. 한국형 전문 기술지원 조직에서 애자일 개발 방법론에 적합한 시범사업을 추진한다. 정부24 사이트나 공공데이터 포탈과 같은 데이터 플랫폼에 대해서는 이 조직에서 프로덕트 오너십을 행사하는 게 필요하다.

구체적으로 MSA 방식을 어떻게 적용할지는 시스템의 성격에 따라 다 달라질 것이다. 기존 정부24 시스템처럼 여러 기관의 시스템을 중간에서 연계하고 전달해 주는 역할 위주로 설계된 경우는 타 시스템과의 연결 관계를 종합적으로 파악하는 게 중요하다. 정부24 중에서 중점적으로 추진하는 맞춤형 원스톱 서비스(꾸러미 서비스)들은 서비스별로 MSA 방식을 적용하는 게 효과적일 수 있다. 단위 서비스별로 재구축할 때는 무늬만 흉내 내지 말고 실질적으로 클라우드 네이티브 환경을 구현하자. 완벽하게 MSA 구조로 설계하자. 개발조직도 린 스타트업 조직의 모델에 따라 운영해보자. 이 조직이 성과를 내는 데 필요한 제도적 개선 사항을 나열해서 최우선으로 정비하자.

궁극적으로는 공공에서 신규로 구축되는 단위 서비스들은 일부 예외를 제외하면 모두 초기 기획 단계부터 MSA 방식으로 이루어져야 한다는 것을 의무화할 수 있다. 시범사업의 경험이 쌓이면 충분히 고려할 수 있는 수단이다.

10장
정보화 사업, 다섯가지 개선과제

:: 공공의 정보화 사업에서 기술지원 역량이 얼마나 취약한가는 금융 분야와 비교하면 금방 드러난다. 내부에 개발 역량을 보유하고 있느냐가 가장 큰 차이이다.

우리는 현실에서부터 출발해야 한다. 공공 정보화 사업은 대부분 폭포수 방식을 채택할 수밖에 없는 게 현실이다. 회사나 정부 기관의 성공에는 사업추진 당사자의 역량이 가장 중요하다. 그리고 사업추진을 둘러싼 환경 요인의 개선이 필요하다. 이러한 관점에 따라 정부에서 쏟아낸 각종 대책 중에서 다섯 가지 주제를 압축했다.

1. 발주기관의 기획 및 관리 능력을 높이자.
2. 수주업체의 사업수행 능력을 높이자.
3. 기술지원체계를 강화하자.
4. 품질관리체계를 개선하자.
5. 운영관리 업무를 강화하자.

1. 발주기관의 기획 및 관리 능력을 높이자

현재는 발주기관의 무능이 사업 실패의 50%를 차지한다고 해도 과언이 아니다. 공무원들의 IT 역량이 떨어지는 게 현실인데 정보화 사업 발주 담당자라고 해서 크게 다르지 않다. ISP나 제안요청서 등의 사업기획 자체가 구체성과 실효성이 떨어진다. 사업 진행 과정에서 요구사항은 수시로 변경되고 요구사항의 확정이 지연된다. 자연히 정보화 사업의 첫 단계라 할 요구사항 분석과 설계가 부실해진다. 이는 납기 지연과 품질 저하의 원인이 된다.

발주기관의 사업수행 능력을 높이기 위해 ISP부터 구축과 운영까지 사업의 전 단계를 관리할 '정보화사업추진단'을 구성하고 운영하는 게 필요하다. 추진단은 업무 도메인을 잘 알고 IT 지식이 있는 발주기관의 공무원들과 외부 민간 전문가들로 구성한다. 여기에 앞서 제안한 전문 기술지원 조직의 전문가들이 파견될 수 있다. 추진단은 사업 발주, 설계와 개발과 테스트 등의 사업관리, 사후 관리 등 사업의 전 단계가 성공적으로 추진될 수 있도록 사령탑 역할을 한다.

추진단을 구성하면 특별한 사유가 없는 한 사업을 완료할 때까지 인력교체를 최소화해야 한다. 지금은 공무원 조직의 특성상 1~2년 지나면 다른 업무로 순환근무를 많이 한다. 새로운 담당자로 바뀌면 이미 승인했던 요구사항이 바뀌고 설계를 뒤집는 일들이 비일비재하다.

그리고 추진단이 ISP를 직접 수행하도록 관련 규정을 개정하면 계획의 내실화와 기획 역량 강화에도 도움이 될 것이다. 추진단 운영의 성공 사례로는 기재부의 '차세대 디지털 국가 예산·회계 시스템 디브레인dBrain' 구축 추진단을 들 수 있다. 기재부의 디브레인 사업은 비록 개통 과정에서 한 차례 지연되는 소동을 겪기는 했지만 비교적 성공적으로 완수했다는 평을 듣고 있다.

오랜 기간 SI 용역 위주로 정보화 사업을 추진해옴에 따라 공무원
의 IT 역량이 낮아진 것에 대한 개선 대책을 반드시 마련해야 한다. IT
전문인력의 채용 확대 및 민간과의 교류 확대를 위한 전방위적인 노
력이 필요하다. 다시 한번 전문 기술지원 조직의 필요성을 강조한다.

2. 수주업체의 사업 수행 능력을 높이자

SI 업체는 사업의 핵심 파트너이다. 뛰어난 파트너가 사업에 참여하
면 절반의 성공은 보장받았다고 할 수 있다. 시장의 생태계가 살아 있
어야 사업 성공의 가능성도 그만큼 커진다. 그런데 현실은 비극적이
다. 공공 정보화 사업의 시장 생태계가 무너졌다는 경고음이 이미 오
래전부터 울렸다.

대기업 참여 제한 제도로 인해 공공 정보화 사업 시장이 중소기업
중심으로 재편되면서 우수인력 유출이 가속화되었다. 공공 정보화 사
업은 대가 산정의 제약과 예산상의 제약 등으로 본래 수익성이 낮았다.
공공 SI 시장이 사라지자, 대기업의 정보통신 서비스 회사는 담당 조직
조차 없애 버렸다. '네카라쿠배'로 대표되는 민간 IT 플랫폼 기업의 성
장과 수많은 스타트업의 등장은 한때 개발자 대란 사태까지 불러올 정
도로 개발 인력의 쏠림 현상을 가져왔다. 공공 정보화 사업을 수행하는
SI 기업은 개발 인력 노령화, 역량 저하, 우수인력 유출 등의 인력난에
허덕이지 않을 수 없다. 가장 실력 떨어지는 개발자가 마지막으로 가는
곳이 중소기업의 공공 SI 업무라는 자조 섞인 말이 나돌았다.

이는 공공과 함께 SI 용역의 큰 시장을 형성하는 금융 분야의 사정
과 대비된다. 금융권 개발자의 인건비는 소프트웨어 평균단가보다 높

공공 정보화 사업에 전문가가 없다

B BLOTER

HOME > IT·과학 > IT기업

삼성·LG·SK도 오류 내는 공공 SW...'업무 전문가가 없다

👤 박현준 기자 · ⏱ 승인 2023.06.29 08:49

이미지=게티이미지뱅크

아서 다른 분야로 이탈이 상대적으로 적다. 금융 분야는 은행 전산시스템에 대한 이해도가 높은 고급 인력 확보에 상대적으로 유리하다.

생태계 복원을 위해서는 무엇보다도 대기업 참여 기준의 완화가 시급하다. 현재는 상호출자제한 대상의 대기업은 원칙적으로 참여가 금지되어 있다. 국가안보나 신기술 적용 분야만 예외적으로 허용되는 실정이다. 대규모 사업은 기업 규모와 상관없이 최적 사업자가 선정될 수 있도록 경쟁체제로 바꾸어야 한다. 총사업비 규모가 500억이든 700억이든 기준은 정하면 될 일이다.

예산 규모 기준보다 더 중요한 것은 규모 이외에 별도의 대기업 참여 제한 예외 규정을 남겨두어서는 안 된다는 것이다. 예를 들어 '신기술 적용 분야'는 과기정통부의 심의를 통해 예외를 적용할 수 있다. 이러면 발주기관은 대기업 참여 제한 예외를 적용받기 위해 사업계획에 불필요하게 신기술 적용 부분을 늘리게 된다. 누구나 AI와 챗봇을 도입하고 누구나 클라우드 네이티브로 개발한다고 하는 등 사업계획서를 온갖 최신 기술로 도배한다. 과기정통부의 심의는 명확한 기준도 없고 판단에 일관성도 없다. 그러다 보니 대기업 참여 제한을 피하려고 사업계획서에 온갖 신기술을 집어넣는다. 그러다가 막상 예외 적용을 못 받게 되면 사업을 수주한 중소기업이 몽땅 신기술 도입 리스크를 끌어안아야 한다. 교육부의 4세대 지능형 나이스 사업이 대표적인 사례이다.

대규모 차세대 사업을 준비하는 대기업들도 과기정통부의 심의가 어떻게 날지 알 수 없어서 미리 개발에 투입할 조직이나 사전 분석 작업을 준비하지 못한다. 대기업으로서는 불확실한 공공 정보사업을 위해 상설 조직을 꾸릴 그 어떤 이유가 없으므로 대부분 프리랜서로 조직을 꾸리는 악순환이 반복된다. 기업 처지에서는 불확실성과 불투명성이 가장 큰 리스크다. 이런 구조적인 문제를 해결하는 게 중요하다. 아울러 과도한 하도급 관행을 방지하고 주사업자의 직접 수행을 유도할 방안도 추진해야 한다. 사업자 선정 평가 시에 '하도급 비율'에 따른 차등 평가제를 도입하면 해결할 수 있을 것이다.

생태계 복원에 중요한 또 한 가지는 소프트웨어 대가 체계를 개선하는 일이다. 전반적인 대가 기준을 상향하는 것 이외에 다양한 인센티브 제도를 설계할 수 있다. MSA 설계와 같이 클라우드 네이티브 방식을 적용한 개발계획에는 '신기술 대가 체계'를 적용하는 식이다. 요구사항 변경에 따른 추가 개발에는 반드시 '과업 변경 대가'를 지급할 수 있어야 한다. 유지 보수 업무의 역할을 높이는 게 중요하다. 이를 위해 '유지관리 대가 체계'를 역할별로 차등 적용하는 방안을 마련할 필요가 있다.

3. 기술지원 체계를 강화하자

전문 기술지원 조직의 필요성에 대해서는 앞서 자세히 설명한 바 있다. 전문 기술지원 조직의 역할 중에서 가장 시급히 요구되는 것이 대규모 정보화 사업을 추진할 때 발주기관에 대한 긴밀한 기술지원을 통해 사업 전 과정을 책임 관리하는 일이다.

공공 내부에 전문적인 기술지원체계가 갖추어져 있으면 정보화 사업의 많은 문제를 사전에 해결할 수 있다. 기획 단계에서 ISP가 내실 있게 나올 수 있게 컨설팅할 수 있다. 구축 단계에서 발생하는 숱한 문제들이 악화하지 않도록 미리 예방하고 해결을 지원할 수 있다. 과업 변경과 개발 지체와 같은 사업 관리상의 문제 해결 지원에서부터 시스템 전환과 데이터 전환 오류와 같은 기술적 컨설팅을 수행한다. 대규모 정보시스템의 경우 엄격한 품질관리와 제삼자 테스트를 진행할 수 있다.

공공의 정보화 사업에서 기술지원 역량이 얼마나 취약한가는 금융 분야와 비교하면 금방 드러난다. 공공 정보화 사업 프로세스와 가장 비슷한 분야가 금융이다. SI 방식의 사업수행 관행, 막대한 차세대 시스템 개발, 엄격한 보안 체계 등이 많은 점에서 유사하다. 심지어는 국정원의 망 분리 보안 정책의 대상이라는 점도 유사하다. 그러나 내부에 개발 역량을 보유하고 있다는 점이 가장 큰 차이다. 신한금융그룹의 정보화 사업 운영체계를 살펴보자.

신한금융그룹은 신한DS라는 IT 자회사를 가지고 있다. 여기서 그룹 전체의 공통 시스템과 그룹 클라우드 운영 업무를 수행한다. 그룹웨어, 정보보호, 인프라 등을 담당하고 개선 작업도 직접 수행한다. 종사자만 1,000명이 넘는 조직이다. 이와 별도로 은행, 카드, 증권, 보험 등 계열사별로 IT 관련 내부 조직을 보유하고 있다. 계열사별 내부 개발팀은 코딩보다는 기획 업무를 주로 수행하고 개발은 외주에 의존한다. 계열사별로 감리 및 테스트를 위한 상시조직을 보유하고 있는 게 특징적이다. 그만큼 품질관리를 중시한다는 뜻이다.

계열사별로 사업 발주를 내고 경쟁 입찰을 통해 선정된 SI 업체가 개발 업무를 수행한다. 차세대 프로젝트나 대규모 사업의 경우 개발 초기 기획 단계부터 20~30명 정도의 각 분야 현업전문가가 태스크포스를 구성하여 제안요청서RFP를 세밀하게 작성한다. 구축사업자 선정 전에 프로젝트 관리조직PMO, Project Management Office을 투입하여 기획 단계부터 개통 단계까지 사업관리를 수행한다. PMO는 의사결정을 위한 근거를 제공하는 업무를 수행하고, 의사결정은 내부의 IT 조직이 담당한다.

신한금융그룹의 정보화 사업에서 가장 눈에 띄는 대목은 테스트와 개통 의사결정 과정이었다. 공공부문과 비교해 볼 때 매우 엄격했다. 특히 테스트의 중요도가 높았다. 제3의 전문업체가 테스트 시나리오 초안을 작성했고 신한 계열사 임직원까지 참여하여 6개월 이상 테스트를 수행했다. 정상적인 케이스와 비정상적인 케이스로 나누어 검증했다. 이를 위해 다양한 테스트 시나리오를 추가하고 보완했으며 현업조직과 그룹 내 IT 조직이 같이 참여했다. 개발자가 주로 수행하는 단위 테스트 외에 통합테스트만 4단계에 걸쳐 수행했다. 통합테스트에는 구축업체, 테스트 전문업체, 사내 IT 조직, 현업부서 등 다수가 참여했다. 이후 인수 시에 또 한 번 테스트를 진행했다.

개통 결정 역시 까다로웠다. 테스트 결과 품질이 일정 기준 이상이 되지 않으면 개통을 불허했다. 품질이 미흡하면 개통을 원천 차단하여 장애로 인해 내부 임직원이 책임을 지는 경우가 지금까지 한 번도 없었다. 개통 후 문제 발생을 대비하여 신속 대응을 위한 상황반을 운영했다. 신한금융그룹 안에 신한DS와 같은 정보통신 서비스 전문조직이 있어서 상황반 운영이 수월했다.

공공부문과 금융부문은 정보화 사업의 대략적인 수행 방식에서는 큰 차이가 없다. 양 부문 모두 외주 용역계약을 통한 SI 방식의 개발을 하고 있다. 외부의 프로젝트 관리 조직과 감리 조직을 활용한다는 점도 대동소이하다. 그러나 조직 내부에 IT 전문조직을 가지고 있느냐, 아니냐는 실제 기획과 구축과 테스트의 품질 측면에서 매우 큰 차이를 가져다준다. 신한금융그룹은 기획 초기과정부터 내부 IT 조직이 태스크포스에 참여하여 산출된 제안요청서에 책임을 진다. 또 감리와 테스트 등의 업무를 외부 업체에만 맡겨 놓지 않고 내부 IT 조직이 이중으로 관리하여 품질 수준을 높인다. 금융부문은 내부에 정보기술 서비스 조직을 가지고 있음으로써 공공 정보화 사업에 비해 기획 역량, 프로젝트 관리역량, 품질관리 역량이 한 단계 앞서가고 있다. 기술 지원이란 측면에서 공공의 정보화 사업 추진체계가 이렇게 허술할진대 사고가 나지 않으면 오히려 이상하다고 하겠다.

4. 품질관리 체계를 개선하자

시스템의 품질관리는 요구 분석과 설계단계부터 잘하는 게 가장 빠른 길이다. 현재는 발주기관이나 수주업체의 역량 부족으로 시스템 설계의 완성도가 떨어지는 문제가 매번 발생하고 있다. 대규모 정보화 사업 발주기관은 담당자의 잦은 인사이동, 정보통신기술 역량과 사업관리 역량 부족으로 시스템 설계 과정상 위험관리에 미흡하다. 설계단계에서 추가 요구사항이 많아지고 설계 변경이 발생하면 이는 전체 시스템의 안정성에 영향을 미치고 사업 지체로 연결된다. 무분별한 과업 변경 방지를 위한 제도적 장치가 필요하다. 설계단계 종료 시에 산출물에 대해 수주자와 발주자가 상호 확정하고 승인하는 절차를 의무화하는 방안이 있다. 불가피하게 과업 변경이나 과업 추가가 발생하면 과업의 증감분에 대해 정산할 수 있는 사후 정산 체계를 갖추어야 한다.

발주 과정에도 한 가지 문제가 더 있다. 대규모 정보시스템 재구축 사업은 규모가 워낙 크기 때문에 해당연도에 분석, 설계, 구현, 시험 등 절차를 완료하기 어렵다. 따라서 보통 연차별로 개발 범위를 나누어 추진한다. 전체 시스템을 통으로 놓고 1차 연도에 분석, 2차 연도에 설계, 3차 연도에 개발 등으로 과업 범위를 나누어 발주와 계약이 이루어진다. 이때 분석, 설계가 끝난 이후에 요구사항이 바뀌어 재분석이나 재설계가 필요한 경우가 자주 발생한다. 이 경우 1차 연도와 2차 연도에 수행한 분석과 설계 작업은 모두 매몰 비용이 되고 만다.

대표적 사례가 보건복지부 차세대 사회보장 정보시스템 사업이다. 지나친 과업 변경 때문에 시스템 구축이 마무리되지 않고 장애 사태가 발생하자 보건복지부는 계약 해지를 통보했다. 1차 연도와 2차 연도에 분석하고 설계한 내용들까지 모두 쓸모가 없어지면서 엄청난 매몰 비용이 발생하는 사태가 생기고 말았다. 보건복지부는 주사업자 LG CNS에 개발 기간을 못 지켰다는 이유로 지연 보상금을 요구하고,

LG CNS는 오히려 구축 과정에서 발생한 추가 과업에 대해 대가를 지급하라고 보건복지부를 상대로 민사소송을 제기했다. 차세대 사회보장 정보시스템은 현재 공공 정보 시스템 구축 사업의 고질적인 문제점을 보여주는 압축판이다.

문제를 개선하려면 계약 방식의 세부적인 개선이 필요하다. 개발 과정만 3~4년이 필요한 대규모의 차세대 재구축 사업을 발주할 때, 중간에 사업자가 변동되는 것은 오히려 리스크가 크기 때문에 현행처럼 장기계속계약(3년 등)은 유지할 필요가 있다. 그러나 연차별 과업 범위를 선정할 때는 애자일 개발 방법론을 적용하자. 현재처럼 과업의 범위를 전체 시스템을 통으로 놓고 분석, 설계, 구현 등 개발 단계별로 구분하지 말고 과업의 범위를 서브 시스템으로 나누어 해당연도에 분석, 설계, 구현, 테스트까지 완결된 시스템이 구축되도록 계약하는 것이다. 마치 3개월짜리 핵심 모듈에 대해 애자일 개발 방법론을 적용하듯이 1년 단위의 과업 범위에 애자일 개발 방법론을 적용하자는 의미이다. 이렇게 추진했을 경우 대규모 장기간의 정보화 사업에서 위험을 줄일 수 있다.

대규모 정보화 사업 테스트 방식도 대폭 개선해야 한다. 현재는 전체 시스템 개발을 완료한 후에 인수테스트를 진행한다. 사업 마지막 연차에 테스트가 집중되어 시간싱의 제약으로 충분한 테스트를 진행하지 못하는 실정이다. 테스트만이라도 애자일한 방식을 도입할 필요가 있다. 전체 시스템 개발 후 일괄 테스트를 하는 게 아니라 단위 시스템 개발 후 테스트를 진행하는 것이다.

정보시스템의 규모와 복잡도가 비약적으로 증가했음에도 공공 정보화 사업은 예산이나 일정 등의 이유로 여전히 테스트를 소홀히 한

대규모 정보화 사업 테스트 방식 개선안

장기계속계약 사업은 애자일 개발 방법론을 적용하여
1년 단위로 개발·테스트를 추진

현재	개선(안)

전체 시스템 개발 후 인수테스트

Y	Y+1	Y+2
A, B, C 개발		테스트

단위 시스템별 개발·인수테스트 진행

Y	Y+1	Y+2
A 개발·테스트	B 개발·테스트	C 개발·테스트

다. 개발 단계에 인력과 시간을 집중하고 테스트는 사업 전체 일정에 쫓겨서 허겁지겁 진행된다. 테스트 주체 역시 실사용자는 빠진 채 발주 담당자와 개발 인력에 의존한다. 발주 담당자가 정보시스템이 수행하는 전체 업무에 대한 경험을 다 가질 수는 없고 개발 인력은 도메인 지식이 부족하다. 그러니 테스트는 허점투성이가 될 수밖에 없다.

신한금융그룹의 사례에서 보았듯이 공공부문 역시 지금보다 훨씬 많은 역량을 테스트 단계에 투입해야 한다. 정보화사업추진단을 구성할 때 품질관리 전담 인력을 배치하여 체계적인 테스트를 준비해야 한다. 인수테스트 단계에서는 제3의 테스트 전문업체, 발주기관, 기술지원조직 등 다수가 참여하여 최소 3개월 이상 테스트를 진행하는 체계를 갖출 필요가 있다. 알파테스트와 베타테스트 등 여러 단계를 거쳐 점진적으로 개통하는 민간의 사례를 벤치마킹할 필요가 있다. 테스트 절차를 제도화하여 테스트 기간을 구축 사업 기간에 포함하고 비용도 예산에 반영해야 한다. 정보시스템 개통 전에 테스트 결과의 공개를 의무화하는 방안도 추진한다.

공공 시스템에 맞는 테스트 환경에 대한 논의도 중요하다. 특히 다부처 간 연계가 높고 서비스 중단 시 영향이 클수록 실제 테스트가 어렵다. 테스트를 진행할 때 인프라 환경 접근이 어렵거나 연계 시스템에 대한 동반 점검이 불가능하다. 결국 제한된 범위 안에서만 테스트가 진행된다. 신규 테스트와 개통에 대한 구체적인 제도적 정비가 뒷받침될 필요가 있다.

알파 · 베타테스트 → 시범 · 정식 개통 등 단계적 개통

테스트 유형	① 프리 알파테스트	② 알파 테스트	③ 포커스 그룹 테스트	④ 클로즈드 베타테스트	⑤ 오픈 베타테스트
테스터 범위	개발팀	사내 (QA팀 포함)	고용된 일부 사용자	선발된 일부 사용자	모든 사용자
공개 여부	비공개	비공개	비공개	비공개	공개

마지막으로 품질관리를 위해 감리와 PMO 업무의 내실화가 필요하다. 감리는 중립성이 생명이다. 발주자와 수주자의 이해관계에서 벗어나 제삼자의 관점에서 중립적으로 문제를 점검하고 문제를 제기하는 역할을 해야 한다. 이래야 제삼자 점검 체계의 실효성이 살아날 수 있다. 그러나 지금은 발주기관이 감리 사업을 관리하는 구조여서 한계가 명확하다. 감리업체가 발주기관에 종속되어 감리 결과가 발주기관의 의견에 좌지우지되는 상황이다.

대규모 사업에는 감리를 포함해서 사업관리 전반의 권한과 책임을 부여한 책임감리제를 도입해야 한다. 책임감리 기관은 제삼자의 중립적 입장에 서서 시스템의 품질, 개통 여부, 이슈 해결 등을 책임진다.

비상시에는 비상 대응을 주관하는 역할을 하고 필요하면 개발 중지 명령까지 내릴 수 있어야 한다. 책임감리제 시행 시 PMO과의 업무중복 문제를 해소할 필요가 있다.

5. 운영 관리 업무를 강화하자

운영관리 업무는 시스템 모니터링 및 관리, 장애 대응, 소프트웨어 유지 보수, 기술지원 등을 포함한다. 소프트웨어 유지 보수 업무는 버그 수정, 소규모 기능 수정, 단순 기능 추가 등이다. 유지 보수 업무와 신규 개발 업무 간의 경계가 모호해서 책임 범위를 둘러싸고 항상 분쟁의 소지가 있다. 하지만 소프트웨어 유지 보수 업무의 영역을 가능한 만큼 확장해서 적극 대응하는 게 맞는 방향이다. 적극적 운영관리 업무를 통해 적시에 필요한 업데이트를 해놓으면 차세대 프로젝트의 수행이 한결 가벼워진다. 운영팀의 역할을 높이는 것이 더 빠르고 안정적인 서비스를 제공하는 데 도움이 될 뿐만이 아니라 장기적으로 데브옵스 문화를 도입하는 데에도 밑바탕이 된다.

구축 후 운영관리 업무는 폭포수 방식의 개발 프로세스에서 맨 마지막 단계지만 차세대 프로젝트를 생각하면 맨 첫 단계다. 운영관리를 잘하는 게 차세대 프로젝트를 성공시키는 출발점이다. 운영관리 과정에서 기능 개선과 추가 개발 작업이 반복적으로 진행되기 때문에 시스템은 계속해서 복잡해질 수밖에 없다. 시스템의 사후 관리가 중요하다. 소프트웨어 유지 보수 작업을 하면 반드시 산출물 수정 작업과 설계서 수정 작업을 해놓아야 한다. 산출물 현행화가 미흡한 상태에서 유지 보수 업체의 지원까지 없으면 기존 시스템의 분석에 어려움을 겪게 된다. 이러면 구축 일정이 지연되거나 예측 불가능한 장애 사태를 유발할 수 있다.

운영 관리 업무의 강화를 위해 세 가지 방안을 제안한다. 첫째, 소프트웨어 유지 보수 업무의 영역을 기능 개선과 개발 등으로 확장하려면 예산제도가 뒷받침되어야 한다. 단순 유지 보수가 아닌 서비스 품질 향상에 초점을 맞추어 유연한 계약 방식을 도입한다. 토스 등 민간 플랫폼 사업자의 사례처럼 대규모 재구축 없이 계속해서 서비스를 개선해야 하는 시스템에 대해서는 기능 개선에 대한 별도의 예산 책정 방식을 도입할 필요가 있다. 둘째, 운영관리 업무의 산출물 품질 제고를 위해 '운영감리'를 의무화한다. 셋째, 유지 보수 사업의 서비스 수준 협약 시에 '구축사업자 지원'을 의무 조항으로 추가하여 구축사업자와 유지 보수 사업자 간의 원만한 협업을 제도적으로 뒷받침한다.

운영 사업자의 역할을 키우고 운영관리 업무를 강화하는 것이 공공 정보서비스의 품질을 제고하는 중요한 과제이다.

11장
성공적인 정부 서비스를 위한 UX

:: 디지털은 고객의 모든 기대를 현실화했고 모든 것을 원하는 고객을 만들었다. – 가트너 IT 심포지엄

1. 왜 정부 서비스의 UI와 UX는 개선이 되지 않을까

공공의 정보서비스에서 증명서를 발급받거나 프린트하려고 하면 그때마다 새로운 보안 프로그램을 깔라고 요구한다. 서비스에서 사용하는 용어가 도무지 무슨 뜻인지 알기 힘들고 검색 기능도 불편해서 필요한 정보를 찾기가 쉽지 않다. 프로세스가 한창 진행되었는데 끊임없이 첫 화면으로 되돌아가서 다시 로그인하게 만든다. 같은 정보를 몇 번씩이나 반복적으로 입력해줘야 한다. 정부24처럼 국민이 많이 쓰는 서비스는 그나마 낫다. 하지만 대법원 사이트나 특정 기관의 민원 서비스는 아직도 인터페이스가 너무 불편하다.

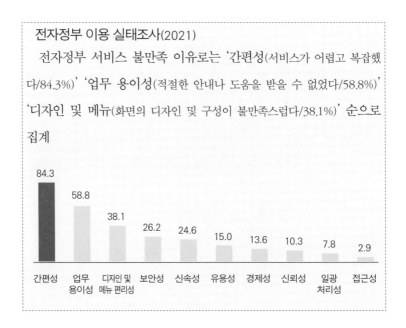

전자정부 이용 실태조사(2021)

전자정부 서비스 불만족 이유로는 '간편성(서비스가 어렵고 복잡했다/84.3%)' '업무 용이성(적절한 안내나 도움을 받을 수 없었다/58.8%)' '디자인 및 메뉴(화면의 디자인 및 구성이 불만족스럽다/38.1%)' 순으로 집계

공공의 정보서비스에 대해 국민이 가진 가장 큰 불만 사항이 UI와 UX 문제다. 이는 전자정부 서비스에 대한 조사나 정부24 만족도 조사에서 통계로 밝혀진 사실이다. 국민이 이렇게 커다란 불만을 품고 있는데 왜 공공 정보서비스의 UI와 UX 문제는 개선이 되지 않을까?

공무원들, 특히 의사결정을 하는 고위 공무원들은 UI와 UX의 중요성을 무시한다. 그들은 대부분 UI와 UX를 그래픽 디자인 차원으로 이해한다. UI와 UX이 사용자의 만족도, 서비스 효율성, 정보 접근성을 높이는 설성석 요소라는 인식이 부족하다. 그러기에 UI와 UX 개선에 자원을 할당하지 않는다. 민간에서는 UX 개선 문제만을 전담하는 조직을 만들어도 공공은 전문가 한 명 뽑지 않는다. 정보화 사업수행 프로세스에서도 전체적인 UI와 UX 설계과정은 중시되지 않는다. 이를 위해 별도로 예산 배정을 하는 것도 아니다.

더 중요한 원인이 있다. 공무원들에게는 UI와 UX를 개선할 현실적인 동기가 부족하다. UI와 UX를 개선하는 것이 특별한 업무성과로 인정받지 못한다. UI와 UX 개선은 공무원들이 승진하는 데 별로 도움이 되지 않는다. 대통령이나 장관을 모시고 멋들어진 행사를 잘 치르거나 그럴듯한 사업계획을 보고해야 빛이 난다. 이미 개통한 정보서비스를 국민이 얼마나 편안하게 사용하는지, 최종 목적지의 도달률과 이탈률이 얼마나 되는지는 관심 밖이다. 민간기업은 자신이 제공하는 서비스의 활성화 정도가 사업의 성패를 가른다. 당연히 메뉴의 용어 한마디, 아이콘의 위치, 아이콘의 모양 하나하나에 민감할 수밖에 없다. 반면에 공공은 장애 없이 그럭저럭 굴러가면 그만이다. 이런 마인드셋을 가지고는 공공 정보서비스의 UI와 UX를 근본적으로 개선하는 것은 언감생심이고 꿈도 꾸지 못할 일이다.

그렇다고 해서 포기할 일은 아니다. 성공적인 정부 서비스를 위해 UI와 UX은 너무나도 중요하기 때문이다. 정부의 담당 공무원과 의사결정자들의 UI와 UX에 대한 이해 수준을 높이는 게 급선무다. 공무원들의 성과지표 또한 수정되어야 한다. 서비스 완수율, 서비스 도달시간, 서비스 이탈률 등과 같은 지표가 고위 공직자들에 대한 평가에 반영되어야 한다. 승진에 영향을 미친다고 하면 공무원들이 가장 빨리 반응하지 않을까? 이게 공공 서비스의 UI와 UX 문제를 해결하는 첩경일지도 모른다.

이 문제를 고민하던 중에 이 주제에 딱 부합하는 동영상 강의를 보게 되었다. 국내 최고의 'UX 디자이너'인 이동석 박사의 '성공적인 정부 서비스를 위한 디지털 고객 경험'이란 주제의 강의였다. NIA 글로벌 아카데미에서 고위 공직자의 디지털 리더십 향상을 위해 교육용으로 기획되었다.

그의 강의에는 UI와 UX에 대한 정보가 풍부하고 디지털이 고객 경험을 어떻게 바꾸어놓고 있는지 생생한 사례가 담겨 있다. 또 단순한 고객 경험의 중요성과 정부 서비스에서 단순하지 않은 고객 서비스가 만들어지는 이유를 잘 정리해놓았다. 마지막으로 성공적인 정부 서비스를 위한 제언과 고위 공직자를 위한 역할 팁까지 제시해 놓았다. 이보다 더 안성맞춤일 수 없고, 이보다 더 잘 정리하기가 어려울 정도였다. 강의 내용을 책자에 수록하여 더 많은 사람에게 알리자는 나의 제안에 대해 이동석 박사가 흔쾌히 동의해 주었다. 이 자리를 빌려 다시 한번 감사의 말씀을 드린다.

2. 성공적인 서비스를 위한 디지털 고객 경험

디지털 고객 경험은 무엇인가? 그리고 단순하지 않은 정부 서비스가 만들어지는 이유는 무엇인가? 성공적인 정부 서비스를 만들려면 어떻게 해야 하는가?

다음 그림은 「월스트리트저널」에 나온 글을 형상화한 그림이다. 소프트웨어가 세상을 다 먹고 있다는 그림으로 굉장히 유명하다. 우리가 스마트폰을 사용하고 모바일 서비스를 쓰면서 없어진 것들을 정리해 보자. 자명종, 계산기, 영한사전, 지도, 사진첩, 전화번호부 등 이런 것들이 나 없어졌다. 신용카드도 없어지고 은행 지점도 없어지고 있다. 이런 것들이 없어지면서 소프트웨어가 세상을 바꾸고 있다.

소프트웨어가 바꾸고 있는 세상 중에서 고객 경험이 잘된 사례들을 보자. 우선 디지털이 아닌 아날로그 고객 경험부터 보자. 얼마 전에 우체국에서 상자에 손잡이 구멍을 뚫었다. 이 구멍을 뚫는 것은 굉장히

소프트웨어가 세상을 다 먹고 있다

단순한 것이지만 택배 기사들이 허리 부상을 막아주는 데 큰 도움을 주는 좋은 고객 경험이다. 그리고 자동차 전용도로에서 출구에 초록선이나 분홍 선을 그어서 출구를 표시해 주는 것들이 굉장히 좋은 고객 경험이다.

민간 서비스에는 좋은 디지털 경험을 제공해서 성공한 사례들이 상당히 많다. 우리 민간 서비스 사례로 당근마켓을 들고 싶다. 기존 중고거래 플랫폼은 업자들도 많고 사기도 많은 고객 경험을 제공하고 있었다. 당근마켓은 동네 기반으로 동네 주민들끼리 직거래라는 콘셉트로 신뢰도를 축적했다. 그 결과 입소문만으로도 벌써 2,000만 사용자를 확보하고 전체 쇼핑 부문에서 2위를 기록하고 있는 서비스가 되었다.

국내 공공 서비스의 경우에는 가장 좋은 고객 경험을 제공하고 있는 사례로 공적 마스크 앱을 들고 싶다. 마스크 구하기가 힘들었던 시기에 나온 서비스였고 카카오맵이나 네이버에서 쓸 수 있도록 빠르게 준비되었다. 분산 처리를 통해 실시간 정보가 제공되었고 남은 양을 표시해 주어 헛걸음을 하거나 부담감을 제거하는 효과들이 있었다.

백신 예방접종 예약 시스템도 상당히 잘되었다. 다양한 인증 방법을 제공해서 사람들이 몰려서 기다리게 하는 것을 해결했다. 기존 공인인증서만 사용하지 않게 해서 빠르게 예약할 수 있게 했다. 질병관리청의 예방접종 도우미도 상당히 좋은 경험을 제공하고 있다. 영유아들이 접종할 것이 많은데 어떤 주사를 맞아야 하는지, 내가 어떤 접종을 했는지 안 했는지 등을 정리해서 보여준다. 다음에는 무엇을 해야 하는지를 안내해줘서 부모들이 접종을 계획할 수 있도록 도와주는 경험을 제공하고 있다.

해외에도 좋은 고객 경험을 제공하는 사례들이 많이 있다. 첫 번째로는 미국 캘리포니아의 교통국DMV, Department of Motor Vehicle을 들 수 있다. 교통국은 운전면허증을 발급하는 기관이다. 원래 교통국은 굉장히 불친절한 서비스로 유명하다. 그런데 코로나19 상황이 되면서 웹사이트를 대대적으로 개편하고 UX를 새롭게 만들었다. 굉장히 이해하기 쉬운 용어와 그래픽을 잘 사용해서 상당히 많은 사람이 쉽게 웹사이트를 통해 운전면허증과 관련된 업무를 처리할 수 있도록 했다.

두 번째로 미국 백악관 사이트는 굉장히 디자인이 잘된 사이트이다. 단순하고 직관적이며 시각적으로 편안한 구성을 해주었고 정보 하나하나를 잘 정돈하고 배치하여 현 정부의 중요 정책과 상황이 어떤 것인지 빠르게 파악할 수 있도록 만들었다. 읽기 쉬운 내용으로 구성되어 있다.

세 번째로는 영국 정부의 디지털 서비스 디자인 시스템을 들고 싶다. 이 시스템에서는 정부 관련 웹 사이트나 출간물의 디자인을 같게 가져가기 위한 가이드라인을 제공하고 있다. 그래서 보기만 해도 이 문헌들은 영국 정부에서 만든 것인지를 알 수 있다.

3. 사용자는 심플한 고객 경험을 원한다

디지털 고객 경험에 대한 가장 중요한 말은 가트너 심포지엄에서 2020년도에 나온 말이다. "디지털은 고객의 모든 기대를 현실화했고 모든 것을 원하는 고객을 만들었다."

예전에는 며칠씩 걸리던 주문 배송이 2시간 만에 끝나고, 은행 계좌 개설도 아날로그에서는 1시간 걸리던 것이 5분으로 바뀌었고, 불만 처리나 대출 처리도 며칠 걸리던 게 이제 몇 초나 몇 분으로 줄었다. 심지어 B2B 구매 같은 경우에도 몇 개월 걸리던 것이 몇 초로 바뀌고 있으며 은행 수수료도 유료였던 것이 다 무료로 바뀌고 있다. 이렇게 디지털로 바꾼다는 것은 사람들이 원하는 것을 다 해줘야 하고 그것이 당연한 고객의 기대가 되는 것이다. 그런 고객의 기대를 맞추는 디지털 고객 경험을 제공해야 서비스가 성공하게 되고, 그것은 정부 서비스도 마찬가지다.

디지털이 바꾼 고객 경험

**"디지털은 고객의 모든 기대를 현실화 했으며,
모든 것을 원하는 고객을 만들었습니다."**
Gartner IT Symposium 2020

주문 및 배송	며칠	→	2시간	amazon COUpang
은행계좌 개설	1시간	→	5분	N26 ⓑ kakaobank
불만처리	며칠	→	3초	Lemonade
대출처리	며칠	→	8분	ROCKET Mortgage by Quicken Loans ⓑ kakaobank
B2B 구매	몇 개월	→	몇 초	SOURCEABILITY
은행 수수료	유료	→	무료	Tangerine

디지털 고객 경험에 대한 이해에서 가장 중요한 것은 서비스의 가치는 기능성과 고객 경험의 곱셈으로 표시된다는 것이다. 보통 기능을 많이 제공하면 서비스 가치가 올라간다고 생각할 수 있지만 아무리 좋은 기능들이 있더라도 사용자가 사용하지 못한다면 그 서비스는 가치는 낮아진다. 100억 원을 들여서 개발한 시스템을 아무도 쓰지 않는다면 100억 원은 허비한 셈이 되는 것이다. 100억 원을 들여서 개발할 시스템을 50%만 사용한다면 50억 원을 허비한 게 된다. 단순한 고객 경험으로 국민이 50%만 쓰던 걸 90%로 올렸다면 40억 원의 새로운 부가가치를 창출한 셈이다.

그러면 사용자들이 원하는 것은 무엇인가? 그것은 '심플한 고객 경험'이다. '심플한 고객 경험'은 스티브 크룩의 저서 『사용자를 생각하게 하지 마』에 잘 정리가 되어 있다. 사용자들은 원하는 목표만 쉽고 빠르게 도달하기를 원할 뿐 다른 것들은 별로 관심이 없다. 사용자들은 대충 훑어본다. 꼼꼼하게 계획을 세우는 것이 아니라 임기응변으로 그냥 한다. 고민 없이 선택하길 원하고 약간의 어려움이 생겨도 포기하고 나중에 한다고 생각한다. 심지어 사용자들은 그 앱을 왜 설치했는지 기억하지 못하는 경우도 많고 웬만한 불만을 표출하지 않는 특성을 띠고 있다.

심플한 고객 경험이 중요한 이유는 심플할수록 더 많은 사용자가 사용할 수 있기 때문이다. 그림의 삼각형에서 디지털 리터러시 수준이 제일 높은 게 정보통신기술 전문가라면, 가장 아래쪽에는 나이가 많거나 디지털 제품을 많이 사용하지 않은 분들이 있다. 삼각형의 넓이가 단순할수록 커버리지가 계속 제곱으로 늘어나게 된다. 조금이라도 더 심플하게 만들수록 더 많은 사용자가 사용하는 제품이 된다.

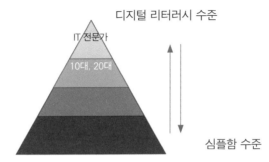

심플할수록 더 많이 사용한다

디지털 리터러시 수준

IT 전문가

10대, 20대

심플함 수준

삼각형 넓이 = 서비스 사용자 (국민) Coverage

심플하지 않은 사례 중에 최근에 문제가 되는 것은 키오스크다. 나이가 많은 사람은 키오스크로 하는 음식 주문이 굉장히 어려운 일이다. 심지어 요즘 유재석 씨가 본인 프로그램에서 영화를 키오스크로 예매하는 걸 실패한 사례가 얼마 전에 방영되기도 했다.

심플하지 않은 고객 경험을 제공하면 각 단계가 넘어갈 때마다 사람들의 트래픽이 굉장히 급격하게 감소한다. 예를 들어 마케팅을 굉장히 열심히 해서 100명의 사용자가 웹 사이트를 방문했다 하더라도 심플하지 않으면 그중에 두 번째 단계에서 약 4분의 3 정도가 사라지는 결과로 이어진다. 그래서 목표 달성률이 떨어진다. 절차가 1단계 길어질 때마다 포기하는 사람들이 많아지고 몇 번 반복되다 보면 다시 방문하는 일을 꺼리게 된다. 더 반복되면 해당 기업에 대한 나쁜 이미지를 갖게 된다. 전자정부 서비스 이용자 중 이용 절차가 번거롭고 복잡해서 이용 중단했다는 것이 64.7%를 차지한다.

그러면 심플한 고객 경험의 특징은 무엇인가? 딱 두 가지로 얘기하겠다. 심플한 고객 경험은 목표 달성을 위한 절차가 짧고, 각 단계에서 어려움이 없다는 것이다.

첫 번째, 네 단계가 있다고 가정했을 때 각 단계가 얼마나 심플한지에 대해 퍼센트를 계산할 수 있다면 단순한 고객 경험은 네 단계에서 퍼센트의 곱으로 나올 수 있다. 각 단계가 90%, 85%, 85%, 90%라면 꽤 괜찮은 것 같다고 생각할 수 있겠지만 실은 네 단계를 거치면서 최종 고객 경험은 60%로 떨어지게 된다. 60% 정도면 40%의 사용자들은 이미 목표를 달성하지 못한다는 뜻이다.

두 번째, 여러 부류의 사용자와 사용 맥락을 모두 고려한다는 것이다. 여기서 사용자의 분류가 중요하다. 공인인증서가 PC에 있는 사용자는 로그인과 비밀번호 입력으로 간단하게 끝나지만 모바일폰으로 접속한 사람은 문자를 신청해서 문자 입력을 해야 한다. 그런데 만약에 공인인증서가 없는 해외 사용자라면 어떻게 될 것인가? 이 부분이 고려가 안 된 경우들은 이런 점을 고민해야 한다는 것이다. 어떤 사용자들이 서비스에 접속하는지에 대해서 다 나열하고 그분들에게 모두 단순한 고객 경험을 할 수 있도록 해줘야 한다는 뜻이다.

기업들은 심플한 고객 경험을 위해서 상당히 많은 투자를 하고 있다. 네이버와 다음은 1990년대부터 시작했다. 삼성전자, LG전자, 현대자동차는 2000년대에 디지털 고객 경험을 위한 조직을 만들기 시작했다. 금융 기업들도 최근에는 디지털 고객 경험 전문가들을 채용해서 고객 경험을 단순하게 하기 위한 상당히 열심히 노력하고 있다.

4. 심플하지 않은 서비스가 만들어지는 8가지 이유

심플하지 않은 서비스가 만들어진 이유는 무엇인가? 여덟 가지 이유가 있다. 첫 번째, 심플한 디지털 고객 경험이 굉장히 어렵다. 레오

나르도 다빈치는 "심플리시티가 궁극적인 세련미Sophistication이다."라고 설명했다. 애플의 CEO였던 스티브 잡스도 "복잡한 것보다 심플한 게 훨씬 더 어렵다. 하지만 심플함을 달성하고 나면 산도 움직일 수 있다."라고 말했다.

두 번째는 아날로그 고객 경험을 그대로 옮기는 것 때문이다. 실은 디지털 고객 경험은 아날로그보다 훨씬 더 친절해야 한다. 또 아날로그 고객 경험을 유지하되 더 심플하게 만들어줘야 한다.

세 번째는 고객의 경험이 심플하다는 것은 소프트웨어가 해주는 것이 많다는 뜻이다. 이것은 복잡성 보존의 법칙이라고 댄 새퍼Dan Saffer 책에 나오는 것이다. 사용자가 심플하다고 느끼는 것은 사용자 노력의 양은 적고 소프트웨어가 해주는 것은 많다는 뜻이다. 거꾸로 같은 것을 하더라도 복잡하다고 느낀다면 사용자가 뭔가를 많이 하고 소프트웨어가 별로 안 하는 상황인 셈이다. 예를 들어 주민등록번호 사이에 대시를 넣었는데 에러 메시지가 나오는 시스템들이 아직 있다. 대시를 넣는 것은 소프트웨어가 처리를 해주는 게 맞다. 전화번호를 넣을 때 사이 사이에다가 점을 찍고는 하는데 이 시스템에서는 점은 안 되고 대시만 입력하게 하는 그런 경우도 있다. 반면에 카카오뱅크에는 누군가 계좌번호를 보내주었을 때 메시지에 있는 계좌번호를 복사한 다음에 카카오 앱에 들어가면 복사한 계좌번호로 이체하기를 바로 할 수 있는 버튼이 나온다. 이건 소프트웨어가 계좌번호를 입력하지 않아도 되게 뭔가 해준 것이다. 그래서 소프트웨어가 뭔가를 해줘야 사용자들은 '아, 심플해졌어.'라고 생각한다는 뜻이다.

네 번째는 우리는 타깃 사용자가 아니다. 여기서 우리는 이 프로젝트를 진행하고 있는 책임자일 수도 있고 개발자일 수도 있으며 기획자일 수도 있다. 그래서 우리가 타깃 사용자가 아닌 것을 인정해야 한다. 스타트업이 망하는 이유 중 42%가 마켓 니즈가 없었기 때문에 발생했다. 스타트업들이 '이게 필요할 거야.'라고 예상해서 만들었으나 실제로 니즈가 없었기 때문에 사라진 것이다. 최근에 들었던 사례 중에 제일 기억에 남는 것이 있다. 10대와 20대에게 휴대전화를 쓰면서 가장 짜증 나는 상황은 무엇이냐고 물어보면 10대와 20대는 전화 올 때 가장 짜증 난다고 한다. 휴대폰은 이미 전화를 위한 디바이스가 아니라 게임을 하거나 동영상을 보는 데 더 중요한 제품이 되어버렸기 때문이다.

다섯 번째로는 '용어' 문제다. 증권가에서 자주 일어나는 얘기인데 매수와 매도가 실은 순간적으로 헷갈린다고 한다. 사람들은 아주 당연한 용어들도 헷갈린다. 그리고 사용자들은 좀 더 친절한 메시지의 영향을 받는다. 그래서 토스는 'UX 라이터'라는 전문 직종을 채용하여 굉장히 복잡하고 어려운 금융 용어들을 쉬운 용어로 다 바꿨다. 쉽고 간단하고 흐름이 한눈에 보이도록 매도와 매수가 아니라 판매하기와 구매하기로 바꿨다. 알림 문자도 '대출 잔액이 달라졌어요. 잔액을 확인하세요.'라고 하는 등 이런 메시지들로 바로 알아듣게 바꾸는 작업을 했다.

여섯 번째는 기획은 괜찮은데 실은 디자인하고 개발하면서 망가지는 사례들이 상당히 많다. 기획할 때는 100점짜리 상품이었는데 디자인하고 개발하고 마케팅 운영하면서 손실된 제품 가치들이 나온다. 기획된 서비스의 가치를 개발 기간에 지키기 위한 노력이 굉장히 중요하다. 이것을 잘하는 회사가 개발을 잘하는 회사이고 이것을 잘못한 회사들은 개발을 잘 못하는 회사이다. 그래서 기획된 서비스 가치

단순하지 않은 서비스가 만들어지는 이유

#1: Simple한 디지털 고객경험의 기획·디자인은 원래 어렵다.

#2: 아날로그 고객경험을 그대로 옮긴다.

#3: Simple하다는 것은 소프트웨어가 해주는 것이 많다는 것이다.

#4: 우리는 타깃 사용자가 아니다.

#5: 기존 용어를 그대로 사용한다.

#6: 기획은 괜찮으나 디자인하고 개발하면서 망가진다.

#7: 숲을 보지 못하고, 나무와 줄기만 본다.

#8: 서비스는 자전거 타기와 같다.

가 개발 동안에도 계속 잘되는 것을 보장하기 위한 민간 서비스 개발 프로세스는 정부 개발 프로세스와 좀 다르다. 민간 개발 프로세스에는 경험 디자인 또는 UX 전략 같은 단계가 들어간다. 이 단계에서 상품 목표를 고객 경험으로 변환하고 그것에 맞는 UX 프로토타입을 만들고 그 프로토타입으로 상품 목표가 잘 고객에게 전달됐는지를 초기에 검증한 후에 개발을 시작한다.

일곱 번째는 숲을 보지 못하고 나무와 줄기만 보는 경우다. 디자인 컨설팅 그룹 아이데오IDEO가 수행한 암트랙 철도의 고객경영혁신 사례가 유명하다. 암트랙은 동부지역에서 항공사와의 경쟁이 굉장히 심해진 상황에서 객실 내부를 비행기 일등석처럼 멋있게 디자인하고자 했다. 이에 대해 아이데오IDEO는 기차 여행은 여행을 계획하고, 시작하고, 탑승하고, 여행하고, 도착하는 10단계로 나누어져 있다. 이 중 어느 한 단계의 개선만으로는 항공사와 경쟁할 수 없을 거라고 역제안했다. 암트랙은 1단계부터 10단계까지 다 개선해야 한다는 것을 인정했고 1단계부터 10단계까지를 다시 설계하는 작업을 했다.

여덟 번째는 서비스를 만든다는 것은 자전거 타기와 같다. 아인슈타인도 연구를 열심히 해야 한다고 말하면서 인생이 자전거 타기와 같다고 말했다. 실은 서비스를 한 번에 만들어 성공하는 경우는 극히 드물다. 오히려 때를 잘 만나서 성공하는 서비스가 훨씬 많고, 그때가 될 때까지 초기 사용자와 대중 사용자 간에 캐즘Chasm을 건너기 위한 엄청난 지속적인 노력이 필요하다. 노력을 계속해야 캐즘을 건너갈 수 있고 그게 성공적인 서비스로 연결된다.

5. 성공적인 정부 서비스를 위한 7가지 제언

어떻게 하면 심플하지 않은 고객 경험이 만들어지지 않도록 할 수 있을까? 7가지 해결 방안을 정리했다.

첫 번째, 사용자와 고객 경험 조사는 필수다. 매트리스 판매장에서 매트리스를 살 만한 고객이 하는 가장 중요한 행동은 누워보는 것이라고 한다. 자동차 판매장에서의 가장 중요한 고객 행동은 트렁크를 열어보는 것이다. 사용자와 고객 경험 조사를 해야 사용자와 고객을 알 수 있다. '아는 만큼 보인다.'라고 하는데 이를 위해서는 상당히 많은 연구가 필요하다. 고객 경험 중심의 회사일수록 고객 세분화가 면밀하게 되어 있다.

두 번째, 기획 단계부터 지속 검증을 해야 한다. 기획 단계에서 보통 요구사항 리스트가 만들어진다. 그것 가지고 UX 프로토타입을 만들 수 있다. UX 프로토타입을 만들고 그것을 검증하는 등 그 과정을 반복해야 한다. UX 검증은 디자인 시안 한 장으로도 할 수 있다. 벤처기업들은 2주마다 프로토타입을 만들어서 근처 카페에서 타깃 사용자를 대상으로 검증한다. 타깃 사용자를 액세스하기 힘들다면 프로젝트와 관련 없는 직원 두세 명을 초대해서 그냥 어떻게 생각하는지 어떻게 쓰고 있는지를 보게 해보면 된다. 프로토타입은 가능한 한 빨리 만들고 검증하자는 게 내 생각이다. 프로토타입은 굉장히 엉성한 프로토타입부터 굉장히 실제 같은 프로토타입까지 여러 개를 계속 만들어야 한다.

세 번째, 복잡한 정보를 쉽게 전달할 수 있어야 한다. 이를 위해 기술 문서 작성(테크니컬 라이팅)의 역할이 굉장히 중요하다. 고객이 더 편리하게 사용할 수 있고, 더 좋은 마음이 들게 하는 역할을 한다. SK텔레콤, 신한카드, 국민은행 등에서는 기술 문서 작성 역할이 계속 많아지고 있다. 정부 서비스를 할 때도 기술 문서 작성을 꼭 진행할 것을 권고한다.

네 번째, 디지털 고객 경험의 기획자가 필요하다. 고객 경험은 고객 여정 각 단계의 경험치를 곱해서 결정된다. 고객 경험이 전체적으로 어떻게 되어 있는지, 어느 부분은 고려하고 있지 않은지, 그런 것들을 찾아서 해결해 줘야 하는 활동을 해야 한다. 고객의 엔드 투 엔드end to end 경험이 잘 흘러갈 수 있도록 해주는 역할자가 필요하다. 고객 경험 기획자가 고객 여정 관점에서 정보서비스를 총체적으로 파악할 수 있도록 시각화한다.

다섯 번째, 서비스에 맞는 기획 및 개발 프로세스의 정의가 필요하다. 예를 들어 사용자가 잘 알고 있고 국민이 이미 잘 쓰고 있는 기존 서비스를 개편하는 것이라면 고객 불만 사항은 무엇인지, 추가해야 하는 기능은 무엇인지, 연계되는 서비스는 어떤 것이 있는지 기획하고 간단하게 검증한 후 소프트웨어 개발을 하는 프로세스로 할 수 있다. 반면 사람들이 잘 모르는 신규 서비스, 또는 많은 사람이 잘 사용하지 않는 서비스를 개편한다면 경험 디자인 단계가 중간에 들어가서 앞으로 겪게 될 고객 경험과 프로토타입까지 만들어서 검증을 해봐야한다. 그리고 잘 쓸 수 있을 것 같다는 게 확인이 되었을 때 개발 과제가 진행되는 것이 훨씬 더 성공률도 높이고 과제 비용도 줄이는 방법이다.

여섯 번째, 고객 경험 중심의 의사결정을 하고 지속적인 고객 경험을 개선하는 체계를 수립한다. 보행자들이 다니기 힘든 지하철역 출구는 총체적인 의사결정을 한 게 아니라 부분적인 의사결정을 한 사례다. 하이마트가 하트 마켓을 별도 앱으로 만들지 않고 다른 하이마트의 일부 기능처럼 제공한 까닭은 고객 경험에는 전혀 관심이 없이 하이마트의 트래픽을 올리려는 의도로 의사결정을 했기 때문이다. 총체적으로 의사결정을 하고 비즈니스 중심이나 개발 편의성 중심이 아니라 고객 경험 중심으로의 의사결정을 하는 역할자가 필요하다.

마지막으로는 프로젝트 베이스에서 프로덕트 베이스로의 전환을 고려해야 한다. 사례로 캐나다 정부는 2009년에 연방 공무원을 위한 급여 시스템을 갱신하는 프로젝트를 했다. 피닉스 시스템인데 IBM과 3,000만 달러 계약했지만 결국에는 계속 문제가 생겨서 누적 급여 오류가 5억 달러에 이르는 엄청난 실패를 기록한 프로젝트였다. 실패를 하고 나서 캐나다 정부가 프로덕트 매니저들을 뽑고 디자인 싱킹, 린 스타트업, 애자일 데브옵스까지 도입하면서 프로젝트 베이스에서 프로덕트 베이스로의 전환을 시도하고 있다. 프로젝트 베이스로 갈 때 실은 프로젝트마다 살짝 방향이 달라지면서 서비스가 별로 크게 발전하지 않는 경우들을 많이 본다. 민간기업에서처럼 프로덕트 베이스로

성공적인 정부 서비스를 만들기 위한 7가지 제언

#1: 사용자 및 고객경험 조사는 필수임

#2: 기획단계부터 지속 검증이 필요함

#3: 테크니컬라이팅 역할 추가

#4: 디지털고객경험(DCX) 기획 역할 추가

#5: 서비스에 맞는 기획 및 개발프로세스 정의

#6: 고객경험 중심의 의사결정 및 지속적인 고객경험 개선 체계 수립

#7: Project-based에서 Product-based 전환

고위 공직자의 7가지 역할 팁

CHECKLIST

- ☑ 사용자는 누구인지, 어떤 어려움이 있는지 확인한다.
- ☑ 서비스 검증은 몇 번이나 어떻게 할지, 어떻게 했는지 묻는다.
- ☑ 사용자 입장으로 직접 써본다(또는 주변의 직원 3~4명에게 써보게 한다). 사용자가 가지는 문제를 해결하고 있는지 확인한다
- ☑ 서비스의 초기 활성화 방안이 있는지 확인한다.
- ☑ 고객경험 관점으로 의사결정하는 역할자를 세운다.
- ☑ 서비스 운영하면서 업데이트·수정 계획과 책임자가 있는지 확인한다.
- ☑ 신규 서비스는 경험디자인 단계를 진행하여 UX 프로토타입으로 검증 후 개발을 진행한다.

들어가면 매번 회차가 거듭될 때마다 프로덕트가 훨씬 더 조금씩 계속 좋아진다.

　디지털 고객 경험과 정부 서비스에서 중요한 것에 대해서 정리했다. 디지털 고객 경험을 만드는 것은 영화를 만드는 것과 굉장히 유사한 작업이다. 어떤 영화는 흥행에 성공했고 어떤 영화는 흥행에 성공하지 못했다. 망한 영화들의 공통점은 무언가 하나가 크게 잘못됐다

는 것이다. 영화가 감독과 시나리오부터 배우, 촬영 등 모든 요소가 잘 돼야 하는 것처럼 디지털 고객 경험은 전략부터 운영까지 모든 요소가 잘 돼야 성공할 수 있다. 디지털 고객 경험 관점에서 기획, 디자인, 개발이 필요하다. 마치 영화처럼.

12장
데이터 플랫폼은 운영이 생명이다

:: 묘목이 자라서 아름드리나무로 커가듯이 끊임없이 성장하는 것이 플랫폼의 속성이다. 플랫폼에 완성은 없다. 발전과 성장만이 있을 뿐이다.

1. 디지털 집현전 프로젝트의 사례

훈수꾼이 더 잘 본다는 말은 사실이다. 내부의 시선으로는 안 보이지만 외부의 눈으로 보면 더욱 잘 보이는 것들이 있는 법이다. 내부의 관행으로는 하찮지만, 외부의 시각으로는 정말 중요한 것들이 있다.

나는 20년간 IT 기업에서 일을 했다. PC통신 나우누리와 아프리카TV 등 꽤 성공한 온라인 서비스를 운영했다. 나우누리는 커뮤니케이션 플랫폼이고 아프리카TV는 인터넷 개인방송 플랫폼이다. 온라인 플랫폼의 기획, 개발, 운영에 나름 한마디 보텔 정도의 경험은 가졌다고 할 수 있다. 20년 IT 기업 경험을 가지고 공공 영역에 들어가서 국가정보화 업무를 맡게 되었다. 그러다 보니 정부가 하는 일의 특징이 너무 잘 보였다. 내부 관료의 시각으로는 안 보이는 것들이 내 눈에는 너무 선명히 보였다.

국가정보화 영역에서 정부가 정말 못하는 일들이 몇 가지 있다. 대표적으로 데이터 플랫폼, 데이터 허브, 정보 포털(이하 플랫폼으로 통칭)의 기획 및 운영과 관련된 업무들을 정말 잘 못한다. 문제의 핵심은 이 한마디로 압축할 수 있다.

"기획은 초점 없이 화려하기만 하고, 플랫폼 운영의 중요성은 아예 인식조차 못 한다."

국가와 사회의 디지털 전환이 진전되면 될수록 정부 업무에서 플랫폼의 중요성은 갈수록 커진다. 그럼에도 정부 조직이 일하는 방식은 정말 바뀌지 않는다. 정부가 아무리 4차산업혁명, 디지털 정부혁신, 디지털플랫폼 정부를 내걸어도 아무 소용 없다. 내거는 정책과 사용하는 기술이 아무리 화려하게 바뀌더라도 공무원 조직의 작동 원리는 여전히 아날로그 시대에 머물러 있다.

정부가 플랫폼을 구축할 때 흔히 범하는 실수는 무엇일까? '디지털 집현전' 플랫폼의 사례를 통해 이 문제에 접근해 보자. 디지털 집현전은 정부의 수많은 기관, 수많은 사이트에 흩어져 있는 과학, 기술, 인문, 사회, 교육, 문화 등의 지식정보를 연계하고 통합하여 제공하는 통합 플랫폼이다. 세종대왕 시대에 천하의 지식이 모이는 집현전이 있었듯이 디지털 전환 시대에 국가의 흩어진 지식과 정보를 하나의 플랫폼에 모아서 모든 국민이 쉽고 편리하게 이용하도록 하자는 취지에서 붙여진 이름이다. 디지털 뉴딜 관련 당정회의에서 내가 제안한 사업 아이템을 당시 이광재 의원이 즉석에서 받아들여서 추진하게 된 사업이다. 아마도 '디지털 집현전'이라는 브랜드가 머릿속에 쏙쏙 박혔던 것 같다. 이 의원은 '국가지식정보법(통칭 디지털집현전법)'까지 대표 발의하였다. 이 법은 한국판 뉴딜의 10대 입법 과제 중 하나로 선정되어 2021년 5월에 통과되었다.

디지털집현전법에 따라 국가 지식정보위원회가 구성되었고 첫 회의의 보고 안건으로 '디지털 집현전 통합 플랫폼 구축과 운영계획'이 상정되었다. 구축계획은 기존 공공 정보 시스템 구축 사업과 크게 다르지 않은 전형적인 내용이었다. 통합 플랫폼은 크게 세 가지 주요 서비스를 제시했다. 첫째, 기존 국가 지식정보의 검색 서비스다. 둘째, 화면 확대와 수어 서비스 등 정보 취약계층을 위한 사용자 편의 서비스다. 셋째, 사용자 맞춤형 서비스와 오리지널 콘텐츠 등 특화 서비스를 제공하겠다고 했다. 2년간 총 150억 원을 투입하여 2024년 1월에 정식서비스 개시할 예정이라고 보고했다.

2. 종합 선물 세트는 그만 만들자

보고 안건 설명을 다 듣고서 그대로 있을 수가 없었다. 내가 최초로 제안해서 시작된 프로젝트 아닌가. 계획대로 가면 프로젝트가 실패할 것이 불을 보듯 뻔히 보였다. 나의 명예가 걸린 문제이기도 했다. 과기정통부 장관이 주재한 회의 자리임에도 불구하고 작심하고 쓴소리했다. 배석한 과기정통부 실장과 국장들은 상당히 당황했을 것이다. 이날 토의 시간에 내가 발언한 내용을 생생한 현장 분위기 그대로 전하려 한다. 공공이 추진하는 모든 플랫폼의 기획과 운영에도 공통으로 적용되는 얘기일 것이다.

"ISP 결과가 나왔을 때부터 큰일 나겠구나 싶었어요. 플랫폼 안에

디지털 집현전 서비스 개요

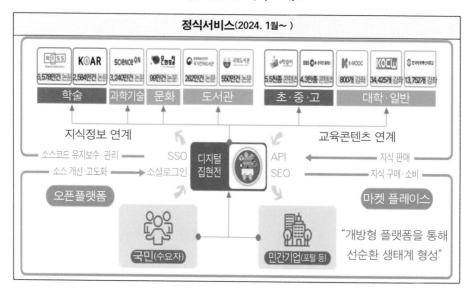

정식서비스(2024. 1월~)

RISS	KOAR	SCIENCE ON	문화셈틀	국가전자도서관	국회도서관	e학습터	EBS 온라인클래스	K-MOOC	KOCW	한국방송통신대학
6,578만건 논문	2,584만건 논문	3,240만건 논문	99만건 논문	262만건 논문	550만건 논문	5.5천종 콘텐츠	4.3만종 콘텐츠	800개 강좌	34,425개 강좌	13,752개 강좌

학술	과학기술	문화	도서관	초·중·고	대학·일반

지식정보 연계   교육콘텐츠 연계

소스코드 유지보수·관리 ── SSO **디지털 집현전** API 지식 판매

소스 개선·고도화 ──▶ 소셜로그인 SEO 지식 구매·소비

오픈플랫폼   **마켓 플레이스**

국민(수요자) ── 민간기업(포털 등)   "개방형 플랫폼을 통해 선순환 생태계 형성"

모든 걸 집어넣겠다는 계획이었어요. 온갖 검색 기능을 다 개발하고, 지식 콘텐츠 서비스도 자체 개발하고, 이용자 참여형 아고라 서비스까지 개발하겠다는 방대한 개발계획이었어요. 여기에 약방의 감초처럼 지능형 챗봇 서비스가 빠질 리 없지요. 지능형 챗봇이란 말을 붙이면 모든 게 다 통한다고 생각하나 봐요.

한마디로 종합 선물 세트를 만들겠다는 계획이었어요. 과거 1970년대나 1980년대처럼 가난했던 시절에는 종합 선물 세트가 만점 인기를 끌 수 있어요. 하지만 요즘처럼 질 좋은 상품이 넘쳐나는 때는 단 한 가지 상품이라도 퀄리티가 좋아야 선물로서 의미가 있는 법이잖아요. 낡은 종합 선물 세트 발상을 버리고 명품 한 가지를 만들겠다는 계획을 세워야 해요.

우리가 만들려고 하는 게 플랫폼인데요. 정부가 플랫폼을 만들어서 성공시키기가 쉽지 않아요. 지금까지의 관행과 접근방식을 100% 바꾸어야 겨우 성공할 수 있어요. 우선 플랫폼에는 '완성'이 없어요. 발전과 성장만이 있을 뿐이지요. 플랫폼의 목표 서비스 모델을 만들어 놓고, 그걸 외형적으로 다 구축 개발하면 플랫폼이 완성되는 것이고, 그때부터 정식서비스에 들어간다는 식의 발상은 버려야 해요. 묘목이 자라서 아름드리나무로 커가듯이 끊임없이 성장하는 것이 플랫폼의 속성이지요.

플랫폼이 성장하려면 성장의 싹이 보이는 핵심 기능 한 가지, 핵심 서비스 한 가지에 집중해야 해요. 우리 속담에 '될 성싶은 나무는 떡잎부터 알아본다.'라고 하잖아요? 그런 떡잎을 찾아서 키우는 게 핵심이지요. 반대로 '어린 게 싹수가 노랗다.'라는 속담도 있어요. 그런 묘목은 아무리 돈과 인력을 태워도 결국은 말라비틀어져 죽어요. 구글은 페이지랭크 알고리즘 하나로 오늘의 구글 제국이 되었어요. 네이버는 녹색 창 하나로 시작해서 오늘의 네이버가 되었어요. 군더더기는 버리고 버려서 핵심 한 가지를 찾아야 해요.

공공에서 디지털 서비스를 구축할 때 참고하면 좋을 가이드라인이 있어요. 영국 GDS가 발표했던 '영국 디지털 서비스 설계 10대 원칙'인데요. 원칙 하나하나가 아름다울 정도로 간명해요. 우리가 집현전 플랫폼을 구축할 때도 이 원칙을 어떻게 구체적으로 적용할지 고민할 필요가 있어요. 대표적인 것 몇 가지만 언급하면 다음과 같아요.

---

1. 사용자 니즈에서 출발한다.
2. 너무 많은 것을 하려 하지 않는다.
3. 데이터 기반으로 디자인한다.

4. 단순히 만들기 위해 힘든 일을 한다.

얼마나 아름다운 원칙들인가요? 많은 것을 하려 하지 말고 단순하게 만들려고 노력하라 등등.

플랫폼이 성공하기 위해 반드시 바꾸어야 할 또 한 가지 관행이 있어요. 지금처럼 시스템 구축과 운영관리를 구분해서는 플랫폼이 성공할 수 없어요. 구축 따로, 운영 따로가 아니라 개발과 운영, 운영과 고도화는 통합되어야 해요. 그래서 플랫폼에서는 '고도화 프로젝트'라는 말을 쓰면 안 돼요. 매일 같이 업그레이드하고, 매일같이 고도화해가는 것이지요. 플랫폼으로 성공한 모든 서비스를 보세요, 하루에도 몇 번씩 기능 개선과 업그레이드가 이루어지고 있어요. 금융 플랫폼 토스가 고도화 프로젝트하는 것 보셨어요? 자고 나면 조금씩 기능 개선이 되어 있을 뿐이지요. 이 말을 명심해 두길 바라요.

'플랫폼에 완성은 없다. 발전과 성장만이 있을 뿐이다.'

개발과 운영이 함께 움직이는 시스템을 뒷받침하는 게 쉽지 않아요. 조직과 인력과 예산 구조, 조달 구조를 다 바꾸어야 하거든요. 쉽지 않은 정도가 아니라 정말 어려워요. 그래서 정부가 운영하는 플랫폼 서비스가 성공하기 쉽지 않다는 것이지요. 객관적으로 냉철하게 보면 이러한 제약을 안고 우리는 위대한 도전을 하고 있다고 생각해요.

나시 원점으로 돌아와서 디지털 집현전의 핵심 기능은 무엇인가요? 성공하려면 무엇이 핵심인가요? 얽혀져 있는 많은 고리를 끌어당길 주요 고리는 무엇인가요? 집현전은 구축계획에서 밝히고 있듯이 국가 예산으로 개발 구축한 수많은 개별 지식정보를 연계 통합하여 누구나 손쉽게 검색 활용하도록 만들어 주는 게 핵심 역할이지요. 연계 통합, 검색 활용이 키워드라 생각해요. 흩어져 있는 국가기관의 지식정보를 집현전에 연계 제공했더니 정보의 검색 활용률이 몇 배 증가하더라, 이게 집현전의 KPI가 되어야 해요.

검색 편의성을 높이려면 이용자의 동선에 따라 검색에 쉽게 노출되도록 만들어주는 게 기본이지요. 이용자들은 네이버나 구글과 같은 민간 검색 서비스를 통해 지식정보를 검색하는 게 기본이고 집현전 시스템에 와서 지식정보를 검색하는 일은 별로 없어요. 그래서 민간 검색 서비스에 최적의 검색 서비스를 제공하는 것이 핵심이지요. 집현전 자체적으로 사용자 맞춤형 지능검색 서비스를 구현하는 것은 중요하면서도 어디까지나 부차적일 뿐이지요.

민간 검색엔진에 최적의 검색 서비스를 제공하는 것, 즉 검색 엔진 최적화에서 가장 중요한 역할을 하는 것이 메타데이터의 구조라고 해요. 지식정보의 연계 통합을 위해 API나 웹 크롤링 방식으로 연계 기관별로 메타데이터를 수집할 텐데요. 이때 메타데이터의 설계를 잘해야 해요. 기관별, 웹 사이트별로 메타데이터를 설계할 때 검색 엔진 최적화를 위해서 표준화되고 구조화된 설계를 적용하는 게 핵심 중 핵심이지요. 이미 구글, 마이크로소프트 등 민간에서 협업을 통해 '스키마 표준Schema.org'이라는 메타데이터 표준 형식을 만들어놓았어요. 기관별 웹 크롤링 포맷을 정할 때나 기관별 API 구조 설계할 때 아예 스키마 표준을 적용하면 가장 확실히 메타데이터의 구조화와 표준화 문제를 해결할 수 있어요. 메타데이터 설계의 표준화 작업에 집현전의 성패가 달려 있다고 해도 과언이 아니라고 생각해요.

마지막으로 실무협의회의 거버넌스 구조를 보완할 필요가 있어요. 현재는 지식정보의 도메인별로 분과가 구성되어 있는데 디지털 전문가 분과가 반드시 있어야 해요. 지식정보 플랫폼을 포함한 데이터 플랫폼의 운영에는 항상 기술적 대안이 중요한 역할을 하지요. 오픈 소스 기반의 툴을 활용하면 생산성도 높아지고 유지 보수도 안정적으로 이루어지고요. 그래서 안정적으로 기술 자문받을 수 있는 전문가팀을 꾸려야 해요. 데이터 전문가, 검색 서비스 전문가, 플랫폼 아키텍처 전문가, 오픈 소스 전문가, 클라우드 전문가 등으로 분과를 구성하면 좋을 것 같아요."

3. '목표 서비스 모델'을 버려라

디지털 집현전 플랫폼 구축계획에는 통상 정부가 플랫폼 구축 사업을 할 때 저지를 수 있는 모든 실수가 담겨 있다. 가장 큰 문제는 구축계획에 좋은 기능과 서비스는 모두 집어넣으려고 하는 점이다. 챗봇이 유행할 때는 챗봇 기능을 집어넣고 메타버스가 유행하면 메타버스 서비스를 집어넣는다. 그래야 신기술을 활용한 혁신적인 서비스로 포장하기 쉽기 때문이다. 이렇게 만들어진 플랫폼은 화려한 겉모습과 달리 이용자가 진정으로 찾는 핵심 서비스를 찾아볼 수 없다. 겉보기에는 풍성하지만 실속은 별로 없는 종합 선물 세트 비슷하다.

정부의 정보시스템 구축계획에는 '목표 서비스 모델'이라는 용어가 자주 등장한다. 이는 구축하고자 하는 시스템의 이상적인 모습을 설계한 청사진을 의미한다. 그러나 이 모델은 대부분 실제 사용자의 필요보다는 공급자인 공무원의 관점에서 기획된다. 민간의 자문 의견을 수렴한다고는 하지만 최종 결정권은 공무원들에게 있다. 그 결과 목표 서비스 모델은 사용자의 실제 요구사항과는 동떨어진 공무원들의 진부한 아이디어들로 채워지게 마련이다. 결국 이 모델은 시장 검증

없이 공무원들의 이상적 희망 사항을 나열하는 수준에 그치고 만다. 이러한 목표 모델을 기반으로 개발된 플랫폼이 성공하기를 기대하기는 어렵다.

반면 민간, 특히 스타트업에서는 '최소기능제품MVP, Minimum Viable Product' 전략을 활용한다. 이는 핵심 기능만 갖춘 상태로 신속히 시장에 진출해 사용자 피드백을 받는 전략이다. 완벽한 제품보다는 빠른 시장 진입을 통해 실질적인 고객 반응을 얻는 것을 우선으로 한다. 최소기능제품 전략의 핵심은 제품의 근본 가치를 명확히 정의하는 데 있다. 핵심 가치가 분명해야 최소한의 필수 기능에 집중할 수 있기 때문이다. 이후 서비스 확장 과정에서도 고객 피드백이 가장 중요한 판단 기준이 된다. 시장의 목소리를 외면한 채 공급자 중심으로 개발을 진행한다면 실패는 불을 보듯 뻔하다.

공공의 목표 서비스 모델과 민간의 최소기능제품 전략은 근본적으로 다른 접근법이다. 목표 서비스 모델은 공급자가 이상적이라 생각하는 완성품을 미리 설계하고 그대로 구현하는 방식이다. 반면 최소기능제품 전략은 핵심 기능을 우선 구현한 뒤 고객 반응에 따라 점진적으로 발전시킨다. 목표 서비스 모델은 처음부터 큰 실패 위험을 안고 시작할 뿐 아니라 구축 후에는 개선도 쉽지 않다. 고객 반응도 확인하지 않은 채 공급자의 관념 속에서 완벽한 청사진을 구상한다는 것 자체가 성공을 기대하기 어려운 접근이다. 공공에서 플랫폼 구축 계획을 세울 때는 '목표 서비스 모델'이라는 개념을 버려야 한다.

정부가 이러한 실수를 되풀이하는 것은 플랫폼의 본질을 제대로 이해하지 못하기 때문이다. 특히 단일 업무처리 정보시스템과 플랫폼의 근본적 차이를 인식하지 못한다. 플랫폼은 데이터가 계속해서 축적되고 연계 서비스가 확장되는 생태계다. 개방성과 확장성이 핵심 특성이다. 반면 단일 업무처리 정보시스템은 특정 기능에 최적화되고 정형화된 업무를 반복 처리하는 폐쇄적이고 안정적인 시스템이다. 홈택스의 세금 납부 시스템이나 KTX 발권 시스템이 대표적인 예다. 정부는 민원이나 행정업무를 처리하는 정보시스템 구축에는 능숙하지만 플랫폼 구축은 여전히 낯설다. 정보시스템 구축이 자동차 공장 준공과 같다면 플랫폼 구축은 묘목을 심어 아름드리나무로 키워가는 과정과 같다.

정부의 많은 사람이 플랫폼 구축을 자동차 공장 준공처럼 오해한다. 자동차 공장은 준공 다음 날부터 설계도대로 완성차가 컨베이어벨트에서 줄줄이 생산되어 나온다. 한번 완성된 공장은 다음 업그레이드 때까지 정해진 프로세스와 규칙대로 움직인다. 하지만 디지털플랫폼은 이와는 180도 다르다. 플랫폼은 자동차 공장이 아니다.

플랫폼은 저절로 성장하지 않는다. 묘목이 성장하려면 주변 생태계가 좋아야 한다. 플랫폼의 성장에도 생태계가 중요하다. 데이터를 최신으로 갱신하고 품질을 높이고, UI와 UX를 개선하고, 고객이 원하는 새로운 기능과 서비스를 더 하고, 커뮤니티를 활성화해야 생태계가 살아난다. 이러한 지속적인 운영관리를 통한 생태계 활성화가 플랫폼 발전의 핵심이다. 이것이 바로 플랫폼 구축을 자동차 공장 준공과 같은 일회성 프로젝트로 오해해서는 안 되는 핵심 이유다.

홈택스나 KTX 발권 시스템 같은 단일 업무처리 정보시스템도 운영관리 업무는 강화되어야 한다. 운영 업무의 역할을 높이는 것은 서비스의 안정적인 개선뿐 아니라 장기적으로 클라우드 기반 애자일 개발 방법론의 토대가 된다. 일반 정보시스템에서도 이러한데 플랫폼 서비

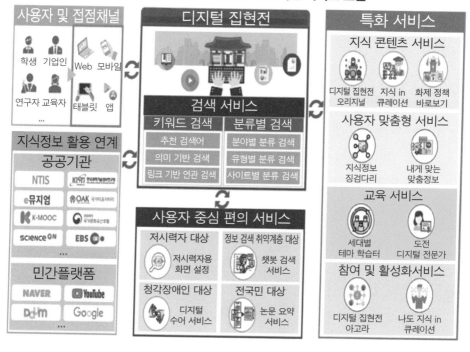

디지털 집현전 통합 플랫폼 구축 목표 서비스 모델

스에서 운영 업무의 중요성은 더 강조할 필요가 없다. 플랫폼의 성장과 쇠퇴는 플랫폼 운영 업무에 달려 있다고 해도 과언이 아니다.

운영관리 업무의 패러다임 자체가 근본적으로 전환되어야 한다. 단순 유지 보수를 위한 최소한의 자원 투입이라는 소극적 관점에서 벗어나 이용자의 참여와 활용 활성화를 위한 적극적인 관점으로 전환해야 한다. 운영관리 업무는 플랫폼 구축 사업에 부속된 부차적인 업무가 아니다. 데이터 현행화, UI와 UX 개선, 커뮤니티 활성화 등을 수행하는 독자적인 플랫폼 활성화 사업으로 인식해야 한다. 따라서 예산편성도 별도로 하고 전담 조직과 인력도 확보해야 한다.

우리 정부는 플랫폼의 개발과 구축에만 치중할 뿐이다. 운영과 활성화는 소홀히 한다. 예산도 구축에 편중되고 운영과 활성화 사업은 방치되는 실정이다. AI 학습용 데이터 구축에 1조 6,000억 원을 투입하면서도 'AI 허브' 운영관리에는 미미한 예산만 배정한다. 심지어 클라우드 비용조차 감당하지 못해 막대한 예산으로 구축한 데이터셋을 클라우드에 올리지 못한다는 이야기까지 나온다. 본말이 완전히 전도된 상황이다. 정부의 공공데이터 개방 통합 플랫폼인 '공공데이터포털' 역시 마찬가지다. 10여 년 동안 수조 원 이상이 투입되었으나 활용 활성화를 위한 운영예산 편성은 극히 소극적이다.

　AI 시대에 데이터 중심으로 업무가 변화하는 것은 필연이다. 또한 데이터 플랫폼의 중요성은 나날이 커지고 있다. 중앙부처와 광역지자체의 플랫폼도 계속 증가하는 추세다. 이러한 정보사업의 변화에 발맞춰 제도적 기반을 정비해야 한다. 일반 정보시스템은 한번 구축되면 애플리케이션이 일정 기간 자동으로 운영된다. 소프트웨어 오류, 소프트웨어 장애, UI 개선 정도만 해결하면 된다. 하지만 데이터 플랫폼은 데이터가 계속해서 누적되고 사용자의 요구에 따라 서비스가 끊임없이 변화되어야 한다. 따라서 일반 정보시스템과 데이터 플랫폼은 구축 운영을 위한 사업 대가 방식이나 사업추진 방법론이 서로 다르게 적용되어야 한다. 과기정통부는 데이터 플랫폼 구축 운영 업무의 대가 산정 기준을 새로 수립하고, 기획재정부는 플랫폼의 운영에 애자일한 예산확보가 가능하도록 예산편성 지침을 개선할 필요가 있다. 아울러 부처와 공공기관의 데이터 업무에 대한 인센티브를 전면 개선해야 한다. 데이터 품질관리 등 업무가 급증하는 만큼 이에 걸맞은 예산과 조직의 확충이 필요하다.

4. 기술적 대안이 중요하다

국가정보화 사업 영역에서는 최적의 기술적 대안을 찾아내는 게 예산과 인력 투입 못지않게 중요하다. 디지털 정책을 제시할 때는 반드시 기술적 대안을 함께 고민해야 한다. 그러나 한국의 공무원들은 행정 처리의 달인들이지 기술 전문가들이 아니다. 과학기술 정책이나 국가 디지털 전환을 책임지는 공무원들도 마찬가지다. 그들은 법과 제도, 규정, 프로세스(절차), 예산에 따라 움직인다. 항상 기존의 관례를 먼저 생각할 뿐이다. 기술적 대안과 새로운 프로세스를 고민하지 않는다. 이게 국가정보화 정책의 가장 큰 맹점이다.

앞서 말한 디지털 집현전 프로젝트도 그런 사례이다. 지식정보 통합 플랫폼을 구축하는 게 사업의 목적인데 수십 개의 개별 지식정보 사이트를 한 곳으로 모아 놓는다고 해서 통합 플랫폼이 만들어지는 게 아니다. 양적으로 몇백만 건의 지식정보를 통합하는 게 중요한 것이 아니라 질적으로 국민이 지식정보를 쉽게 활용하도록 만들어주는 게 중요하다. 그러기 위해서는 국민이 자주 사용하는 네이버와 구글과 같은 민간 검색엔진에서 디지털 집현전에 모아 놓은 지식정보가 높은 순위에 노출되도록 최적화하는 것이 절대적으로 필요하다. 이게 검색 엔진 최적화SEO, Search Engine Optimization이다. 이를 위해 웹페이지 구조화 표준을 적용하여 웹 데이터를 구조화하는 것이 프로젝트의 가장 기본적인 접근법이 되어야 한다. 이외에도 검색엔진이 쉽게 크롤링할 수 있도록 웹 사이트 구조를 설계하고, 웹페이지 로딩 시간을 최대한 빠르게 하고, 모바일에 잘 작동하도록 설계하는 등의 기술적 노력이 요구된다.

그러나 현실의 국가정보화 프로젝트에서는 이게 잘 안 된다. 검색

엔진 최적화에 맞도록 데이터 구조를 설계했는지는 눈에 잘 띄지 않기 때문이다. 데이터의 구조는 숨어 있다. 반면에 플랫폼으로 통합한 기관 숫자, 웹 사이트 숫자, 지식정보의 총건수는 드러나 있다. 그러니 공무원들은 실적 자랑하기 위해 외형적인 지표에만 목을 매는 것이다. 이는 플랫폼의 실제 활용도나 국민의 편의성과는 아무런 상관없는 지표들이다. 공무원들이 기술적인 접근법을 잘 모르기도 하지만 기술적인 대안을 열심히 찾으려는 동기요인이 부족한 것도 사실이다. 내가 공무원들의 KPI를 바꾸는 게 중요하다고 강조하는 이유이기도 하다.

기술적 대안을 잘 고민하면 국가정보화 사업의 예산을 대폭 줄이고 국민의 활용도는 대폭 높일 수 있다. 정부와 공공기관의 웹 사이트에 올라와 있는 각종 행사 정보, 축제 정보를 모아서 맞춤형 정보서비스를 제공하는 경우를 가정해 보자. 실제로 내 지인 중에 이런 사업구상을 가진 사람이 있었다. 그러나 결국 공공 웹 사이트의 데이터를 모으는 데 실패했다. 수많은 공공 웹 사이트에 흩어져 있는 정보를 사람이 일일이 수작업으로 모으는 것은 불가능하다. 컴퓨터가 정보를 정확하게 이해하고 처리해야 한다. 그러나 통상의 웹 사이트는 사람이 보기 좋게 만들어져 있고 컴퓨터가 이를 정확하게 이해하기는 어렵게 되어 있다. 마치 책상 위의 서류 더미가 정리되지 않은 채 널브러져 있는 것과 비슷하다. 이런 웹 데이터를 '서류철에 깔끔하게 정리하는 것' 같은 표준 방식으로 제공하는 것이 스키마 표준이다. 마치 모든 도서관이 같은 도서 분류 체계를 쓰는 것처럼 모든 웹 사이트가 같은 방식으로 정보를 정리하는 약속과 비슷하다.

이때 웹페이지 구조화 표준, 즉 스키마 표준에 맞게 웹 데이터 변환을 지원할 오픈 소스 기반의 툴이 필요하다. 자동으로 데이터를 인식하고 스키마 표준 형식으로 변환해주는 도구가 있으면 더 빠르고 효율적으로 데이터 구조화를 할 수 있다. 수많은 종이 서류를 스캔해서 디지털 문서로 자동 변환하는 것과 비슷한 개념이다. 기술적 대안을 잘 활용하면 적은 예산으로 기계 판독할 수 있는 웹 데이터를 기하급수적으로 증대할 수 있고 국민은 검색엔진을 통해 더 쉽게 필요한 정보를 찾고 활용할 수 있다.

정부가 기술적 대안을 잘 활용하기 위한 현실적인 방안 한 가지를 제안하고자 한다. 국가정보화 관련한 민간자문위원회를 운영할 때 위원회 아래에 디지털에 정통한 기술 분과를 반드시 구성해야 한다. 모든 프로젝트나 현안을 논의할 때 기술적 접근법과 기술적 대안을 고민할 필요가 있다. 그 역할을 책임지고 수행할 기술 분과가 있어야 한다. 현재 민간위원회는 주로 교수, 기업체 대표, 법조인 위주로 구성되어 있다. 현장에 정통한 기술 전문가, 개발 전문가의 참여가 부족하다. 이런 관행은 시급히 고쳐져야 한다. 기술 전문가의 목소리가 더 커질 필요가 있다. 이들은 시빅 해커 그룹과 민간 오픈 소스 개발자 커뮤니티와의 자연스러운 가교역할을 할 수 있다. 이를 통해 민간의 혁신적인 기술 전문성이 공공행정의 안정성과 조화롭게 결합해 진정한 의미의 혁신이 실현될 수 있다.

4부

AI 시대,
데이터 정책이 좌우한다

13장
문재인 정부,
데이터 정책의 돌파구를 열다

:: 1970년대 산업화 시대의 경제 혈맥은 경부고속도로였다. 2000년대 정보화 시대의 경제 혈맥은 '정보고속도로'였다. 2020년대 AI 시대의 경제 혈맥은 '데이터 고속도로'가 될 것이다.

1. 1차 해커톤, 위치정보법을 바꾸다

문재인 정부의 디지털 정책은 코로나19 이전과 이후로 나뉜다. 코로나19 이전은 4차산업혁명위원회(이하 4차위)를 중심으로 거버넌스가 작동했다. 코로나19 이후는 디지털 뉴딜 사업이 중심축이었다. 4차위 활동의 성과와 문제점에 대해서는 앞서 대통령 직속 민간위원회를 다루면서 비판적으로 정리한 바 있다. 4차위는 자문위원회라는 태생적 한계에도 불구하고 '규제 및 제도혁신 해커톤'과 데이터특위 활동이라는 상당한 성과를 남겼다.

나는 해커톤 행사에 1차부터 3회 연속 참여했다. 1차 해커톤 행사에서는 '위치정보보호법 개선' 의제의 좌장을 맡았다. 위치정보보호법은 2005년에 2G 폴더폰이 보급되면서 개인의 사생활 보호를 위해 제정했다. 법 제정 당시로서는 납득이 가던 규제였다. 2G 시대에는 핸드폰 위치가 당사자의 의사와 상관없이 기지국 셀 단위로 파악되기 때문에 개인의 위치정보를 수집하여 사업을 하려면 관청의 허가를 받거나 미리 신고하라는 취지였다.

그러나 스마트폰의 등장과 함께 시대착오적인 법이 되고 말았다. 스마트폰 안에 GPSGlobal Positioning System 신호 처리 기능과 인터넷 접속 기능이 기본으로 장착되어 있어서 이제는 누구든지 인터넷망을 통해 스마트폰의 위치정보를 간편히 수집하고 활용할 수 있게 되었다. 앱스토어에 수백만 개의 앱이 등록되어 있는데 이 중 3분의 1가량이 위치정보를 활용한 서비스일 정도다. 개인 개발자 누구라도 위치정보를 이용한 서비스를 개발할 수 있고 이용자 역시 자신의 위치정보를 수집해 가는 것에 동의 여부를 스스로 선택할 수 있는 상황이 된 것이다. 그럼에도 법은 아직도 모든 개발자와 사업자에게 관청의 허가와 신고를 요구하고 있었다. 세계적인 트렌드 역시 위치정보 수집에 당사자의 동의만 받도록 하고 있고 이를 이용한 서비스를 개발한다고 해서 관청의 허가나 신고를 요구하지 않는 추세였다. 위치정보법은 내비게이션, 자율주행, 모빌리티, 물류, 사물인터넷 등 위치정보를 활용한 수많은 서비스를 개발하는 데 결정적인 장애요인이 되었고 개정이 시급한 실정이었다.

개인정보를 보호하면서도 4차산업혁명 시대에 부합하는 방향으로 제도 개선이 필요했다. 방송통신위원회 등 관련 부처와 산업계와 협회 등이 1박 2일 동안 논의한 끝에 법 개정 방향에 대한 합의를 끌어낼 수 있었다. 해커톤의 합의는 이후 법 개정의 성과로 이어졌다. 위치정보법은 2021년 10월 부분 개정되었다. 개인 위치정보를 이용하는 사업에 대해 기존의 허가제를 등록제로 변경하여 진입장벽을 낮추었다. 또 위치정보의 정의를 엄밀히 재정의하여 CCTV 정보, 카드 사용 기록 등 위치정보 수집 목적 없이 서비스로부터 부수적으로 파악되는 정보는 위치정보에서 제외하도록 했다.

2. 2차·3차 해커톤, 개보법을 바꾸다

4차위는 개인정보보호법 개정 문제를 주제로 2차와 3차 두 번 연속 해커톤을 개최했다. 당시 개인정보보호법 개정 문제는 산업계와 시민단체 사이에 초미의 관심사였다. 4차산업혁명 시대를 맞아 데이터가 핵심 자원이라는 등 말은 많았지만, 개인정보를 데이터로 활용하는 것은 사실상 불가능했다.

당시 개인정보 관련 법 체제하에서는 개인정보의 수집과 이용은 당사자의 사전 동의가 있어야 했고 동의한 목적 이외에 새로운 목적이 추가될 때마다 다시 추가로 동의를 받아야 했다. 정부에서는 임시방편으로 '개인정보 비식별조치 가이드라인'을 마련하여 비식별화된 정보를 활용하도록 했으나 이조차 시민단체에 의해 개인정보보호법 위반으로 고발 조치를 당한 실정이었다. 산업계에서는 비식별조치에 대한 명시적인 법적 근거 마련을 요구했고 시민단체는 비식별조치조차 재식별 우려가 있다며 가이드라인 폐지를 강력히 주장했다. 이해관계자 간 첨예한 대립으로 4차산업혁명은 대한민국 땅에서 오도 가도 못하고 멈춰 서버린 형국이었다.

개인정보 관련 5가지 핵심 이슈

1. 개인정보의 비식별조치에 대한 명시적인 법적 근거

2. 비식별조치의 수준에 대한 합의

3. 개인정보, 가명정보, 익명 정보의 정의 및 구분 기준

4. 안전한 비식별조치를 가능하게 하는 방안

5. 비식별조치 된 정보의 활용과 결합 허용 방안

의제 리더는 이상용 충남대 교수(4차위 사회제도혁신위원)가 담당하였으며 과기정보통신부와 행안부 등 정부 부처와 산업계, 시민단체 등이 다양하게 참여한 가운데 개최되었다.

장시간의 토론 결과 상당한 합의를 끌어낼 수 있었다. 합의에는 유럽연합 일반개인정보보호법GDPR, General Data Protection Regulation의 입법 사례가 크게 영향을 미쳤다. GDPR의 선례에 따라 개인정보와 관련된 법적 개념체계를 개인정보, 가명정보, 익명 정보로 구분하여 정비하기로 하였다. 그리고 익명 정보는 개인정보보호법의 적용 대상이 아니라고 명확히 하여 개인정보와 구분을 확실하게 했다.

가장 치열하게 쟁점이 되었던 부분이 '가명정보'에 대한 정의와 활용 범위에 관한 부분이었다. 극단적으로는 그 어떤 가명정보도 재식별될 가능성이 있어서 원천적으로 허용하면 안 된다는 주장까지 제기되었다. 기업이 개인정보를 사업에 활용하고 싶으면 그때마다 고객들로부터 새로 동의를 받아서 사용하라는 것이었다. 비용이 많이 드는 것은 사업하는 기업의 문제이지 사회가 그 문제를 떠안아야 할 어떠한 이유가 없다는 식이었다. 시민단체를 대표한 어느 참석자가 밤늦도록 그런 강경한 주장을 계속하는 바람에 참가자 다수가 맥이 풀리는 경험을 반복해야만 했다. 그 참가자에게 기업은 경쟁 속에서 살아남기 위해서 몸부림치는 실체가 아니라 이윤만을 추구하는 상상 속의 이념형

으로 존재했다. 기업이 국가와 사회의 자산이자 국민의 소중한 일터라는 생각이 없었다. 기업이 세계 속에서 경쟁력을 확보하도록 여건을 만들어주는 것이 우리 국민에게 좋은 일이라는 인식이 전혀 없었다.

무수한 난관을 뚫고 가명정보의 활용 목적과 관련하여 큰 틀에서는 합의를 볼 수 있었다. 가명정보는 공익을 위한 기록 보존의 목적, '학술연구' 또는 '학술 및 연구' 목적, 통계 목적 등을 위하여 기존의 수집 목적 외의 용도로 이용하거나 이를 제삼자에게 제공할 수 있다고 합의하였다. 그러나 '연구'의 범위를 제한하는 문제를 놓고 끝내 합의를 보지 못했다. 참석자 일부는 '학술연구'라는 표현을, 다른 일부는 '학술 및 연구'라는 표현을 지지하였다. 그래서 합의안에는 미결 상태로 남겨놓았다.

다음으로 최초 수집 목적과 양립되는 추가적인 개인정보 처리와 관련하여 정부는 유럽연합 GDPR 등 해외 입법 사례를 참조하여 개인정보를 기존에 수집한 목적과 상충하지 아니하는 목적으로 활용할 수 있도록 하는 제도를 마련한다는 점에 합의하였다. 데이터 결합은 사회적 후생을 증진하는 중요한 역할을 할 수 있으나 그 과정에서 발생할 수 있는 개인정보 침해의 위험성도 간과되어서는 안 된다고 합의하였다. 개인정보보호 체계와 관련하여 정보통신망법과 신용정보법, 위치정보법 등은 각 부문에서 고유하게 규정할 필요가 있는 사항을 제외하고 개인정보보호와 관련한 중복 조항과 유사 조항에 대해서는 통일적 규율이 필요하다는 점을 합의하였다. 그리고 개인정보보호와 활용을 위한 거버넌스 개선 방안이 마련되어야 한다는 점에 동의하였다.

4차위 해커톤의 개인정보보호법 개정 합의는 데이터 3법 개정안 통과라는 거대한 변화의 물꼬를 트는 출발점이었다. 4차위 합의를 바탕으로 개인정보보호법 개정안 초안이 만들어졌고 국회 4차산업특별위원회에서도 여야 간에 합의가 쉽게 만들어질 수 있었다. 문재인 대통령의 데이터 경제 활성화 선언도 여기서 출발했다. 개인정보보호법 개정은 독립적인 행정위원회로서 개인정보보호위원회가 출범하는 근거가 되었다.

3. 대통령, 데이터 경제 시대를 선언하다

4차위에서 개인정보보호법 개정 합의를 끌어내자 문재인 정부는 '데이터 경제'를 본격적으로 추진하기 시작했다. 데이터 경제란 데이터가 경제 활동의 핵심 자원이 되는 경제를 말한다. 세상은 데이터를 자본으로 활용해 경제적 효과를 창출하는 데이터 경제 시대로 전환하고 있었다. 이미 당시에 글로벌 시가총액 톱 10을 데이터 플랫폼 기업이 장악했다. 공교롭게도 애플(1위), 구글(2위), 마이크로소프트(3위), 아마존(4위), 페이스북(5위) 순이었다. 데이터를 잘 생산해서 축적하고 활용하는 것이 미래 기업과 국가의 경쟁력을 좌우하는 핵심 수단으로 작용했다.

그러나 우리나라는 데이터의 생산과 활용 측면에서 고질적인 문제를 안고 있었다. 항상 양질의 데이터 부족, 체계적인 데이터 생산 및 활용의 미흡, 분석 전문인력의 부족, 개인정보 규제 등의 문제점이 지적되었다. 데이터 경제에 선제적으로 대응하기 위해서는 데이터 경제 가치사슬에 적합한 혁신적인 정책 마련이 시급했다.

정책의 기폭제 역할을 한 것이 2018년 8월 규제개혁 현장 점검 회의에서 발표한 문재인 대통령의 '데이터 경제 선언'이었다. 이날 문재인 대통령은 두 가지를 약속했다. 하나가 개인정보보호법의 개정이다. 이를 통해 개인정보의 보호와 활용의 수준을 다 같이 높이겠다고 했다. 또 하나가 공공부문의 민간 클라우드 이용 규제 혁신이다. 규제 혁신과 함께 국가전략투자 프로젝트로 데이터 경제를 선정하겠다고 밝혔다. 대통령의 데이터 경제 선언을 이어받아 기재부가 2019년 1월 「데이터와 AI 경제 활성화 계획('19~'23)」을 발표했다. 데이터 가치사슬 전 주기 활성화, 세계적 수준의 AI 혁신 생태계 조성, 데이터와 AI 융합 촉진 등이 계획의 골자였다.

이로써 문재인 정부의 혁신성장 정책은 데이터와 AI 경제로 확실히 방향을 잡게 되었다. 수많은 사람의 중지가 모여서 정책 결정이 이루어졌다. 나는 4차위 민간위원과 NIA 원장으로 일하며 문재인 정부의 데이터 정책이 만들어지는 과정을 누구보다도 가까운 거리에서 지켜봤다. 데이터 관련 규제를 풀고 데이터 정책을 바로 세우는 데 도움이 되는 곳이라면 어디든 가리지 않고 찾아다녔다. 4차위 해커톤 행사에 일부러 3회 연속 참가해서 조금이라도 규제 혁신하는 방향으로 합의가 이루어지도록 힘을 보탰다. 공공데이터전략위원회에서는 머신 리더블Machine Readable 한 포맷으로 공공데이터를 개방할 것과 네거티브 원칙에 따라 전면 개방할 것을 줄기차게 주장했다. 그랬더니 나중에는 공공데이터전략위원회의 공동위원장을 맡은 정세균 총리 입에서도 '머신 리더블'이란 용어가 나올 정도가 되었다.

문재인 대통령은 데이터 경제 선언에서 "산업화 시대의 경부고속도로처럼 데이터 경제 시대를 맞아 데이터 고속도로를 구축하겠습니다."라고 선언했다. 시대에 따라 경제 혈맥은 바뀌어 왔다. 1970년대 산업화 시대에는 제조업을 양성하고 수출을 활성화하기 위해 공단을 조성했다. 이때 경제의 혈맥은 경부고속도로였다. 경부고속도로는 우리 경제가 제조업 선진국으로 도약하는 결정적인 계기가 되었다.

1990년대 후반 외환위기 극복 과정에서 우리 경제는 정보화가 화두였다. '산업화는 늦었지만, 정보화는 앞서가자.'라는 기치 아래 정보화 사업을 시작했다. 김대중 대통령은 취임식 때 "세계에서 컴퓨터를 가장 잘 쓰는 나라를 만들겠다."라고 선언했다. 당시 전자정부 11대 사업을 추진했고 민간에선 초고속 정보통신망을 깔았다. 2000년대 정보화 시대의 경제 혈맥은 '정보고속도로'였다. 이를 통해 대한민국은 디지털 선진국이 되었다.

그로부터 20년이 흘렀다. 지금은 AI 시대다. AI를 구축하고 활용하고자 할 때 항상 난관으로 대두하는 것이 데이터다. 생성형 AI가 모든 것을 집어삼키는 지금도 역시 가장 중요한 것은 데이터다. AI와 데이터가 결합하는 시대에 데이터가 자유롭게 구축, 생성, 유통, 활용되는 제반의 시스템이 '데이터 고속도로'다. 데이터 고속도로는 AI 시대의 새로운 경제 혈맥이 될 것이다.

4. 데이터 고속도로 구축의 5대 원칙

데이터 고속도로 구축을 위한 세부 과제들이 무수히 많지만, 구체적인 실행 과제들보다 더 중요한 게 있다. 하나하나의 과제를 관통하는 기본원칙을 바로 세우는 일이다. 기본이 튼튼해야 장기적으로 정책도 성공한다. 집을 지을 때도 화려한 외관보다는 기초공사가 튼튼해야 한다. 집의 기본은 비바람 막아주고 겨울에 따뜻하고 여름에 바람 잘 통하는 것이다. 방수, 방풍, 단열, 환기 등 기본에 충실한 게 중요하다.

우리가 처음 가는 길을 갈 때도 나침반과 지도가 필요하듯이 국가적인 정책을 성공적으로 추진하기 위해서는 지켜야 할 원칙이 필요하다. 항상 '무엇을 할 것인가'보다 '어떻게 할 것인가'가 더 중요하다. 데이터 고속도로를 구축할 때도 구축의 기본원칙이 있다. 이런 관점에서 '데이터 고속도로 구축의 5대 원칙'을 정리했다.

- 원칙 1. 머신 리더블 포맷으로 개방

모든 공공데이터는 원천Raw 데이터 형태로 적시성 있게Timely 기계가 인식할 수 있도록 머신 리더블 포맷Machine Readable Format으로 개방한다.

데이터는 사람이 보는 게 아니라 기계가 읽는다. 현재 공공데이터 중 일부는 PDF, HWP 등 활용을 위해서 추가적인 데이터 변환이 필요한 형태로 개방되고 있다. 네거티브 개방 원칙에 따라 단계별 개방 전략을 수립한다. 공공데이터는 데이터 유형별로 개방 기준을 마련하여 적시성Timely 있게 기계 인식 가능한Machine Readable 오픈 포맷으로 개방해야 한다.

- 원칙 2. 데이터양보다 질이 중요

개방된 데이터의 품질에 개방 효과가 달려 있다. 그냥 데이터가 아니라 쓸모 있는 데이터 확보가 더 중요하다. 데이터 클리닝에 시간과 비용의 70~80%가 들어간다는 걸 명심해야 한다.

공공데이터의 현행화와 정확성 등이 미흡하여 데이터의 불일치와 중복 및 누락 문제 등이 반복적으로 발생하고 있다. 데이터의 양보다는 질이 좋아야 개방의 효과가 높고 활용도가 증가한다. 현행화와 표준화 등 지속적인 품질관리가 중요하다. 데이터 품질관리에 자원을 더 많이 배분하고 품질관리체계를 수립해야 한다.

• 원칙 3. 구축보다 운영이 중요

데이터 플랫폼은 구축보다 운영이 더 중요하다. 반드시 지속적 운영을 위한 인력과 예산이 필요하다. 그리고 데이터 포털의 사용성을 세계 수준으로 만들어야 한다. 데이터를 저장, 사용, 관리하는 모든 프로세스에서 UI와 UX를 세계적 수준으로 제공한다.

공공분야의 시스템은 구축 이후에 기능 개선이나 사후 관리에 소홀한 경우가 많다. 특히 데이터 플랫폼은 계속해서 데이터가 쌓이고 사용자의 요구가 변화하기 때문에 구축보다 운영이 더 중요하다. 사용자의 요구에 신속하게 대응하고 수요자 중심으로 플랫폼을 신속하게 개선할 수 있는 인력과 예산이 필요하다. 데이터 플랫폼은 일관된 UX를 제공하고 플랫폼 내 분석 정보제공, 표준화, 기술 문서의 현행화, 시각화 등 지원을 통해 사용성 개선 및 데이터 활용률 제고가 필요하다.

• 원칙 4. 개발자 생태계 지원 필수

개발자 생태계 지원이 필수다. 데이터 전문인력의 양성과 교육을 넘어서 데이터로 무언가를 만들어가기 위한 지원체계와 환경을 제공해야 한다.

데이터 분석과 활용 수준을 높이기 위해서는 개발자의 생태계가 활성화되는 게 중요하다. 데이터 전문인력 양성이나 교육은 기본이다. 개발자들이 데이터를 활용하여 새로운 혁신을 만들어낼 수 있도록 개발자에 대한 인센티브와 정보제공, 데이터 펀드를 통한 스타트업 지원, 개발자 콘퍼런스 실시, 글로벌 기업과 협력체계 구성 등에 정부가 적극 나서야 한다. 개발자가 데이터의 수집, 결합, 분석에 활용할 오픈소스 형태의 기술적 도구를 제공하는 것도 중요하다.

• 원칙 5. 민간의 참여에 바탕한 열린 혁신 추구

정부의 모든 정책은 데이터를 기반으로 세운다. 정책 수립 시 근거 데이터 명시를 의무화한다. 데이터 분석과 신기술 도입 등의 업무에서 민간 전문가의 더 많은 참여와 협력을 바탕으로 열린 혁신Open Innovation을 추구한다.

정부 내 데이터 기반 행정의 중요성에 대한 인식이 낮고 데이터를 활용한 의사결정체계가 취약하다. 담당자의 감感이 아니라 데이터 기반으로 정책을 수립해야 한다. 정책의 의사결정에는 민간 참여와 민간 주도성을 높인다. 정부와 민간이 함께 데이터 정책을 수립하고 추진하는 민관 협치governance 기구 구성 및 운영이 중요하다. 민간 주도의 데이터 기반 사회혁신 모범사례를 만들어갈 필요가 있다.

5. 정책 지원이 어려운 두 가지 이유

문재인 정부 5년 동안 디지털 정책 수립에 크든 작든 관여한 게 많다. 잘한 게 있으면 잘한 대로, 못 한 게 있으면 못 한 대로 평가를 받고 책임을 져야 하는 처지다. 뒤돌아보면 크게 두 가지가 어려웠다.

하나는 제대로 된 정책 수립에는 매우 다양한 지식과 경험이 요구된다는 점이다. 디지털 정책은 혁신 기술에 대한 이해, 민간기업과 산업 트렌드에 대한 이해, 공공의 법과 시스템에 대한 이해가 모두 필요하다. 문제는 현실에서 이 세 가지 조건을 모두 갖춘 사람이 극히 드물다는 것이다. 민간의 기술 전문가는 공공의 법과 제도에 대한 이해가 떨어지고 반대로 공공의 관료들은 기술과 산업에 대한 이해가 떨어졌다. 각자의 시각에서 서로 옳다고 주장하지만 대부분 절반의 진실인 경우가 많다. 일본 구로사와 아키라 감독의 유명한 영화 「라쇼몽」의 주인공들처럼 인간의 진실은 제각기 주관적이다. 결국 정책 수립을 위해서는 기술, 산업, 공공, 이 세 가지 시각을 종합해야만 한다. 정책은 종합예술이다.

디지털 정책을 AI, 데이터, 클라우드 등 디지털 핵심기술에 대한 기본지식이 없이 세울 수는 없는 일이다. 수박 겉핥기식의 날림지식이 아니라 기술 변화의 동인, 방향, 파급력 정도는 제대로 짚어야 헛발질을 피할 수 있다. 3D 컴퓨팅 기술이 유망하다고 전국 지자체마다 '메이커 스페이스Maker Space' 공간을 만들고 가상현실VR 기술이 뜬다고 우르르 몰려다니며 메타버스 플랫폼을 구축하는 식의 우스꽝스러운 일을 반복할 수는 없는 것 아닌가. 또 디지털 기술의 탄생과 발전이 모두 민간 기술기업에서 이루어지고 있고 정부 디지털 정책의 주요 목표가 산업경쟁력의 강화에 있는 만큼 기업과 산업에 대한 이해가 필수적인 것은 자명하다.

나 역시 민간기업의 논리에 좀 더 익숙했을 뿐이다. 공공의 시스템에 대해서는 거의 무지했다. IT 기업 20년 경영한 경험을 바탕으로 이런저런 정책 제언을 했지만, 솔직히 현실성 측면에서는 반쪽짜리였을 것이다. 듣는 처지에서는 어설프기 짝이 없었을지도 모른다. '하나는 알고 둘은 모르네……' 하는 심정 아니었을까? NIA에 합류하여 각종 보고를 받고 업무 파악을 해보니 기관 내에 국가정보화에 관한 거의 모든 정보, 데이터, 역사가 집약되어 있었다. 게다가 국가정보화 업무와 관련된 민관의 모든 네트워크가 준비되어 있었다. 원장으로 일을 하면서 공공의 법, 제도, 인프라, 역사에 대해 바닥에서부터 배울 수 있는 게 너무나 좋았다. 내가 이즈음에 입버릇처럼 하고 다닌 얘기가 있었다. "나는 국비장학생이다."라고. 배우면서 월급까지 받으니 이게 국비장학생 아니고 뭐란 말인가.

또 하나 어려웠던 점은 정책 결정을 직접 할 수가 없었다는 점이다. NIA는 정책 수립을 지원하는 곳이지 결정하는 곳이 아니다. 정책 결정은 과기정통부, 행안부, 기재부의 공무원(늘공)과 청와대의 수석과 보좌관(어공)들이 했다. 이들을 설득하고 조율하는 것이 너무도 힘들었다. '데이터 경제 선언'처럼 정책이 입안되어 실행까지 잘 이어진 때도 있지만 진행 과정에서 이런저런 이유로 포기한 경우가 더 많았다. '디지털 정부혁신 추진계획'은 첫 제안에서 국무회의 최종 의결까지 1년 반이 소요되었다. 담당 부처와 청와대 비서실의 문턱이 닳도록 설득하고 설득한 끝에 겨우 정부 정책으로 통과시킬 수 있었다. 정책의 마스터플랜은 물론 구체적인 실행계획까지 세워놓았으나 추진체계의 부실로 인해 용두사미로 끝나버리고 말았다. 이런 정책이 한둘이 아니다.

정책 결정을 직접 하는 처지였으면 훨씬 속도감 있고 규모 있게 추진했을 것이다. 정책이 효과를 보려면 한정된 시간 안에 국가 에너지를 집중해야 할 때가 있다. 정책에도 골든 타임이 있다. 현재 AI 기술 분야의 한 달은 다른 때의 1년과 맞먹을 정도로 변화 속도가 가파르다. 기술 발전이 변곡점에 와 있는 것이다. 이럴 때는 비상하게 대처해야 한다. 어차피 3~5년 계획을 세워서 할 일이면 1년 안에 앞당겨서 해야 한다. 예산 규모도 기왕 세웠던 계획에 동그라미 하나를 더 붙인다는 생각으로 접근해야 한다. 관료들에게 맡겨놓으면 절대로 이렇게 하지 못한다. 관행, 관성, 부처 이기주의의 틀을 벗어나기가 어렵다. 오로지 국민으로부터 선출된 정치적 리더십만이 가능하다.

정책 결정을 직접 하지 못한다고 해서 중요기관의 기관장이 굿이나 보고 떡이나 먹자는 식으로 지낼 수는 없었다. 정책이 받아들여질 때까지 제안하고 수정하고 다시 제안하고 수정하고를 수없이 반복했다. 남을 설득하여 의사결정을 하는 것은 자기가 직접 하는 것보다 열 배 이상으로 힘들었다. 그렇다면 열 배 이상 노력하면 되는 일이다. 세상에 꾸준함을 이길 그 어떤 장벽도 없는 법이다. 문재인 정부의 데이터 정책과 디지털 정책은 이런 과정을 거쳐 만들어지고 실행되었다. 힘들었지만 보람 있었다.

14장
AI 정책·데이터 정책에서
바로잡을 것들

:: 대한민국은 더 이상 후발 추격국의 행태에 머물러 있을 때가 아니다. 강점이 있는 분야에서는 세계를 리드하는 역할을 해야 한다. 제발 중요성 얘기는 그만하고 1등의 가능성을 실현할 전략을 찾자.

1. 조급증을 버려라

정부 사업에서 흔히 하는 잘못이 당장 구체적인 성과를 만들어내려는 조급증이다. 정부의 어떤 사업계획을 봐도 대부분 국민이 당장 체감할 실적을 만들어 내는 데 집중한다. AI 개발 인력 10만 명을 양성하겠다, 전자지갑을 통한 전자 증명서 발급을 300종으로 확대하겠다, 24시간 질문에 답하는 민원 상담 365 챗봇을 도입하겠다 등등. 이 책을 읽는 독자에게도 익숙한 구호일 것이다.

이는 관료 사회의 순환보직제도와 잦은 인사이동이 만들어내는 병폐다. 공무원들의 보직 기간이 길어야 2년인데 그 안에 구체적인 성과를 만들어내야 승진에 유리하기 때문이다. 공무원 탓만 할 것도 아니다. 정권 자체가 5년 시한부다. 정권 초기부터 입안한 계획이 아닌 이상 2~3년 이상의 장기적인 시야를 가지기가 어렵다. 단임제의 한계이기도 하다.

단기적인 목표 설정의 불가피성. 이해한다. 공무원들의 구체적인 성과 추구. 당연하다. 그러나 여기에 반드시 한 가지가 더해져야 한다. 사업의 기본 토대를 차근차근 다져가는 장기적인 작업이 반드시 병행해야 한다. 사업의 개념과 정의, 추진 원칙, 접근방식 등이 명료하지 않으면 반드시 사달이 난다. 단기적으로 순간 반짝하다가도 난관을 만나면 헤매게 된다.

4차위에서 추진했던 스마트시티 사업 같은 게 대표적인 사례다. 모두 스마트시티라는 같은 단어를 쓰면서도 사람마다 머릿속에 떠올리는 스마트시티의 이미지는 제각각이었다. 스마트시티 사업을 추진하면서 지켜야 할 기본원칙이나 바람직한 접근방법 같은 것은 아예 토의조차 없었다. 그러니 결국 배가 산으로 가고 말았다. 윤석열 정부 들어서 진행하는 디지털플랫폼 정부 역시 마찬가지다. 도대체 플랫폼 정부가 무엇인지 정의부터 해보라고 하면 민간위원들 열이면 열 모두 다른 얘기할 것이다.

데이터 정책과 AI 정책도 마찬가지다. AI 시대를 맞아 국가 데이터 정책의 중요성이 갈수록 커지고 있는 이 시점에 데이터 정책의 기본 토대부터 탄탄히 다지는 게 필요하다. 데이터 경제의 개념, 데이터 정책의 접근법, 우선순위, 목표, 수단, 중점과제 등부터 명확하게 정리하고 가급적 사회적 합의 수준을 높이는 게 중요하다. 미국과 독일이 잘하는 게 이런 것이다. 미국은 새로운 정책을 본격적으로 추진할 때 기본사항을 확인하고 시작한다. 그들은 전문가들의 충분한 토의와 의견 수렴 끝에 정책 제안과 전략이 담긴 보고서부터 만들어낸다. NSCAI

의 최종 보고서와 독일의 「노동 4.0」 백서가 대표적인 예이다. 토대가 튼튼해야 정책이 흔들리지 않고 오래간다.

2. 데이터 경제와 데이터 산업은 다르다

흔히 데이터 경제 활성화를 데이터 산업 활성화로 오해한다. 그러나 이 둘은 서로 다른 개념이다. 데이터 산업Data Industry은 데이터의 생산, 수집, 저장, 처리, 분석, 유통 및 활용과 관련한 경제 활동 분야를 말한다. 반면 데이터 경제Data Economy는 데이터가 타 산업 발전의 촉매 역할을 하면서 혁신적인 비즈니스와 서비스를 창출하는 경제를 말한다. 데이터를 핵심 자원으로 활용하여 경제적 가치를 창출하는 경제 체제 전반을 데이터 경제라 한다. 데이터 경제 활성화는 데이터 산업을 활성화하자는 것이 아니다. 모든 데이터의 생성, 유통, 활용이 활발히 이루어져 산업, 행정, 사회 모든 영역에서 데이터 기반 혁신을 이루자는 것이다. 데이터 경제는 '데이터+X' 경제이고 AI 경제는 'AI+X' 경제이다.

문재인 대통령이 데이터 고속도로를 깔자고 했을 때 그것은 데이터 경제를 활성화하여 대한민국의 새로운 혁신성장 동력으로 삼겠다는 것이지 단지 데이터 산업을 활성화하겠다는 것이 아니다. 데이터 고속도로가 깔리면 그 고속도로를 따라서 세상이 스마트해지는 혁신이 일어난다. 스마트팩토리, 스마트시티, 스마트팜, 스마트정부 등 새로운 가치가 창출된다. 박정희 정부 시절 경부고속도로가 바로 그런 역할을 했다. 경부고속도로 건설이 단지 건설업을 육성하기 위한 것이 아니지 않은가? 경부고속도로를 따라 많은 산업공단이 만들어져서 제조업과 중화학 공업이 육성되고 대한민국의 수출산업이 비약적으로 성장했다. 경부고속도로는 대한민국 제조업과 수출산업이 성장의 핵심 인프라였다. 데이터 고속도로도 마찬가지다. 데이터가 자유롭게 흐르면 대한민국 혁신성장의 혈맥이 뚫린다.

세계 경제의 중심축은 이미 데이터 경제와 AI 경제로 이동했다. 코로나19 이후 세계의 디지털 전환이 가속화되었고 이 과정에서 AI와 데이터 활용이 핵심 요소로 자리 잡았다. 특히 챗GPTChatGPT, 챗GPT 옴니GPT-4o, 버트BERT, 클로드Claude, 퍼플렉시티Perplexity 등 대규모 언어 모델의 등장은 모든 산업에서 AI를 활용한 생산성 향상과 비즈니스 모델의 변화를 이끌고 있다. 시가총액 기준으로 세계 최대 기업 1위부터 5위를 애플, 마이크로소프트, 알파벳(구글), 아마존, 엔비디아가 차지했다(2024년 10월 기준, 기업이 곧 국가 경제 자체나 진배 없는 사우디 아람코는 순위에서 제외했다). 세계 경제와 자본시장을 주도하는 미국 내 7개의 기술기업은 매그니피센트7(M7)이라 칭하기도 한다. 기업가치 순위의 변화 이외에 아마존웹서비스AWS, 마이크로소프트의 애저 Azure, 구글 클라우드Google Cloud 등 클라우드 서비스의 급성장도 중요한 변화이다. AI와 빅데이터를 처리하기 위한 인프라로서 클라우드 컴퓨팅의 역할이 갈수록 증대하고 있다.

데이터 산업은 데이터 경제를 구성하는 하위 요소다. 데이터 생성, 저장 및 관리, 처리와 분석, 유통 및 거래, 데이터 보안, 데이터 기반 정보서비스 등으로 영역을 나눌 수 있다. 데이터 기반 정보서비스 회사들은 계속해서 증가하고 있다. 날씨 예보 및 기상정보 서비스를 제공하는 케이웨더(날씨 정보), 부동산 매물 정보 및 중개 서비스를 제공하는 직방(부동산 정보), 구인 구직 정보 플랫폼 잡코리아, 사람인(채용 정보), 음식 배달 플랫폼 배달의 민족(배달 정보), 숙박 예약 및 여행 정

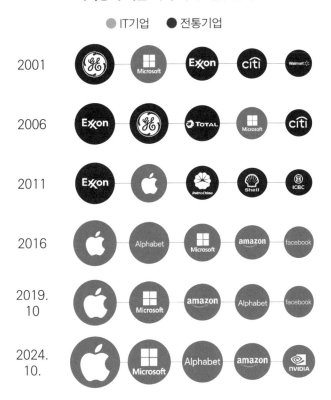

시가총액 기준 세계 최대 기업 순위

● IT기업 ● 전통기업

2001

2006

2011

2016

2019.
10

2024.
10.

보서비스 야놀자(여행 정보) 등이 각 분야의 대표 서비스들이다. 개인
에게 마이데이터 권리를 부여한 신용정보보호법 개정 이래 각 은행의
금융정보 서비스가 폭발적으로 증가하고 있다. 또 가장 대중에게 친
숙한 티맵이나 카카오맵과 같은 내비게이션 서비스와 네이버 지도 서
비스, 길 찾기 서비스도 대표적인 사례이다.

　당연히 데이터 산업의 발전과 데이터 경제의 성장 사이에는 선순환
관계가 존재한다. 데이터 산업의 발전은 데이터 관련 제반 기술, 인프
라, 서비스, 인력의 성장을 불러온다. 이는 데이터 경제로 전환하는 홀

률한 토양을 제공한다. 그러나 데이터 산업 육성 정책과 데이터 경제 전환 정책은 정책의 범위와 정책 수단이 매우 다르다.

데이터 산업 육성 정책은 정책의 목표를 데이터 관련 기업과 기술의 발전에 두면 된다. 주요 정책 수단으로 산업 육성 차원의 시범사업, 연구개발 지원사업, 창업지원 등의 전통적인 산업정책을 사용하면 된다. 그러나 데이터 경제 전환 정책은 정책의 시야가 훨씬 넓어야 한다. 전체 경제구조를 데이터 중심으로 AI 기술을 결합하는 방향으로 고도화하는 것이 목표이기 때문에 단순한 산업정책으로는 성과를 거두기가 어렵다. 전체 산업과 국민 전체를 대상으로 중장기적인 접근법을 세워야 한다. 국가적인 차원에서 데이터 거버넌스를 정비하고 데이터 개방과 활용을 저해하는 각종 법과 제도를 개정하는 일이 가장 중요하다. 판결문 한 장조차 개방하지 못하는 실정인데 우리의 독자적인 AI 모델이 발전할 수는 없다. 산업 영역별로 모범사례를 만들어 내는 것, AI 인재를 양성하는 것, 공무원의 데이터 리터러시를 높이는 것, 신뢰할 수 있는 AI를 위해 AI 윤리에 관한 법과 제도를 정비하는 것 등이 국가가 해야 할 역할이다.

3. 1등 전략을 세워라

정부의 디지털 관련 정책을 보면 또 하나 공통적인 특징이 있다. 4차 산업혁명이든 데이터 경제이든 AI 혁명이든 그것이 중요하다는 얘기를 한참 강조한다. 앞으로의 세계 경제를 좌우할 정도로 중요하니까 우리도 빨리 대책을 세우고 빨리 선진국을 뒤쫓아가야 한다고 한다. 그러나 정책 보고서 어디를 봐도 온통 열심히 추격하겠다는 얘기뿐이다. 1등 하겠다는 전략이 없다. 데이터와 AI가 중요하다는 '중요성' 얘기는 가득한데 이러저러한 전략을 세우면 이 분야만큼은 1등이 가능하다는 '가능성' 얘기는 없다. 2024년에 발표한 AI 전략 방향도 그렇다. 미국과 중국을 열심히 뒤좇아 AI G3 국가를 하겠다고 한다. 분야별로 1등 전략이 있어야 종합순위 3등도 가능한 것 아닌가. 대한민국은 더 이상 후발 추격 국가의 행태에 머물러 있을 때가 아니다. 강점이 있는 분야에서는 세계를 주도하는 역할을 해야 한다. 제발 중요성 얘기는 그만하고 1등의 가능성을 실현할 전략을 찾자.

데이터와 AI는 범용 기술GPT, General Purpose Technology이다. 범용 기술은 경제 전반에 걸쳐 광범위하게 적용되어 혁신을 위한 새로운 기회를 창출하는 기술을 말한다. 데이터는 분석을 통해 새로운 인사이트와 가치를 창출하고, AI는 자동화와 지능화를 통해 인간의 능력을 확장한다. 범용 기술은 완성된 것이 아니다. 계속해서 개선되고 고도화된다. 디지털 전환이 가속화되면서 데이터의 규모는 2년마다 두 배의 속도로 증가한다는 분석이 있다. 최근 2년 동안 생성된 데이터가 지난 인류 역사 전체의 데이터 양과 맞먹는다고 한다. AI 기술은 이제 폭발적으로 성장하는 초입에 들어섰을 뿐이다. 대규모 언어 모델이 불과 2년 사이에 텍스트 처리 위주에서 멀티 모달Multi Modal AI, 추론형 AI로 발전하지 않았던가. 우리 모두 구텐베르크의 인쇄술 발명 이래 역사상 최대의 혁신이 일어나는 거대한 사건의 목격자다. 앞으로도 우리에게 주어진 기회가 무궁무진하다는 얘기다.

AI의 모든 영역에서 미국이나 중국과 경쟁할 수는 없다. 국가 차원에서 동원할 수 있는 자원의 한계가 어쩔 수 없이 존재한다. 우리가 강점을 지닌 분야에 특화하고 집중해야 한다. 미국과 중국 간 AI 기술 패권 경쟁의 틈바구니에서 대한민국의 생존전략을 찾아야 한다.

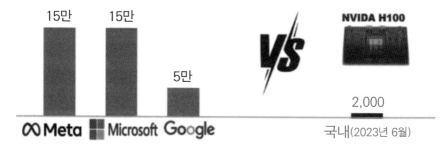

엔비디아 GPU 확보 현황

15만 15만 5만 VS **NVIDA H100** 2,000

∞Meta ■Microsoft Google 국내(2023년 6월)

  AI는 사람이 아니라 데이터와 컴퓨팅파워가 개발한다는 말이 있다. 자원을 더 투입하면 더 정교한 모델이 나온다. 미국의 기술기업들이 AI 모델개발과 훈련에 필요한 엔비디아의 그래픽 처리 장치GPU A100, H100을 수십만 장씩 구매할 때 네이버는 불과 2,000장으로 하이퍼클로바X 모델을 개발했다. 원천기술이든 응용 기술이든 우리가 잘할 수 있는 영역에 집중할 수밖에 없다. 자연어 처리, 컴퓨터 비전, 음성인식과 같은 원천기술 분야에서도 한국어 데이터에 집중해야 경쟁력 있는 독자 모델을 만들 수 있다. AI 응용서비스도 마찬가지다. 한국이 경쟁력 있는 분야와 결합하여 한국만의 강점을 살릴 때 '1등 서비스'가 가능하다.

한국의 강점 영역

산업 도메인 경쟁력

세계 최고의 공공 시스템

인프라 경쟁력
5G, 유무선인터넷, IoT망

세계1위 분야 다수
(의료, 교통, 제조, 통신, 금융)

UN 전자정부 평가 세계 1~3위
OECD 공공데이터 개방지수 3회 연속 1위

끊임없이 막대한
데이터 생산, 집적이 가능

대한민국은 세계적인 제조업 강국이다. 반도체, 이차전지, 자동차, 조선, 석유화학, 철강, 디스플레이 분야는 세계적인 경쟁력을 갖추고 있다. 제조업 이외에도 한국은 의료. 통신, 금융, 교통 선진국이다. 예를 들어 의료산업을 보면 삼성의료원, 아산병원, 서울대병원은 세계 최고 수준의 초대형 병원이다. 그들이 가진 의료데이터의 양과 질은 아주 막대하다. 대한민국의 건강보험공단이나 건강보험심사평가원이 가지고 있는 의료 관련 정보는 세계 어느 나라에도 없다. 황금알을 낳는 거위라 할 만큼 방대하다. 방대한 의료데이터, 의사들의 도메인 전문성, 의료 AI 전문기업의 기술 전문성 등 3박자가 결합하면 의료 분야에서 세계적인 경쟁력을 갖춘 AI 모델을 만들어낼 수 있다. 실제로 병원마다 자신의 고유한 데이터를 바탕으로 독자적인 AI 모델 개발에 나서고 있다. 이는 진단의 정확성과 효율성을 높여서 병원의 경쟁력을 높여줄 것이다.

대한민국은 국내총생산GDP에서 제조업이 차지하는 비중이 30%에 가까운 나라다. 제조업의 혁신이 대한민국이 살길이다. AI, 빅데이터, 클라우드로 제조 혁신을 이루지 않으면 국가 경쟁력을 유지할 수 없다. 포스코의 혁신 사례는 많은 시사점을 준다. 포스코는 세계경제포럼WEF이 뽑는 등대공장으로 선정되었다. 제철소 운영에 AI, 빅데이터, 사물인터넷IoT 등의 첨단기술을 적극 도입해서 커다란 생산성 향상 성과를 올렸다는 게 등대공장 선정의 이유였다.

가장 주목받은 게 세계 최초로 운영한 스마트 고로의 성과였다. 포스코는 고로 내부에 수백 개의 센서를 설치하여 실시간으로 자료를 수집했다. 수집된 데이터를 AI로 분석하여 최적의 조업 조건을 도출했다. 분석 결과를 바탕으로 원료 투입, 온도 조절 등을 자동으로 제어하는 시스템을 만들었다. 그 결과 포스코 2고로의 경우 연간 생산량이 8만 5,000톤 증가했다. 스마트 고로는 일일 용선溶銑 생산량이 240톤가량 증대하는 생산성 향상 효과를 보았다. 기존 대비 10~15% 생산성이 향상됐고 동시에 고로의 수명을 기존 15년에서 20년으로 연장하는 효과를 낳았다. 스마트 고로는 그동안 경험과 직관에 의존하던 제철 공정을 데이터 기반의 과학적인 프로세스로 전환했다. 이는 포스코 경쟁력 강화에 크게 이바지했다.

지금까지 대한민국의 강점으로 제조, 의료, 금융 등 산업 도메인의 경쟁력을 얘기했지만 이외에 독보적으로 강한 영역이 두 가지 더 있다. 하나는 세계 최고의 공공 시스템이고 다른 하나는 인프라 경쟁력이다. 대한민국은 OECD 디지털 정부 세계 1위, UN 전자정부 평가 세계 1~2위, OECD 공공데이터 개방지수 3회 연속 1위 등 공공 정보 시스템의 수준이 세계적으로 뛰어나다. 디지털 1등 국가 대한민국의 눈높이에서 보면 문제투성이로 보이지만 세계의 평균 눈높이로 보면 엄청나게 훌륭하다. 대한민국의 뛰어난 공공 정보 시스템은 AI 발전에 여러 방면으로 이바지할 수 있다. 양질의 공공데이터를 제공하여 민간의 AI 모델 개발을 촉진할 수 있다. 복지, 교통, 교육, 환경, 일반 민원 등 분야별로 AI 응용서비스를 도입하여 AI 생태계 조성에 마중물 역할도 가능하다. 부처별로 나누어진 데이터를 연계 활용하면 생애주기별 원스톱 서비스가 가능해지고 세계 최초의 스마트 정부를 구현할 수 있다. 대한민국의 공공 정보 시스템은 AI 시대를 맞아 또 한 번의 질적 도약을 해야 할 변곡점에 서 있다.

대한민국의 독보적인 강점으로 꼽을 수 있는 게 인프라 경쟁력이다. 초고속 인터넷, 5G 무선망, 촘촘한 사물인터넷 망 등 통신인프라가 특히 뛰어나다. 초고속 네트워크와 사물인터넷 기기를 통해 끊임없이 방대한 양의 실시간 데이터가 생산되고 집적된다. 5G 무선망은 높은 데이터 전송 속도와 초저지연성이란 특징 때문에 모바일 엣지 컴퓨팅MEC, Mobile Edge Computing 을 가능케 한다. 모바일 엣지 컴퓨팅은 네트워크의 엣지(가장자리)에서 데이터 처리 및 서비스를 수행하는 기술이다. 엣지 컴퓨팅은 실시간 의사결정이 필요한 자율주행, 증강현실 등의 AI 서비스 발전에 중요하다. 사물인터넷망은 AI와 결합하여 스마트 팩토리, 스마트 홈, 다양한 영역에서 실시간 모니터링 등 혁신적인 응용서비스를 낳고 있다.

우리는 데이터 경제, AI 경제에서 1등 할 전략을 찾아야 한다. 한국이 가진 강점에서 출발해야 한다. 우리는 다수의 분야에서 세계 1위를 자랑할 만큼 산업 도메인에서의 경쟁력, 세계 최고의 공공 시스템, 독보적인 네트워크 인프라 경쟁력을 갖추고 있다. 이는 AI 학습에 필요한 우리 고유의 데이터 확보를 쉽게 만든다. 고도화된 IT 인프라는 대규모 AI 모델 학습과 운용을 위한 기반을 제공한다. 한국만의 강점을 살리면 제조, 의료, 교통, 행정 등의 분야에서 세계 1위의 AI 응용서비스를 만들어낼 수 있다. 우리는 원천기술의 개발에서는 조금 늦었지만, 항상 응용 기술과 응용서비스의 개발에서는 세계적인 경쟁력을 발휘했다.

4. 국가인공지능위원회가 성과를 내려면

지난 2024년 9월 대통령 직속 국가인공지능위원회가 출범했다. 대통령이 직접 위원장을 맡고 민간위원 30명에 주요 부처 장관급 정부위원이 10명이나 참여하는 매머드급 민관 합동 기구다. 위원회는 우리나라를 AI 3대 강국으로 도약시키는 견인차 구실을 자임했다. 출범식과 함께 개최된 1차 회의에서는 부위원장이 「국가인공지능위원회 비전 및 미션」을 발표했고 과기정통부 장관이 「국가 AI 전략 정책 방향」을 발표했다.

역시나 정부가 하는 일은 기대를 저버리지 않는다. 어쩌면 5~10년 전에 하던 행태를 그대로 반복하는 것인지 모르겠다. 7년 전에도 거의 비슷한 주제와 포맷으로 대통령 직속 4차산업혁명위원회가 출범했다. 4차위 출범식 때에도 1차 회의를 같은 날 개최했고 과기정통부 장관이 「4차산업혁명 대응을 위한 기본 정책 방향」을 발표했다. 회의의 진행 시나리오가 머릿속에 쫙 그려질 정도로 기시감이 든다. 4차위나 국가인공지능위원회나 위원회에 참석한 위원들은 첫 회의에 참석하기 전까지 아무런 사전 정보교환이나 의견교환이 없었을 것이다. 출범식 하는 자리에서 정부 측이 미리 준비한 '관계 부처 합동' 명의의 정책 방향 발표를 듣고 몇 마디 토론 후에 정부 정책을 추인했을 것이다. 이 모양새는 거의 모든 민관 합동위원회에서 완벽하게 반복되고 있다. 부처가 미리 짜 맞춘 정책과 비전을 놓고 민간위원들은 거수기 역할을 하고 있다.

위원회 구성상의 한 가지 아쉬움을 꼽지 않을 수 없다. 대통령이 위원장을 맡고 있어서 국가인공지능위원회의 부위원장이 실질적인 위원장 역할을 하는 셈이다. 그런데 부위원장이 AI 전문가가 아니다. IT나 디지털 전문가도 아니다. 정치학 박사 출신의 행정학 전문가다. 아무리 AI가 미치는 영향이 폭이 넓고 다루는 영역이 광범위하다고 하더라도 이건 아니다. AI 기술 개발의 특성과 현안을 꿰뚫고 있는 전문가가 위원회의 책임을 맡는 게 너무나 당연하다. 여러 번 거론했던

V. 비전 및 추진전략

명실상부한 AI G3국가 도약을 통해 글로벌 AI 중추국가 실현

4대 AI 플래그십 프로젝트

01 국가 AI 컴퓨팅 인프라 확충
- 2EF 규모 AI 컴퓨팅 인프라 확충(~'30)
- 국산 AI 반도체·AI 컴퓨팅 생태계 육성
- AI 컴퓨팅 생태계 글로벌화

02 민간부문 AI 투자 대폭 확대
- AI·반도체 65조 원 민간투자('24~'27)
- AI·클라우드 세액공제 상향 검토('25)
- AI, AI 반도체 대형펀드 조성·확대('24)

03 국가 AX 전면化
- 공공 AI 95%, 기업 AI 70% 달성(~'30)
- 지방 디지털 결제 50조 원 시대(~'30)
- 주요 사회시스템 AI 기반 大전환

04 AI안전·안보 확보
- AI안전연구소 출범('24~)
- AI 안전·사이버보안 국제논의 주도
- 독자 AI 경쟁력 확보 집중지원

4대 분야 정책 추진 방향

스타트업·인재	기술·인프라	포용·공정	글로벌 리더십
AI 유니콘 10개('30)	美 근접한 기술력('30)	AI 접근격차 10%('30)	글로벌 AI 민주적 가치 1위 지속
AI 인재 20만 명('30)	AI 인프라 세계3위('30)	AI 긍정적 인식률 90%('30)	

NSCAI는 위원장이 에릭 슈미트였다. 그는 컴퓨터공학 박사 출신에 구글 최고경영자를 역임했다. 실리콘밸리의 '인싸 중의 인싸'였고 IT 업계의 구루로 존경받는 분이다. AI 기술과 산업에 정통한 분이 책임을 맡는 것은 하늘과 땅만큼의 차이를 낳는 일이다.

게다가 교수 출신이 태반을 넘는다. 이것도 고질적인 문제다. 디지털 혁신이 이루어지는 현장은 대학이 아니라 기업이다. AI 기술은 더 확연하다. 굳이 챗GPT를 만든 오픈AI나 알파고를 만든 구글의 딥마인드 예를 들지 않더라도 기업이 혁신을 주도한다는 것은 너무나 분명한 트렌드이지 않은가. 국가인공지능위원회는 AI 모델 전문기업, 응용기업, 원천기술 연구기업, 클라우드 기업, 데이터 기업 등이 주도해야 마땅한 일이다. 교수와 변호사, 대기업 경영자가 모여서 무엇을 할 수 있단 말인가.

국가인공지능위원회에서 하려고 하는 일들이 줄지어 서 있을 것이다. 그러나 대부분 부처별로 추진 중인 AI 응용과 AI 확산 사업을 보고받고 심의 조정하는 일들이다. 이 계획들은 부처한테 맡겨 놔도 알아서 다 잘할 일들이다. 위원회가 감 놔라 배 놔라 하지 않아도 된다. 구체적인 사업의 현황을 잘 모르는 민간위원이 한두 마디 거든다고 해서 사업의 방향이나 내용이 별로 달라지지 않는다. 일하는 척하는 시늉내기에는 좋지만 유의미한 성과를 거두기는 어렵다.

위원회가 성과를 내려면 잔가지를 쳐내야 한다. 진정 AI 전략을 국가 최상위 전략 차원으로 실행할 의지가 있다면 위원회는 몇 가지 중요과제에 승부를 걸어야 한다. 굵직한 몇 가지만 하면 된다.

첫째, AI를 포함해서 국가 디지털 전환을 책임질 정부 디지털 거버넌스 체제의 밑그림을 그리는 일이다. 국가와 사회의 디지털 대전환을 총괄하는 국가 최고디지털 전환책임자CDxO, Chief Digital Transformation Officer는 누구인가? 위원회는 이 문제에 답을 내놓아야 한다. AI의 발전에는 알고리즘, 모델을 개발할 기술력, 방대한 데이터, 막대한 컴퓨팅 파워 등이 필수 요소다. 어느 것 하나 기존 사일로같이 나누어진 부서

별 체제에서는 해결하기 어려운 문제들이다. AI를 훈련하는 데 필요한 충분한 데이터의 확보조차 거버넌스의 조정력 없이는 해결하기 어렵다. 전략적 돌파구를 만들 힘이 필요하다. 거버넌스의 힘이 뒷받침될 때 비로소 AI 국가전략은 탄력을 받을 수 있다. 국가 디지털 거버넌스의 합의안을 만들어내는 일이 위원회가 해야 할 가장 중요한 일이다.

둘째, 우리가 흔히 기승전결이라 하듯이 AI 전략은 기승전 '인재'다. AI 전쟁은 인재 전쟁에서 결판이 난다. 미국과 중국은 AI 인재를 놓고 총성 없는 전쟁을 치르는 중이다. 우리는 어떻게 인재 전쟁에 대비할 것인가? 전국의 최상위권 이공계 인재들이 모두 의대로만 몰리는 기형적인 쏠림현상을 바꿔놓을 수 있을까? 수도권의 소프트웨어 관련 대학 정원은 절대 부족한 실정이지만 지역 균형 발전론에 따른 수도권 대학 정원 규제에 20년 넘게 꽉 막혀 있다. 기업의 수요는 늘고 있으나 소프트웨어 전공자의 배출 인원은 태부족이다. AI+X가 본격화되면 또다시 전 산업 영역에서 개발자 대란을 겪게 될 것이다. 단기적인 해법으로 외국인 전문직 비자(E7 비자) 제도를 좀 더 유연하게 완화하자는 제안이 있었으나 현재까지 해결책은 안 나오고 있다.

인재 양성 문제는 과기정통부 한 부처에서 나선다고 해결될 문제가 아니다. 기재부, 교육부, 법무부(출입국·외국인정책본부), 국토교통부, 국가균형발전위원회 등 직접 관련된 부처의 조율은 기본이다. 더 나아가 사회 내 가치의 배분과 우선순위에 대한 인식의 변화가 있어야 비로소 해결의 실마리를 찾을 수 있다. 현재는 혁신성장과 지역 균형 발전의 가치가 충돌하는 실정이다. 교육계 내의 이해관계 갈등 때문에 초중고에서 STEM 교육 및 소프트웨어 교육 시간을 제대로 늘리지 못하고 있다.

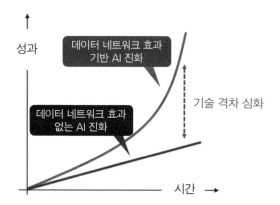

네트워크 효과 선점의 중요성

성과

데이터 네트워크 효과
기반 AI 진화

기술 격차 심화

데이터 네트워크 효과
없는 AI 진화

시간

국가 연구개발 정책의 기본 방향도 바뀌어야 한다. 과제(프로젝트)에 투자하는 것이 아니라 사람에게 투자해야 한다. 그래야 연구는 실패해도 연구자는 키울 수 있다. 연구 활동에 가장 왕성한 국내외 박사후과정 지원을 강화해야 한다. 특히 해외 고급 인력을 전폭적으로 영입하여 글로벌 차원의 연구 전문가 네트워크를 활성화해야 한다. 국가인공지능위원회가 해야 할 일은 이런 일들이다.

셋째, 과감한 예산 배분과 민간의 AI 투자에 대한 과감한 지원책을 세워야 한다. 미국 기술기업은 수십조 원을 투자하여 엔비디아의 A100, H100 등 고성능 AI 반도체 칩을 수십만 장 규모로 구매한다. 페이스북을 운영하는 메타가 올해 말까지 보유할 GPU가 50만 대라고 한다. 그들은 기업의 생존을 걸고 대규모 컴퓨팅 인프라 구축 전쟁에 돌입했다. 우리가 그들과 규모의 싸움을 하기 어렵다는 건 잘 안다. 그래도 기본은 갖춰야 할 것 아닌가. AI가 국가전략 기술이라면 전략 과제에 걸맞은 투자가 뒷받침되어야 한다. 투자하려면 찔끔찔끔 분산 투자할 것이 아니라 초기에 집중해야 한다. 그래야 데이터 네트워크 효과로 인해 갈수록 기술 격차가 벌어지는 것을 막을 수 있다. 국가의 자원을 집중해서 투자하는 일은 기재부나 과기정통부 등 개별 부처에게 맡겨 놓아서는 안 된다. 국가인공지능위원회가 국가 최상위 전략 차원에서 마스터플랜을 세워야 겨우 해결될 수 있는 과제다.

마지막으로 제언 한 가지가 더 있다. 데이터가 초점이 되면 데이터 정책을 세우고, 클라우드가 현안이 되면 클라우드 육성 정책 만들고 이제 AI가 초미의 관심사가 되니 국가 AI 전략을 세운다. 이런 식으로 분절적인 정책 추진은 곤란하다. AI, 빅데이터Big Data, 클라우드Cloud, 줄여서 ABC 정책은 통합적으로 추진해야 한다. 인간의 신체에 비유하면 이해하기가 쉽다. AI가 지능을 담당하는 두뇌라면 빅데이터는 두뇌에게 산소를 공급하는 혈액이다. 클라우드는 혈액을 저장하고 공급하는 심장과 같다. 깨끗한 산소가 공급되어야 두뇌가 잘 돌아가듯이 AI의 성능은 데이터와 클라우드 인프라가 좌우한다. 클라우드 산업 없이 데이터 경제와 AI 경제는 없다. 클라우드 산업을 육성할 수 있는 정책 수단을 최대한 동원해야 한다. 국가기관의 민간 클라우드 이용 전환도 적극적으로 추진하고, 보안 규제도 현실화하고, 클라우드 이용에 필요한 디지털 서비스 구매 제도도 손을 봐야 한다. AI 국가전략을 세우면서 데이터와 클라우드에 대한 정책을 소홀히 하는 일이 없기를 바란다.

15장
공공데이터 3.0 시대를 준비하자

:: 지금까지는 공공데이터가 공공 정보시스템 구축의 부산물 취급을 받았다. 하지만 앞으로는 양질의 공공데이터 생성을 염두에 두고 정보시스템을 설계하고 구축하는 단계로 발전해 갈 것이다.

1. OECD 평가 4회 연속 1위의 의미

대한민국은 공공데이터 개방 정책의 세계적인 모범국가다. 미국이나 영국에 비해 정책 시행이 늦었지만, 한국 특유의 패스트 팔로어Fast Follower 전략으로 최정상 자리로 올라설 수 있었다. 그 결과 2년에 한 번씩 OECD에서 주관하는 공공데이터 평가에서 4회 연속 1위를 차지하는 놀라운 성과를 거두었다. 2015년 첫 평가부터 시작해서 2017년, 2019년, 그리고 코로나19로 인해 미뤄져서 4년 만에 평가가 이루어진 2023년까지 내리 1등을 차지했다. OECD 공공데이터 평가가 시작된 해부터 지금까지 10년 연속 1등이란 얘기다.

OECD 평가의 구체적 내용을 보면 공공데이터 정책을 통해 얻고자 하는 정책 목표가 무엇인가를 잘 이해할 수 있다. OECD의 공공데

OECD 공공데이터 평가 종합 순위

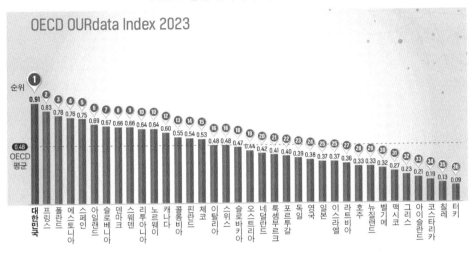

OECD OURdata Index 2023

순위
① 0.91 대한민국
② 0.83 프랑스
③ 0.78 폴란드
④ 0.76 에스토니아
⑤ 0.75 스페인
⑥ 0.69 아일랜드
⑦ 0.67 슬로베니아
⑧ 0.66 덴마크
⑨ 0.66 스웨덴
⑩ 0.64 리투아니아
⑩ 0.64 노르웨이
⑫ 0.60 캐나다
⑬ 0.55 콜롬비아
⑭ 0.54 핀란드
⑮ 0.53 체코
⑯ 0.48 이탈리아
⑮ 0.48 스위스
⑱ 0.47 슬로바키아
⑲ 0.44 오스트리아
⑳ 0.42 네덜란드
㉑ 0.41 룩셈부르크
㉒ 0.40 포르투갈
㉓ 0.39 독일
㉔ 0.38 영국
㉕ 0.37 일본
㉕ 0.37 이스라엘
㉗ 0.36 라트비아
㉘ 0.33 호주
㉙ 0.33 뉴질랜드
㉚ 0.32 벨기에
㉛ 0.27 맥시코
㉜ 0.23 그리스
㉝ 0.21 아이슬란드
㉞ 0.19 코스타리카
㉟ 0.13 칠레
㊱ 0.09 터키

0.48 OECD 평균

이터 평가 보고서는 보통 'OUR 데이터 인덱스$_{OURDataIndex}$'라 불린다. OUR는 각각 Open(개방), Useful(유용), Re-usable(재사용)에서 앞 글자를 따온 말이다. Open(개방)은 정부 데이터의 공개 여부와 접근성을, Useful(유용)은 데이터의 품질과 가치를, Re-usable(재사용)은 데이터의 재사용 용이성을 의미한다. 이런 점에서 OUR 데이터 인덱스는 공공데이터의 전반적인 품질과 유용성을 파악하는 종합적인 지표라 하겠다.

OUR 데이터 인덱스의 세 지표 중에서 개방성과 유용성은 이해하기 쉽다. 개방성은 공공데이터가 얼마나 투명하고 접근할 수 있게 제공되는지를 보여주는 지표이다. 얼마나 많은 데이터가 공개되어 있는지, 로그인 필요 여부와 유료 서비스 여부 등 데이터에 얼마나 쉽게 접근할 수 있는지, 라이선스 조건은 명확하고 개방적인지, 데이터가 개방형 표준 형식으로 제공되는지 등을 평가한다. 유용성은 단순히 데이터에 접근 가능한지를 넘어서 사용자들이 실제로 활용하고 가치를 창출할 수 있느냐를 보여주는 지표다. 데이터의 정확성, 완결성, 최신성 등의 품질을 중시하는 지표다. 그리고 메타데이터 제공 여부, 데이터 활용 사례, 데이터 활용 교육 등을 평가한다.

반면에 재사용성Reusable은 헷갈리기 쉬운 지표다. 재사용 데이터는 다양한 사용자들이 여러 목적으로 쉽게 재사용할 수 있는 데이터를 의미한다. 이는 법적, 기술적, 재정적 장벽 없이 데이터를 자유롭게 사용, 수정, 공유할 수 있어야 한다는 개념이다. 데이터를 재사용하기 위해 포맷을 변환한다든가 새로운 소프트웨어를 설치해야 하는 등의 장벽을 최소화하자는 취지다. 오픈 라이선스를 채택하고, 개인정보보호 법규를 준수하고, 개방형 표준 포맷을 사용하고, 데이터에 쉽게 접근하고 통합할 수 있는 API를 제공하는 것 등이 중요하다.

영미권에서는 법안이나 원칙을 제정할 때 단어의 앞 글자를 모아서 기억하기 쉬운 새로운 단어를 만드는 조어술(acronym, 앞 글자 약어)을 자주 사용한다. 대표적인 게 2014년에 개정된 'DATA Act' 같은 사례다. 'DATA Act'는 "Digital Accountability and Transparency Act"의 약자다. 이 법안은 미국 연방정부의 재정 데이터를 디지털 형태로 표준화하고 투명하게 공개하는 것을 규정한 법이다. 또 하나 많이 알려진 사례가 데이터 관리와 공유에 관한 'F.A.I.R 원칙'이다. 데이터는 찾기 쉬워야 하고Findable, 접근할 수 있어야 하고Accessible, 상호 운용 가능하고Interoperable, 재사용할 수 있어야Reusable 한다는 원칙이다. 이는 데이터의 가치를 극대화하고 재사용성을 높이기 위해 제안된 국제적인 가이드라인이다.

OUR 데이터 인덱스

데이터 개방성 (Open data)	데이터 사용성 (Useful data)	데이터 재사용성 (Reusable data)
데이터 가용성	**데이터 접근성**	**데이터 사용에 대한 정부 지원**
정책에 의한 자료 공개	정책에 의한 데이터 무제한 접근	거래 상대방끼리 거래 체결
데이터 공유를 위한 이해관계자 참여	데이터 품질 및 완전성을 위한 이해관계자 참여	정부의 데이터 리터러시 프로그램
실행	실행	영향력 모니터링

대한민국의 성취를 구체적으로 알기 위해서 가장 최근에 시행한 2023년 OECD 공공데이터 평가 결과를 살펴보자. 우리나라는 종합 0.91점(1점 만점)으로 40개국 중 1위를 차지했다. 이는 OECD 평균 (0.48점)보다 두 배가량 높은 수준이고, 우리나라의 뒤를 이어 2위를 차지한 프랑스(0.83점)보다 약 10% 높은 점수다.

OECD 평가는 데이터의 가용성Data Availability, 접근성Data Accessibility, 정부 지원Government support for data reuse 등 총 3가지 분야로 진행된다. 한국은 데이터 활용을 위한 정부 지원 부문은 압도적 1위를 차지했고 데이터 가용성과 접근성에서는 2위를 차지했다.

2. 10년 연속 1위의 두 가지 비결

한국은 뒤늦게 출발했으면서도 어떻게 OECD 공공데이터 평가에서 독보적인 1위를 유지할 수 있었을까? 그것은 대한민국이 전자정부 시스템과 정부 주도의 행정 시스템 등 두 가지 측면에서 세계적으로 매우 뛰어난 역량을 지녔기 때문이다. 모두가 상식적으로 이해하듯이 공공데이터와 전자정부는 떼려야 뗄 수 없는 쌍생아 관계다. 공공데이터의 태생 자체가 전자정부 시스템에서 비롯된다. 공공기관이 관리하는 데이터 중 전자적 방식으로 제공되는 데이터를 공공데이터라 말한다.

전자정부 시스템이 발전하면 할수록 공공데이터의 양과 질은 좋아진다. 지금까지는 공공데이터가 공공 정보 시스템 구축의 부산물 취급을 받았지만, 앞으로는 양질의 공공데이터 생성을 염두에 두고 정보시스템을 설계하고 구축하는 단계로 발전해갈 전망이다. 우리의 뛰어난 정보통신기술 인프라가 앞으로도 공공데이터 개방과 활용을 기술적으로 뒷받침할 전망이다.

또 하나의 성공 요인은 대한민국의 우수한 행정력이다. 이 점은 2023년 OECD 공공데이터 평가에서도 잘 드러난다. 우리나라는 정부 지원 분야의 모든 세부 평가 항목에서 1점 만점을 기록하는 등 압도적 1위를 차지했다. 행정력의 가장 강력한 배경은 공공데이터의 제공을 의무화한 강력한 법체계에 있다. 우리 정부는 공공데이터 개방을 국가전략으로 삼고 관련 법규와 제도를 빠르게 정비했다. 2013년 '공공데이터의 제공 및 이용 활성화에 관한 법률'을 제정하여 법적 기반을 마련했다. 2009년 미국의 오바마 행정부가 '열린정부 구상Open Government Initiative'를 통해 정부 투명성을 강조하며 공공데이터 개방을 추진한 지 불과 4년 만에 대한민국도 법제화를 완수한 것이다.

공공데이터법에서 공공데이터란 공공기관이 행정업무 및 대국민 서비스를 제공하는 과정에서 생성하여 취득하여 관리하는 전자적 방식으로 처리된 자료 또는 정보를 말한다. 공공데이터법은 개인정보, 국가 안전보장 관련, 경영과 영업상 비밀 등의 비공개 대상 정보와 제삼자의 저작권을 침해할 우려가 있는 데이터를 제외하고는 대용량 파일과 오픈 API 등 다양한 형태로 개방할 의무를 공공기관에 부과하고 있다.

공공데이터법은 정부 부처와 지방정부에 대해 1년에 한 번씩 공공데이터 개방에 관한 실행계획을 작성하도록 강제하고 있다. 그리고 모든 정부 기관과 공공기관은 법에 따라 공공데이터 제공과 운영에 관한 실태조사를 받는다. 평가 결과는 기관의 업무 혁신 평가에 반영된다. 코로나19 시기에 우리 정부는 디지털 뉴딜 사업의 하나로 공공데이터 전면 개방 정책을 강력히 추진했다. 그 결과 3년 사이에 공공데이터 개방 증가율이 135%로 대폭 증가하였다. 같은 기간의 프랑스 개방 증가율은 17%, 영국은 13%였다. 문재인 정부가 국가적 사업으로 추진한 디지털 뉴딜이 대한민국의 데이터 르네상스를 가져온 셈이다.

공공데이터법 제정 이래 지난 10여 년 동안의 공공데이터 개방 성과와 활용 성과를 주요 데이터 중심으로 핵심만 짚어보자. 2024년 10월 기준으로 총 8만 5,000여 개의 공공데이터가 공공데이터포털에 개방되어 있다. 이 중 파일 데이터는 7만 3,700여 건, 오픈 API 방식의 데이터는 1만 1,600여 건, 표준 데이터셋은 1만 100여 건에 달한다. 공공데이터 파일 다운로드 건수는 누적 7,000만 건을 넘어섰다. 오픈 API의 월평균 호출 건수는 13억 4,000만 건을 넘는다. 공공데이터포털의 회원 수는 76만여 명, 일 평균 접속자 수는 1만 6,000명이 넘는다.

공공데이터는 공공부문과 민간기업 등에서 앱 개발, 빅데이터 분석, AI 학습 등에 널리 활용되고 있다. 공공데이터를 활용해 개발한 대표적인 앱 또는 웹 서비스로는 코로나 마스크 대란을 잠재웠던 공적 마스크 앱을 들 수 있다. 이외에도 각종 병원과 약국 찾기, 부동산 정보 제공, 중고 자동차 거래, 날씨, 주차장 정보제공 등 다양한 분야에서

3,000개가 넘는 서비스가 개발되었다. 국토부와 한국부동산원의 데이터를 활용한 부동산 거래 정보 앱 '직방', 심평원의 데이터를 활용한 병원 예약 앱 '똑닥', 온라인 주차 플랫폼 '모두의 주차장' 등의 앱 서비스는 국민 생활 편의를 크게 향상했다.

3. 공공데이터 2.0 정책을 추진하다

코로나19 위기는 공공데이터 정책에도 커다란 변화를 가져왔다. 공적 마스크 앱 개발 경험과 국가적인 역량을 집중한 디지털 뉴딜 사업은 정부의 데이터 정책에도 근본적인 변화를 불러온 전환점이었다. 코로나19 이전을 '공공데이터 1.0' 시기라면 코로나19 이후는 '공공데이터 2.0' 시기라 부를 수 있다.

공공데이터 2.0 정책 추진에는 나의 개인적인 반성과 의지가 많이 담겨 있다. 공공데이터 업무와 공공 정보서비스를 조금이라도 아는 사람들은 마스크 앱 개발 사례를 여러 측면에서 칭찬한다. 모든 이해관계자가 참여하여 성공시킨 민관 협업의 성공 사례, 서비스 개발과 시스템 구축은 민간에 맡기고 정부는 데이터의 제공에 집중한 개방 정책의 성공 사례, 두세 달 걸릴 개발 과정을 3~4일 만에 완수한 업무 프로세스 개선의 성공 사례 등으로 얘기한다.

모두 타당한 얘기지만 나의 소회는 약간 달랐다. 그때까지 놓치고 있었던 것이 먼저 보였다. 코로나19라는 국가적인 사태가 터졌을 때 데이터 개방을 통해 위기에 선제적으로 대응하지 못했다. 상황이 터지면 그때 부랴부랴 상황에 쫓기듯이 대응하기에 급급했다. 공공데이터 주관기관인 NIA에서 먼저 마스크 앱 개발에 필요한 데이터 개방을 추진한 게 아니었다. '코로나19 공공데이터 공동 대응'으로 모인 시빅 해커 그룹이 먼저 광화문 1번가에 데이터의 제공을 요청했다. 이 제안서를 접수한 청와대 담당팀에서 나에게 해결책을 찾아달라고 요청을 해와서 그때야 개방 준비에 나선 것이다. 요청 이후에 대응은 신속했고 적절했지만 어디까지나 수동적이었던 사실은 달라지지 않는다.

시대가 바뀌고 있었다. 재난 대응에 필요한 데이터는 수요자의 요구에 신속히 대응할 뿐만이 아니라 상황 발생과 더불어 즉시 데이터를 생산하고 개방하는 체계를 갖추어야 했다. 2020년 4월에 문재인 정부는 코로나19 경제위기 극복을 위해 디지털 뉴딜 사업을 추진하기로 했고 디지털 뉴딜의 핵심은 데이터였다. 공공데이터로 사회문제를 해결하고 국가와 사회의 디지털 전환을 앞당긴다는 명확한 목표 아래 더 선제적이고 적극적인 정책을 수립할 필요가 있었다. 공공데이터 정책의 근본적인 패러다임 변화가 필요함을 직감했다.

달리는 말에 채찍질한다고 했다. 나는 NIA 간부들에게 공공데이터 정책의 근본적인 패러다임 전환을 요구하고 구체적인 정책 대안을 준비하라고 지시했다. 지금까지의 공공데이터 1.0 시기는 잊고 한 차원 업그레이드된 공공데이터 2.0 시기를 맞이할 준비를 하라는 의미였다. 내가 차원이 다른 정책이 필요하다고 절감했던 것은 대표적으로 다음과 같은 이유 때문이었다. 2020년까지 공공데이터 정책은 데이터 개방의 양적 증대가 중점 목표였다. 행안부는 2018년 공공데이터 전수조사 결과 개방할 수 있는 데이터셋 14만 2,000개를 2021년까지 전면 개방하겠다는 중장기 개방계획을 세웠다. 개방할 수 있는 모든 데이터를 3년 안에 전면 개방하겠다니 얼마나 담대한 목표인가? 실제로 이 목표를 기준으로 해마다 성과관리를 했고 목표대로 성과를 거두고 있었다.

그럼에도 국민과 기업들은 여전히 데이터가 부족하다며 더 많은 양질의 데이터 개방을 요구했다. 정부와 국민 사이의 이 간극은 어디서 발생하는가? 그것은 정부의 목표 자체가 정형 데이터 위주로 세워졌기 때문이다. AI 시대에 국민과 기업은 텍스트, 이미지, 영상 등의 비정형 데이터를 요구했다. 그러나 정부는 데이터베이스화된 정형 데이터 중심으로 목표를 세우고 있었다. 정형 데이터 중에서도 개인정보나 민감정보 등 개방이 어려운 정보를 제외하고 남은 데이터였다. 그러니 정부에서 해마다 개방 목표 달성률 100%를 자랑해도 국민은 여전히 데이터가 부족하다는 소리를 반복할 수밖에 없었다.

정책의 목표 자체가 개방 데이터의 양적 확대에 치우쳐 있어서 현실에서는 우스꽝스러운 일도 많았다. 실적을 채우려고 데이터를 쪼개서 개방하는 일까지 생겼다. 하나의 데이터셋으로 개방하는 것이 더 이용에 편함에도 건수 부풀리기를 위해 2~3개 데이터셋으로 나누어 개방했다. 이러면 오히려 이용자의 불편만 커지고 가공비용만 추가로 발생하게 된다. 공공기관에서는 개방된 데이터가 활용되든 말든 관심이 없다. 데이터가 민간에서 얼마나 많이 활용되는가는 평가 항목이 아니기 때문이다. 개방된 데이터는 많으나 국민과 기업의 처지에서는 여전히 데이터는 부족하고 품질은 불량했다.

공공데이터 정책은 근본적으로 달라져야 했다. 공공데이터 2.0 시기에는 무엇을 해야 하나? 첫째, 공공데이터 개방의 범위를 획기적으로 확대해야 한다. AI 서비스와 빅데이터 분석에 필요한 비정형 데이터를 전면적으로 개방해야 한다. 각종 정부 보고서와 더불어 사진, 이미지, 영상 등 민간에서 활용할 수 있는 데이터가 대폭 개방되어야 한다. 아울러 정부 보고서는 생성 시점부터 기계판독 가능한 개방형 문서 포맷ODF으로 데이터를 생산하는 체계로 넘어가야 한다. 개인정보 및 민감정보도 익명화를 통해 개방하거나, 혹은 통계성 데이터로 변환하여 개방을 확대하는 방법을 적극 찾아야 한다.

둘째, 데이터 생산 단계부터 개방과 품질 기준을 정립해야 한다. 품질 좋은 데이터를 만들어내려면 정보시스템의 품질이 좋아야 한다. 현재의 정보시스템은 업무처리 및 대민서비스에 초점이 맞추어져 있을 뿐이다. 양질의 데이터 생산과 제공에 맞춰져 있지 않다. 공공데이터 2.0 시대에는 정보시스템의 최종 목적이 양질의 데이터 생산에 있음을 분명히 하고 제도화해야 한다. 시스템 구축 단계부터 데이터 개방과 품질에 대한 요구사항을 반영하고 정부 예산안 편성 지침에 데이터 개방과 품질 관련 내용을 추가해야 한다.

셋째, 공급자 위주의 마인드에서 벗어나야 한다. 지금까지 공공데이터 개방은 정부 계획에 따라 차근차근 실행에 옮기는 공급자 위주의 방식으로 진행됐다. 그러다 보니 민간의 수요와 재난 상황에 대한 신속한 대응이 어려웠다. 이제 수요자의 요구에 신속히 대응하고 긴급한 데이터는 즉시 생산하고 개방하는 체계를 구축해야 한다.

넷째, 데이터의 개방과 활용을 저해하는 법과 제도를 개선해야 한다. 민간에서 제기하는 공공데이터 제공 요청의 약 60%는 개별법 또는 정보공개법의 비공개 사유 규정 때문에 거부되고 있다. 개별법령의 목적 외 이용 제한, 개인정보 포함, 저작권 침해 등이 대표적인 공개 거부 사유다. 그러나 요청 데이터 전체가 비공개 항목인 경우는 드물다. 데이터 중 일부에 비공개 정보가 포함되어 있다고 하여 일괄해서 제공 거부하는 관행을 없애야 한다. 또 국세기본법, 통계법, 형사사법절차전자화촉진법 등 개별법 중에서 민간의 요구가 많고 효과가 클 것으로 판단되는 법과 제도를 우선 개정해야 한다.

이런 기본 방향 하에 2020년 5월에 NIA 독자적으로 '공공데이터 2.0 추진계획안'을 만들었다. 계획 중에서 NIA가 독자로 할 수 있는 것은 당장 실행에 착수하고 행안부가 움직여야 가능한 정책은 행안부 설득에 나섰다. 행안부를 움직이는 데 거의 1년이 걸렸다. 드디어 2021년 4월 공공데이터전략위원회에서 '공공데이터 개방 2.0 추진전략'을 최종 추인하였다.

공공데이터 2.0 정책 개요

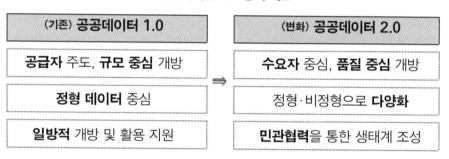

(기존) **공공데이터 1.0**	(변화) **공공데이터 2.0**
공급자 주도, **규모 중심** 개방	**수요자** 중심, **품질 중심** 개방
정형 데이터 중심	정형·비정형으로 **다양화**
일방적 개방 및 활용 지원	**민관협력**을 통한 생태계 조성

'공공데이터 개방 2.0 추진 전략'은 이후 공공데이터 정책의 뼈대가 되었다. 추진 전략에 담긴 중요 정책만 추려 본다.

1. 정형 데이터(엑셀, CSV 등) 중심의 개방에서 AI 등 신산업을 고려한 비정형 데이터(텍스트, 이미지, 동영상 등)로 개방을 확대한다.
2. 정부 문서는 기계가 쉽게 읽을 수 있는 개방형 표준ODF으로 작성하고 대국민 공개문서는 표준 형식에 따르도록 하여 데이터 활용성을 제고한다.
3. 개인정보나 기업 영업비밀 등으로 개방이 곤란한 데이터는 진위확인True or False 방식의 서비스를 제공한다. 부동산 중개, 음식 배

달 등 다방면으로 활용되는 사업자등록 정보를 우선 확인하고 이후 확대를 추진한다(국가자격, 고속철도구매 등 검토).

4. 보험정보나 세금 정보 등 직접 개방이 어려운 민감정보는 마이데이터나 안심 구역 등 다양한 방식을 통해 제공한다.

5. 그 외 미개방 데이터 중 개인정보를 포함하는 데이터는 개인정보보호법에 따른 익명화 또는 가명화를 통해 개방을 유도한다.

6. 수요자 상황에 맞게 활용할 수 있도록 데이터를 다양한 형식 Format으로 개방한다. 포털 개방 데이터에 대해 '오픈 API 자동 변환 서비스'를 제공한다.

7. 민간 수요가 높은 데이터 제공을 위해 시민 개발자와 국민 참여 (크라우드 소싱) 기반으로 데이터를 수집하고 생성하여 개방한다. 자원봉사를 통해 전국 단위의 표준화된 장애인 이동권 데이터를 확보하고 부족한 부분은 데이터 가공기업이 보완하여 개방한다 (인도, 점자블록, 계단 등).

4. AI 시대, 공공데이터 3.0 정책이 필요하다

'공공데이터 개방 2.0 추진 전략'이 공식적으로 추인 받은 게 2021년 4월의 일이다. 문재인 정부 임기 1년 남은 때다. 추진 전략에 담긴 다수의 정책과제 중에서 일부는 당시 4차위 산하 데이터특위의 과제로 추진되었으나 채택되지 않은 과제는 추진 동력을 상실하고 발표용 정책으로 그쳐 버렸다. 1년 후에 윤석열 정부로 넘어가면서 또다시 정책 추진의 일관성이 흔들리는 일이 발생했다. 데이터 거버넌스의 일관성과 안정성이 취약해서 생기는 구조적인 문제는 결정적인 시기마다 반복되고 있다.

공공데이터 정책과 관련하여 가장 큰 환경변화는 챗GPT를 비롯한 초거대 언어모델, 생성형 AI의 등장이다. AI 경쟁력을 확보하는 것은 국가의 미래를 결정짓는 최우선 전략과제가 되었다. 고품질의 다양한 데이터는 AI 모델의 성능과 정확도를 크게 향상한다. 공공데이터는 데이터의 품질, 신뢰도, 다양성, 지속성 등 여러 측면에서 가장 우수한 데이터라 할 수 있다.

양질의 공공데이터는 대한민국 AI 경쟁력을 높이는 데 세 가지 측면에서 크게 이바지할 수 있다. 첫째, 민간의 초거대 AI 모델의 경쟁력을 높여준다. 한국에서도 네이버의 '하이퍼클로바X', LG AI 연구원의 '엑사원' 등 독자적인 초거대 AI 모델을 개발하고 있다. 많은 AI 전문기업은 특화된 경량 언어 모델sLLM 개발에 집중하고 있다. 민간 기업들이 양질의 공공데이터를 충분히 활용하면 할수록 민간기업 AI 모델의 품질과 경쟁력은 올라간다.

둘째, 공공부문 전용의 AI 모델을 학습시키는 데 양질의 공공데이터는 결정적으로 중요하다. 정보보안의 문제 때문에 공공부문에서는 민간의 AI 모델을 자유롭게 이용하는 데 제약이 따른다. 민감한 정부 데이터를 안전하게 처리할 수 있는 정부 독자의 모델이 필요하다. 또 공공부문의 요구사항과 맥락을 이해하도록 추가 학습하고 파인튜닝 Fine tuning하는 과정을 거쳐야 한다. 분야마다 전문적인 공공데이터는 AI 모델에 깊이 있는 도메인 지식을 제공한다. AI 시대의 공공데이터는 새롭게 국가적 과제로 등장한 이 요구에 부응해야 한다.

셋째, AI 시대의 공공데이터는 소버린Soverign AI의 출발점 역할을 한다. 소버린 AI는 각 국가가 자체 데이터, 기술, 인프라를 활용하여 해당 국가의 제도, 문화, 역사, 가치관을 정확하게 이해하는 AI를 개발하고 운영하자는 것이다. 한마디로 AI 초강대국과 AI 초거대 기업에 휘둘리지 말고 우리나라의 AI 주권을 지켜내자는 취지다. 소버린 AI의 핵심은 데이터 주권과 기술 독립성이다. 공공데이터를 기반으로 우리의 독자적인 AI 모델을 개발하고 독자 모델의 경쟁력을 키워갈 때 비로소 국제적으로 소버린 AI에 대한 발언권을 확보할 수 있을 것이다.

본격적인 AI 시대를 맞아 공공데이터 정책 역시 또 한 번의 업그레이드를 해야 할 시점이다. 국가 AI 전략 차원에서 공공데이터의 역할을 재설정해야 한다. AI 시대에 공공데이터가 감당해야 할 새로운 과제를 '공공데이터 3.0 정책'이라 부르기로 하자. 대표적인 네 가지 과제를 꼽아본다.

첫째, 거버넌스 정비 없이 공공데이터 3.0 정책 추진은 불가능하다. 국가의 데이터 거버넌스 체계를 통합하거나 구조화하여 역할을 명확히 분담할 필요가 있다. 정부가 바뀌더라도 일관성 있는 정책과 과제가 추진될 수 있도록 사령탑을 명확히 해야 한다. 부처 간의 영역 다툼으로 인해 갈수록 데이터 관련 거버넌스가 복잡해지고 있다. 공공데이터법과 데이터기반행정법에 따라 공공데이터 개방, 데이터 기반 행정 활성화 정책을 총괄하는 사령탑은 행안부가 주관하는 '공공데이터전략위원회'다. 데이터산업기본법 역시 국가 데이터 사령탑으로 총리를 위원장으로 하는 '국가데이터정책위원회'를 두어 유사한 업무를 추진 중이다.

데이터산업기본법 제28조에는 과기부 장관과 행안부 장관이 협의하여 민간 데이터와 공공데이터 간의 호환성을 확보할 수 있는 데이터 표준화를 하도록 규정하였다. 그러나 현재로서는 아무것도 진행되지 않고 있다. 디지털 뉴딜의 대표 사업이었던 AI 학습용 데이터 구축 사업에는 3년간 1조 원이 넘는 예산이 투입되었으나 AI 허브 사이트를 운영할 예산이 없어서 방치되는 형국이다. 데이터 거버넌스가 실질적으로 무너졌다.

둘째, 데이터 친화적인 법체계 정비를 본격적으로 추진해야 한다. 민간의 수많은 개방 요구에도 불구하고 법령에 근거하여 데이터 개방을 거부하는 고질적인 사례가 고쳐지지 않고 있다. 국세기본법, 통계법, 형사절차전자화법, 대중교통법, 택시발전법 등 법령에서 과도하게 비밀로 정하거나 데이터 활용을 제한하는 조항을 방패 삼아 데이터 개방을 거부한다. 대표적인 게 국세기본법 제81조 13항 비밀 유지 조항이다. 과세를 위해 취득한 정보는 과세 목적으로만 사용한다는 규정을 내세워 개인사업자 정보의 공개를 거부한다. 공공데이터전략위원회, 데이터특위, 디플정위원회 등에서 계속해서 법령 개정 등 압박했지만 근본적인 해법이 없는 실정이다.

많은 공공기관은 데이터 개방 시에 발생하는 민원이나 데이터 품질에 대한 시비 등을 우려하여 공공데이터 개방에 소극적이다. 정보공개법 제9조 1항은 다양한 비공개 대상 정보를 규정하고 있다. 그런데 이 조항을 확대해석하는 방식으로 제공 거부의 명분으로 삼고 있다. 또 개인정보라 하더라도 익명화 또는 해당 컬럼을 분리하여 제공할 수 있으나 공공데이터법 26조에서 공공기관에 공공데이터의 생성, 변형, 가공, 요약, 발췌 의무가 없다는 이유로 제공 거부하는 사례도 많다. 법조항을 악용하는 사례를 방지하기 위해 법조문 정비가 필요하다.

판결문 개방에 대한 수요는 매우 높지만 사법부의 보수적인 성향 때문에 개방을 거부하고 있다. 법원 판결문은 이미 대법원 판례, 헌법재판소 판례 등이 개방되고 있고 법령에서도 기계판독이 가능하도록 개방할 것을 명시하고 있다. 그러나 현재까지 전면 무료 개방을 꺼리고 있다. 반면에 개보위, 공정위, 권익위 등의 위원회 결정문은 무료 개방하고 있다. 법원 판결문을 개방하면 법률 AI 분야에서 활용 가치가 매우 높을 것이다. 입법을 통한 강제가 필요한 실정이다.

셋째, 데이터 플랫폼 운영관리 업무의 혁신이 필요하다. 데이터 플랫폼은 한번 구축한다고 해서 완성되는 시스템이 아니다. 계속해서 신규 데이터가 추가되고 기존 데이터는 현행화되어야 시스템으로서 생명력을 유지할 수 있다. 데이터 플랫폼은 꾸준히 성장하는 나무와 같다. 묘목을 아름드리나무로 키우려면 물을 주고 거름 주고 병충해를 막아주는 등 끝없이 보살펴주어야 하듯이 데이터 플랫폼도 지속적인 운영관리가 중요하다.

간단한 산수를 해보자. 지난 10여 년 동안 공공데이터포털을 구축하고 운영하는 데 얼마나 많은 예산이 투입되었을까? 어림잡아 수조 원의 예산이 투입되었을 것이다. 여기에는 포털을 기획하고 운영하는 NIA의 공공데이터 사업예산만 계산하면 안 된다. 공공데이터포털에 데이터를 개방하기 위해 정부의 모든 기관에서 지난 10년간 데이터의 정제와 변환 작업에 들어간 비용까지 모두 포함해야 한다. 수조 원이 투입된 공공데이터포털의 운영관리를 잘해서 포털의 이용률을 10% 끌어올릴 수 있다면 수천억 원의 부가가치를 낳는 것과 마찬가지다. 그만큼 데이터 플랫폼은 운영관리가 중요하다는 뜻이다.

과도하게 분산된 공공데이터 제공 채널 및 기타 유사 데이터 제공 채널들을 간소화해야 한다. 그래야 국민이 편리하게 검색하고 활용할 수 있다. 현재는 여기저기 흩어진 데이터를 검색해서 사용하고 있는데 오히려 불편함이 더 크다. 정보공개법에 따른 정보공개 포털, 공공데이터법에 따른 공공데이터포털이 따로 존재한다. 국민은 그 차이를 잘 구분하지 못한다. 각 공공기관은 개별 홈페이지에 정보공개 페이지와 공공데이터 제공 페이지를 별도로 운영하고 있다. 20여 개 중요기관은 각자의 공공데이터포털을 운영 중이다. 데이터의 성격, 대상, 관리주체 등에 따라 과도하게 난립하고 있는 데이터 관련 플랫폼을 일원화하거나 상호 연계해서 활용할 수 있게 개편할 필요가 있다.

넷째, 데이터 시대에 맞게 예산제도와 평가제도가 개선되어야 한다. 아직도 데이터는 정보시스템 구축의 부산물로 인식되고 있다. 예산 책정도 부족하다. 데이터 추출, 정제, 가공 등은 정보시스템 운영, 유지, 보수 사업에 부수적으로 포함하여 추진할 수밖에 없다. 데이터 품질관리 및 데이터 플랫폼 운영관리를 위한 별도의 예산 항목을 신설하고 예산 책정을 의무화할 필요가 있다. 또 정보시스템을 구축할 때부터 데이터 개방을 전제로 설계하도록 해야 한다. 기존 레거시 데이터를 업데이트할 때 품질 제고를 위한 비용 추가 등을 제도화할 필요가 있다.

공공데이터가 활용 중심으로 재편될 수 있도록 관련 평가제도를 수정할 필요가 있다. 현재는 활용 가치가 높은 데이터를 발굴하여 개방하거나 제공 요청된 데이터를 적시에 제공하고 데이터 현행화를 주기적으로 잘한다고 해도 아무런 인센티브가 없다. 정량적인 개방 건수보다는 개방 건수는 적더라도 활용이 많으면 인센티브를 부여하는 방식으로 전환해야 한다. 그래야 수요자들이 요구하는 데이터를 적극적으로 개방할 수 있다. 공무원들이 데이터 개방과 활용에 적극적으로 나서도록 하려면 데이터 활용 정도에 따라 예산이 연동되는 방식의 예산제도 개선도 검토할 필요가 있다.

5부

데이터 문제의
전략과제를 해결하라

16장
AI 시대의 정부문서, 근본을 바꾸자

:: 정부 문서가 AI 시대와 빅데이터 시대에 전혀 부합하지 않는다. 데이터는 기계판독이 가능한 형태로 생산하고 개방되어야 한다. 그런데 현재 정부 문서는 내용보다 모양 꾸미기에 치중하고 있다.

1. MZ세대도 거부하는 문서 형식주의

문서는 어느 조직이나 소통의 기본 수단이다. 특히 공무원 업무의 시작과 끝은 문서로 이루어진다고 해도 과언이 아니다. 중앙부처의 경우 문서작성이 전체 업무의 40%를 차지한다는 연구도 있다. 그런데 정부의 문서작성 관행에는 두 가지 커다란 문제가 있다.

첫째, 지나친 형식주의에 빠져 있다. 행안부가 얼마 전에 「90년생 공무원이 왔다」라는 흥미로운 보고서를 내놓은 적이 있다. 새천년 세대 공무원들에게 공직사회의 보고 방식 중에 가장 개선이 필요한 부분을 물었더니 답변자의 46.0%가 '보고서 양식 꾸미기'에 치중하는 문화를 꼽았다. '지나친 대면보고'(21.3%)나 '복잡한 결재 과정'(18.0%) 보다도 더 시급하게 개선되어야 한다고 답했다.

MZ세대가 느끼는 공직사회 보고 방식 개선이 필요한 부분

| 공직 사회 소통을 위한 첫걸음 ❺ |

 공직 사회의 보고 방식 중 가장 개선이
필요한 부분은 무엇입니까?

1위 보고서 양식 꾸미기에 치중하는 부분 **46.0%**

2. 대면 보고를 지나치게 선호하는 부분 21.3%
3. 복잡한 결재 과정(단계) 18.0%
4. 지나치게 긴 대기 시간 7.2%
5. 별다른 개선이 필요 없다 4.8%
기타 답변_급박한 자료 제출 기한, 불필요한 보고서 생산,
보고를 위한 업무 성행, 동일 내용 보고서의 반복적인 형식 변경 외

(행정안전부 혁신기획과, 『90년생 공무원이 왔다』, P. 84)

실제로 공직사회는 보고서에 목숨을 건다. 보고서의 내용도 중요하지만 우선 보기에 좋아야 한다. 상급자의 취향에 맞추기 위해 글자체, 글자 크기, 줄 간격, 문양, 문서 여백 등에 집착한다. 거대한 비능률을 낳고 있는 문서작업에 MZ세대 젊은 공무원들이 가장 크게 문제를 느끼는 것도 당연하다.

문서 편집기(워드프로세서)는 우리가 가장 많이 사용하는 컴퓨터 프로그램 중의 하나다. 그런데 정부와 공공기관은 대부분 HWP 포맷의 아래아한글 프로그램만을 사용한다. 한때 정부에 제출할 문서는 무조건 HWP로 작성해야 했다. 평소에는 HWP 프로그램을 안 쓰던 사람들도 정부와 일하려면 새로 설치해야 하는 경우가 많았다.

그리고 정부 기관의 담당자들은 왜 그리 표를 좋아하고 글자 간격에 집착하고 글자 크기에 신경을 쓰는지…… NIA 직원들의 얘기를 들어보면 내용이 아무리 좋아도 표가 약간이라도 어긋나 있거나 글자

크기가 조금이라도 다르면 기어이 되돌아왔다고 한다. 한글 프로그램에는 아예 공무원용 휴먼명조체 폰트가 따로 있다. 윈도에서 디폴트로 제공하는 휴먼명조체를 쓰면 안 된다. 윗사람들이 아래아 한글에서 제공하는 휴먼명조체를 좋아하기 때문에 보고서용 문서에는 꼭 이 폰트를 사용해야 한다. 공직사회의 과도한 문서 형식주의는 공무원 사회는 물론이고 국가적으로 막대한 비능률을 낳고 있다.

외국의 사정은 어떨까? 미국과 유럽에서 연구원으로 일했던 지인에 따르면 딱히 문서 형식이나 글자 간격을 조정하라는 요구를 받은적은 없었다고 한다. 나중에 동유럽 국가에 갔을 때는 '리브레 오피스 Libre Office'와 같은 오픈 소스 기반의 워드프로세서가 널리 쓰이고 있어서 살짝 놀랐다고 한다. 워드프로세서는 한국에서는 아래아한글, 외국에서는 MS사의 워드가 압도적이라고 생각했는데 그게 아니었다. 동유럽 국가들은 의외로 ODF라는 국제 표준 포맷을 활발히 사용하고 있었다. ODF는 문서를 위한 ODT, 스프레드시트를 위한 ODS, 프레젠테이션을 위한 ODP 등이 잘 정의되어 있다.

ODF와 같이 개방된 문서 포맷을 쓰면 한 회사의 독점이 무너진다. 여러 회사가 다양한 워드프로세서를 만들어낼 수 있고 이들끼리 호환도 잘 되는 장점이 있다. 워드프로세서 중의 일부는 오픈 소스 방식으로 개발되어서 무료 사용이 가능하거나 매우 저렴한 비용으로 구매할 수 있다. 사회적 약자의 입장에서는 정보의 불균형이 조금이라도 해결되는 셈이다. 정부에 문서를 제출하려면 어쩔 수 없이 HWP 프로그램을 구매해야만 하는 우리나라 현실과는 대조적이다. 정부가 문서 형식주의를 버리면 공무원들의 업무 효율이 높아지고 국민의 정부 민원 업무가 편해진다.

2. 데이터 시대에 맞지 않은 문서 생산

정부 문서가 AI 시대와 빅데이터 시대에 전혀 부합하지 않는 점이 또 하나의 문제다. 데이터는 사람이 읽기 편한 게 아니라 기계가 읽기 편해야 한다. 데이터는 기계판독이 가능한 형태로 생산하고 개방되어야 한다. 그런데 현재 정부 문서는 내용보다 모양 꾸미기에 치중하는 관행 때문에 기계판독이 어려운 형식으로 생성되어 문서의 자료화에 심각한 어려움을 낳고 있다.

정부가 가지고 있는 많은 자료는 '공공데이터'라는 이름으로 일반에 공개된다. 공개된 데이터들은 많은 기업과 개발자들이 다양한 분야에서 활용하고 있다. 컴퓨터를 이용해서 원시 데이터raw data를 잘 정리하여 우리가 필요로 하는 정보information로 만든다. 이렇게 원시 데이터를 정리하고 정제하는 일들이 중요해지면서 예상하지 못한 문제점이 드러났다. 우리가 가지고 있는 데이터들이 컴퓨터나 AI가 처리하기에 적합하지 않다는 것이다. 당장 활용할 수 있을 것으로 기대했던 문서 자료들조차도 정작 컴퓨터에서 처리하려면 다시 사람이 개입해서 처리를 해줘야 하는 상황이 발생했다.

우리보다 먼저 문서 데이터를 개방한 미국과 유럽에서는 '기계가 읽을 수 있는 데이터'라는 개념이 제시되고 실행되었다. 이 개념은 문서 자료에서 필요한 정보들에 일종의 꼬리표(tag, 태그)를 붙이는 작업을 미리 해 두자는 것이다. 인터넷에서 보는 웹페이지들은 이미 이 기능을 사용하고 있다. 사람에게는 보이지 않지만, 컴퓨터에는 주제theme, 문서 분류category, 작성 날짜date 등 '기계가 읽을 수 있는 데이터'를 별도로 제공한다. 구글이나 네이버와 같은 검색엔진들은 '기계가 읽을 수 있는 데이터'를 기준으로 웹페이지들을 분류해서 제공한다. 문서 안에 '김치'라는 단어가 들어 있지 않아도 '오이소박이' 만드는 법을 설명한 웹페이지가 '김치' 항목에서 검색되는 비결이 바로 이 때문이다. '오이소박이' 문서를 '김치' 항목으로 미리 분류해 놓은 내용이 '기계가 읽을 수 있는 데이터' 형태로 숨겨져 있는 것이다.

우리나라에서 개방되고 있는 정부 문서는 원시 자료가 대부분 HWP 형태이고 PDF 파일로 제공되는 경우가 많았다. 정부 문서는 지나치게 형식을 중시했고 기계가 읽기 어려운 형태(HWP, PDF)로 제공하여 데이터 활용에 불편을 초래했다. 지금은 많이 개선되고 있지만 몇 년 전만 하더라도 공공데이터포털에 개방된 문서 데이터 중 HWP 비중이 90.1%를 차지한 적도 있었다. 이 문서 포맷은 '기계가 읽을 수 있는 데이터'라는 관점에서는 기준 미달이다.

외국에서는 ODF와 같은 개방형 표준으로 정부 문서를 제공하는 것이 당연한 원칙이다. 영국, 포르투갈, 노르웨이 등은 정부 문서의 ODF 적용을 의무화했다. 독일, 프랑스 등은 문서 교환을 위한 파일 형식에 ODF를 포함했다. 특히 영국은 이미 2016년에 「ODF 도입과 활용을 위한 전략GOV.UK, Open Document Format Delivery and Adoption Strategy」을 발표했다. 최근에는 한 걸음 더 나아가 OOXML(Office Open XML)처럼 XML 기반의 문서 형식도 함께 제공하는 추세다. 이렇게 하면 사람이든 AI가든 문서 내용을 쉽게 활용하고 분류할 수 있기 때문이다. 때에 따라서는 DCATData Catalog Vocabulary이나 스키마 표준과 같은 메타데이터를 붙여서 문서의 특성과 용도를 더 정확하게 설명해 주기도 한다.

이에 비해 우리 공무원들은 문서를 꾸미는 데 HWP의 다양한 기능들을 너무 많이 사용한다. 이 기능들은 ODF에서 지원이 안 되는 경우가 많다. 정부의 문서를 ODF로 변환하면 특수문자는 깨지고 표는 변형이 일어나 인식할 수가 없어진다. 정성 들여 만든 정부 보고서가 AI 시대에 데이터 자원이 되는 것이 아니라 거대한 쓰레기가 되어버린다. 정부 문서를 기계판독 가능한 형태로 만들려면 파일 포맷 변환, 텍스트 추출 등 전처리에 비용과 시간이 많이 소요된다. 문서작성에도 낭비가 발생하고 기계판독 가능하게 변환하는 데도 비용이 발생하니 이중 삼중으로 낭비다.

3. 문서 생산의 혁신, 이상과 현실

챗GPT 등장 이후 공공분야에서도 생성형 AI 모델을 개발하자는 요구가 많아지고 있다. 공무원들이 보고서를 작성하거나 민원 처리할 때 AI 모델의 도움을 받을 수 있다면 업무 효율을 크게 높일 수 있다. 공공 AI 모델을 개발하려면 당연히 학습용 원천 데이터가 필요하다. 이때 정부 스스로 생산해낸 각종 문서만큼 학습자료로 좋은 게 없다. 그런데 그 중요한 문서가 정작 기계판독이 안 된다면? 국가적으로 엄청난 기회손실이자 낭비일 것이다. AI 시대에는 AI 시대에 맞는 데이터 친화적인 문서작성 원칙이 필요하다.

여기까지 읽은 독자라면 AI 시대에 데이터 친화적인 문서작성의 중요성에 대해서는 아무도 부정하지 않을 것이다. 그러나 중요성과 실현 가능성은 완전히 차원이 다른 문제다. 머릿속으로 아무리 중요성을 인정해도 현실에서의 실현 가능성에 대해서는 부정적일 수 있다. 이 문제가 바로 그런 경우였다. 공무원 사회에서 문서작성은 업무의 알파이자 오메가 같은 것이다. 수십 년 동안 이미 몸에 익을 대로 익은 기존의 문서작성 관행을 감히 누가 어떻게 바꿀 수가 있다는 말인가? 100만 명이 넘는 공직사회의 기본 문서작성 행태를 바꾸다니 도저히 엄두가 나지 않는 일이다.

공무원 사회에서의 문서는 주로 결제나 보고를 위해 만들어진다. 윗사람 마음에 들도록 만드는 것이 공무원 관심사 1순위라는 의미다. 그래서 윗사람이 먼저 바뀌면 된다. 공직사회의 가장 윗사람이 누구인가? 대통령이다. 대통령부터 "앞으로 보고 받거나 결제하는 모든 문서는 ODF 양식에 부합하도록 작성하라."라고 지시하면 된다. 그러면 장관이 바뀌고 부처가 바뀌고 공직사회는 하루아침에 바뀐다. 공직사회에서 하향식 의사결정의 위력이 이런 것이다. 실무적으로는 관련 법령에 근거 규정을 만들어서 뒷받침하면 된다. 대통령령 중에 '행정업무의 운영 및 혁신에 관한 규정'이란 게 있다. 이 중 제2장 '공문서 관리 등 행정업무의 처리' 조항에서 적절하게 기계판독 가능한 개방형 문서의 생성과 관리에 관한 근거 규정을 만들면 된다.

이상과 현실은 다르다. 정책 결정자들은 보기 좋게 꾸민 문서로 보고 받는 것에 익숙하다. 그들에게 HWP의 문제와 ODF의 필요성을 어떻게 설득할 것인가. 문서 포맷의 문제는 기술적으로 까다로운 부분도 많다. 세부 기술사항은 우선 나부터 정확하게 이해하는 것이 쉽지 않은데 과연 상대를 잘 이해시킬 수 있을까? 정책 결정 라인에 있는 사람들이 이 문제를 얼마나 중요한 과제로 공감해줄지 불확실했다. 국정과제로 선정해서 정부 차원에서 총력을 다해도 솔직히 되리라고 확신할 수 없는 일이었다. 일개 공공기관이 나선다고 해서 유의미한 결과를 만들어낼 수 있을지 자신이 없었다.

그러나 문제 제기만큼은 분명하게 하고 싶었다. 이상적인 주장이 아니라 실현할 수 있는 현실적인 해결책을 제시하는 게 필요했다. 나부터 확신할 수 있는 현실적인 방안이 나오면 그 방안을 가지고 대통령실과 총리실과 행안부를 설득하기로 마음먹었다. 나는 이 문제가 AI 시대에 정부가 준비해야 할 가장 기본적인 과제라 생각했다. 진심으로 공무원들의 문서작성 관행을 바꾸고 싶었다. 이렇게 NIA 원장 임기 4년 동안 지난한 과정이 시작되었다.

4. 개방형 문서 관리 가이드를 마련하다

우선 NIA 간부들을 독려했다. 'AI 시대에 맞는 정부 문서의 혁신 방안'을 만들어 오라고 지시했다.

"내용보다는 모양 꾸미기에 많은 시간을 낭비하는 공무원 문서작성 관행 때문에 AI 시대 활용성이 높은 방대한 정부 문서가 데이터로 활용되지 못하는 문제를 해결해야 한다."

원장 지시 사항으로 특별관리 대상 업무에 포함해 매주 경영 현안 회의를 통해 진행 상황을 관리했다. 간부들부터가 반신반의했다. 취지는 공감하지만, 오랜 세월 고착되어 온 철옹성 같은 공무원 조직의 문서작성 문화를 바꾸는 일은 무모한 일이라고 생각하는 듯했다. 원장 고집으로 시작은 하지만 고생만 하고 성과는 없을 걸로 생각들을 하는 것 같았다.

2019년 3월에 'AI 시대의 정부문서 개선 방안'의 초안을 최초로 작성했다. NIA 내부에 전담팀을 지정하여 좀 더 자세한 현황 조사와 사례 조사를 하기로 했다. 민간 전문가가 참여하는 '오픈 소스 개발자 간담회'를 진행했다. 여기서 HWP 문서와 ODF 문서의 활용 편의성을 비교 검증했다. NIA 직원들을 대상으로 ODF 활용 교육도 하고 내부 문서작성에 시범 적용도 진행했다. 워낙 중요하고 민감한 문제라 돌다리도 두드려 가야 했다. 1년여의 준비 과정을 거쳐 2020년 6월에 드디어 담당 부처에 제안할 수준의 개선 방안을 마련할 수 있었다. 담당 부처인 행안부 공무원들은 산하기관이 적극적으로 정책 제안을 하고 나서는 것에 대해 몹시 불편한 듯한 눈치였다.

개선 방안에 대해 먼저 오해를 풀어야 할 것이 한 가지 있다. 정부 문서작성을 생산 단계부터 데이터 친화적으로 개선하자고 하면 아래아한글 프로그램을 버리라는 말이냐고 오해하는 경우가 많다. 전혀 그렇지 않다. 공무원들에게 HWP를 버리고 ODF를 지원하는 워드 프로세서를 사용하라고 하는 것은 너무나도 비현실적이다. 공무원들에게 이미 익숙할 대로 익숙해진 HWP 문서 편집기는 그대로 사용할 수 있어야 한다. 그게 현실이다. 다만 HWP로 문서작성 시에 ODF 파일과 호환이 되도록 가이드라인을 준수하라는 얘기다. 올바른 이해를 돕기 위해 개선 방안의 기본원칙을 그대로 옮겨본다.

문서작성 개선 방안 기본원칙

- 문서작성 시 각자 친숙한 편집기를 사용하되, 작성 단계부터 '개방형 문서 가이드'를 준수하여 생성한다.
- 모든 문서는 '개방형 문서'로 변환하여 저장한다. 모든 개방 대상 문서는 자연히 '개방형 문서'로 개방해서 제공한다.
- 형식보다 내용 중심의 문서작성과 보고 문화 조성이 필요하다. 보고받는 상급자부터 하향식 의사결정 방식으로 보고 문화 개선에 나서는 것이 필요하다.

NIA에서 자체적으로 준비한 개선 방안 중에서 가장 중요한 게 '개방형 문서 관리 가이드'를 마련한 일이다. 정부 문서의 생성, 저장, 개방 등의 단계별로 공공기관 문서 담당자가 준수해야 할 문서 관리 방안을 정리했다. 단계별로 가이드의 주요 골자는 다음과 같다.

개방형 문서 단계별 관리 주요 골자

- (생성) 형식 꾸미기보다 콘텐츠 중심으로 작성한다. ODF에서 지원하지 않는 기능은 사용을 금지한다.
- (변환) 기존 작성한 문서 중 개방 대상인 문서는 반드시 '개방형 문서'로 변환한다.
- (저장) 원본 문서를 '개방형 문서', CSV 파일 등 오픈 포맷으로 저장한다.
- (개방) 개방 대상인 문서는 원본 문서와 '개방형 문서'를 모두 제공한다.

가이드의 구체 내용으로 HWP 문서작성 시 준수해야 할 사항도 정리했다. 워낙 이해관계자가 많은 문제라서 공식적인 지침으로 확정되기 위해서는 건너야 할 난관이 많았다. 뒤에서 밝히겠지만 정세균 총리 보고 후에 '행정문서 혁신 범정부 태스크포스'가 출범하여 1년 가까운 활동 끝에 '데이터 친화적 행정문서 작성 안내서'가 작성되었다. 행안부 명의의 공식 안내서다. 이 안내서에는 별도 문서 파일을 작성할 때 지켜야 할 작성 요령이 잘 정리되어 있다. 단순한 권고사항이라서 아직 법적 근거가 부족하다는 한계는 있지만 방향은 잘 잡았다. 행정문서 혁신 작업이 공직사회에서 뿌리내리려면 하향식 의사결정 방식의 강력

한 추진력이 발휘되어야 할 것이다. 결국은 가야 할 길이다.

HWP 문서작성 시 준수사항(행안부 공식 안내서)

- (글꼴) HWP에서 제공하는 전체 글꼴 중 기본글꼴 96개만 사용한다.
- (자간) 글자의 자간은 19% 이내로 설정한다.
- (특수문자) 국제 표준인 유니코드 문자표를 사용한다. 아래아한글 및 완성형 문자표는 호환성이 있는 문자표만 사용한다.
- (표) 셀 병합, 표 테두리, 표 배경 그라데이션 가능 사용을 금지한다.
- (기타) 캡션, 도형 내 텍스트, 하이퍼링크, 수식 등 특수기능 사용을 지양한다.

이외에도 보도자료, 채용공고, 직무기술서, 제안요청서 등 정부 기관에서 공통으로 사용하는 문서의 서식 표준화를 행안부와 협업하여 추진했다. 서식 표준화는 문서별로 XML 태그를 정의하여 문서의 구조 정보를 기계판독 가능한 형태로 제공하는 작업이다. 표준화된 서식을 사용하면 저절로 개방형 문서로 전환된다. '진단 도구'와 '변환 도구' 등 기술적인 수단을 개발하는 것도 중요하게 추진했다.

진단 도구는 공무원이 작성하는 문서가 '개방형 문서 관리 가이드'를 준수하고 있는지 사전 진단하는 도구다. 새로 생산하는 문서를 ODF로 변환할 때 오류를 최소화하도록 미리 걸러주는 역할을 한다. 변환 도구는 기존에 작성된 문서를 ODF 기준에 맞게 자동 변환하도록 지원하는 도구다. NIA는 오픈 소스 기반으로 진단 도구와 변환 도구를 개발하기로 했다. 데이터 관련 정책은 항상 정책적 수단과 기술적 수단을 동시에 써야 효과가 배가된다.

공직사회 전체의 관행을 바꾸려면 하향식 리더십이 발휘되는 것이 중요하다는 생각으로 당시 정세균 국무총리에게 정부 문서 혁신 방안을 직접 보고했다. 총리 보고가 계기가 되어 국무조정실 주도로 범정부 TF가 만들어졌다. 나중에 범정부 TF 활동의 중요성을 인식시키기 위해 김부겸 총리에게 또 한 번 중간보고했다. TF 회의는 2020년 12월부터 2021년 10월까지 총 4회 진행이 되었다. 2021년 11월 차관회의에서 TF 결과가 최종 확정되었다. 행안부가 주도하여 '데이터 친화적 행정문서작성 안내서'를 완성하여 중앙행정기관에 배포한 게 이때 일이다. 국민의 활용도가 높은 5종의 국민 개방 문서를 정하여 문서 표준화 등 개방형 문서 전환을 추진하기로 한 것도 이 TF의 성과였다.

5. 전환점: 2020년 12월의 국무회의

정부 문서 혁신 작업에 결정적 계기가 되었던 것은 2020년 12월 1일 국무회의에서 문재인 대통령의 지시였다. 이날 국무회의는 '데이터 기반 행정 활성화에 관한 법률 시행령안'을 심의하고 의결하는 자리였다. 국무회의의 토의 내용을 보면 당시 현장의 생생한 분위기를 그대로 느낄 수 있다.

□ 중기부 장관
- 정부 각 부처에서 생산하는 문서에 □, ○, * 등 컴퓨터가 인식하지 못하는 기호가 사용되고 있음. 이러한 문제로 데이터를 모아도 컴퓨터 인식이 불가하여 서류 저장 및 보관에 차질이 발생함.
- 유럽 등 국제회의의 경우 1.1, 1.1.1, 1.1.2 등 문서의 부호를 정하는 규칙이 정리되어 있음. 중기부에서도 시도 중이나 부처 간 호환

이 안 되는 문제가 있음. 전체적인 윤곽을 만들어서 통일해야 한다고 생각함.

□ 과기정통부 장관

- 오픈 데이터 포맷이라는 전 세계적으로 표준화되면서도 컴퓨터가 읽을 수 있는 포맷이 있음. 과기정통부는 아래아한글 형태의 문서와 함께 게시하고 있는데 ODF 문서를 위주로 아래아한글 문서 등을 부수적으로 활용하는 것도 좋은 방법이라 생각함.

□ 국무조정실장

- 정부가 생산하는 데이터를 공개할 때 아래아한글을 활용할지 국제적으로 표준화된 프로그램을 쓸지 고려해야 함. 문서작성 시 컴퓨터가 읽을 수 있는 포맷으로 생산해야 나중에 데이터 경제로 전환할 수 있고 비용도 줄일 수 있을 것임.

□ 국무총리

- 지난번 총리 소속 공공데이터전략위원회에서 이러한 문제에 대해 논의를 한 결과, 신속하게 컴퓨터가 읽을 수 있는 문서화가 이루어지지 않으면 이와 연계된 활용이 어려워서 정보공개의 의미가 없다는 지적이 있었음. 데이터가 자산이 될 수 있도록 신속하게 전환하는 노력이 필요함.

□ 대통령 마무리 말씀

- 전자문서 형태로 만들고 있는 행정문서들이 데이터 처리에 적합하도록 표준양식을 정하는 문제는 이른 시일 안에 해결해 주기 바람.

총리 입에서 '컴퓨터가 읽을 수 있는 문서화가 아니면 개방의 의미가 없으니 신속하게 전환하는 노력이 필요하다.'라는 지적이 나왔다. 대통령 역시 '행정문서들이 데이터 처리에 적합하도록 표준양식을 정하는 문제를 이른 시일 안에 해결해 줄 것'을 당부했다. 그러자 국무조정실이 나서서 태스크포스를 만들고 행안부가 본격적으로 움직이기 시작했다. 공무원들은 스스로 움직이는 법이 없다. 그만큼 정부 차원의 리더십이 중요하다는 것을 또 한 번 확인할 수 있었다.

행정문서 혁신의 법적 제도적 기반을 마련하려는 노력은 이후에도 꾸준히 이어졌다. 2023년 6월에 '행정업무의 운영 및 혁신에 관한 규정(약칭: 행정 업무규정, 대통령령)'을 개정하였다. 문서 처리의 기본원칙을 규정한 제5조 2항에 아예 개방형 문서 형식의 기준에 따라 행정문서를 처리하도록 노력할 것이라는 조항을 신설했다. 비록 강제조항은 아니고 권고조항이지만 법과 제도는 얼마든지 운용하기 나름이다. 앞으로 공무원들 교육과 기관 업무평가에 개방형 문서작성 규정을 적극적으로 반영하면 상당한 효과를 거둘 수 있을 것이다.

제5조 2항의 각호의 조항들도 하나같이 의미가 중대하다. 1호, '개방형 문서 형식으로 문서 요지와 키워드를 포함하여 작성할 것'은 행정문서를 개방형 문서 포맷으로 작성하고 동시에 메타정보 생산을 활성화하겠다는 취지다. 문서 요지와 키워드를 잘 작성하면 공무원들의 데이디 활용토를 내뚝 높일 수 있다. 2호, '국민에게 문서를 다양한 형식으로 제공할 것'은 국민 각자가 자신에게 가장 편리한 방식으로 정보를 접할 수 있게 하겠다는 뜻이다. 나 개인적으로는 3호, '국민이 다양한 장치에서 문서에 접근할 수 있도록 할 것'이란 조항이 가장 반가웠다. 이는 국민이 정부 문서를 이용하는 데에 특정 기기나 프로그램

의 종속성을 벗어나게 하겠다는 취지다. 이 조항을 잘 살리면 정부의 HWP 의존성을 대폭 줄일 수 있을 것이다.

정부가 개방형 문서 포맷을 지원하는 방향으로 문서 혁신 작업을 꾸준하게 진행하자 HWP 프로그램 개발사인 한컴도 이에 호응했다. 2022년 한컴은 HWP 프로그램에 중요한 업데이트를 단행했다. 한글 프로그램 2022년 버전부터 문서의 기본 저장 옵션이 HWP에서 HWPX 포맷으로 변경되었다. 이는 단순한 파일 형식의 변경을 뛰어 넘는 의미를 지닌다. HWPX는 기술적으로는 기계가 읽을 수 있는 데이터 포맷인 XML을 기반으로 하는 개방형 문서 포맷이다. HWPX의 문서 구조는 공개되어 있어 다른 개발자들이 활용할 수 있고 XML 기반으로 기계가 쉽게 읽고 처리할 수 있다.

한컴이 HWPX 포맷을 기본 저장 옵션으로 제공함으로써 정부는 행정문서 혁신 작업에서 기술적으로 손쉬운 해결책 하나를 확보하게 되었다. 이제 공무원들은 자신들이 익숙한 HWP로 문서를 작성하고 HWPX로 저장하면 된다. HWPX도 개방형 문서 포맷의 하나로 인정 받기 때문에 이렇게만 해도 개방형 문서 형식으로 문서를 작성하라는 정부의 지침을 충실히 이행한 것이 된다. 정부의 방침도 새롭게 생산 되는 행정문서는 가급적 HWPX로 저장하고 제공하는 것을 권장하는 방향으로 수렴되고 있다.

6. 영국이 하는 일을 우리가 왜 못하겠는가

여기까지 오는 데 7년이 걸렸다. 본격적인 문제 제기를 시작한 게 2018년 겨울이었다. 2020년 6월에 '개방형 문서 관리 가이드'를 만들 어 담당 부처와 본격적으로 협의를 시작했다. 2020년 12월에 '행정문서를 데이터 처리에 적합하도록 표준양식을 정하라.'라는 대통령의 지시가 있었다. 2021년 11월 '데이터 친화적 행정문서 작성 안내서'가 만들어지고 국민 활용도가 높은 5종의 문서에 대해 개방형 문서 형식으로 전환한다는 결정이 내려졌다. 그리고 2023년 6월에 대통령령을 개정하여 개방형 문서를 기본으로 한다는 법적 근거까지 갖추게 되었다.

물론 현재까지 부족한 게 많다. 크게 보면 두 가지 혁신 목표 중 한 가지만 해결된 셈이다. 행정문서를 개방형 문서 포맷으로 제공하는 것은 얼추 꼴을 갖추었으나 문서작성 자체를 간소화하고 표준화하는 것은 아직 권고 수준에 그치고 있다. '행정업무 규정'을 추가 개정하여 생산 단계부터 데이터 활용을 고려하는 문서작성 원칙의 법적 근거를 갖춰야 한다. 이때 문서를 꾸미는 데 쓰이는 요소들, 즉 글꼴과 자간 및 장평의 사용, 특수문자, 표 작성, 문단 모양 등을 최대한 기본값으로 단순화하고 표준화하는 규정을 담아야 한다.

공무원 사회의 문화와 관행을 바꾸는 게 중요하다. 이를 위해 공무원 교육과 평가에 반영해야 한다. 공무원 교육과정에 개방형 문서 포맷 활용 교육을 추가하자. 행정문서 혁신 실적을 정부 부처 평가, 지자체 평가, 공공기관 경영평가에 반영하자. 대통령 결재문서와 보고문서부터 개방형 문서 포맷으로 바꾸면 어떨까? 국무회의 보고자료부터 바꾸어보는 것이다. 대통령실이 바뀌면 정부의 문서작성 관행을 송두리째 비꿀 수 있다.

영국은 이미 2016년에 ODF 전략을 발표했고, 2020년에 문서 지침 개정안을 내놓았다. 2020년 4월에 나온 영국 정부의 문서 지침 개정안을 보면 기본원칙을 이렇게 천명하고 있다.

'국민은 정부 문서에 접근하기 위해 비용을 지급해서는 안 되며 문서 포맷 등의 문제로 열람을 할 수 없어서는 안 된다. 국민은 정부 문서를 국민 각자가 원하는 기기로 추가 소프트웨어에 대한 지급 없이 볼 수 있어야 한다.'

영국 정부가 하는 것을 대한민국 정부가 왜 못 하겠는가. 국민 예산으로 만든 정부 문서는 특정한 프로그램에 의존하지 않고 누구나 쉽게 이용할 수 있어야 하고 특정 프로그램 없이도 문서를 편집하고 재사용할 수 있어야 한다. 기본을 정비하는 것이 선진국으로 가는 길이다.

17장
데이터특위에서 배운다

:: 데이터 거버넌스가 해야 할 정말 중요한 역할은 '국민 체감형 서비스 창출'이 아니라 '국민 체감형 성과가 나올 수 있는 사회적 인프라를 어떻게 구축할 것인가?'이다.

1. 양수겸장의 묘수를 찾다

데이터특위는 2021년 2월에 4차위 산하 특위 중 하나로 출범했다. 데이터특위의 조직 위상은 특이했다. 별도로 독립된 위원회도 아니고 기존 4차위의 틀 안에서 곁방살이하는 모양새로 출범한 조직이었다. 하지만 데이터특위 출범이 지니는 사회적 의미는 자못 중대했다. 데이터특위에는 국가 데이터 정책을 총괄하는 민관 합동 데이터 거버넌스라는 위상이 부여되었다. 특위에 힘을 실어주기 위해 4차위를 총리와 민간 공동위원장 체제로 개편했고 4차위 위원장이 특위 위원장을 겸임하도록 했다.

데이터특위는 데이터 거버넌스 정비가 시급하다는 정치권과 학계의 요구에 대한 문재인 정부의 응답이었다. 문재인 대통령은 새 조직을 만드는 대신 현실적 방안을 택했다.

"강력한 데이터 사령탑이 필요하며 기존 정부 기구를 활용해 민관 합동 거버넌스 구축 방안을 강구하라."

지난 2020년 7월 27일에 열린 국무회의 때 대통령의 지시였다. 대통령의 고민은 이해할 만했다. 사령탑의 필요성은 무시할 수 없었고 임기를 1년여 앞두고 과감한 거버넌스 개편을 하기도 버거웠다. 하지만 기존 정부 기구를 활용하면서 동시에 강력한 사령탑을 만들 현실적 방도는 없었다. 현실에서는 실현하기 어려운 지시였지만 이럴 때 차선책으로 절충안이 나오게 된다.

데이터특위 신설은 실은 과거의 경험에서 배운 것이다. 문 대통령이 새로운 조직 만드는 방안을 꺼린다는 것을 확인하고서 내가 청와대 참모들에게 대안으로 조언해준 방안이었다. 김대중 대통령 시절 전자정부 특위 사례를 참고한 모델이었다. 전자정부 특위는 별도의 조직도 아니었고 정부혁신 위원회 산하에 임시로 만들어진 조직이었다. 그럼에도 전자정부 특위는 강력한 파워를 발휘했고 엄청난 성과를 만들어냈다.

2. 일하는 위원회로 거듭나다

데이터특위는 2021년 2월 출범했다. 문재인 정부 임기가 실질적으로 1년밖에 남지 않은 시기였다. 데이터특위는 데이터 전문가 민간위원, 차관급 정부위원, 유관 기관장 등 총 50명으로 구성되었다. 조직은 데이터 생태계 구조에 맞춰 생산개방 분과, 유통거래 분과, 보호 활용 분과와 데이터 거버넌스를 다룰 총괄분과 및 핵심과제인 마이데이터 분과 등 총 5개 분과로 구성하고 별도 법, 제도와 관련된 TF를 두었다.

　민간위원들이 모두 분과장을 맡았다. 주 1회 분과장 협의회를 개최하고 매주 분과회의를 했다. 데이터특위 전체 회의는 약 1년의 활동기간 동안 총 10회 개최했으니 거의 월 1회꼴이었다. 분과장을 맡은 민간위원들의 입장에서 활동을 정리해보면 고생도 이런 고생이 없었다. 분과장 협의회 매주 1회, 분과회의 매주 1회, 특위 전체 회의 월 1회 참석한다고 생각해보라. 거의 매주 2~3회꼴로 특위 활동을 하는 셈이었다. 나도 여러 위원회를 경험했지만, 데이터특위처럼 민간위원들이 열심인 위원회도 드물었다. 민간위원들 스스로도 '일하는 위원회'를 만들자고 다짐했다. 정권 임기 1년을 남겨놓고 출범한 위원회가 정권 초기에 시작한 위원회보다 더 열심히 일한다고 우스갯소리를 할 정도였다. 4차위 백서의 데이터특위 항목을 보니 분과장 협의회 40회, 분과회의 205회, 특위 전체 회의 10회(간담회 별도), 데이터특위 안건 상정 31건 등의 실적을 남겼다.

　'데이터특위 개최 현황 및 안건' 목록을 보면 '일하는 위원회'의 특징이 잘 드러난다. 총 31건의 안건 중에서 부처가 상정한 안건은 9건에 불과하다. 나머지 22건은 분과위가 주도했거나 특위 전체 차원에서 상정한 안건들이다. 분과 스스로 중요 현안을 의제화하고 실무지원단과의 긴밀한 협조하에 보고서를 작성하였다.

　통상 정부가 운영하는 민관자문위원회에서 민간위원들이 직접 의제를 정하고 공식 회의에 안건 상정하는 경우는 극히 드물다. 대부분 안건 제출은 정책 당국의 몫이고 민간위원들은 몇 가지 언급하는 정도에 그친다. 문제를 제기하기는 쉬우나 개선 방안이 담긴 보고서를 작성하기란 어렵다. 체계를 갖춘 보고서를 완성하는 데는 상당한 노력과 정성이 투입되어야 가능하다. 현황 조사에서부터 문제점 진단, 원인분석, 대안까지 일관된 논리를 갖추어야 한다. 안건을 준비하다 보면 수시로 이해관계자가 참석하는 간담회를 개최하여 현장의 목소리를 직접 청취할 필요도 있었다. 데이터특위는 그 어려운 일을 한 것이다. 1년 정도의 활동기간에 분과별로 네댓 건의 안건을 만들어 냈다. 이 수치만큼 데이터특위의 열성과 특징을 잘 보여주는 통계는 없을 것이다.

데이터특위는 문재인 정부 임기를 1년 남겨놓고 출범한 위원회라는 태생적 한계를 인정할 수밖에 없다. 장기적인 비전과 목표를 가지고 일할 기본 조건이 안 되었다. 자연히 단기간에 구체적인 성과를 낼 수 있는 과제에 집중할 수밖에 없었다. 이것마저도 온갖 노력을 하지 않으면 부처 조율이 쉽지 않았다. 대통령이 주문한 '강력한 데이터 사령탑'은 아니지만 실무 단위에서나마 범정부 데이터 거버넌스로서 역할을 하려고 노력했다. 참으로 성실한 실무 위원회였다. 유명무실해지던 4차위가 그나마 막판에 유종의 미를 거둘 수 있었던 것은 모두 데이터특위의 성실한 노력 덕분이었다.

3. 데이터 생태계의 새로운 접근법

데이터특위 민간위원들이 공통으로 아쉬워하는 점이 두 가지였다. 하나는 위원회 조직의 태생적인 한계로 인해 실행력이 부족하다는 점, 다른 하나는 중장기적 과제에 대한 논의가 부족하다는 점이다. 활동기간이 1년밖에 안 되는 민간자문위원회가 지닐 수밖에 없는 구조적인 한계였다. 데이터특위는 실무 위원회로서는 할 수 있는 최선을 다했다. 앞으로는 국가 전반의 데이터 정책을 총괄 조율할 더욱 강력한 실행력을 지닌 거버넌스 체계가 필요하다.

데이터 거버넌스는 '국가 데이터 정책 방향 설정, 개별 부처 데이터 정책 총괄 조정'이라는 하나의 미션에 집중해야 한다. 통합 거버넌스의 미션이 개별 데이터 사업의 발굴과 기획은 아니다. 데이터특위가 추진했던 '국민 체감형 서비스 창출' 같은 과제는 개별 부처의 몫으로 돌려도 된다. 이 과제들은 상황 변화에 따라 언제든 추가하고 수정하고 삭제하고 통합될 가능성이 크다. 이런 사업들은 개별 부처가 추진해야 할 주요 과제로 지정하고 데이터특위는 그 진척 정도만 관리하면 된다. 통합 거버넌스 입장에서 정말 중요한 것은 '국민 체감형 서비스 창출'이 아니라 '국민 체감형 성과가 나올 수 있는 사회적 인프라를 어떻게 구축할 것인가?'이다. 민간과 공공이 추진하는 다양한 데이터 사업의 성공을 위해 정부가 해야 할 과제에 집중해야 한다. 이 영역이 바로 '민간 중심 데이터 생태계 혁신'과 '종합적 데이터 정책체계 확립' 같은 의제다.

데이터 생태계 혁신이 중요하다는 것은 누구나 알고 있지만 성공적으로 정책을 추진해 왔다고 하기는 어렵다. 새롭게 하려면 기존 정책의 부족한 점부터 진단해야 한다. 데이터 생태계를 '생산, 개방, 유통, 분석, 활용'의 단선적인 가치사슬만으로 분석하는 한계에서 벗어나야 한다. 생태계의 문제는 시장에 참가하는 이해 당사자 사이의 복합적인 문제이나. 따라서 이해 당사자에 대한 촘촘한 분석이 선행되어야 한다.

데이터를 필요로 하는 수요 측면을 먼저 보면 데이터 1차 수요자는 데이터를 이용해 서비스를 만들려고 하는 개발자(개인), 정보서비스 기업, 데이터 분석기업, 데이터 활용기업, 연구자 등이다. 1차 수요자의 스펙트럼이 매우 다양한 만큼 필요로 하는 데이터 제공 방식(실시간성, 다운로드 필요성 등), 데이터 구매 필요성 등이 모두 다르다. 이들의 요구를 거래와 유통이라는 단일한 가치사슬로는 분석할 수가 없다. 생태계 문제를 진단하려면 이해 당사자가 누구인지, 요구가 무엇인지, 어디서 막혀 있는지를 구체적으로 파악해야 한다.

수요 측면에서 국민 일반은 데이터 수요자가 아니다. 국민은 데이터로부터 만들어진 민간, 공공 서비스, 솔루션, 상품으로부터 혜택을 보는 2차 수혜자다. 간단한 예로 국민은 미세먼지 데이터에 관심이 없다. 미세먼지 데이터로 만들어진 미세먼지 예보 서비스가 필요할 뿐이다. 국민은 우편번호 데이터에 관심이 없다. 주소를 입력하면 우편번호를 찾아주는 우편번호 검색 서비스가 필요할 뿐이다.

데이터는 소유권 여부와 획득 방법에 따라 1차 데이터First Party Data, 2차 데이터Second Party Data, 3차 데이터Third Party Data 등으로 분류한다. 1차 데이터는 기업이 직접 소유한 채널에서 수집한 데이터다. 판매 정보 데이터, 고객 데이터, 설문조사 데이터 등 자체 축적 데이터이다. 일반적으로 가장 가치 있고 신뢰할 수 있는 데이터로 간주한다. 2차 데이터는 다른 기업의 1차 데이터를 직접적인 협약을 통해 획득한 데이터다. 신용평가 기관은 은행, 신용카드사 등에서 수집한 개인 금융 데이터를 활용하여 신용점수를 산출하고 이를 다른 금융기관과 공유한다. 3차 데이터는 소비자(정보의 주체)와 직접적인 관계가 없는 제삼자가 수집하여 판매하는 데이터를 말한다. 인구통계 데이터, 상권 분석 데이터 등 공개적으로 거래하고 유통되는 데이터들이다.

데이터 생태계에서 데이터 공급 측면을 보면 1차 데이터는 기업의 핵심 자산이라 대부분 외부로 공급하려 들지 않는다. 특히 경쟁사에

흘러 들어가는 것을 극도로 꺼린다. 따라서 기업의 핵심 데이터는 대부분 거래 불가능하다. 제공하는 때에도 원천 데이터 제공보다는 분석 가공의 결과값 정도만 제공한다. 따라서 데이터 생태계 활성화를 고민할 때 데이터의 거래와 유통보다는 자체 데이터의 분석과 활용이 훨씬 중요하다. 내부 데이터의 분석과 활용이 전체 데이터 생태계의 80~90% 이상이 된다. 데이터 경제에서는 자체 축적한 1차 데이터의 분석과 활용이 기업의 생산성을 올리고 비용을 줄이는 첨경이다. 공개적으로 거래하고 유통되는 3차 데이터는 범용적인 가치는 있을지 몰라도 기업에 가져다주는 직접적인 효과는 그리 크지 않다.

이런 관점에서 '데이터 거래소' 같은 얘기는 더 이상 할 필요가 없는 주제이다. 한때 중국 구이양의 빅데이터 거래소가 세계 최초의 데이터 거래소로 주목을 받았지만 곧 유명무실해졌다. 거래할 만한 양질의 데이터가 시장에 나오지 않는 것이다. 기업의 핵심 자산을 왜 공개하겠는가? 게다가 데이터는 가격을 일률적으로 정할 수 없는 상품이다. 데이터는 다른 데이터와의 결합에 따라 가치가 달라진다. 즉 내가 어떤 데이터를 가지고 있느냐에 따라 구매하는 데이터의 가치가 달라진다. 자신의 데이터와 결합하여 활용할 타사의 데이터가 있다고 했을 때 당사자 간의 직접 거래를 통해 구매하는 게 훨씬 효과적이다. 제3의 거래 플랫폼이 개입할 여지가 없다.

사정이 이리힘에도 과기성봉부는 한때 모든 데이터 산업 육성 정책에 '데이터 거래소 구축'을 핵심과제로 꼬박꼬박 포함하곤 했다. 당시 장관을 하던 분이 어디에선가 '데이터 거래소' 얘기를 듣고 와서 부처에 아이디어 차원에서 검토를 지시했다는 얘기가 있었다. 누군가 무심결에 던진 돌멩이에 우물 안 개구리는 죽어나는 법이다. 데이터산업기본법에도 '데이터 거래사' 양성 지원 조항이 들어가 있다. 솔직히 시대에 뒤떨어지는 매우 창피한 법 조항이라고 생각한다. 민간과 협회에서 내실 없는 자격증 장사만 부추길 우려가 크다. 법 개정할 때 개정 1순위로 삭제해야 마땅하다.

정부가 집중할 분야는 데이터 거래가 아니다. 데이터 분석 인력의 양성, 데이터 분석 기업의 육성이 훨씬 중요한 과제이다. 대기업은 데이터 분석 능력을 갖추기가 쉽지만, 문제는 중견기업과 중소기업이다. 이들의 자체 데이터 가공, 분석, 활용을 도와줄 '데이터 전문기업'의 육성이 중요하다.

4. 기술을 중심에 두고 정책을 세워라

국가 CDO와 관련해서는 한 가지만 짚고 넘어가자. 국가정보화 시기 초입에 도입했던 CIO(정보화담당관실) 같은 실수를 반복하면 안 된다. 부처의 최고정보관리책임자는 정보기술을 모르고 정보화담당관실은 아무 권한 없이 단순 전산 업무 관리자 취급을 받아온 게 현실이다. 국가 CDO의 핵심 자격요건은 기술에 정통한 사람이어야 한다는 점이다.

오픈 소스 기반의 데이터 기술은 데이터 생태계를 활성화하는 핵심 수단이다. 바이든 행정부의 백악관 기술 이사로 임명된 데이비드 레코르돈David Recordon을 보라. 그는 페이스북에서 오픈 소스 기반의 분산 데이터 관리시스템을 개발했고 오픈 소스 운동을 주도한 인물이다. 오픈 소스와 개방형 표준, 보안에 대한 역량을 갖춘 그는 바이든 행정부의 디지털 기술 인프라 현대화를 이끌 적임자로 평가받고 있다. 우리의 국가 CTO와 CIO도 이런 역량을 갖춘 사람이어야 한다.

데이터 관련 정책 대안을 제시할 때는 반드시 기술적 대안을 함께 고민해야 한다. 일반 상품들은 기술의 결과로 만들어지지만, 데이터는 기술이 데이터의 가치를 바꾼다. 빅데이터 처리기술이 발전하니까 빅데이터의 가치가 주목받지 않는가. 비정형 데이터도 딥러닝 등 AI 기술과 결합하여 새로운 가치가 만들어진다.

오픈 소스 기반의 데이터 관련 기술은 데이터 경제 활성화를 위한 사회적 인프라의 중요 축이다. 예를 들어 AI 시대에는 정부 문서를 작성 단계부터 ODF로 생성하고 개방하는 문서작성법의 근본적인 혁신이 필요하다. 이때 ODF 기준 문서작성 진단 도구나 변환 도구가 업무 효율성을 획기적으로 높여줄 수 있다. 또 공공 웹 사이트의 웹 데이터를 기계판독이 쉽게끔 웹 표준에 맞게 변환하여 데이터의 활용성을 높여야 한다. 이때 웹페이지 구조화 형식 표준, 즉 스키마 표준에 맞게 웹 데이터 변환을 지원할 오픈 소스 기반의 툴이 필요하다.

데이터 거버넌스가 기술 리더십을 발휘하여 최우선 과제로 다음과 같은 프로젝트를 추진하면 어떨까? AI 시대에 정부 문서의 생산부터 ODF 가이드를 준수하도록 하자. 그리고 반드시 기계판독이 가능한 '개방형 문서'로 변환하고 제공하자. 보고서, 보도자료, 입찰 제안요청서, 직무기술서, 관보 등 국민적 관심이 높은 것부터 시행한다. 정부 웹 사이트 내 웹 데이터를 기계판독 가능하도록 웹 표준에 맞게 변환하자. 이를 통해 정부 정책의 검색 용이성을 높여 정부 정책의 홍보를 자연스럽게 확산한다. 또한 웹 데이터 크롤링 정확도를 높여서 민간에서의 데이터 활용성을 대폭 개선하자. 웹페이지 스키마 표준에 맞게 웹 데이터 변환을 지원하는 가이드 및 오픈 소스 기반의 변환 도구를 개발하고 보급하자. 정부가 데이터 경제를 활성화하기 위해 실질적으로 해야 할 일은 적합한 기술을 제대로 사용하는 일이다.

정부 CDO 조직과 민간 오픈 소스 개발자 커뮤니티 간의 협력도 중요하다. 정부의 데이터 관련 각종 위원회에 오픈 소스 개발자와 시빅 해커 그룹의 참여를 적극적으로 높여야 한다. 코로나 시기에 마스크 앱의 성공 사례가 자주 거론되지만, 마스크 앱이 데이터와 클라우드만 제공되면 저절로 만들어지는 게 아니다. 정책 결정 3일 만에 수십 종의 마스크 앱이 만들어진 것은 기술에 정통한 NIA의 기술 리더십과 시빅 해커들의 적극적인 협업이 있었기에 가능했다. 이런 힘을 정부에서 어떻게 지속 가능한 형태로 조직할 것인지, 사회 현안 해결을 위해 어떤 거버넌스를 가지고 있어야 하는지 해법을 제시해야 한다.

데이터 정책에서 기술 중심주의를 명확하게 하면 자연스럽게 데이터 정책의 기본명제와 원칙을 정립할 수 있다. 광범위한 토론과 합의 과정을 거쳐서 정부가 바뀌거나 책임자가 바뀌어도 흔들리지 않는 원칙을 세우자. 일부 예시를 들어본다.

1. 데이터 정책은 정책대안과 기술적 대안을 함께 고민한다.
2. 데이터 정책은 민간 주도로 오픈 소스 커뮤니티 협업으로 추진한다.
3. 모든 문서는 생산부터 개방형 표준(ODF 지원)으로 작성한다.
4. 모든 데이터는 기계판독 포맷으로 개방한다.
5. CDO는 데이터와 AI 전문가로 기술 리더십을 발휘할 인물이 맡는다.

멋지지 않은가? 우리도 얼마든지 실현할 수 있는 꿈이다.

18장
판결문과 국세청 데이터,
어떻게 할 것인가

:: 대량의 판결문을 비교 분석하면 그동안 숨어 있던 것이 다 드러난다. 전관예우, 유전무죄 무전유죄 성향 등 사법부의 고질적인 병폐가 명백한 증거와 함께 드러난다.

1. 정보 공개와 데이터 개방을 구별하자

데이터 문제를 얘기할 때마다 단골손님 격으로 거론되는 데이터들이 있다. 공직자 재산공개 정보, 기관장의 업무추진비 내용, 국회의원 정치자금 내용 등과 같이 국민 관심이 높은 정보들과 사법부의 판결문, 국세청 데이터, 통계청의 원천 데이터 같은 중요 데이터들이다.

관심 정보들은 데이터가 공개될 때마다 화제를 낳는다. 재산공개 내용이나 업무추진비 같은 데이터들은 뭔가 가공하거나 결합하거나 분석하지 않아도 데이터 각자가 이미 하나의 정보로서 가치를 지닌다. 대체로 데이터는 정보를 추출하기 위한 중간재로서 기능하지만, 관심 정보의 데이터들은 데이터 자체로서 의미를 지니는 최종 소비재와 같다. 그러니 공개할 때마다 언론과 국민이 주목하게 된다. 시민단체들은 공직사회를 감시하고 사회 투명성을 제고할 목적으로 더 많은 데이터가 더 분석하기 편한 방법으로 공개되기를 요구한다.

법원 판결문과 국세청과 통계청 데이터도 마찬가지다. 사회 각계에서 개방을 요구하는 목소리는 높다. 그러나 해당 기관들은 법 조항을 앞세워 모르쇠로 일관한다. 판결문이 본격적으로 개방되어 AI로 분석하고 활용하기 시작하면 그 사회적 효용은 이루 말할 수 없이 크다. 배상액이나 형량의 통계적 패턴 파악이 가능하여 법적 예측 가능성이 향상된다. AI를 활용한 법률 상담 등 법률 서비스 자동화로 법률 비용이 절감된다. 판사별 판결 성향 분석이 가능해져서 판결의 일관성을 검증할 수 있다. 전관예우, 유전무죄 무전유죄 등 사법부의 고질적인 병폐가 줄어들고 사법의 신뢰도를 높일 수 있다. 그럼에도 판결문 개방 문제는 별로 진척이 없다. 대한민국의 공공데이터 정책을 총괄하는 공공데이터전략위원회의 민간위원장이 자신의 임기 동안 판결문 개방만큼은 해결하겠노라고 의욕을 보였음에도 별다른 진척을 보지 못했다. 그만큼 풀기 어려운 문제다.

여기서 논의가 헷갈리지 않도록 한 가지 정리해 두자. 정보공개법에 따른 정보 '공개'와 공공데이터법에 따른 공공데이터의 '개방'의 구분이 필요하다. 정보공개법에서 말하는 '공개'는 영어로는 'Disclosure'다. 정보공개법의 공개Disclosure는 청구인의 요청에 따라 특정 정보를 제공하는 것이 주목적이다. 공직자 재산정보, 정치자금, 업무추진비 등은 개인정보를 포함한 민감정보다. 국민의 알권리와 정부 투명성 제고 차원에서 국민 개개인의 청구가 없더라도 미리 공개하게 되어 있지만 개인정보인 만큼 그 활용에는 일정한 제한이 있다.

반면에 공공데이터법의 개방은 'Open'이다. 개방Open은 데이터를 누구나 자유롭게 접근하고 사용할 수 있도록 하는 것을 의미한다. 'Open data'라고 하면 자유로운 사용, 재사용, 재배포가 가능한 데이터를 의미한다. 공공데이터법은 국민 누구나 자유롭게 활용할 수 있도록 공공데이터를 개방하는 것이 목적이다. 법원 판결문과 국세청의 사업자등록 정보 등은 더 적극적으로 개방되고 활용되어야 할 일반 공공데이터에 해당한다. 이러한 데이터는 개인정보 등 민감한 부분을 제외하고 폭넓게 활용될 수 있도록 해야 한다.

데이터 문제에 진전이 있으려면 국민의 체감도가 높은 관심 정보와 중요 데이터 문제를 풀어야 한다. 전략과제의 해결은 국가적 역량을 모아야 가능하다. 판결문 문제를 예로 들면 국가와 사회의 디지털 전환을 이끌어야 할 행정부가 앞장서고, 입법부가 법 개정으로 뒷받침하고, 사법부가 이에 적극적으로 호응해야 풀리는 문제다. 학계와 언론, 기업, 시민사회는 여론 형성의 책임을 져야 한다. 전략과제는 더 이상 원론적인 주장과 비판만으로는 해결이 안 된다. 쾌도난마식 해법이 통하지 않는다. 문제를 구체적으로 들여다보고 현실적인 해결책이 나와야 한다. 엉킨 실타래 풀듯이 한올 한올 풀어가는 끈기가 요구된다.

2. 공직자 재산 정보 공개

현재 공직자 재산 공개와 관련하여 제기된 문제는 두 가지이다. PDF 형태의 문서로 공개하고 있다는 것과 공개 창구가 여러 군데로 흩어져 있다는 것 등이다. 현재 공직자 재산 공개는 '공직자윤리법' 제10조, 등록 재산의 공개 조항에 따라 재산 내용을 관보에 PDF 형태의 문서로 공개하고 있다. PDF로 공개된 정보는 기계판독이 가능한 데이터가 아니다. 분석을 위해 데이터로 변환하는 과정에서 추가 비용이 발생하고 또 얼마든지 오류가 발생할 수 있다.

공직자 재산 공개를 담당하는 행안부 담당 부서에 기계판독 가능한 데이터 형식 ODF로 공개를 요청하면 말도 안 되는 핑계를 앞세워 거부한다. ODF 형식으로 공개하면 악의적으로 데이터를 변조하는 상황이 발생할 수 있다는 것이다. 변조가 우려된다면 PDF 파일과 ODF 파일을 동시에 개방하면 될 일이다. 수요자 관점에서 이용 편의성을 고려하지 않고 공급자 관점에서 제공 편의성만을 우선시하는 행태이다. 이 문제를 해결하려면 PDF로 개방하는 전자 관보를 기계판독 가능한 형태로 바꾸면 된다. 주무 부처인 행안부가 이 문제에 소극적이라서 전환 사업이 진행이 안 되는 실정이다.

두 번째 문제는 정보공개 창구가 여러 군데로 흩어져 있는 데서 생긴다. 공직자윤리법은 공직자 재산정보의 등록, 심사, 처리를 위해 모두 8종류의 공직자윤리위원회를 두기로 규정하고 있다. 국회, 대법원, 헌법재판소, 중앙선관위, 광역지자체, 기초지자체, 교육청 그리고 정부 등이다. 그리고 8종류의 공직자윤리위원회의 관할에 따라 재산정보를 관보, 공보, 각 기관의 홈페이지에 공개하고 있다. 즉 정부 공직자 재산정보는 대한민국 전자관보gwanbo.go.kr, 국회의원 재산정보는 국회 홈페이지assembly.go.kr, 광역 시도 및 시군구 공직자 재산정보는 각 지자체 홈페이지에서 제공하고 있다.

그러다 보니 그동안 민간에서 모든 공직자 재산정보를 모두 취합하려면 수백 개 사이트를 일일이 찾아다니며 개별적으로 정보를 내려받아야 했다. 다만 2022년 8월 1일 이후의 재산공개 자료는 '공직윤리시스템peti.go.kr'에서 검색하고 내려받을 수 있도록 개선되었다. 공직자

윤리법 주관부처인 인사혁신처가 국민의 개선 요구에 호응한 것이다.

다운로드되는 파일은 PDF 형식이라서 ODF로 변환하면 문제가 많이 발생하고 있다. 근본적으로 ODF로 데이터를 관리하고 공개하는 것이 필요하다. 또 범정부 차원의 공공데이터 개방 창구인 공공데이터포털을 통해서도 개방되면 접근성이 더 높아질 것이다.

공직자 재산공개 데이터를 통합적으로 분석할 수 있다면 온갖 흥미 있는 분석이 가능해진다. 당장 공직자들이 강남에 부동산을 얼마나 많이 소유하고 있는지, 주식투자는 어떤 종목을 선호하는지가 구체적인 통계 수치로 밝혀질 것이다. 공직자의 자산 포트폴리오에 대한 기관별, 직급별, 지역별 비교 분석도 물론 가능하다. 이해충돌 가능성이 있는 자산 보유 현황도 추적해 낼 수 있다. 전체적으로 공직사회의 투명성과 신뢰도를 높이는 다양한 분석이 가능해진다. 정부는 데이터를 ODF 형태로 한 곳에서 개방만 하면 된다. 나머지는 시민들이 알아서 해결한다.

3. 정치자금 내역의 공개

흔히 정치자금이라 하면 국회의원 후원금만을 생각하기 쉽다. 그러나 정치자금법이 규정하고 있는 정치자금은 생각보다 다양하다. 당비, 후원회 후원금, 기탁금, 정당에 대한 국고보조금 등을 모두 포함한다. 정당 국고보조금은 선거가 있는 시기에는 선거보조금이 추가로 지급된다. 대선, 총선, 지방선거 등 거의 해마다 전국 단위 선거가 있어서 매년 경상보조금과 선거보조금이 지급된다고 봐도 무방하다. 대통령선거와 지방선거가 동시에 치러진 2022년은 정당 국고보조금 규모가 사상 최대인 약 1,420억 원을 기록했다. 정치자금법 규정과는 별도로 공직선거법에 따라 일정 비율 이상의 득표를 한 출마자들에게는 선거비용 보전금이 지급된다. 실제로 유력 정당의 후보자들은 국민의 세금으로 선거를 치르는 셈이다.

정당 국고보조금과 선거비용 보전금은 모두 국가 예산이다. 대한민국 헌법 제8조 3항은 '정당은 법률이 정하는 바에 의하여 국가의 보호를 받으며, 국가는 법률이 정하는 바에 의하여 정당 운영에 필요한 자금을 보조할 수 있다.'라고 규정하고 있다. 민주사회의 발전에 민주적인 정당의 육성이 중요하다고 판단하여 국민의 세금으로 정당 국고보조금을 지급하는 것이다. 이렇게 보면 정당의 주인은 국민이라고 할 수 있다. 정당마다 당비를 내는 권리당원(혹은 책임당원)이 있어서 마치 이들이 정당의 주인인 것처럼 행세하지만 실상을 들여다보면 그렇지 않다. 국민이 내는 세금으로 지원해주는 정당 국고보조금이 당원들의 당비보다 훨씬 많다. 정당의 주인은 국민이고 정당은 국민에게 책임을 져야 한다. 정당과 정치인이 정치자금을 투명하게 공개하는 것은 정당의 주인인 국민의 '알권리' 차원에서 당연한 요구다.

정당과 정치인의 정치자금 수입과 지출 내용은 '정치자금법'에 따라 공개하도록 하고 있다. 그런데 정치자금의 공개를 규정한 제42조의 세부 조항이 실제로는 정치자금의 투명한 공개를 가로막는 독소조항투성이다.

1. 관할 선거사무소별로 정치자금의 수입과 지출 내용 및 첨부서류를 비치하는데 열람 기간이 6개월로 제한된다.
2. 정치자금 중 선거비용에 국한해 열람 기간 중에만 선거관리위원회의 인터넷 홈페이지를 통하여 공개할 수 있다. 강제 규정이 아

니라 임의 규정이기 때문에 관할 선관위의 판단에 따라 공개하지 않을 수도 있다. 열람 기간 아닌 때에는 절대 공개하면 안 된다. 공개하지 말라는 규정은 강제 규정이다.

3. 선거비용 이외의 정치자금 사용 내용을 확인하려면 관할 선거관리위원회에 서면으로 사본 교부 신청을 해야 한다. 사본 교부에 필요한 비용은 신청한 자가 부담한다. 정보공개 청구 절차를 거치더라도 필요한 정보를 즉시 받을 수 없다. 통상 최대 10일의 심의 기간이 소요된다. 현재 정보공개포털open.go.kr에 따르면 원문공개율은 37.8%(2021년 5월 기준)로 요청 건수 대비 공개율은 저조하다.

4. 정치자금법 제42조 5항에는 기가 막힌 독소조항이 있다. '⑤누구든지 제2항 및 제3항의 규정에 따라 공개된 정치자금 기부 내용을 인터넷에 게시하여 정치적 목적에 이용하여서는 아니 된다.' 이미 공개된 정치자금 기부 내용이지만 이를 인터넷에 게시하면 처벌받을 수 있다. 이는 유권자나 시민단체의 단순한 정치자금 정보 유통도 어렵게 만든다.

5. 정치자금의 신고 시기도 연간 1회로 제한되어 있다. 정당은 회계연도 다음 해 2월 15일까지, 국회의원은 다음 해 1월 31일까지 연 1회 신고한다. 미국의 경우 분기 1회 신고하도록 규정되어 있다.

6. 게다가 선거가 있는 해에는 선거 후 30일 이내에(대통령 선거 및 비례대표 국회의원선거에 있어서는 40일 이내) 공개한나. 유권자는 정치자금의 수입과 지출에 대한 정보를 선거가 끝난 후에야 파악할 수 있다.

미국과 비교하면 문제점이 더 확연해진다. 특히 정치자금 내용의 공개 범위와 방식의 차이를 주목할 필요가 있다. 한국은 정치자금 정보에 대하여 6개월 동안 문서 형태의 열람을 원칙으로 하고 선거자금 비용과 관련해서만 온라인 공개를 하고 있다. 반면 미국은 모든 정치자금을 공개하고 모두 온라인으로 공개한다. 선거 관리기관이 정치자금 데이터베이스를 구축하여 시민들에게 공개한다. 정치자금 정보에 대한 시민들의 접근성이 매우 뛰어나다.

정치자금 신고 및 공개 시기도 미국이 우리에 비해 신속하다. 미국은 평시에 각 분기 종료 후 15일 혹은 31일 이내에 정치자금 회계를 보고하게 되어 있다. 선거자금도 신속 보고를 규정하고 있다. 선거 20일 전까지의 신고 사항은 선거 12일 전에, 선거일 20일 전부터 48시간 전까지의 신고 사항은 수령 후 48시간 이내에 즉각 신고하도록 규정하고 있다. 우리의 선거관리위원회 격인 연방선거위원회FEC, Federal Election Commission는 보고받은 정치자금 신고 내용을 수령 후 48시간 이내(전자파일의 경우 24시간 이내)로 신속하게 공개하고 있다.

현재의 정치자금법이 규정하고 있는 신고 및 공개 조항은 정치자금의 투명성과 국민의 알권리 보장이라는 측면에서 턱없이 미흡하다. 미국은 정치자금의 유입은 상대적으로 자유롭지만, 사후의 지출 정보공개에 대해서는 매우 엄격하고 철저하게 관리한다. 인터넷을 통해 3년간 정치자금의 검색, 분류, 다운로드가 가능하다. 미국의 정치자금 공개 제도를 철저히 벤치마킹할 필요가 있다. 우리도 당장 정치자금 공개 범위를 확대하고, 인터넷 열람 기한을 연장하고, ODF 파일 형태로 제공하도록 '정치자금법'을 개정해야 한다. 중앙선관위가 나서서 정치자금 정보의 데이터베이스를 구축하면 더욱 좋다.

정치인 중에 데이터의 중요성과 정치혁신의 필요성을 부인하는 사람은 아무도 없다. 데이터 개방을 멀리서 찾을 일이 아니다. 정치혁신을 말로만 할 일이 아니다. 정치자금법 개정은 국회의원들이 나서면 간단히 해결할 수 있다. 하지만 원래 중이 자기 머리 깎는 게 어려운 법이다. 소송을 불사하는 시민사회의 끈질긴 압박이 필요한 이유다.

4. 업무추진비가 투명해지려면

기관장의 업무추진비 사용 내용은 국정감사와 인사청문회의 단골 이슈이다. 가장 낯부끄러운 일들이 까발려져서 국민을 허탈하게도 하고 화나게도 한다. 퇴임하는 날 법인카드로 빵집에서 100만 원을 긁는다든지, 주유소에서 한 회에 200만 원 기름을 넣는다든지 하는 상상을 초월하는 행태가 밝혀지는 단서가 된다. 반면에 서울시장이 자주 가는 맛집 리스트, 제주 지사가 자주 간 제주 음식점 톱 10 등 깨알 정보를 주기도 한다. 어쨌든 업무추진비 내용은 예산집행의 투명성 차원에서 시민단체가 계속해서 공개 확대 요구를 해온 대표적인 민감정보다. 옛일을 한 가지 회고하자면 돌아가신 박원순 서울시장은 2013년부터 업무추진비 사용 내용을 매달 상세하게 공개했다. 이는 지방자치단체장 중 처음으로 업무추진비를 전면 공개한 사례로 행정의 투명성 제고에 큰 영향을 미쳤다.

공공기관(중앙부서, 지자체, 산하기관)은 '정보공개법 시행령' 제4조(행정정보의 공표 등)에 따라 기관장의 업무추진비를 기관 홈페이지와 공공기관 경영정보 공개 시스템ALIO 등을 통해 공개해야 한다. 정부는 업무추진비 등 예산집행의 중점 공개 분야를 선정하여 상세 공개 기준을 계속해서 확대하고 일괄 공개를 강화하고 있다. 이에 따라 업무추진비

공개 대상이 장관급에서 차관과 실장과 국장급으로 확대되었다. 업무추진비 사용 내용은 '일시, 장소, 목적, 인원수, 금액 등'이 상세히 명시되어야 한다. 그러나 많은 기관에서 '목적, 금액' 등 일부 정보만 형식적으로 공개하고 있다. 또한 지출 품의나 카드 영수증 등 지출 내용을 검증할 수 있는 원자료를 공개하지 않는 경우가 많다. 공공기관이 일방적으로 제공한 정보를 아무런 증빙 없이 믿어야 하는 상황이다.

시민단체가 요구하는 개선 사항은 매우 상식적이다. 공개 범위를 확대할 것, 기관장뿐만 아니라 전 부서의 업무추진비 사용 내용을 공개할 것. 공개 정보를 뭉뚱그리지 말고 상세하게 할 것, 카드 지출 명세서 등 증빙을 첨부할 것, 매월 정기적으로 홈페이지에 공개하고 데이터를 표준화할 것 등이다. 국민의 알권리 충족과 예산집행의 투명성 제고 차원에서 충분히 납득이 가는 요구들이다.

업무추진비 집행 내용 및 검증 자료를 상세하게 공개해야 한다. 나아가 기관 홈페이지와 공공기관 경영정보 공개 시스템ALIO 시스템 등으로 분산되어 제공 중인 정보를 표준화하고(공개 항목, 형식 등), 민간에서 활용할 수 있는 형태로(ODF 등) 한곳에 통합하여 개방하면 최고다. 데이터가 투명하게 공개될수록 예산이 부적절하게 사용되는 사례도 줄어들 게 분명하다.

5. 법조 카르텔 해체의 트리거, 판결문 개방

한국의 실정을 객관적으로 파악하려면 미국과 비교해 볼 필요가 있다. 미국의 판결문 개방 정책을 보면 솔직히 놀라지 않을 수 없다. 우리와 발 딛고 서 있는 토대 자체가 완전히 다르게 느껴진다. 미국은 기본적으로 판결문 전면 개방 원칙에 서 있다. 법원 기록 역시 공공

기록물이기 때문에 개방이 원칙이다. 확정, 미확정 판결문을 모두 개방한다. 실명까지 개방하는 게 원칙이다. 모든 심급의 판결문, 재판 관련 제출 서류, 증거자료, 법정 녹취록, 변론 기록까지 개방한다. 다만 미성년자 사건, 국가안보 관련 사건, 영업비밀, 배심원 정보는 비공개한다. 성범죄 피해자는 비실명 처리한다.

개방 방식은 '페이서PACER' 시스템을 통해 유료 온라인 서비스를 제공한다. 페이서의 영문 정식명칭은 'Public Access to Court Electronic Records'다. 직역하면 '미국 연방법원 전자기록 열람시스템'이다. 미국 연방법원 행정처가 운영한다. 연방법원 사건 정보를 통합 제공하고 실시간으로 사건 정보 업데이트가 이루어진다. 사건 진행 정보, 판결문, 소장訴狀, 답변서, 준비서면, 법정 기록 등이 제공된다. 파일 제공 형식은 텍스트 검색이 가능한 PDF가 기본이고 일부 이미지 PDF도 존재한다.

한국의 판결문 개방 현황은 조금 복잡하다. 헌법 제109조에 재판의 심리와 판결은 공개하도록 규정되어 있다. 하지만 판결문은 이 원칙이 적용되지 않는다. 법원은 판결문 개방 방식으로 인터넷 열람, 전자우편 방식, 법원도서관 방문 열람 등 3가지 제도를 운용하고 있다. 이 중에서 전자우편과 방문 열람은 보완적인 방법일 뿐 별 실효성이 없다. 인터넷을 통한 판결문 개방이 불충분해서 불편함을 무릅쓰고 찾는 방식이다. 방문 열람은 더더욱 구색 갖추기용이다. 컴퓨터 6대가 갖추어진 법원도서관의 특별열람실에서 제한된 시간 내에 판결문을 검색하고 열람할 수 있다. 출력과 다운로드가 안 되어 필요한 부분이 있으면 손으로 메모해야 한다. 코로나19 시기에는 그나마 운영이 중단되었다.

판결문 열람 · 개방 제도 현황

구분		① 인터넷 열람·제공	② 전자우편 방식 제공	③법원도서관 방문열람
공개범위		'13년(형사), '15년(민사) 이후 확정 판결문	①번 방식으로 제공되지 않는 모든 판결문	모든 판결문
공개 방법	신청 방법	임의어 검색 후 신청·다운로드	사건번호 특정하여 신청	방문열람만 가능 (6석 운영)
	비실명 처리	비실명처리 ○	비실명처리 ○	비실명처리 ×
과금체계		유료(건당 1,000원)	유료(건당 1,000원)	무료

대법원은 2019년부터 판결문 인터넷 열람제도를 시행하기 전에 종합 법률 정보시스템을 운영했다. 이는 대법원이 판례로서 가치를 인정한 일부 판결을 공개한 시스템이다. 대법원 판례집, 법원 공보, 판례공보 등 기왕에 책자로 간행한 판결과 일부 의미 있는 판례를 선별 등록하여 무료로 제공하고 있다. 검색도 가능하고, HWP와 PDF 파일로 다운로드가 가능하다. 전체 판결문 중 대법원 판결의 9.75%, 각급 법원 판결의 0.19%만 이용할 수 있다.

판결문 인터넷 열람제도는 판결문 개방이라는 대세에 따라 민사소송법과 형사소송법이 개정되자 2019년부터 도입된 판결문 공개 서비스이다. 본인 확인 후에 사건 번호로 확정 판결문을 열람 신청한다. 검색을 할 수 없고 전용 뷰어로만 이용할 수 있다. 그리고 개인정보가 과도하게 비식별화된 판결문이 제공된다. 건당 1,000원의 이용료를 받는다. 형사사건은 2013년 이후 확정된 판결, 민사사건은 2015년 이후 확정된 판결로 개방 범위가 제한된다. 다만 민사소송법이 최근에 개정되어 민사사건의 경우 2023년 1월 이후 선고된 미확정 판결문은 공개하도록 바뀌었다. 그러니까 법 개정에도 불구하고 2022

판결문 공개 추진 경과

국민의 알권리 충족 및 바람직한 법률문화 정착

2013. 01. 01 대법원	2014. 01. 01 형사판결문 증거·기록목록 공개	2015. 01. 01 민사판결문 공개	2019. 01. 01 판결문 인터넷 통합열람·검색서비스 오픈	2023. 01. 01 민사 미확정 판결문 공개
▶ 2013. 1. 1.부터 형사 사건 확정 판결문의 전자적·비전자적 공개 형사 합의사건 증거목록·기록목록의 비전자적 공개	▶ 2014. 1. 1.부터 형사 합의사건 증거목록·기록목록의 전자적·비전자적 공개 형사 단독사건 및 증거목록·기록목록의 전자적·비전자적 공개	▶ 2015. 1. 1.부터 민사 사건 확정 판결문의 전자적·비전자적 공개	▶ 2019. 1. 1.부터 판결문 인터넷 통합열람·검색서비스 및 형사판결문에 대하여도 임의어 검색 가능	▶ 2023. 1. 1.부터 민사행정특허 사건 미확정 판결문의 전자적·비전자적 공개

(데이터특위, '판결문 인터넷 열람·제공 제도 개선 제언' 수정 보완.)

년 12월 이전의 미확정 판결문은 여전히 개방이 안 된다는 얘기다. 형사사건의 미확정 판결문 개방은 논의만 많을 뿐 여전히 국회에서 법안 심사 계류 중이다.

현재 판결문의 인터넷 열람제도는 너무나 불편하다. 국민은 이런저런 법적 제약으로 판결문에 접근할 수 없으나 소위 전관 출신 변호사들은 법원 내부의 인적 네트워크를 통해 미확정 실명 판결문을 쉽게 구해 본다. 이것 역시 전관예우 병폐의 일종이다.

미국과 한국의 판결문 개방 정책의 차이는 어디서 비롯되는가? 공시적인 설명은 이렇다. 미국과 한국은 근본적으로 법체계의 차이가 있다는 것이다. 미국은 판례법 체계를 가진 보통법Common Law 국가다. 판례가 법원法源으로서 중요한 역할을 해서 판결문의 광범위한 개방이 필수적이다. 반면 한국은 성문법 중심의 대륙법 체계를 가지고 있어 판례의 중요성이 상대적으로 낮다는 것이다. 또 헌법적 근거의 차이를 든다. 미국은 수정헌법 제1조의 표현의 자유와 알권리를 근거로 판결문 공개를 헌법적 권리로 해석한다. 한국은 헌법 제109조에서 재판 공개 원칙을 규정하고 있지만 이를 판결문 전면 개방의 근거로 해석하지는 않는다. 개인정보보호에 대한 접근법의 차이도 있다. 미국은 공익과 알권리를 개인정보보호보다 우선시한다. 하지만 한국은 개인정보보호를 매우 중요하게 여긴다. 판결문 개방을 제한하는 주요 이유 중 하나로 내세운다.

내 생각은 다르다. 공식적인 설명은 명분일 뿐이고 실은 이보다 훨씬 더 실질적인 이유가 있다. 대한민국 사법부의 권위 의식과 특권 카르텔은 너무나 강고하다. 미국은 사법의 영역 역시 민주적인 통제를 받는다. 잘 알다시피 대부분 주에서 법관 직선제를 채택한다. 지방 검사 역시 대부분 주민직선제다. 일부 주에서는 주 검찰총장도 직선제로 선출한다. 재판의 판결은 배심제도에 의해 통제받는다. 심지어 대배심은 기소 여부까지 좌우한다. 이러한 제도들이 사법 권력에 대한 민주적 통제와 견제를 가능하게 한다. 미국은 사법 절차의 투명성과 공공의 감시를 매우 중요하게 여긴다. 판결문의 전면 개방 역시 사법에 대한 민주적 통제의 일환이다.

반면에 한국은 사법부 독립성 보장이라는 명분 아래 사법 절차의 투명성과 공공의 감시를 지나치게 소홀히 한다. 미국은 대부분 주에서 법정 내 촬영과 녹화를 허용한다. 하지만 한국은 원칙적으로 법정 내 촬영, 녹음, 중계방송 등을 금지한다. 국민참여재판과 같은 시민 통제도 매우 제한적이다. 사법권과 검찰권 남용에 대한 견제 장치가 거의 없다. 사법부와 검찰은 특권계급이 되어 퇴임 후 전관예우와 고액 수임료를 너무나 당연하게 생각한다. 판결문의 개방은 사법부의 특권 카르텔에 균열을 가져온다. 이들이 판결문 개방에 소극적인 것은 특권계급의 이해관계에 비춰 볼 때 너무나도 당연하다.

대한민국 사법부는 판결문의 본격적인 개방이 가져올 결과를 너무나 잘 안다. 판결문이 개방되면 이를 기초로 본격적인 AI 기반 법률 서비스가 만들어질 것이다. AI가 가장 잘하는 것이 거대한 데이터 속에 숨어 있는 잠재된 패턴을 찾는 것이다. 대량의 판결문을 비교 분석하면 그동안 숨어 있던 것이 다 드러난다. 판사별 판결 성향 분석이 가능해지고 판결의 일관성을 검증할 수 있다. 전관예우, 유전무죄 무전유죄 성향 등 사법부의 고질적인 병폐가 명백한 증거와 함께 드러난다. 배상액이나 형량의 통계적 패턴 파악이 가능하여 법적 예측 가능성이 향상된다. AI를 활용한 법률 상담 등 법률 서비스 자동화로 법률 비용이 절감된다.

AI 기반 법률 서비스는 사법의 투명성을 높이고 법률 서비스의 접근성과 효율성을 크게 향상한다. 반면에 사법부의 특권 카르텔에는 돌이킬 수 없는 균열을 가져온다. 퇴임 후에 고액의 수임료를 받는 관행은 갈수록 어려워진다. 대한민국 사법부는 이것이 싫고 두려운 것이다. 대한민국 사법부가 판결문 개방에 그토록 소극적인 실질적인 이유다.

판결문의 본격적인 개방은 필연적으로 리걸테크 서비스의 발전을 가져온다. 미국에서도 이미 10여 년 전부터 리걸테크를 둘러싼 법적 논란이 있었으나 대부분 마무리가 되었다. 미국은 2016년 사우스캐롤라이나주 대법원판결에 이어 다수의 법원에서 '기술이 사람을 대체한 것이 아니라 사람이 기술을 활용해 더 나은 법률 서비스를 제공하는 사업'이라고 리걸테크 기업의 손을 들어주었다. 2010년 전후로 영미권을 중심으로 시작된 리걸테크는 지금은 미국에만 1,900여 개 관런 기업들이 존재할 정도로 시장이 커지고 있다. 국내에서도 점차 법률 관련 벤처기업이 등장하고 있다. 하지만 2022년 『매일경제』 보도에 따르면 변호사법 위반으로 소송이 제기되고 판결문 개방도 제한적이어서 산업으로의 발전은 더딘 상태라고 한다.

판결문은 누구나 접근할 수 있고 이용하기 쉬운 형태로 개방되어야 한다. 하지만 개방 이전에 필수적인 전제가 있다. 판결문은 소송 당사자에게 매우 민감한 정보이다. 가사소송의 경우에는 가정의 보호라는 가치가 있고 형사소송의 경우에는 무죄추정의 원칙과 함께 피의자의 인권 보호라는 가치가 있다. 이런 점에서 특히 형사사건 판결문은 개인정보보호가 더욱 중요하다. 판결문 정보의 위조, 변조, 가공으로 인한 피해를 근원적으로 차단할 기술적 조치가 필수적이다.

판결문 개방을 위한 제도 개선 방향은 이미 세부적인 방안까지 정리되어 있다. 첫째, 개방 범위를 확대해야 한다. 확정 판결문과 미확정 판결문의 개방 시기를 앞당겨야 한다. 둘째, 비실명화 방식을 개선해야 한다. 현재 비실명 처리 대상은 개인정보가 아닌 법인명까지 포함하는 등 해외사례나 우리나라 다른 법률 수준에 비해서도 과도하다. 물론 개인정보보호를 위한 기술적인 조치는 사전에 해결책을 준비해야 한다. 셋째, 파일 형식과 제공 형태를 개선해야 한다. 검색 추출이 가능한 텍스트 PDF 방식에서 더 나아가 AI 학습용으로 활용할 수 있도록 ODF 형식의 오픈 API 방식으로 제공하는 게 좋다.

판결문의 개방은 많은 사회적 효용을 가져올 것이다. 헌법에 규정된 재판 공개의 원칙이 실현되고 국민의 알권리가 보장된다. 법률 서비스에 대한 국민의 접근성과 사법의 투명성이 높아진다. 리걸테크 등 혁신적인 법률 서비스 시장이 성장한다.

다 좋은 얘기들인데 내가 강조하고 싶은 것은 다른 장점이다. 나는 대한민국이 명실상부한 선진국으로 발전하는 데 가장 큰 걸림돌은 특권 엘리트층의 담합과 부패에 있다고 생각한다. 사법부와 검찰은 대한민국 특권 엘리트층을 대표하는 집단이다. 전관예우, 무전유죄 유전무죄라는 말은 이들 내부의 담합과 부패를 상징한다. 전관예우의 본모습은 전관 비리이자 전관 부패다. 판결문 개방은 이것을 깨트리는 트리거 역할을 한다. 이게 국가 사회적으로 가장 커다란 효용이 될 것이다. 판결문 개방 확대를 위해 사회적 합의 수준을 높여야 할 때이다. AI 전환 시대를 맞아 국회가 할 일은 이런 것들이다.

6. 국세청 데이터와 사업자등록번호

국세청은 세금을 부과하고 징수하는 사무를 관장하는 과정에서 다양한 중요 데이터를 보유하게 된다. 소득 관련 데이터, 거래 관련 데이터, 재산 관련 데이터, 사업자 정보, 세무 징수 데이터 등 국민 경제생활의 기초를 이루는 데이터들이다. 이 데이터들은 조세정책의 기초가 되는 것은 물론이고 다른 기관의 정보와 결합하여 경제 동향 분석, 산업정책, 복지정책, 고용정책 등 중요 국가정책 수립에 활용된다.

국세청은 공공데이터포털 및 국세통계포털tasis.nts.go.kr을 통해 연도별로 540여 개의 국세 통계 데이터를 제공하고 있다. 세수, 환급, 체납, 수납 등 징수 현황, 종합소득세 신고 및 확정 현황, 양도세 신고 및 확정 현황, 세무조사 현황 등이다. 현재로는 CSV, 엑셀 등 파일 데이터 형태로만 제공하는데 국세 데이터에 대한 요구와 활용도는 갈수록 높아지고 있으므로 데이터 제공 방식은 다양화할 필요가 있다. 정책 수립이나 학술연구 등의 목적으로는 파일 데이터 형식이 무난하다.

하지만 민간에서 국세청 데이터를 활용한 앱과 웹 서비스 개발이 쉬워지려면 기계 판독성이 높은 파일 및 오픈 API 형태 등으로 제공 방식을 다양화해야 한다.

또 국세 데이터의 활용성을 높이려면 적시성이 중요하다. 현재 공공데이터포털에서 통계자료로 제시된 국세 데이터는 1년 단위로 갱신되고 있다. 가능하다면 월 단위, 분기 단위, 반기 단위로 갱신하면 좀 더 유의미하게 활용할 수 있다. 개별 기업의 영업비밀 또는 개인정보와 상관없는 데이터는 통계 데이터가 아닌 원천 데이터 형태로 적시성 있게 제공되어야 한다. 이를 위해 가장 좋은 데이터 형태는 민간에서 개발 용이성이 높은 오픈 API 형태다. 파일 데이터 형태와 함께 오픈 API 형태의 데이터 개방을 좀 더 적극적으로 고려할 필요가 있다.

국세청이 보유하고 있는 '개방할 수 있는' 원천 데이터 중에서 민간 수요가 많고 파급력이 높은 데이터는 무엇일까? 코로나19 이후에 배달의민족, 야놀자 등 국민의 일상생활과 밀접하게 관련된 분야에서 O2O_{Online to Offline} 플랫폼을 통한 거래가 급팽창하였다. 쿠팡, 옥션 등 오픈마켓을 통한 온라인 상거래도 급증했다. 온라인 상거래는 공급자(플랫폼 입점 업체)와 소비자 간의 신뢰를 기반으로 한다. 이를 위해서는 공급자가 정상적으로 영업하는 업체인지, 휴폐업 중인 업체는 아닌지 소비자가 확인할 방법이 필요하다. 또 플랫폼 기업으로서도 입점 업체의 사기성 등록을 방지하기 위해서라도 사업자 확인은 필요하다. 이러한 정보로 활용될 수 있는 것이 사업자등록번호 데이터다.

사업자등록번호가 중요한 또 한 가지 이유가 있다. 사업자등록번호는 기업을 특정할 수 있는 고유한 식별번호 역할을 한다. 기업에 관한 데이터 중에서 업체명(상호), 대표자명, 업종 등은 언제든지 변경할 수 있지만 사업자등록번호만큼은 바뀌지 않는다. 사람이 태어나서 이름은 바뀌더라도 주민등록번호는 쉽게 바뀌지 않는 것과 마찬가지이다. 그래서 사업자등록번호는 기업 데이터를 결합하여 활용할 때 표준화된 연계값 역할을 한다.

경제 산업 전 분야에서 기업 데이터의 활용도는 갈수록 높아지고 있다. 기업 데이터 간 결합으로 새로운 가치를 창출하는 것의 수요도 늘어난다. 이에 따라 데이터 결합을 위한 연계값으로서 사업자등록번호에 대한 수요도 증가할 수밖에 없다. 사업자등록번호를 활용하면 상호, 업종, 대표자 변경 등으로 인한 정보의 손실을 방지하고 시계열상의 모든 데이터를 보존하고 활용하는 것이 가능해진다.

공공데이터포털에는 5,000여 개 이상의 기업 관련 데이터셋이 개방되어 있다. 국민연금공단은 국민연금 가입 사업장 정보를 제공하고 근로복지공단은 고용보험과 산재보험 현황정보를 제공한다. 전국의 지자체마다 모범음식점 정보, 숙박업체 정보, 배달전문점 정보 등을 제공한다. 그런데 기업 데이터를 개방하는 기관들이 기업 정보 중 사업자등록번호를 개인정보, 혹은 법인의 영업비밀 정보로 오해하여 미개방하고 있다. 기업의 사업자등록번호를 개인의 주민등록번호와 비슷하다고 생각하는 것이다.

사람들이 많이 오해하는데 사업자등록번호는 개인정보가 아니다. 또 사업자등록번호는 법인의 중대한 경영과 영업상의 비밀이 아니고 정보공개법상의 비공개 대상 정보에 해당하지 않는다. 국세기본법 제81조 13항 1호의 비밀 유지 규정은 세무 행정 및 세무직공무원에 한정해서 적용할 뿐 다른 행정기관에는 적용하지 않는다. 즉 다른 행정기관에서 별도로 수집한 사업자등록번호를 개방하는 것은 국세기본법의 비밀 유지 의무 위반에 해당하지 않는다. 그럼에도 해당 기관들은 사업자등록번호를 자체적으로 수집하고 있음에도 데이터 개방을 꺼리고 있다. 자체 수집한 데이터라 할지라도 이를 검증하기 위해 국세청과 연계하여 확인하는 경우가 많아서 국세청이 개방하지 않는 한 현실적으로 어렵다는 견해를 밝힌다.

미국과 영국 등 많은 국가에서는 사업자등록번호를 포함한 기업 데이터를 자국의 공공데이터포털에 제공하고 있다. 특히 영국의 기업등록청CH, Companies House은 기업 등록 정보를 직접 제공하고 있다. 우리나라는 사업자등록번호를 주민등록번호와 유사하거나 법인의 비밀로 오해하여 공공데이터포털에 부분 공개 또는 미공개하고 있다. 그러나 공공데이터에 사업자등록번호를 포함하여 개방해도 법률상 아무런 저촉 사항이 없다.

사업자등록번호를 키Key 값으로 하여 기업 데이터를 연계하면 정책과 사업 여러 방면에서 다양한 용도로 활용이 쉬워진다. 예를 들어 금감원의 매출액 정보, 중기부의 우수기업 지정 정보, 고용부의 고용보험 가입 현황정보를 결합하면 중소기업의 경영 상황에 대한 보다 정확한 정보를 추출할 수 있다. 이는 중소기업 대상 포용적 금융정책을 수립하는 데 활용할 수 있다. 또 데이터 결합을 통해 국민의 알권리를 높일 수 있다. 예를 들어 보건복지부의 보조금 불법 수령 어린이집 정보와 국민연금공단의 국민연금 가입 사업장 내용 정보를 연계하면 부모들이 투명한 어린이집 정보를 확인할 수 있다. 사업자등록번호를 키Key 값으로 하여 기업 데이터를 연계하면 좋은 기업들이 영업을 더 잘할 수 있는 선순환 생태계 조성이 가능해진다. 반대로 문제가 있는 악질 기업은 소비자 피해가 더 커지기 전에 퇴출할 수 있다.

국세청은 모든 기업의 사업자등록번호를 보유하고 있다. 그러나 국세청은 앞에서 말한 국세기본법 제81조 13항의 비밀 유지 조항을 근거로 사업자등록번호 데이터를 끝내 개방하지 않고 있다. 대안으로 추진한 방법이 사업자등록 진위 확인 서비스이다. 사업자등록번호를 입력하면 사업자의 과세 유형(일반, 간이)과 사업자 상태(휴폐업 여부)를 확인할 수 있다. 2024년 10월 말 누적 기준으로 공공데이터포털에서 오픈 API로 제공되는 모든 데이터 중에서 활용신청 전체 8위를 기록할 정도로 활용도가 높다.

만약 사업자등록번호가 공공데이터포털을 통해 오픈 API 형태로 제공되면 연계와 결합을 통한 기업 데이터의 활용도는 급속도로 증가할 것이다. 국민과 기업을 대상으로 다양한 혁신 서비스가 다수 등장할 것이 분명하다. 국세기본법의 비밀 유지 조항을 피해 갈 방법을 찾아야 한다. 가장 확실한 방법은 국세기본법의 비밀 유지 조항을 개정하는 것이다. 사업자등록번호는 기업의 과세정보가 아니고 기업 등록에 필요한 기본정보이기 때문에 공개할 수 있도록 명시적으로 규정하는 방법이다. 여기서 영국의 기업등록청CH 사례를 벤치마킹할 필요가 있다. 영국 CH는 기업통상부Department for Business and Trade 산하 행정기관으로 기업 정보의 등록과 공개를 통해 영국의 기업 환경의 투명성과 신뢰성을 높이는 역할을 하고 있다. 연간 회계보고서, 이사 정보 변경 등 기업 관련 문서를 접수하고 부과한다. 기업 정보를 공개하여 누구나 온라인으로 조회할 수 있게 하고 있다. 우리 국세청의 사업자등록번호도 실은 과세 목적 이전에 기업 등록을 위한 정보다.

6부

디지털 선도국가,
갈림길에 서다

19장
디지털플랫폼 정부, 껍데기는 가라

:: 디지털플랫폼 정부는 플랫폼을 버려야 산다. 정부가 플랫폼으로 기능하는 게 목표이지 새로운 플랫폼을 만드는 것이 목표가 되어서는 안 된다. 디지털 플랫폼 정부도 알맹이만 남고 껍데기는 가라.

1. 설마 저 공약대로 가겠어?

윤석열 대통령의 후보 시절, 1호 공약이 '디지털플랫폼 정부'였다는 걸 기억하는 사람들은 많지 않다. 국민에게 디지털 정부나 플랫폼 정부가 그리 친숙한 개념은 아니다. 그럼에도 윤 후보는 디지털플랫폼 정부를 1호 공약으로 내세웠다. 한 나라에 중요한 일이 얼마나 많은가? 놀라지 않을 수 없는 일이었다. 나는 윤 후보가 이 공약을 언급하던 순간을 생생히 기억한다. 문재인 정부의 '디지털 정부혁신 추진계획'을 처음부터 입안했기에 당연히 관심이 가지 않을 수 없었다.

윤 후보는 청년들과의 간담회와 과학기술 단체 간담회 등에서 이를 언급하기 시작하더니 대통령 선거가 치러지는 새해 첫날 기자회견에서 1호 공약으로 공식 발표했다. 글을 쓰기 위해 당시의 발언들을 다시 찾아보았다. 표를 얻기 위해 마구 던지고 보는 어설픈 공약을 다시 두 눈으로 확인하는 것은 매우 고통스러웠다. 구글 정부를 만들겠다, 30대 장관이 많이 나올 것이다, 등등 몇몇 대목에서는 헛웃음이 나왔다.

대선 기간에 윤 후보의 디지털플랫폼 정부 공약을 들으면서 매우 양가적兩價的인 느낌이 들었다. '참 어설픈데 무척 과감하구나.' 하는 느낌이라고나 할까. 겉으로 보면 그럴듯하지만 들여다보면 볼수록 어설프기 짝이 없는 얘기들이었다. 디지털플랫폼 정부의 플랫폼은 과연 무슨 뜻일까? 문재인 정부가 추진해 온 디지털 정부와 무엇이 다르지? 구글 정부라…… 정부 조직이 미국의 기술기업처럼 움직일 수 있나? 정부의 데이터를 하나로 통합하는 게 과연 가능할까? '마이AI포털'은 또 무슨 얘기인가? 좋은 얘기는 다 끌어다놓은 느낌이었다.

모든 게 의문투성이었다. 이런 어설픈 정책을 1호 공약으로 내세우다니 '윤 후보는 참 과감하구나.' 하는 생각이 들었다. 한때 윤 후보의 짤로 '좋빠가'가 유행했다. 대선 때 툭 하면 내뱉던 '좋아, 빠르게 가!'의 줄임말이다. 윤 후보는 심사숙고해야 할 일도 즉흥적으로 처리하는 성향이 있다. 디지털플랫폼 정부 공약도 그 틀에서 벗어나지 않는다. 윤 후보가 디지털 전문가는 아니니까 자신이 모든 것을 잘 알 수도 없고 또 그럴 필요도 없다. 하지만 주변의 참모들은 정확하고 신중해야 한다. 윤 후보에게 디지털플랫폼 정부의 중요성을 입력한 가까운 참모가 있었음이 틀림없다. 우리 말에 선무당이 사람 잡는다더니 이 경우에 딱 들어맞는 말이다.

한편으로 문재인 정부와 비교하니 자괴감이 들기도 했다. 앞서 디지털 정부혁신 추진계획에서 언급했듯이 문재인 정부는 밥상을 차려 바쳐도 제 발로 걷어찼다. 윤석열 정부는 너무 무모해서 탈이고 문재인 정부는 너무 신중해서 탈이다. 차차 얘기하겠지만 디지털플랫폼 정부는 아무런 실체가 없다. 문재인 정부가 추진했던 디지털 정부와 특별한 차별성을 찾기 어렵다. 윤석열 정부는 어설프기 짝이 없는 공약을 대표적인 국정과제로 끌어올리고 정부의 브랜드로 만들었다. 이걸 잘했다거나 성공할 거라 생각해서 하는 얘기가 아니다. 정책을 추진하는 행태가 그렇다는 것이다. 반면에 문재인 정부는 진주가 든 조개를 손에 쥐고서도 꺼낼 줄 몰랐다.

선거를 치르다 보면 즉흥적인 공약이 나올 수 있다. 공약은 선거 후 인수위 단계나 취임 후 정책 집행 단계에서 걸러지고 다듬어지는 법이다. 디지털플랫폼 정부 공약도 그럴 줄 알았다. '설마 처음 공약대로 추진하겠어?'라는 게 솔직한 심정이었다. 대한민국의 법과 제도와 행정 정보 시스템의 현황을 차분히 들여다보면 합리적인 방향을 잡아갈 것으로 생각했다. 그런데 설마가 사람 잡는다고, 디지털플랫폼정부위원회(이하 DPG로 약칭함)가 만들어지고 벌써 2기 위원장 체제로 바뀌었다.

현재 DPG는 민관 합동위원회 조직이 가질 수 있는 총체적인 문제를 다 드러내고 있다. DPG는 정치권의 즉흥적인 행태, 행정부 관료의 보신주의, 민간 전문가의 정부 시스템에 대한 이해 부재 등이 고루 퍼져 있다. 위원회 조직이 잘 돌아가려면 정치권의 즉흥적인 공약을 행정부의 관료적 성실함과 민간 전문가의 통찰력 있는 전문성으로 보완해 주어야 한다. 그런데 DPG는 상호 간의 견제와 보완 장치가 작동하지 않는다. DPG의 기업 출신이나 교수 출신 전문가들은 정부의 현 시스템에 대한 이해가 크게 부족하다. 일부 민간 전문가들은 현실과 동떨어진 허황한 주장을 혁신이라고 고집한다. 이런 사람일수록 특히 목소리가 크다. 정부의 기존 시스템에 있는 원시 데이터를 한 곳에 통합하여 데이터레이크를 만들어야 한다고 줄곧 주장하는 민간위원도 있다. 이러고도 배가 산으로 가지 않기를 바라면 그게 이상한 것이다.

2. 플랫폼정부라는 껍데기

모든 일에는 정의를 정확히 내리는 게 중요하다. 그럴듯한 말 잔치가 아니라 실제로 일이 되기 위해서 가장 선행되어야 할 게 정의 내리는 일이다. 이런 관점에서 '디지털플랫폼 정부'에 대한 합의된 정의가 없다는 것은 큰 문제다. 문재인 정부의 4차위 산하 스마트시티 특위가 스마트시티에 관한 합의된 정의를 내리지 않은 것과 비슷한 상황이다. 아마 DPG의 위원들조차도 '플랫폼정부'라는 같은 단어를 사용하면서도 머릿속에는 서로 다른 그림을 그리고 있을 것이다.

윤석열 대통령에게 이 공약을 제안한 걸로 알려진 김창경 교수는 "구글과 아마존처럼 AI와 빅데이터를 활용해 개인 맞춤형 정책 정보를 추천하는 플랫폼을 만드는 것"이라고 설명했다. DPG가 2023년 4월에 위원회의 1호 안건으로 의결한 '디지털플랫폼 정부 실현 계획'에는 디지털플랫폼 정부의 기본 방향을 이렇게 정리해 놓았다.

"모든 데이터가 융합되는 디지털플랫폼 위에서 국민, 기업, 정부가 함께 사회문제를 해결하고, 새로운 가치를 창출하는 정부"

여기서 당연히 의문이 떠오른다. 정부의 현실적인 법과 제도적 기반을 놓고 볼 때 모든 데이터를 융합한다는 게 과연 실현할 수 있는 목표인가? 법 규정으로 인해 원시 데이터의 물리적인 융합이 불가능하다면 현실적으로 할 수 있는 최선의 방도는 무엇인가?

정부 부처의 모든 데이터가 융합된다는 것은 사실상 불가능하다.

정부 부처의 시스템과 데이터는 법과 제도적 규정 위에 존재한다. 현실적으로 데이터 융합은 말할 것도 없고 데이터 공유와 개방조차 가로막는 개별법령이 무수히 존재한다. 이 많은 법령을 개정하기 전까지는 '모든 데이터가 융합되는 디지털플랫폼'이란 기본 전제 자체가 불가능하다. DPG에서는 이 문제를 특별법을 제정하여 해결하려 한다. 정부가 생산한 모든 데이터의 전면적인 개방과 공유를 기본 원칙화하고 이 원칙에 따라 개별법들도 정비할 수 있는 절차를 법제화하겠다는 것이다. 이는 현실적으로 불가능한 발상이다. 특별법과 다른 법령과의 충돌이 너무 심해서 법체계의 정합성을 깨트리기 때문에 불가능하다.

정부 부처 데이터의 융합은 기왕에 존재하는 데이터 플랫폼의 확장과 연계를 통해서 가능하다. 정부 내에는 각종 데이터를 효율적으로 공유하고 활용하기 위한 플랫폼이 존재한다. '행정정보 공동 활용 시스템'과 '범정부 데이터 공유 플랫폼' 등이 있다. 행정정보 공동 활용 시스템은 국민의 민원 서비스에 활용된다. 행정기관, 공공기관, 금융기관이 보유하고 있는 각종 증명서 등의 행정정보를 기관끼리 실시간으로 공유하고 연계함으로써 민원인의 문서 제출을 최소화하고 행정 서비스 처리 시간을 단축하는 역할을 한다. 정부 부처의 데이터를 연계 활용하려면 이 시스템에서 공동 이용하는 행정정보의 종류를 늘리고 활용도를 개선하는 것이 가장 현실적이다. '범정부 데이터 공유 플랫폼'은 데이터기반행정법에 따라 과학적 정책 결정을 위한 수단으로 구축하는 시스템이다. 데이터 기반으로 정책 결정을 강화하려면 이 플랫폼을 내실화하는 게 우선이다.

부처별 칸막이로 나누어진 정부 시스템의 한계를 극복하고 국민 개인에게 맞춤화된 통합 서비스를 제공하겠다는 방향 설정은 이해가 간다. 이는 문재인 정부의 'One Gov' 전략이나 디지털 정부혁신 추진계획에서도 항상 해오던 얘기이다. 디지털 정부혁신 추진계획의 6대 우선 추진 과제 중에서 첫 번째 과제가 '선제적이고 통합적인 대국민 서비스 혁신'이었다. 출산, 결혼, 취업, 창업, 사망 등 국민의 생애에 걸쳐 주요 이벤트와 관련된 서비스를 한 번에 안내받고 신청하는 원스톱 패키지 서비스를 적극적으로 확대하겠다는 게 계획의 골자였다. 복지 사각지대 예방을 위해 선제적 서비스를 제공하는 것도 핵심과제였다. 사회적 취약계층의 여러 정보를 통합적으로 관리하면 취약계층이 잘 몰라서 신청하지 못하는 일이 생겨도 정부가 선제적으로 지원하는 것이 가능해진다. 소위 '송파 세 모녀 사고' 같은 불행을 방지할 수 있다. 이를 위해서는 사회적 취약계층의 사전 동의를 받아서 그들의 각종 정보, 즉 주민등록, 가족관계, 소득, 금융, 부동산, 공공요금 등의 정보를 범정부적으로 연계하는 시스템이 준비되어야 한다.

내가 하고 싶은 얘기는 이것이다. DPG가 추진하려는 대표적인 과제들은 실제로는 모두 문재인 정부의 디지털 정부혁신 추진계획의 주요 과제들과 별다른 차이가 없는 것들이다. 디지털 정부혁신 추진계획에는 디지털 정부를 이렇게 정의했다. 지금 디지털플랫폼 정부와 차이점을 구별할 수 있는가?

> "정부 시스템을 프로세스 설계단계부터 디지털 기반으로 구축하여Digital by Design 국민에게 통합적인 디지털 서비스를 제공하고 민간이 문제 해결의 주체가 되게끔 플랫폼으로 기능하는 정부Government as a Platform"

디지털플랫폼 정부라고 해서 무슨 특별한 '플랫폼'을 떠올리면 안된다. 정부가 플랫폼으로 기능하는 게 목표이지 새로운 플랫폼을 만드는 것이 목표가 되어서는 안 된다. 디지털 정부 따로, 디지털플랫폼 정부 따로 있는 게 아니다. 결국은 디지털 정부의 일종일 뿐이다. 윤석열 정부는 플랫폼이 정확히 무엇인지, 어떻게 가능한지에 대한 구체적인 고민도 없이 정권 차원의 홍보 브랜드로 사용하고 있다. 내가 장담컨대 정권이 끝나면 디지털플랫폼 정부라는 브랜드는 흔적도 없이 사라질 것이다. 그리고 다시 디지털 정부로 바뀔 것이다. 디지털 정부는 OECD에서 공인되어 국제적으로 쓰이는 보통명사이기 때문이다. 우리 정부가 디지털플랫폼 정부를 추진한다고 하면 이 말을 듣는 외국 정부 관계자들은 겉으로는 고개를 끄덕일망정 마음 속으로는 웃고 있을 것이다.

디지털플랫폼 정부에서 '플랫폼'을 지워야 한다. 그러지 않는 한 혼선이 생긴다. 정부 각 영역에서 근본적이면서도 차분하게 디지털 전환을 추진하기보다는 무언가 획기적인 수단을 찾고 새로운 플랫폼을 만들어야 할 것 같은 압박감을 준다. 그러기에 데이터 융합을 위한 DPG특별법 같은 발상이 나온다. 소위 디지털플랫폼 정부 통합 플랫폼 'DPG 허브' 구축계획도 이러한 강박의 연장선으로 보인다. 계획에 따르면 DPG 허브는 민간과 공공의 다양한 디지털 자원을 연결하는 디지털플랫폼 정부의 최상위 통합 플랫폼이다. DPG 허브는 4대 구성요소로 이루어진다. 디지털 자원 저장소, 테스트베드, 초거대 AI, 데이터레이크 등이다.

민간의 입장에서는 공공 서비스 개발에 필요한 자원들을 쉽게 검색할 수 있는 디지털 자원 저장소, 서비스를 개발하는 데에 필요한 클라우드와 개발도구를 제공해 주는 테스트베드 같은 기능이 중요하다. 민간의 개발자가 공공과 접목한 서비스를 개발할 때 필요한 것은 다양한 단위 서비스 모듈과 데이터 API들이다. DPG 허브는 여기에 집중해야 한다. 공무원들의 진부한 아이디어로 거창한 플랫폼을 만들 일이 아니다. 초거대 AI와 데이터레이크 같은 기능이 DPG 허브에 왜 들어 있는지 이해하기 어렵다. DPG 허브를 소개하는 자료도 들여다보고 사업설명회 동영상도 시청해봤지만, 주장하는 내용을 도저히 알아들을 수가 없었다.

한 가지는 분명하다. 최상위 통합 플랫폼 구축계획이 플랫폼이 성공하는 길과는 반대의 길로 가고 있다는 점이다. 윤석열 정부는 입버릇처럼 구글과 아마존 사례를 얘기한다. 그러나 구글과 아마존은 이렇게 복잡한 설계도에 따라 만들어진 게 아니다. 구글은 페이지랭킹 알고리즘이라는 핵심 경쟁력 하나로 성공했다. 첫 서비스를 시작할 때 화면에 검색창 하나 띄웠을 뿐이다. 그때 검색창에 사용한 유명한 문구가 'Google Search: What are you looking for?(구글 검색: 무엇을 찾고 있나요?)'였다. 마찬가지로 아마존은 도서 유통 한가지로 시작했다. 도서 한 분야에서 핵심 경쟁력을 파고들었다. 1995년 아마존이 시작했을 때 그들은 '백만 종류의 책을 항상 저렴하게 팝니다.'라는 캐치프레이즈를 내걸었다.

디지털플랫폼 정부는 플랫폼을 미리아 산나. 사사 플랫폼을 생각하니 새롭게 플랫폼을 만들려고 한다. 정부에는 수많은 정보시스템, 데이터 플랫폼, 연계 시스템, 대국민 포털, 개발 체계 등이 있다. 이 기본 요소를 어떻게 혁신하고 잘 연계할 것인지를 고민하지 않고 기본 요소는 그대로 둔 채 그 위에 그럴싸한 큰 집을 새로 지어서 뒤덮으려고 한다. 모델하우스는 모델하우스일 뿐이다. 모델하우스에 사람이 살 수는 없다. 플랫폼 정부는 껍데기이고 디지털 정부가 알맹이이다. 디지털플랫폼 정부도 알맹이만 남고 껍데기는 가라.

3. 플랫폼으로서의 정부, 참뜻을 찾아보자

국제사회에서 정부와 공공부문의 디지털 전환을 가장 먼저 주창한 곳이 OECD였다. OECD는 국가와 사회 모든 분야에 대한 디지털 재설계를 강조하는 'Going Digital'를 주창했다. 2019년 세계 각계 전문가들과 함께 디지털 정부 방향성과 추진 원칙 등을 제시하였다. 이때 OECD가 제시한 게 디지털 정부 추진 6가지 원칙이다. 이 6대 원칙은 OECD의 디지털 정부 평가지표Digital Government Index에도 그대로 적용되고 있다. 이 원칙들은 디지털 시대에 정부가 더 효율적이고 투명하며 시민 중심적으로 운영될 수 있도록 하는 지침 역할을 한다. 이를 통해 정부는 디지털 기술을 활용하여 공공 서비스를 혁신하고 시민들의 요구에 더 잘 부응할 수 있다.

이 중 가장 중요한 원칙이 '설계부터 디지털로Digital by design' 원칙이다. 정책 수립과 서비스 디자인 단계부터 디지털을 기본으로 접근하라는 것이다. 우리가 정보시스템을 구축할 때 실행에 앞서서 업무 프로세스 재설계BPR, Business Process Reengineering와 앞서 말한 정보화전략계획, 즉 ISP 수립을 먼저 진행한다. 업무 프로세스 재설계BPR는 디지털 기술을 활용하여 업무 프로세스를 개선하는 게 핵심이다. ISP는 조직의 전략적 목표에 맞춰 정보시스템 구축계획을 수립하는 일이다. 일반적으로 업무 프로세스 재설계BPR를 먼저 수행하여 업무 프로세스를 최적화한 후 이를 바탕으로 ISP를 수행하여 정보시스템 구축계획을 수립한다. ISP보다 업무 프로세스 재설계BPR가 훨씬 더 중요하다.

브리태니커 사전을 백날 온라인화한다고 해도 태생부터 인터넷 기반으로 만들어진 위키피디아의 다양성, 신속성, 유연성을 좇아갈 수가 없다. 결국 브리태니커 사전은 문을 닫았다. 일본 고속철 신칸센이 아무리 최신 검표 시스템을 도입해도 우리 KTX의 모바일 탑승 확인 시스템을 따라갈 수 없다. 우리는 예매와 검표 전 과정이 디지털을 기본으로 설계되어 있기 때문이다. 디지털은 아날로그의 분절적이고 수직적인 질서를 0101 코드를 활용해 수평적으로 해체하고 통합하는 힘이 있다. 이 힘을 최대한 활용하여 업무 프로세스를 혁신하자는 것이 '설계부터 디지털로Digital by design' 원칙이다.

OECD의 디지털 정부 추진 6대 원칙 중의 하나가 '플랫폼으로서의 정부Government as a Platform'이다. 정부가 플랫폼 역할을 한다는 것은 무슨 의미인가? 이는 정부 시스템이 구글이나 아마존 같은 민간 플랫폼 기업처럼 작동한다는 의미가 아니다. '플랫폼으로서의 정부GaaP'는 정부가 행정 서비스를 제공하는 방식의 근본적인 변화를 말한다. 정부가 직접 서비스를 제공하는 것은 최소화하고 대신 민간이 참여할 기반(플랫폼)을 제공하여 실제 서비스는 민간 참여와 민간 주도로 만들어가겠다는 의미다. 정부가 제공하는 플랫폼 위에 다양한 이해관계자들이 참여하는 생태계가 만들어지면 이 생태계 내에서 혁신적인 솔루션과 서비스가 개발되고 제공될 수 있다는 것이다. 이는 기술 발전과 민간 섹터의 발전에 발맞춰 정부의 역할을 재정의하는 거버넌스 패러다임의 전환을 의미한다. 영국 GDS 초기 핵심 구성원으로서 GOV.UK 개발을 주도했던 리처드 포프Richard Pope는 '플랫폼으로서의 정부'를 이렇게 정의했다.

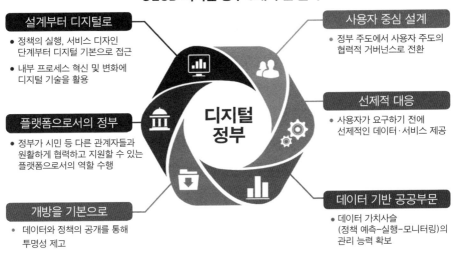

OECD 디지털 정부 6대 추진 원칙

설계부터 디지털로
- 정책의 실행, 서비스 디자인 단계부터 디지털 기본으로 접근
- 내부 프로세스 혁신 및 변화에 디지털 기술을 활용

플랫폼으로서의 정부
- 정부가 시민 등 다른 관계자들과 원활하게 협력하고 지원할 수 있는 플랫폼으로서의 역할 수행

개방을 기본으로
- 데이터와 정책의 공개를 통해 투명성 제고

디지털 정부

사용자 중심 설계
- 정부 주도에서 사용자 주도의 협력적 거버넌스로 전환

선제적 대응
- 사용자가 요구하기 전에 선제적인 데이터·서비스 제공

데이터 기반 공공부문
- 데이터 가치사슬 (정책 예측-실행-모니터링)의 관리 능력 확보

참고: OECD 디지털 정부 6대 추진원칙
(출처: OECD, Issue Paper on The Digital Government Framework, 2019 재구성)

> "플랫폼으로서의 정부는 공유 API와 컴포넌트(구성 요소)의 네트워크, 개방형 표준, 표준 데이터셋 등을 중심으로 정부의 업무를 재구성함으로써 관련 공무원과 기업 등이 더 안전하고 효율적으로 그리고 책임감 있게 근본적으로 더 나은 서비스를 제공하도록 하는 것이다."

이때 정부가 제공하는 플랫폼 기반을 이용하는 고객은 최종 소비자로서의 일반 국민이 아니라 디지털 서비스를 구축하고 개발하는 민간기업, 개발자 커뮤니티, 정부의 디지털 담당 조직 등이다. 플랫폼으로 작동하기 위해 정부는 최종 애플리케이션을 만드는 데 활용될 구성 요소들, 예를 들어 공유 API, 표준 데이터셋, 표준 프레임워크, 공통 개발 요소 등 개방형 디지털 인프라를 제공한다. 정부가 오픈 API를 통해 공공데이터의 개방을 확대하는 것, 정부 사이트에서만 가능하던 공공 서비스를 오픈 API 방식으로 민간 서비스에서 개방하는 것 등 이 모든 게 정부가 플랫폼으로 작동하는 핵심 요소들이다.

나는 DPG가 만들어지던 초기에 플랫폼으로서의 정부는 다음과 같은 공통의 기반 요소를 제공하는 데 집중해야 한다고 제안한 바 있다. 그러나 내 얘기를 귀담아듣는 위원들은 별로 없었다.

플랫폼으로서의 정부가 갖출 공통 기반 요소
- 공공데이터 개방과 민간 서비스 구축(오픈 API 제공)
- 공공서비스의 API 개방 확대로 민간 서비스와 연계 강화
- 공공서비스 공통기능 표준화(인증·고지 등) 및 단위 컴포넌트별 마이크로서비스화
- 공공서비스 개발 시 민간 SaaS 퍼스트 원칙
- 공공서비스 UI·UX 디자인 표준 프레임워크 제공
- 공통 보안규격, 이용가이드 등 정책결정

4. IPTV 모델에서 넷플릭스 모델로

우리는 보통 플랫폼 기업, 플랫폼 경제의 연장선상에서 플랫폼 정부를 이해한다. 최종 소비자로서 정부 서비스를 이용하는 처지라 이 개념에 익숙하다. 자꾸 구글과 아마존을 끌어들여 플랫폼 정부를 설명하려는 행태도 이 때문이다. 김창경 교수가 설명한 "구글과 아마존처럼 AI와 빅데이터를 활용해 개인 맞춤형 정책 정보를 추천하는 플랫폼"이라는 개념은 이 시각에서 나온 것이다. 하지만 상식적인 접근이 항상 올바른 이해를 돕는 것은 아니다. 플랫폼 기업의 연장선에서 플

랫폼 정부를 이해하는 접근방법은 심각한 오해를 낳기 때문에 경계해야 한다.

우리가 플랫폼 기업, 플랫폼 경제라 할 때의 플랫폼은 '다수의 공급자와 다수의 수요자가 만나서 새로운 부가가치를 창출하는 곳'을 의미한다. 한마디로 다수의 공급자가 경쟁하는 시장 기능을 디지털 기반으로 옮겨놓은 것이다. 아마존은 다수의 판매자와 다수의 구매자를 연결해 주는 곳이고 유튜브는 다수의 크리에이터와 다수의 시청자가 만나는 곳이다. 앱스토어는 다수의 개발자와 다수의 사용자를 연결해주는 곳이다. 에어비앤비, 쿠팡, 배달의민족, 카카오택시 등 모든 플랫폼 서비스의 속성은 마찬가지다. 플랫폼은 공급자와 사용자가 많아지면 많아질수록 네트워크 효과가 발생하여 부가가치가 급속히 증가한다.

그러나 공공 서비스는 민간의 플랫폼 서비스와는 다르다. 정부는 공공 서비스의 독점적인 공급자다. 다수의 공급자가 경쟁을 통해 부가가치를 창출하는 곳이 아니다. 앞에서 말한 '플랫폼으로서의 정부' 생태계가 만들어진다고 해도 정부의 중심 서비스가 민간에 개방되지는 않는다. 정부 서비스가 개방되는 것은 일부 주변적인 서비스다. 서비스 개방도 주로 민간의 서비스 채널을 이용하는 방식이 주가 될 것이다. 정부 서비스의 이런 특성이 플랫폼 정부와 플랫폼 기업의 가장 본질적인 차이다. 오히려 플랫폼 정부에 맞는 모델은 아마존이나 에어비앤비 모델이 아니고 넷플릭스 모델이다.

넷플릭스는 전통적인 의미의 플랫폼 기업이 아니다. 넷플릭스는 다수의 고객에게 일방적으로 콘텐츠 서비스를 제공하는 구독 기반의 스트리밍 서비스이다. 넷플릭스의 폐쇄적인 콘텐츠 생태계에서는 다수의 공급자와 다수의 소비자 간의 상호작용이 발생하지 않는다. 그러나 넷플릭스가 잘하는 것은 따로 있다. 넷플릭스는 고객들의 시청 행태 분석에 무서울 만큼 집중한다. 시청 시간대, 시청 완료율, 일시 정지와 되감기 패턴, 연속 시청, 시청 기기와 장소 등의 시청 행태와 콘텐츠의 매우 정교한 메타데이터를 결합하여 분석한다. 여기에 협업 필터링 기반 추천 알고리즘과 유사 시청자 패턴 분석 등을 활용하여 개인별로 '당신이 좋아할 만한 영화'를 추천한다. 넷플릭스는 개인별로 초기화면의 카테고리 구성이 다르다. 심지어는 같은 영화라도 고객 취향에 따라 섬네일의 이미지가 다르다. 그 정도로 초개인화된 서비스를 제공한다.

이에 대비되는 것이 한국의 IPTV 서비스이다. IPTV 서비스는 개인 맞춤화된 서비스를 제공하지 않는다. 데이터 수집 범위부터 넷플릭스와 차이가 난다. 가구별 시청이기 때문에 개인별 시청 행태 데이터를 수집할 수도 없다. 데이터가 없으니 추천 알고리즘의 활용 수준이 높을 수가 없다. IPTV는 회사가 보유한 콘텐츠를 장르별, 감독별, 출연진별, 인기 순위별로 분류해 놓고 고객이 알아서 선택하라고 하는 정도에 머무르고 있다. IPTV의 기술과 시스템 설계 방식으로는 개인별 맞춤 서비스가 원천적으로 불가능하다.

정부의 서비스는 IPTV 모델의 한계에서 벗어나 넷플릭스 모델로 진화해야 한다. 우리는 흔히 전통적인 정부 서비스를 자판기 모델에 비유한다. 자판기에 돈을 집어넣으면 준비된 상품이 나오듯이 정부도 국민에게 미리 정해 놓은 서비스만을 제공한다. 자판기 모델에서는 고객 맞춤형 서비스를 할 수 없다. 자판기 모델의 한계와 IPTV 모델의 한계는 정확히 일치한다. 넷플릭스가 개인의 취향에 따라 맞춤화된 영화를 추천하듯이 정부는 국민의 생애주기에 따라, 혹은 국민이

처한 개별적인 특수 상황에 따라 초개인화된 서비스를 제공할 수 있어야 한다. 미래의 정부는 '데이터를 활용하여 국민 맞춤형 행정 서비스를 제공하고 데이터에 기반하여 과학적으로 정책을 수립하는 정부'다. 정부가 부처와 업무의 구분 없이 하나의 정부로서 국민 개개인에게 최적화된 맞춤형 서비스를 제공하려면 정부가 보유한 국민의 데이터를 최대한 연계하고 활용할 수 있어야 한다.

넷플릭스 모델의 구현 여부, 디지털 정부의 성공 여부는 '정부가 데이터를 얼마나 효과적으로 통합하고 연계하고 활용하느냐?'의 문제로 귀결된다. 이를 가로막고 있는 장애요인이 무엇인지 찾아내고 현실적인 해결책을 찾는 게 모든 일의 선결과제다. 디지털플랫폼 정부 통합플랫폼이나 원사이트 포털과 같은 옥상옥의 시스템을 새로 구축하는 게 중요한 일이 아니다.

현재까지 대한민국의 디지털 정부는 주어진 시스템의 한계 내에서는 할 수 있는 만큼 쥐어짠 상태다. 이 힘으로 전자정부 UN 평가 1등, OECD 공공데이터 개방 평가 4회 연속 1등, OECD 디지털 정부 평가 2회 종합 1위 달성 등을 해왔다. 이제 기존 시스템의 한계를 한 단계 뛰어넘으려면 패러다임을 바꾸어야 한다. 현재 상태를 규정짓는 대표적인 제약요인은 이런 것들이다.

- 데이터 활용을 저해하는 산업화 시대에 만들어진 아날로그 법과 제도
- 부처 간 사일로 시스템과 이를 뛰어넘는 거버넌스의 부재
- 허울뿐인 민관 협업구조, 민간 전문가의 채용을 가로막는 국가공무원법의 한계

- 정책 결정권을 가진 디지털 전문 기술 조직(영국 GDS 등)의 부재
- 개발과 사후 관리(운영)로 이원화된 정부조달 체계와 국가계약법
- 플랫폼의 유연한 개발 운영이 불가능한 조달 발주 시스템

윤석열 정부 초기에 구글 정부라는 표현이 자주 나왔다. 한 나라의 정부가 미국의 일개 기업 이름으로 브랜드화하는 것은 국민 자존심의 문제이므로 삼가는 게 마땅하다. 구글 정부를 표방하려면 구글이 어떻게 오늘날의 구글 제국이 되었는지 그 핵심에서 실천 과제를 찾아야 한다. 구글이 성공한 최초의 요체는 페이지랭크 알고리즘으로 검색 정확성을 높인 것이다. 데이터 관점에서 이 말의 실천적인 함의를 이해하는 것이 중요하다. 웹 사용자가 한 사이트에서 다른 사이트로 이동할 때마다 고객의 사용 행태 데이터는 해당 사이트의 가치에 관한 정보를 구글에 주고 있다. 고객은 웹을 이용할 때마다 구글 검색 알고리즘의 정확성을 높여주어서 구글의 성장에 기여하고 있다.

아마존 역시 어떻게 오늘날의 아마존이 되었는지 데이터 활용이라는 관점에서 그 핵심을 이해해야 한다. 아마존은 세계 최대 전자상거래업체이지만 취급하는 물품 숫자가 세계 최고가 아니라 물품에 대한 고객의 사용 후 품평 데이터가 세계 최고이자 최대인 회사이다. 아마존은 고객의 실제 품평 데이터가 매출 증대를 위한 추천 알고리즘에서 가장 정확성이 높다는 것을 발견했다. 아마존은 그때부터 이 데이터를 모으고 분석하는 데 최선의 노력을 집중했다. 구글이나 아마존이나 고객의 참여로 만들어진 데이터의 수집과 분석에 기반하여 오늘의 제국이 되었다. 대한민국이 구글 정부가 되려면 무엇을 해야 할지 뻔히 답이 보이는 문제다. 그걸 할 수 있느냐, 어떻게 할 것이냐는 둘

째 문제다.

조직이 디지털 기술을 사용하여 디지털 서비스를 제공하는 것과 조직 자체가 디지털화되는 것은 다른 차원의 문제이다. 디지털플랫폼 정부가 되려면 정부 조직 자체가 선제적이고 맞춤형으로 공공 서비스를 제공하는 디지털화된 조직이 돼야 가능하다. 디지털 영역에서 기존 시중은행이 토스나 카카오뱅크의 민첩성과 경쟁하지 못하는 게 대표적인 사례. 그렇다고 정부 자체가 디지털 기업 조직처럼 될 수는 없다. 기술기업의 조직, 신속한 의사결정 구조, 고객 중심 마인드, 개발 문화, 일 처리 방식을 최대한 흡수하여 어떻게 조화시킬 것인지에 대한 고민이 있어야 최선의 해결책이 나온다. 디지털플랫폼 정부가 되려면 더 많은 전문인력이 제대로 시스템 기획, 개발, 운영을 할 수 있어야 한다. 따라서 민간 최고의 디지털 서비스 기획자, 개발자, 디자이너, UI와 UX 전문가 등이 공공부문에 일할 수 있는 유연한 채용구조가 필수 조건이다.

디지털플랫폼 정부를 AI 등 디지털 신기술로 접근하면 불을 보듯 뻔하게 실패한다. 법, 제도, 거버넌스, 업무 프로세스의 혁신이란 관점에서 접근하면 성공의 초석을 다질 수 있다. DPG가 하고자 하는 실현계획에 담긴 내용 상당수가 이미 문재인 정부의 디지털 정부혁신 추진계획에서 추진하려 했던 일들이다. 하늘 아래 새로운 것은 없는 법이다. 기본에 충실할 일이다.

20장
디지털 뉴딜의 핵심은 무엇인가

:: 윤석열 정부가 잠시 역주행했지만, 대세를 영원히 거스를 수는 없다. 대한민국의 지향점이 '디지털 선도국가, 친환경·그린 경제, 포용 사회'라는 점을 잊어서는 안 된다.

1. 완벽하게 지워진 한국판 뉴딜

한국판 뉴딜은 문재인 정부 5년 동안 최대 규모의 국가사업이었다. 한국판 뉴딜은 디지털 뉴딜, 그린 뉴딜, 휴먼 뉴딜 등 세 축으로 구성되었고 2025년까지 총 220조 원을 투자할 계획이었다. 한국판 뉴딜의 핵심은 디지털 뉴딜이다. 투자 규모도 90조 원으로 가장 크고 사업계획도 구체적이었다. 문재인 정부는 임기 마칠 때까지 한국판 뉴딜에 건심건력을 디했다.

문재인 대통령의 진심은 2020년 7월 한국판 뉴딜 국민보고대회의 기조연설에 잘 나타나 있다. 연설문 구절 한마디 한마디에 대통령이 한국판 뉴딜에 거는 기대와 포부가 가득 담겨 있다.

"정부는 오늘 새로운 대한민국의 미래를 여는 약속으로 한국판 뉴딜의 담대한 구상과 계획을 발표합니다. 한국판 뉴딜은 선도국가로 도약하는 '대한민국 대전환' 선언입니다. 추격형 경제에서 선도형 경제로, 탄소 의존 경제에서 저탄소 경제로, 불평등 사회에서 포용 사회로, 대한민국을 근본적으로 바꾸겠다는 정부의 강력한 의지입니다. 한국판 뉴딜은 대한민국 새로운 100년의 설계입니다."

문재인 정부를 넘어 다음 정부로 이어지기를 기대했던 한국판 뉴딜은 그 뒤로 어찌 되었나? 모두가 알다시피 한국판 뉴딜은 윤석열 정부에 의해 깡그리 지워지고 말았다. 이렇게까지 지난 정권에 적의를 가진 정권이 있었을까? 정통부를 해체하여 IT 정책의 대혼란을 초래한 이명박 정부를 다시 보는 듯했다. 마치 부역자 색출하듯 모든 곳에서 뉴딜의 흔적을 지우려 들었다. 감사기관은 꼬투리를 찾아 행패를 부리고 관료들은 살아남기 위해 재주를 부렸다. 불과 몇 년 사이에 아무도 한국판 뉴딜을 거론하지 않는다. 마치 역사의 페이지에서 지워진 느낌마저 든다. 통상 정권이 바뀌면 정책의 대표 브랜드 역시 바뀔 수 있다. 그런데 이 경우는 브랜드 교체 수준을 뛰어넘는다. 정책의 밑동이 잘려나간 느낌이다. 세상은 여전히 디지털 전환과 에너지 전환을 향해 도도히 흐르고 있는데 윤석열 정부 홀로 세상의 흐름과 맞서 역주행하려 한다. 그 결과는?

디지털 뉴딜은 디지털 인프라 투자를 확대해서 대한민국 경제를 추격형 경제에서 선도형 경제로 거듭나자는 계획이다. 윤석열 정부는 어떤가? 디지털 인프라 투자 확대는커녕 연구개발 예산마저 삭감하는 사상 초유의 사태가 벌어졌다. 대한민국의 정보통신기술 인프라 경쟁

한국판 뉴딜 국민보고대회 ('20.7.14.)

제7차 비상경제회의

한국판 뉴딜
국민보고대회

※ 사진: 청와대

새로운 100년의 설계, 선도국가로 도약하는 대한민국 대전환 선언

>> 2025년까지 총 220조 원을 투자해 일자리 250만 개 창출 (뉴딜 2.0)

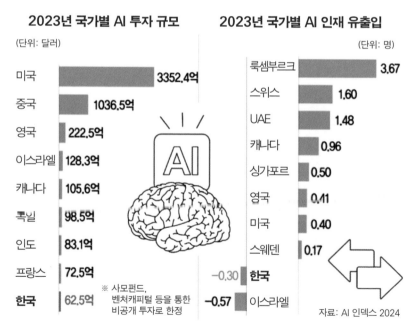

2023년 국가별 AI 투자 규모

(단위: 달러)

국가	투자 규모
미국	3352.4억
중국	1036.5억
영국	222.5억
이스라엘	128.3억
캐나다	105.6억
독일	98.5억
인도	83.1억
프랑스	72.5억
한국	62.5억

※ 사모펀드, 벤처캐피털 등을 통한 비공개 투자로 한정

2023년 국가별 AI 인재 유출입

(단위: 명)

국가	유출입
룩셈부르크	3.67
스위스	1.60
UAE	1.48
캐나다	0.96
싱가포르	0.50
영국	0.41
미국	0.40
스웨덴	0.17
한국	-0.30
이스라엘	-0.57

자료: AI 인덱스 2024

력, AI 기술 경쟁력 등은 갈수록 악화하고 있다. 젊은 연구자들의 대탈출이 벌어진다. 대한민국은 인재 유출이 선진국 중에서 두 번째로 많은 나라에 올랐다.

그린 뉴딜은 기후 위기에 선제적으로 대응하자는 계획이다. 윤석열 정부는 어떻게 했는가? 재생에너지 발전 목표를 하향 조정하고 원자력 발전 중심으로 선회했다. 그 결과 RE100을 목표로 하는 글로벌 기술기업들이 한국 내 데이터센터 신설 계획을 속속 철회했다. 한국은 재생에너지 전력을 구매하기가 가장 어려운 국가에 속한다. 반면에 기술 발전의 결과로 재생에너지의 발전단가는 화석 에너지보다 싸지는 역전 현상이 일어났다.

휴먼 뉴딜은 대한민국 대전환을 위한 전제조건으로 사회안전망을 강화하자는 계획이다. 윤석열 정부는 이 또한 거꾸로 갔다. 주 69시간 노동제, 다양한 부자 감세 정책 등으로 사회통합과는 정면으로 역행하고 있다. 사회안전망 확충은 제자리걸음이고 자산 불평등 구조는 나날이 악화했다.

한국판 뉴딜 사업이 모든 게 훌륭했다는 얘기가 아니다. 사업 내용이나 추진 방식 측면에서 아쉬운 점도 많다. 계획은 좋았는데 중간에 흐지부지 실종되어 버린 안타까운 일도 있다. 그러나 문제의식과 기본 방향을 놓쳐서는 안 된다. 윤석열 정부가 역주행하고 있지만 대세를 영원히 거스를 수는 없다. 대한민국의 지향점이 '디지털 1등 국가, 친환경·그린 경제, 포용 사회'라는 점을 잊어서는 안 된다. 우리가 한국판 뉴딜의 성과, 한계, 반성할 점을 되새겨야 할 이유가 여기에 있다.

2. 전화 한 통화에서 시작하다

한국판 뉴딜의 첫출발은 디지털 뉴딜이다. 나는 NIA 원장으로 일하면서 영광스럽게도 디지털 뉴딜의 설계자, 기획자, 최초 제안자라는 영예를 얻게 되었다. 디지털 뉴딜을 제안할 기회는 우연히 찾아왔다.

2020년 4월 중순의 어느 금요일 오후였다. 대통령 비서실 김조원 민정수석에게서 전화가 걸려 왔다. 요지는 간단했다. 문 원장이 이런 저런 강연에서 데이터로 청년 일자리를 많이 만들고 경제를 혁신할 수 있다는 얘기를 자주 한다고 전해 들었는데 그 방안이 구체적으로 무엇인지 궁금하다는 것이었다. 문재인 대통령께서는 코로나19로 인한 경제위기, 일자리 위기의 심각성을 엄중하게 보시고 청와대 참모들에게 연일 '일자리, 일자리, 일자리……' 주문을 하신다고 하소연했다. 청와대 비서진들도 너무 힘들다고 했다. 경제위기와 일자리 위기 극복 방안이 국정의 첫째 과제이니 문 원장이 주장하고 다니는 일자리 창출 방안을 보고서로 정리 좀 해달라는 것이다. 디지털 혁신이나 경제위기 극복 과제는 당연히 민정수석실 고유업무가 아니다. 그럼에도 민정수석까지 나설 정도로 청와대의 모든 조직이 이 문제에 매달려 있었다. 전화 통화로 대통령의 의지와 청와대의 분위기를 느낄 수 있었다.

대통령이 일자리 위기를 심각하게 고민하던 2020년 4월은 비상한 시기였다. 코로나19 방역 위기와 경제위기가 전 세계를 막 덮치던 때였다. 우리나라도 2020년 1월 20일에 첫 코로나19 확진자가 발생했다. 2020년 2월에는 대구 신천지 교회를 중심으로 확진자가 급증했다. 급기야 대구와 경북 지역이 특별재난지역으로 지정되었다. 정부는 2월 하순 위기 경보를 '심각' 단계로 격상했다. 대구를 폐쇄한다는 흉흉한 소문마저 돌았다.

NIA의 본원이 대구 혁신도시에 있어서 당시의 상황이 아직도 눈에 선하다. 2~3월 당시에는 서울역에서 KTX를 타고 동대구역 플랫폼에 내리면 온 역사驛舍가 쥐 죽은 듯 고요했다. 어떤 날 아침에는 그 기나긴 KTX 플랫폼에 나 혼자 내리는 때도 있었다. 수도권 병원에서는 대구에서 올라온 환자는 혹시 코로나바이러스를 전파할까 아예 받아주지도 않았다. 도시는 고립된 채 얼어붙어 있었다. 우리는 그런 시기를 지나왔다.

3월부터는 전국 확산을 막기 위한 방역체계 확립에 국가적인 역량을 총동원했다. 문재인 정부는 방역 대책으로 3T 전략, 즉 신속한 검사Test, 신속한 추적Trace, 신속한 치료Treat 전략을 시행했다. 영국 BBC를 비롯한 외국 언론은 이를 세계적인 성공 사례로 집중적으로 보도했다. 마스크 수급 안정화를 위한 공적 마스크 제도가 도입되었다. 사회적 거리두기가 시행되었고 확진자들에 대한 생활치료센터가 설치 운영되었다. 드라이브 스루 선별진료소가 전 세계적인 관심을 끌었다.

정부의 헌신적인 노력 덕분에 3월 말 이후에 코로나는 빠르게 진정되었다. 일일 확진자 수가 50명 이하로 감소했고, 의료 체계의 여유도 조금 생겨났다. 같은 시기에 미국의 뉴욕시에서는 하루에 확진자가 1만 명이 넘었고, 4월 한 달 동안 사망자가 2만 명을 넘겼다. 시체를 채 치우지 못해서 냉동 트럭에 방치하는 사진이 언론을 통해 대서특필되기도 했다. 코로나 방역 위기를 잘 넘긴 덕분에 20년 4월 총선에서 문재인 정부와 민주당은 압승을 거두었다.

문재인 대통령이 '일자리, 일자리, 일자리……'를 입에 달고 살던 시기가 바로 이때였다. 코로나19 방역 위기는 한숨을 돌린 상황이었다. 물론 그 뒤로 2~3차의 새로운 방역 위기가 또 몰려왔지만, 이때까지만 해도 방역 위기는 잘 넘긴 걸로 생각했다. 총선도 승리했다. 이제 남은 것은 경제위기였다.

코로나19 위기 때 갑자기 유행했던 단어를 기억하는가? '언택트(비대면)' '사회적 거리두기' '뉴노멀' 등이다. 수많은 자영업자가 영업시간 제한으로 일찍 문을 닫아야 했다. 식당, 술집, 노래방 등 대면서비스업의 타격이 특히 심각했다. 국제선 운항은 중단되고 공연계, 문화계, 예술계는 직격탄을 맞았다. 서비스업 중심으로 대규모 실업이 발생했다. 비정규직 노동자의 일자리가 대폭 감소하고 청년과 여성의 취업난이 심각해졌다. 반면에 온라인 업종은 사상 초유의 호황을 맞았다. 화상회의와 재택근무가 일상이 되었다. 화상회의 시스템으로 유명한 줌 ZOOM은 코로나 팬데믹 초기 1년 동안 기업가치가 8배 폭등했다.

전쟁이나 팬데믹과 같은 총체적 위기 상황이 닥칠 때 위기는 모두에게 균등하게 오지 않는다. 위기는 약자에게 더 가혹한 법이다. 모두 같은 폭풍 속에 있지만 모두가 같은 배를 타고 있는 것은 아니다. 코로나19는 노동의 유형을 크게 3가지로 나누었다. 재택근무가 가능한 노동, 필수 대면 노동, 비필수 대면 노동 등이다. 재택근무가 가능한 고소득 직종은 상대적으로 안정적이었지만 비필수 대면 노동은 고용 안정성 측면에서 가장 취약했다. 경기회복도 불균등해서 'K자형' 회복이 예측되었다. 이는 문자 'K'의 모양처럼 경제 주체들이 두 갈래로 나뉘어 회복되는 현상을 의미한다. 안정적인 정규직 근로자와 IT 기업은 위로 상승하고 비정규직 근로자와 소상공인, 자영업자는 아래로 하락한다. K자형 회복은 코로나로 인한 경제적 양극화 현상의 심화를 잘 보여준다.

코로나는 총체적 위기이면서도 한편으로는 기존 기득권 질서의 전면적인 재편을 가져올 기회이기도 했다. 재택근무, 화상회의, 온라인 개학 등이 일상의 풍경, 즉 뉴노멀이 되었다. 비대면 기술은 어느 날 갑자기 찾아온 것이 아니다. 실은 이미 인터넷 혁명과 모바일 혁명 때부터 시작되었다. 마치 '오래된 미래' 같은 것이다. 코로나 팬데믹 상황이 공고한 기득권 질서를 무너트리는 트리거 역할을 했을 뿐이다.

조직 내에서 기득권을 지닌 기업의 임원, 교수, 의사 등의 저항이 무의미해지면서 원격 서비스와 스마트워크 기술의 확산에 봇물이 터졌다. 60대 교수들도 줌을 이용한 원격교육에 익숙해져야 했다. 원격의료에 그토록 반대하던 의료계도 코로나바이러스 감염 위험 앞에서는 원격의료를 임시로나마 허용할 수밖에 없었다. 의사와 환자 간 전화 상담과 전화를 통한 처방전 발행이 허용되었다. 코로나19 이전이라면 상상도 못 할 일이었다. 이제 전면적인 디지털 전환의 봇물은 터졌고, 한번 터진 봇물은 불가역적이어서 되돌릴 수가 없다. 경제, 사회, 교육, 의료, 행정 등 우리 삶의 모든 영역에서 디지털 전환은 가속화될 것이다.

위기 상황 앞에서 분야마다 준비된 정도의 민낯이 드러나기도 했다. 기업은 비교적 잘 적응하는 반면에 학교에서는 온갖 문제가 노출되었다. 초중고 원격 학습의 기본 플랫폼이었던 'EBS 온라인클래스'는 트래픽 폭주로 상당 기간 기능이 마비되었다. 대학, 교육청, EBS 온라인 시스템 등 교육 분야 전반에 기술적 준비와 인프라의 취약성이 극명하게 드러났다.

코로나19 위기의 대응책으로 '사회적 거리두기'를 실시했지만, 인간이 언제까지 거리를 두고 살 수는 없었다. 사회적 거리두기와 물리적 거리두기를 극복할 수단이 필요했다. 그게 디지털의 힘이다. 사회적 거리두기는 '디지털로 거리 잇기'로 보완되어야 했다. OECD에서 몇 년 전부터 'Going Digital'를 얘기하고 있는데 코로나19를 벗어나려는 시기야말로 'Going Digital'이 절실했다.

코로나19 경제위기 대응책의 핵심은 '국가와 사회 디지털 대전환의 전면화'일 수밖에 없었다. 우리는 1998년 외환위기 때에도 정보통신기술ICT을 통해 위기를 극복한 경험이 있다. 대량 실업과 기업 도산의 위기를 초고속 인터넷 인프라 구축과 IT 벤처 열풍으로 극복했다. 그 덕분에 우리나라는 IT 강국으로 우뚝 올라설 수 있었다. 위기가 기회로 작용한 것이다. 그래서 혹자는 외환위기를 '가면을 쓴 축복'이라 부르기도 한다. 코로나19 경제위기 역시 '가면을 쓴 축복'으로 만들어야 했다. 우리 앞에는 과감한 디지털 전환을 통해 혁신과 도약의 기회로 삼는 유일한 선택이 남아 있었다.

코로나19 위기를 맞은 2020년은 AI 시대였다. 인프라 투자 역시 AI, 빅데이터Big Data, 클라우드Cloud 등 'ABC'에 집중되어야 했다. 국가와 사회 전 분야에 걸친 디지털 전환계획을 보통 'ABC+X 프로젝트'라 불렀다. 외환위기를 맞은 1998년은 인터넷 시대였고 당연히 인프라 투자는 초고속 인터넷망, 브로드밴드에 집중되었다. 소프트뱅크의 손정의 회장이 김대중 대통령을 만나 도시락을 먹으면서 강조한 얘기가 '첫째도 브로드밴드, 둘째도 브로드밴드, 셋째도 브로드밴드'였다. 손정의 회장이 2020년에 문재인 대통령을 만나서 강조한 얘기는 '첫째도 AI, 둘째도 AI, 셋째도 AI'이었다.

3. 비상시국에는 비상하게 대응해야

디지털을 활용하여 코로나19 경제위기 극복 방안을 찾는 것은 NIA 원장으로서 너무나 당연한 역할이었다. 지금 생각해 보면 내 힘이 미치는 모든 자리에서 주장하고, 또 주장했던 것 같다. 부처 장관이 주재하는 회의, 청와대 회의, 외부 강연, 방송 인터뷰, 신문 기고 등 가리지 않왔다. 당시 내가 입버릇처럼 하던 말이 있다.

> "이왕 할 일이면 빨리하자. 5년에 걸쳐 할 일을 2~3년으로 단축하자. 핵심사업의 예산에 동그라미(0) 하나를 더 붙이자."

초기에 자원을 집중적으로 투입하여 속도감 있게 사업을 추진하자는 얘기였다. 5개년 계획으로 잡혀 있는 사업들은 2~3년으로 앞당겨야 한다. 지금 전대미문의 코로나19 경제위기 상황 아닌가. 비상시국에는 비상하게 행동하는 게 맞다.

어느 자리에서나 대응 전략으로 강조하던 것들이 몇 가지 있다. 흔히 전략이라고 하면 무슨 대단한 것처럼 생각하는데 그렇지 않다. 전략이란 평범하면서도 중요한 것들, 기본을 이루는 것들이다. 첫째, 정보통신기술 인프라에 대규모로 투자해야 한다. 비대면 활동이 활발해지면서 네트워크와 클라우드 등 정보통신기술 인프라의 전략적 중요성이 재확인되었다. 디지털 대동맥이자 디지털 심장이라 할 5G와 클라우드에 집중적으로 투자하여 성장잠재력을 키워야 한다. 둘째, 디지털 산업의 생태계 전반을 튼튼히 하는 국가적 사업을 벌여야 한다. 단말기에서부터 네트워크, 데이터, 플랫폼, 서비스까지 디지털 산업의 가치사슬 전체가 동반 성장하도록 국가적 차원의 대규모 융합 사업을 추진해야 한다. 셋째, 세계 1등을 목표로 주요 도메인별 ABC 플랫폼을 구축해야 한다. 우리가 경쟁력을 지니고 또 국민이 체감할 수 있는 주요 도메인에 ABC를 결합하여 산업경쟁력과 서비스 수준을 획기적으로 높이는 이른바 'ABC+X 프로젝트'다. 넷째, 디지털 대전환에 걸맞게 전 국민 디지털 역량 강화 교육과 법체계 혁신은 기본과제다.

정보통신기술 인프라 투자와 관련해서는 두 가지 사업을 항상 주장했다. 5G 국가망 구축과 클라우드 대전환 사업이다. '5G 국가망' 구축은 공공의 업무환경을 모바일 환경으로 대전환하자는 것이다. 중앙정부, 지자체, 초중고교 등 공공의 네트워크 인프라를 5G 기반으로 전면 전환하여 사무실 내의 근무환경과 사무실 바깥의 원격근무 환경을 스마트 업무환경으로 획기적으로 개선하는 계획이다. 당시나 지금이나 중앙정부와 지방정부의 통신업무 환경은 유선 기반이다. 스마트 업무의 핵심인 모바일 전환이 매우 어려운 구조다. 또한 5G 교육망 구축도 필요하다. 코로나 위기에서 드러났듯이 학교의 통신 인프라 수준은 가장 낙후되어 있다.

또 하나가 국가 클라우드 대전환 프로젝트다. 당시 소득 70% 국민에게 재난지원금을 지원한다고 발표하자 국민의 검색이 폭주하여 보건복지부 홈페이지가 24시간 이상 다운되는 일이 있었다. 이런 기본적인 일부터 방지해야 한다. 국가적 위기 상황이나 대국민 이슈 발생 시에 발 빠르고 안정적인 공공 서비스 제공이 가능하도록 민간 클라우드 전환을 추진해야 한다. 정부의 대민서비스가 제공되는 홈페이지와 포털의 민간 클라우드 전환이 가장 시급하다. 초중고와 대학 역시 민간 클라우드 기반 교육환경으로 혁신해야 한다. 정부 영상회의 시스템도 클라우드 기반으로 전환하면 민관 온라인 협업과 온라인 회의가 수월해진다. 근본적으로 국가 클라우드 전환 5개년 계획을 세워서 단계별로 전략적으로 전환을 추진해야 한다. 이 과정에서 미 국방성 '제다이 프로젝트'처럼 상징적인 대규모 시범 프로젝트도 추진할 필요가 있다.

디지털 생태계를 강화하는 국가적인 사업에서 가장 중요한 것은 역시 데이터 분야다. 세계적으로 AI 경쟁과 데이터 경쟁이 너무나 치열하다. AI 기술 수준은 결국 데이터 문제다. 네트워크 효과로 인해 AI 갭이 확대되는 것을 방지하려면 초기에 자원을 집중해야 한다. 뒤로 갈수록 격차가 벌어져서 따라잡기가 더 힘들어진다. 이런 맥락에서 기회 있을 때마다 줄기차게 주장한 게 바로 '데이터 뉴딜 사업'이다.

사업의 내용은 단순하다. 이왕에 부처별로 계획되어 있는 데이터 사업을 획기적으로 강화하자는 것이다. 대표적으로 AI 학습용 데이터 구축 사업을 대규모로 확대하자는 것이다. '데이터 구축에 크라우드 소싱 방식을 결합하여 일자리도 늘리고 전문인력도 활용하자. 공공데이터 개방의 폭도 대폭 늘리고 품질 개선 사업도 병행하자.' '국가 중점 데이터 같은 것도 자원을 투입하여 조기 개방하자.' 등등의 제안이었다. 데이터 사업은 청년들 일자리 창출에 매우 효과적이라 생각하여 가칭 '데이터 청년 뉴딜'이란 명칭을 붙여보기도 했다.

교통, 교육, 환경 등 주요 도메인별로 ABC 플랫폼을 구축하는 사업도 여러 자리에서 제안했다. 대표적인 게 'AI 기반의 스마트 교통 플랫폼'이다. 서울과 경기 등 수도권의 2,500만 주민이 교통 체증 문제로 겪는 스트레스와 고통은 이루 말할 수 없이 심대하다. 직장인들의 가장 커다란 불만 요인 중 하나라고 해도 과언이 아니다. 만약 AI 기술과 데이터를 결합하여 교통 체증을 20% 절감할 수만 있다면 그 사회적 효용은 막대하다. 지능형 CCTV로 실시간 교통 데이터를 분석하여 신호 통제를 최적화하는 것은 그리 어렵지 않은 기술이다. 여기에 티맵과 카카오맵 등 민간 내비게이션에 수집되는 목적지 정보를 결합하여 분석하면 30분에서 1시간 이후의 교통상황까지 예측할 수 있다. 실시간 교통상황 정보와 예측 교통량 정보를 결합하면 적절한 트래픽 분산까지 가능하다.

사례가 없는 것도 아니다. 중국의 항저우시에서는 알리바바 클라우드가 중심이 되어 '시티 브레인City Brain'이라는 스마트시티 플랫폼을 개발했다. 시티 브레인 도입 이후에 교차로 통과 시간이 15% 단축되었고 주요 고가도로의 통행시간도 평균 5분 정도 단축되었다. 출퇴근 시간이 평균 9.2% 단축되는 효과를 낳았다. 구급차와 같은 긴급차량은 최적 경로 안내와 신호등 관리로 도착시간을 50%나 절감했다. 종합적으로 항저우시는 중국 내에서 교통 혼잡도가 높은 도시 5위에서 57위로 개선되었다. 온라인 정부 서비스 역량 평가에서는 주요 도시 중 2위를 기록하는 성과를 보았다.

AI 기반의 스마트 교통 플랫폼은 이해관계자가 복잡하다. 관련 부처만 해도 경찰청, 광역 및 기초지자체, 국토부, 행안부, 과기정통부, 법무부 등 다수가 얽혀 있다. 민간사업자와의 데이터 협력도 필수적으로 요구된다. 개인정보 침해 우려나 데이터 보안 문제 등도 풀어야 한다. 범국가적인 협업 거버넌스 체계가 뒷받침되지 않으면 실행할 수 없다. 추진 과정도 시범사업과 실증사업의 경험을 많이 쌓으면서 시행착오를 반복하는 과정을 거쳐야 한다. 국가적인 리더십이 발휘되어야 가능한 프로젝트다.

이 프로젝트 역시 아무도 선뜻 나서지 않아서 제안에 그치고 말았다. 스마트시티 프로젝트는 도시의 고유한 현안을 과제로 내걸고 구체적인 개선을 이루는 것을 목표로 헤아 한다. 세계 1등을 목표로 주요 도메인별 ABC+X 프로젝트를 추진하는 것이 산업경쟁력도 높이면서 경제위기를 극복할 수 있는 가장 확실한 전략이다.

디지털 SOC로
일자리 창출혁신성장 선도
- 포스트 코로나 경제위기 대책 -

2020. 4.

NIA 한국정보화진흥원

목 차

Ⅰ. 추진 배경 및 필요성

Ⅱ. 기본 방향
1. 대규모 데이터 뉴딜을 추진해 대량의 일자리 창출
2. 국가 디지털 전환 인프라 구축으로 혁신성장 토대 마련
3. 디지털 역량 강화로 일자리 창출과 디지털 포용 동시 달성

Ⅲ. 주요 추진과제
1. 대규모 데이터 뉴딜 추진
2. 국가 디지털 전환 인프라 구축
3. 전국민 디지털 역량 강화 지원

4. 디지털 르네상스 선도국가의 길

기회 있을 때마다 디지털 대전환 프로젝트를 강조하고 있던 차에 코로나19 경제위기 극복 방안을 정리해달라는 청와대의 전화를 받았다. 금요일 오후에 통화를 했는데 일요일 오후까지 보고해달라고 했다. 청와대는 전통적으로 토요일 하루 쉬고 일요일은 대부분 정상 근무하는 패턴으로 일한다. 월요일 아침부터 대통령 보고와 회의를 준비해야 하기 때문이다. 이것도 머피의 법칙이라 할 수 있는지 모르겠으나 급한 일은 꼭 금요일 오후에 일어난다. 일요일 보고를 위해서 NIA 간부 직원들과 금요일과 토요일 이틀 밤을 꼬박 새우다시피 해야 했다. 이렇게 해서 만들어진 게 디지털 뉴딜 첫 보고서인 '디지털 SOC로 일자리 창출과 혁신성장 선도 - 포스트 코로나19 경제위기 대책'이었다. 총 13페이지 분량이었는데 나중에 공무원들 사이에 「NIA 13P 보고서」로 불렸

다. 4월 19일 일요일 미팅에서 민정수석은 NIA의 보고서를 대통령께 잘 전달하겠노라고 약속했다.

그 뒤로 일은 급물살을 타기 시작했다. 청와대는 매주 월요일에 대수보 회의(대통령이 주재 수석·보좌관 회의)가 열린다. 정식 회의 이전에 주요 수석들과 비공식적인 티미팅이 있다. 이 자리에서 민정수석이 NIA의 보고서 얘기를 꺼내면서 대통령께 보고서를 전해드렸다. 문재인 대통령의 오랜 습관이 있다. 변호사 출신인 탓인지 보고서 읽기를 좋아한다. 대통령선거 때 보면, 그 바쁘고 힘든 선거운동 기간에도 댁에 들어갈 때에는 꼭 두툼한 서류봉투를 챙겨 가신다고 들었다. 밤 늦게까지 각종 공약들을 꼼꼼히 읽으시는 것이다. 대통령 되신 이후에도 이 습관은 바뀌지 않았다. 하루 공식 업무가 끝나고 청와대 내 관저로 퇴근하실 때 꼭 미처 못 읽거나 정독해야 할 서류를 챙겼다. 4월 20일 월요일 퇴근하실 때도 마찬가지였다. 「NIA 13P 보고서」를 관저로 챙겨가서 밤늦도록 읽고 또 읽으신 것이다.

그러고는 바로 다음 날인 4월 21일 화요일 아침 수석들과의 티미팅 자리에서 지시했다고 한다.

"문 원장이 제안한 보고서의 내용이 좋더군요. 제안한 과제들이 다 일리가 있어요. 정부에서 적극적으로 추진할 방법을 찾아봅시다. 더 구체화해야 할 씨힝은 문 원상과 상의해서 진행하세요……."

수석으로부터 전해 들은 얘기라서 정확하지 않을 수는 있다. 어쨌든 화요일 오후부터 전화통에 불이 났다. 각 부처에서 「NIA 13P 보고서」를 보내달라는 요청이 빗발쳤다. 대통령의 한마디가 그렇게 무서운 것이다. 그전에 줄기차게 데이터 뉴딜의 필요성을 얘기할 때는 별 반응이 없던 사람들이 대통령 한마디에 그때야 호떡집에 불난 듯했다. 더 놀라운 일은 그다음 날 4월 22일 수요일 오후에 벌어졌다. 대통령이 청와대에서 열린 제5차 비상 경제 회의에서 '한국판 뉴딜'을 추진하겠다고 갑자기 선언했다.

"정부는 고용 창출 효과가 큰 대규모 사업을 추진함으로써 단지 일자리를 만드는 데 그치지 않고 코로나19 이후 시대의 혁신성장을 준비해나가겠습니다. 관계 부처는 대규모 국가 프로젝트로서 이른바 한국판 뉴딜을 추진할 기획단을 신속히 준비해 주기 바랍니다. 정부가 특별한 사명감을 가지고 나서 주기 바랍니다."

대규모 국가 프로젝트를 벌이자는 것, 이를 통해 일자리 창출과 혁신성장을 동시에 추진하자는 것, 이를 한국판 뉴딜이라는 국가사업으로 추진하겠다는 것이 공식화되는 순간이었다.

문 대통령은 내가 제안한 데이터 뉴딜과 디지털 뉴딜을 한국판 뉴딜로 확대했다. '한국판 뉴딜'이라는 명칭은 분명히 대공황 시기 미국 루스벨트 대통령의 뉴딜정책을 염두에 둔 것이다. 미국의 뉴딜정책은 흔히 3R로 대표된다. 대공황으로 인한 대량 실업의 구제Relief, 산업 질서와 경제의 회복Recovery, 사회적 불균형에 대한 근본적인 제도 개혁Reform 등이다. 초기엔 실업자를 구제하고 경기를 회복시키는 것에 집중했다. 그러나 점차 테네시강 유역개발, 도로, 항만 건설과 같은 사회간접자본SOC 투자와 각종 문화사업 등 공공사업 확대를 통한 일자리 창출에 주력했다. 동시에 사회보장법을 제정하여 미국 사상 최초로 사회적 약자를 위한 사회안전망을 구축했다. 한국판 뉴딜 역시 디지털 사회간접자본 투자를 통한 일자리 창출과 혁신성장에 주력하고

디지털 뉴딜로 국가 대전환을 꾀하다

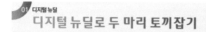

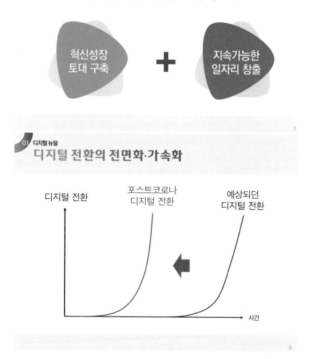

휴먼 뉴딜을 통해 전 국민 고용 안전망 구축에 나선 점에서 미국 뉴딜 정신과 일맥상통한 특성을 읽을 수 있다.

한국판 뉴딜은 단순한 경기부양책이 아니다. 뉴딜의 목표는 과거로 돌아가는 경제회복이 아니라 미래로 나아가는 경제혁신이다. 복구적 회복을 뜻하는 바운스 백Bounce Back이 아니라 적극적 회복을 뜻하는 바운스 포워드Bounce Forward를 추구한다. 일자리 창출과 경제 활성화로 당면한 위기를 극복하는 것이 필요조건이라면 경제구조를 추격형에서 선도형으로 고도화하는 것이 충분조건이다. 이런 점에서 한국판 뉴딜의 궁극적인 목표는 대한민국을 추격 국가에서 선도국가로 바꾸는 것이다. 문재인 대통령은 이를 국가 대전환이라 표현했다.

NIA의 최초 보고서가 어떤 내용이었길래 한국판 뉴딜이라는 국가적 사업의 실마리가 되었을까? 보고서의 핵심 주장은 대규모의 디지털 인프라와 디지털 SOC 구축으로 단기적 일자리 창출과 장기적 혁신성장을 동시에 달성하자는 것이다. 과거의 뉴딜이 전통적인 SOC, 즉 도로, 항만, 댐, 공항 등의 투자에 주력했다면 코로나19 이후 시기에는 디지털 SOC 투자에 집중해야 한다.

디지털 SOC는 디지털 시대의 재화와 서비스 생산에 간접적으로 공헌하는 유무선 정보통신망, 공공과 민간의 빅데이터, 클라우드 인프라, 개방형 플랫폼 등의 디지털 공공 인프라를 말한다. 전통적 사회간접자본soc과 달리 네트워크, 데이터, 소프트웨어 중심으로 구성된다. 이미 중국은 경제회복을 위해 무려 5,900조 원 규모의 신기건新基建(신형 인프라 건설) 부양책을 발표했다. 세계경제포럼은 향후 10년간 경제에서 창출되는 가치의 약 60~70%는 디지털이 될 것으로 예측했다.

보고서는 코로나19 이후 시기의 국가 비전으로 '21세기 디지털 르네상스 선도국가'를 제시했다. '디지털 르네상스'란 무엇인가? 근대 르네상스는 코페르니쿠스의 지동설(천문학), 나침반의 개량과 보급(항해술과 지리학), 구텐베르크의 금속활자 발명(인쇄술) 등과 같은 과학기술의 발전이 변화를 이끈 시기였다. 21세기 디지털 르네상스는 AI와 빅데이터와 클라우드 등 첨단 디지털 기술이 혁신과 성장을 이끄는 시대다. 새로운 디지털 르네상스기를 위해 국가와 사회 디지털 대전환의 전면화를 바탕으로 새로운 산업과 일자리를 창출하고 국가적 위기를 극복할 것을 주장했다.

보고서에 담긴 주요 추진 과제는 세 가지였다. 첫째, 대규모 데이터 뉴딜 추진이다. AI 학습용 데이터 구축 확대, 공공데이터 개방 확대, 공공데이터 품질 진단 및 개선 등을 통해 일자리 창출하고 고품질의 활용도 높은 국가 데이터 자산을 확보한다. 둘째, 전 국민 디지털 역량 강화 지원이다. 전 국민 AI 교육 시행 등으로 디지털 역량을 획기적으로 높인다. 셋째, 디지털 전환 인프라 구축이다. 낙후된 학교 또는 지역의 네트워크 인프라 개선과 더불어 5G 국가망 구축, 국가 클라우드 전환 등 미래 대비 선제적 투자를 추진한다.

내가 디지털 뉴딜 주제의 강연 때마다 강조한 게 두 가지였다. 하나는 일자리 창출과 혁신성장이라는 두 마리 토끼를 동시에 잡아야 한다는 것이다. 단기적인 일자리 창출이 필요조건이라면 장기적인 혁신성장의 토대 구축은 충분조건이다. 코로나19 경제위기 극복 대책으로 필요조건과 충분조건을 동시에 충족하는 과제가 필요했다. 또 하나는 곱하기 10(×10)의 논리다. 대한민국의 디지털 전환은 이왕 가야 할 길이다. 이왕 가야 할 길이라면 코로나 위기 시기에 자원을 집중적으로 투입하여 시기를 앞당기자는 것이다. 이를 통해 대한민국을 디지털 르네상스 선도국가로 만들자는 주장이었다.

21장
디지털 뉴딜, AI 시대의 물꼬를 트다

:: 디지털 뉴딜은 국내 클라우드 시장에 상전벽해 같은 변화를 불러왔다. 네거티브 방식으로 규제를 개선하여 기초 환경을 정비했고, 공공부문 클라우드 전면 전환 사업으로 대규모 마중물을 부었다.

1. 취하면서 동시에 버려라

디지털 뉴딜은 윤석열 정부의 출범과 함께 사실상 종료되었다. 종료된 지 3년이 지난 이 시점에서 디지털 뉴딜 사업의 세부 내용을 시시콜콜히 재론하는 것은 별로 의미가 없다. 한국판 뉴딜을 대공황 시기 미국의 뉴딜정책과 비교하여 평가하는 것도 적절치 않다. 미국의 뉴딜정책은 루스벨트 대통령이 취임하는 1933년부터 본격적으로 제2차 세계대전에 참전하게 되는 1941년까지 어림잡아 8년간 추진된 정책이다. 루스벨트는 미국 역사상 최초로 네 번 연임을 한 대통령이다. 그만큼 안정적으로 정책을 추진할 수 있었다. 이에 비해 한국판 뉴딜은 2020년 7월부터 2022년 5월까지 불과 2년 추진되었을 뿐이다.

문재인 대통령이 아무리 '대한민국 새로운 100년의 설계이자 선도

국가로 도약하는 대한민국 대전환 선언'이라고 가슴 벅찬 포부를 밝혀본들 정권교체 앞에서는 속수무책일 수밖에 없다. 아마 정권 재창출이 되었더라면 한국판 뉴딜에 담긴 디지털 전환, 에너지 전환, 사회안전망 강화 등의 정책은 한층 더 탄력을 받았을 것이다. 한국판 뉴딜은 중간에 허리가 잘려버렸다. 하지만 국가적인 차원에서 진행된 사업인 만큼 평가는 제대로 남길 필요가 있다. 특히 정책 추진상의 문제를 살펴서 교훈으로 삼고자 한다. 천재 기사 이세돌은 바둑에서 가장 중요한 것이 복기하는 과정이라고 했다. 복기를 통해 가장 크게 배우고 다음 바둑에서 그만큼 발전할 수 있다는 것이다.

한국판 뉴딜은 처음에 디지털 뉴딜에서 시작했으나 추진본부와 기획단이 꾸려지면서 점차 정책의 범위가 커졌다. 가장 먼저 기후변화와 에너지 전환이라는 시대적 과제에 대비하기 위해 그린 뉴딜이 추가되었다. 당시 집권 여당 쪽에서 한국판 뉴딜 사업에 그린 뉴딜을 포함해달라고 강하게 요구했다고 들었다. 다음으로 안전망 강화 정책이 추가되었다. 뉴딜 정책이 원래 새로운New 사회계약Deal을 의미한다는 점에서 사회적 약자들의 사회보장을 강화하는 제도개혁이 반드시 담겨야 마땅하다는 주장이 강력히 제기되었다. 주로 인문 사회 분야 진보적 학자들이 강하게 주장했다. 안전망 강화 분야는 나중에 '휴먼 뉴딜'로 개념이 재정의되었다.

2020년 7월 한국판 뉴딜 국민보고대회에서는 디지털 뉴딜, 그린 뉴딜, 안전망 강화 등 세 가지 축으로 종합계획이 발표되었다. 여기에 맞춰서 한국판 뉴딜이 추구하는 대한민국의 미래 변화상도 제시되었다. 광고 문구 같은 표현을 빌리자면, 디지털 뉴딜은 '똑똑한 나라', 그린 뉴딜은 '깨끗한 나라', 안전망 강화는 '따뜻한 나라'의 비전을 담고 있다.

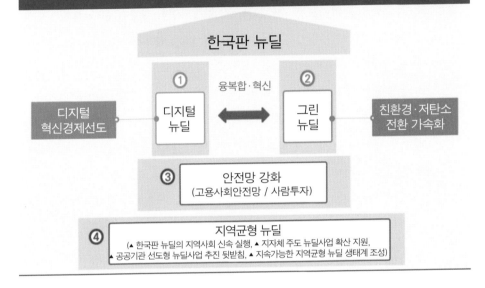

디지털 뉴딜

한국판 뉴딜의 전체 모습

한국판 뉴딜

① 디지털 뉴딜

융복합·혁신

② 그린 뉴딜

디지털 혁신경제선도

친환경·저탄소 전환 가속화

③ 안전망 강화
(고용사회안전망 / 사람투자)

④ 지역균형 뉴딜
(▲ 한국판 뉴딜의 지역사회 신속 실행, ▲ 지자체 주도 뉴딜사업 확산 지원,
▲ 공공기관 선도형 뉴딜사업 추진 뒷받침, ▲ 지속가능한 지역균형 뉴딜 생태계 조성)

　　여기까지는 좋다. 몇 달 후에 갑자기 지역 균형 뉴딜이 4번째 축으로 추가되었다. 한국판 뉴딜을 국가 균형 발전정책과 연계하여 지역 발전을 추구한다는 것이다. 목표와 명분은 그럴듯하지만 알맹이는 아무것도 없었다. 예산이 추가로 배정되는 것도 아니고 새로운 사업이 만들어지는 것도 아니었다. 지역 균형 발전이라는 명분을 앞세워 지역으로의 예산 배분 몫을 조금이라도 늘리려는 제로섬 게임에 지나지 않았다. 난데없이 지역 균형 뉴딜이 추가된 속사정은 잘 알지 못한다. 지역의 정치인들과 지자체가 아우성을 친 결과가 아닌가 하고 짐작만 할 뿐이다.

　　모든 사업 성공의 요체는 선택과 집중에 있다. 그러나 이게 말은 쉽지만 실행은 전혀 쉽지 않다. 선택과 집중은 리더십이 뒷받침되어야 가능하다. 선택은 한편으로는 취하는 것이지만 다른 한편으로는 버리는 것이다. 버리기가 더 어렵다. 사업을 관두고 예산을 버리고 조직을 버리는 것이다. 버리는 것, 배제하는 것에는 당연히 갈등이 수반된다. 정치권의 압력이나 멋있어 보이지만 내실 없는 제안에 휘둘리면 안 된다.

지역 균형 뉴딜 같은 것이 대표적이다. 지역 균형은 대한민국이 해결해야 할 과제임이 틀림없다. 하지만 한국판 뉴딜은 '대한민국 고민 해결사'가 아니다. 세상에 필요한 일, 대한민국이 안고 있는 모든 문제를 한국판 뉴딜로 해결하려 들면 안 된다. 그러다가 죽도 밥도 안 된다. 한국판 뉴딜의 필요충분조건에 맞는 사업에 집중해야 한다. 단기적인 일자리 창출이 필요조건이라면 장기적인 혁신성장의 토대 구축은 충분조건이다. 적어도 나는 그렇게 생각한다. 정치권의 온갖 소음에 흔들리지 말고 원칙과 중심을 잡아 나가야 했다.

게다가 한국판 뉴딜을 시작한 시간이 2020년 7월이다. 대통령 임기까지 2년이 채 안 남은 시간이다. 일자리를 만들어내고 혁신의 토대를 쌓는 일에만 집중하기에도 시간이 촉박한 시점이었다. 그렇다면 더더욱 선택과 집중을 해야 했다. 수십 년이 걸려도 해결하지 못한 지역 균형 발전을 한국판 뉴딜을 추진하는 2년 동안 해결할 수 있다고 생각하는 것 자체가 과욕이다. 또 혁신성장을 목표로 디지털 뉴딜을 추진하다 보면 지역 균형 발전과 충돌하는 일도 얼마든지 생길 수 있다. 이럴 때는 불가피하게 선택해야 한다. 선후와 경중을 결정해야 한다. 높은 가치라고 해서 동시에 해결할 수는 없다. 선택과 집중이 이래서 어렵다. 정치적 리더십은 이런 일을 결정해야 한다.

계획보다 더 중요한 게 실행이다. 세상에 100% 완벽한 계획은 없다. 전체적인 방향이 옳다면 부족한 것은 실행하면서 보완하면 된다. 그래야 속도감 있는 사업추진이 가능하다. 반면에 한국의 관료들은 처음 시작할 때부터 그럴듯한 '종합계획' 수립에 목매단다. 그들은 마치 계획 세우는 것을 가장 중요한 일이라고 생각하는 것 같다. 계획을 세워놓고는 뒤돌아서서 또 다른 계획 세우기에 바쁘다. 계획 이후의 실행을 내실 있게 챙기지 않는다. 종합계획에 담긴 정량 목표에 따라 외형적인 성과를 측정할 뿐이다. 한번 세운 계획은 도무지 수정하려고 하질 않는다. 성과를 달성하지 못했다는 책임을 지기 싫은 것이다.

2. 데이터댐, 디지털 뉴딜의 시그니처 사업

NIA는 디지털 뉴딜의 책임수행기관 역할을 했다. 디지털 뉴딜의 핵심사업이라 할 데이터 댐, 지능형 정부 등 대표 과제들을 대부분 주관했다. 디지털 뉴딜의 첫 제안자이면서 책임수행기관 역할까지 맡았으니 디지털 뉴딜의 전 과정을 속속들이 알고 있다고 해도 틀린 말이 아니다.

디지털 뉴딜에 대한 평가는 디지털 뉴딜 사업의 본질적인 목표에 부합하는가를 판단의 잣대로 삼아야 한다. 이런 점에서 일자리와 혁신성장이라는 두 마리 토끼를 잡았는지, 경제회복과 도약과 포용이라는 성과를 낳았는지가 가장 중요한 판단 기준이다. 즉 아웃풋이 아닌 아웃컴 지표를 살펴야 한다는 얘기다.

디지털 뉴딜의 4대 역점분야는 다음과 같다. 첫째, 데이터·네트워크·인공지능DNA 생태계 강화다. 둘째, 비대면 인프라 고도화다. 셋째, 초연결 신산업 육성이다. 넷째, 사회간접자본soc 디지털화와 디지털 격차 해소다. 이 중 세 번째 '초연결 신산업 육성' 분야에서 메타버

디지털 뉴딜 4대 역점분야

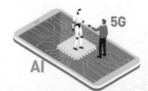

① D.N.A. 생태계 강화	② 비대면 인프라 고도화	③ (신규) 초연결 신산업 육성	④ SOC 디지털화 디지털 격차해소
• AI 학습용 데이터 구축 • 빅데이터 플랫폼 구축·운영 • 공공데이터 개방 • 디지털 집현전 • 행정공공기관 민간 클라우드 전면 전환	• 초·중·고 WiFi 조기 구축 • 비대면 AI 교육콘텐츠 제작 • 스마트병원 확산, 닥터앤서 2.0 • AI·bT 기반 스마트상점 • 중소기업 비대면 전환 지원	• 개방형 메타버스 플랫폼 개발 및 데이터 구축 • 메타버스 콘텐츠 제작 지원 • 블록체인 기술혁신 지원센터 구축 • 양자인터넷 구축	• 지하공동구 스마트관리 • 디지털트윈 기반 스마트 항만 물류 플랫폼 구축 • 스마트시티, 스마트산단 • 농축산물 유통 플랫폼 • 디지털 배움터

(출처: 한국판 뉴딜 국민보고대회 발표자료)

스 플랫폼 관련 사업들이 포함된 것은 당시 유행하던 신기술이라서 구색 맞추기용으로 추가된 것으로 보인다. 결과적으로 이런 사업들은 트렌드가 쇠퇴하자 별다른 성과 없이 흐지부지되고 말았다. 이런 잘못을 반복하면 안 된다.

정부 정책이 일시적인 기술 유행에 휘둘리지 않으려면 기준이 있어야 한다. 문제 해결이 목표이지 기술 자체가 목표가 아니다. 해결해야 할 사회문제나 산업적 과제를 먼저 정의한 다음에 문제 해결에 가장 적합한 기술을 선택하는 방식으로 접근해야 한다. 즉 메타버스 도입이 목표가 아니라 '원격 협업의 생산성 향상' 같은 실질적 문제 해결이 목표가 되어야 한다. 그리고 특정 응용 기술보다는 범용성 있는 기반 기술에 우선 투자해야 한다. 메타버스 같은 응용 기술보다는 그래픽 처리, AI, 네트워크, 센서 기술 등 기초 기술에 투자해야 한다. 이럴 때 다양한 분야에 적용할 수 있는 핵심기술 확보가 가능하다. 일시적인 유행을 좇지 말고 실질적인 가치를 창출하는 정책 수립이 중요하다. '문제 중심 접근'과 '기반 기술 중심 투자' 원칙이 중요한 기준이 될 수 있다.

한국판 뉴딜 10대 대표 과제 중의 첫 번째 과제가 데이터 댐 사업이다. 데이터 댐은 데이터 구축, 개방, 활용과 관련한 사업들이다. 즉 DNA 생태계 강화 사업을 통칭한 이름이다. 여기에는 AI 학습용 데이터 구축, 빅데이터 플랫폼 및 센터 구축, 데이터 바우처 지원, AI 바우처 지원, AI 융합 프로젝트(AI+X), 클라우드 플래그십 프로젝트, 클라우드 이용 바우처 사업 등이 포함된다. 데이터 댐은 미국 뉴딜 사업의 후버댐을 연상시킨다. AI 시대의 후버댐이 데이터 댐이다.

미국 스탠퍼드대학 앤드류 응Andrew Ng 교수는 수많은 강연과 인터뷰에서 "AI는 새로운 전기AI is the new electricity"라고 표현했다. AI도 전기처럼 범용 기술이고 전기가 2차 산업혁명을 가져온 것처럼 AI가 전 산업에 걸쳐 혁신을 가져온다는 것이다. 댐에서 방류된 물이 전기를 생산하듯 데이터 댐에서 나오는 대규모의 데이터는 AI 서비스 개발과 다양한 혁신 서비스의 원천이 된다. 대규모의 데이터가 저장되고 흐르기 위해서는 클라우드와 5G가 뒷받침되어야 한다. 결국 데이터 댐으로 양질의 데이터를 모으고 데이터 고속도로를 통해 공유하고 활용하는 것이 디지털 뉴딜 사업의 핵심이다. 데이터 댐은 디지털 뉴딜뿐만 아니라 한국판 뉴딜 전체의 대표 사업, 즉 시그니처 사업으로 자리매김했다.

데이터 댐의 핵심사업이 'AI 학습용 데이터 구축 사업'이다. 전체 사업구조의 체계를 살펴보면 한국판 뉴딜에서 시작하여 디지털 뉴딜, DNA 생태계 강화, 데이터 댐 구축을 거쳐 AI 학습용 데이터 구축 사업으로 이어진다. 반대로 보면 AI 학습용 데이터 구축 사업이라는 작은 씨앗이 한국판 뉴딜이라는 거대한 체계로 확장되어 간다. 한 톨의 씨앗에 온 우주가 담겨 있다는 말이 이런 때에 해당할 것이다. 이 사업은 2025년까지 AI 학습용 데이터 1,300종 구축을 목표로 하며 데이터 구축에 크라우드 소싱 방식을 활용하여 일자리 창출 효과를 극대화하고자 했다.

AI 학습용 데이터 연도별 구축 현황

구분	2017~2019	2020	2021	2022	2023	합계
사업예산 (억 원)	325	3,315	3,705	5,797	2,805	15,947
구축량 (종)	21	170	190	310	142	833

연도별 예산 추이를 보면 이 사업에 얼마나 많은 예산이 투입되었는가를 한눈에 알 수 있다. 디지털 뉴딜 사업 이전인 2017년부터 2019년까지는 3년간 총 325억 원의 예산으로 21종의 데이터를 구축하는 데 그쳤다. 하지만 디지털 뉴딜 사업이 본격화되면서 2020년에 3,315억 원, 2021년에 3,705억 원으로 급증했다. 2022년에는 정점을 찍어 무려 5,797억 원이 투입됐다. 그 결과 2023년까지 1조 5,947억 원의 예산을 투입하여 총 833종의 AI 학습용 데이터를 구축했다. 크라우드 워커를 포함한 일자리 참여 인력은 2021년부터 2023년까지 3년간 약 15만 명에 달했다.

3. 인공지능 진입장벽을 확 낮추다

AI 학습용 데이터 구축 사업은 그 규모가 워낙 크고 뉴딜의 핵심사업으로 관심이 집중되다 보니 초기에 크고 작은 비판이 집중되었다. 대표적인 게 '디지털 인형 눈알 붙이기 사업'이라는 비판이었다. 단기 아르바이트 성격의 질 낮은 일자리만 양산하는 것 아니냐는 지적이었다. 일부 언론사는 특별취재팀까지 꾸려 기자들이 직접 크라우드 소싱 플랫폼에 등록해 데이터 라벨링 업무를 체험할 정도로 취재 열기가 뜨거웠다. 직접 교육을 받고 초보자로서 라벨링 업무를 경험해본 기자들은 더 이상 '디지털 인형 눈알 붙이기'라고 말하지 않았다. 실제 현장을 겪어보니 과업의 난이도가 만만치 않다는 걸 깨달았다. 이외에도 데이터는 무엇보다 품질이 중요한데 질 낮은 데이터만 양산하는 것 아니냐는 우려와 함께 공급자 위주로 데이터 구축 사업이 진행되고 있다는 비판도 제기됐다.

모든 비판은 결과가 답을 해준다. 데이터 라벨링 업무는 디지털 뉴딜 사업을 통해 본격화되면서 체계화되고 전문화되는 과정을 거쳤다. 처음엔 단순한 데이터 가공 업무로 데이터의 세계에 입문했다가 점차 전문인력으로 성장하는 경로가 만들어졌다. 데이터 라벨링 일자리는 새로 개정된 국가직무능력표준NSC, National Competency Standard에 '인공지능 학습데이터 구축' 직무로 공식 등록되었다. 이는 데이터 라벨링이 더 이상 단순한 아르바이트 일자리가 아니라 정보기술과 AI 분야의 새로운 직업군으로 공인되었음을 의미한다. 이로써 특성화고등학교, 전문대학교, 직업훈련원 등 다양한 교육기관에서 데이터 라벨링 업무에 특화된 인재를 양성하는 본격적인 직무교육이 가능해졌다.

데이터 가공 업무는 데이터 라벨러, 데이터 품질 관리자, 데이터 분석가 등 초급, 중급, 고급 단계별로 다양한 경험을 보유한 인력이 필요하다. 사다리의 첫 계단을 밟지 않고 맨 위 칸으로 건너뛸 수는 없는 법이다. 일자리 단계마다 적절한 교육과 인턴십 프로그램을 제공하도록 일자리 사다리를 잘 설계하는 것이 중요하다. 디지털 뉴딜을 통해 해마다 4만 명 이상이 데이터 라벨러 경험을 했다. 특히 취업 준비 청년, 경력 단절 여성, 은퇴자, 장애인 등의 취업이 두드러졌다. 일하는 시간과 장소를 유연하게 선택할 수 있는 크라우드 소싱 플랫폼 기반을 제공한 것이 주효했다. 크라우드 소싱 기반의 데이터 가공기업이 수백 개 이상 등장했고 그중 상당수는 AI 시대의 중요한 AI 솔루션 기업으로 성장했다.

기술 발전 트렌드와 시장 분석 없이 국가적 사업을 추진할 수는 없다. AI 학습용 데이터 구축 사업은 과제 선정 단계에서부터 AI 기업, 기관, 전문가, 학계의 의견을 수렴해 범용성 있는 주제를 선정했다. 또 학습용 데이터셋과 함께 원천 데이터, 저작도구, AI 모델까지 일괄 개방함으로써 데이터셋의 활용도를 높였다. 이를 통해 AI 스타트업이나 개발자라면 누구나 목표 정밀도의 90% 수준까지 AI 모델을 개발할 수 있게 됐다. 등산으로 비유하면 9부 능선까지 힘들이지 않고 올라가는 셈이다. 스타트업들은 나머지 10%만 추가 데이터를 구축하여 AI 모델의 정밀도를 높이면 된다. 정부의 마중물이 AI 사업의 진입 비용을 획기적으로 낮추는 역할을 했다.

뉴딜 사업을 계기로 생태계가 취약한 소프트웨어 기업과 SI 기업들이 AI 데이터 사업에 본격적으로 뛰어들었다. 더 의미 있는 변화는 제조나 의료를 비롯해 농산, 축산, 수산 등 전통산업 분야에서 고유의 AI 모델 개발을 위해 AI 데이터 사업에 뛰어든 점이다. 수천 개의 기업과 기관이 사업에 참여했다. 특히 병원의 자세 전환은 놀라울 정도다. 대한민국의 내로라하는 대형 병원은 거의 AI 데이터 사업에 참여했다. 정부가 판을 깔자, 그동안 반신반의하고 있던 병원들이 자신이 보유한 의료데이터를 기반으로 독자적인 AI 모델 개발에 본격적으로 나섰다. AI 학습용 데이터 구축 사업은 의료기관의 AI 진출에 전환점이 되었다. 대한민국 대형 병원의 규모가 얼마나 크며 보유한 데이터의 양이 얼마나 많은가. 또 대한민국 의사들의 전문성이 얼마나 뛰어난가. 종합병원의 의사가 지닌 전문지식, 병원이 보유한 데이터, 스타트업의 AI 기술이라는 3박자가 결합하여 세계적인 수준의 의료 AI 생태계가 만들어질 것이다.

데이터 댐이 가져온 혁신의 좋은 사례 한 가지를 더 소개한다. 빅데이터 플랫폼 사업에 진출한 기업용 소프트웨어 전문기업 더존비즈온은 매출채권 팩토링 사업에 뛰어들었다. 이 회사는 고객 중소기업의 재무, 판매, 회계 데이터를 바탕으로 은행보다도 정확하게 신용평가를 내릴 수 있다고 자신했다. 더존비즈온은 이후 신한은행과 함께 핀테크 전문계열사 테크핀레이팅스를 설립했다. 이 회사는 기업 금융에 특화한 국내 1호 신용평가CB 플랫폼 사업자가 되었다. 데이터를 활용해 새로운 비즈니스를 만든 좋은 사례라 하겠다.

전체적으로 보면 데이터 댐 사업은 국가와 사회의 디지털 전환에 트리거 역할을 한 게 틀림없다. 우선 시장의 반응이 폭발적이었다. 국내 데이터 시장 규모가 2019년 16조 8,582억 원에서 2020년 19조 2,736억 원으로 크게 성장하였다. 데이터 산업 관련 인력도 10만 명을 넘었다. 2020년 벤처투자액은 2017년 대비 두 배 수준으로 확대되었고 2016년에 2개에 불과했던 유니콘 기업이 2020년에는 13개로 늘어났다. 디지털 뉴딜 성과는 국가 전체의 디지털 역량 강화로도 이어졌다. 옥스퍼드 인사이츠 정부 AI 준비 지수는 2019년 26위에서 2021년 7위로, IMD의 디지털 경쟁력 순위는 2017년 19위에서 2021년에 8위로 11단계 상승했다.

4. 1조 6천억 원의 무형자산, AI 학습용 데이터

2023년까지 AI 학습용 데이터 사업에만 투입된 예산이 무려 1조 6,000억 원이다. 이 금액이 얼마나 큰 돈인가는 다른 대형 국책사업과 비교해보면 알 수 있다. 국내 최대 규모의 과학 프로젝트로 불리는 오창 다목적 방사광 가속기 구축 사업의 예산이 1조 1,643억 원이다. 아시아 최대 규모라는 용산 중앙국립박물관 건설 비용이 1조 원이 안 된다. 1조 6,000억 원은 그만큼 큰돈이다. 이렇게 막대한 예산을 들여 구축된 AI 학습용 데이터는 AI 허브aihub.or.kr에 모두 모인다. 국민의 눈에 웅장한 건물이나 기계설비가 안 보여서 그렇지, AI 허브 사이트는 1조 6,000억 원이 투입된 거대한 무형자산인 셈이다. 현재 AI 허브는 국내 AI 개발자들이 가장 손쉽게 활용할 수 있는 대표적인 민간 지원 AI 데이터 포털이다. AI 모델을 개발하려는 스타트업, 중소기업, 대기업까지 두루 이용한다. 특히 대학에서 AI 교육용으로 활용도가 높다. 연도별 AI 허브의 이용 현황은 아래 표와 같다.

연도별 AI 허브 이용 현황

구분	2017~2021	2022	2023	누계
활용도 (다운로드)	13만 회	9.2만 회	16.4만 회	38.6만 회

AI 학습용 데이터 다운로드 현황

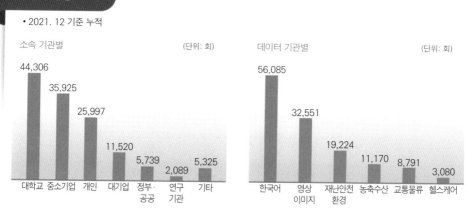

- 2021. 12 기준 누적

소속 기관별 (단위: 회)

대학교	중소기업	개인	대기업	정부·공공	연구기관	기타
44,306	35,925	25,997	11,520	5,739	2,089	5,325

데이터 기관별 (단위: 회)

한국어	영상이미지	재난안전환경	농축수산	교통물류	헬스케어
56,085	32,551	19,224	11,170	8,791	3,080

AI 학습용 데이터는 한국의 AI 생태계를 활성화하는 마중물 역할을 했다. AI 스타트업의 초기 진입장벽을 낮춰주었다. 자신의 고유 AI 서비스를 개발하는 데 필요한 데이터 확보 비용을 절감시켜주었다. 그래서 다양한 도메인의 스타트업이 출현했다. 한국어 관련 데이터셋을 집중적으로 공급해서 한국어 특화 AI 모델 개발이 많아졌고 기술 경쟁력을 강화했다. 데이터 가공 전문기업이 급성장했고 의료, 교육, 영상 분야 등 AI 솔루션 기업이 대폭 증가했다. 대학의 AI 교육과 산학협력 연구개발을 활성화했다. 특히 데이터 확보에 어려움을 겪는 스타트업과 중소기업 그리고 교육기관에 큰 도움이 되고 있다. 이용 기관별 데이터 다운로드 현황을 보면 대학교, 중소기업, 개인 개발자 순으로 많다. 데이터의 분야별로는 한국어, 영상 이미지, 재난 안전 환경 순으로 많다.

AI 학습용 데이터의 구체적인 활용 사례는 구축된 데이터의 세부 분야만큼 다양하다. 원래 특정 분야의 AI 모델을 개발할 때 활용되도록 데이터 구축계획이 최적화되어 있기 때문이다. 네이버 하이퍼클로바나 LG AI 연구원의 엑사원 등 대기업의 LLM 모델 개발에도 AI 허브 학습용 데이터를 활용했다. 라벨링 데이터는 LLM 모델의 성능을 높여주는 파인튜닝에 매우 유효하다. KT는 AI 허브의 사투리 음성 데이터를 활용하여 광주 지역 어르신을 위한 AI 스피커의 방언 인식률을 개선했다. 이를 통해 실제 구조 요청을 접수하고 인명 구조에 도움을 준 사례가 있다. 뷰노는 흉부 엑스레이 데이터셋을 활용하여 의료영상 진단 솔루션을 개발했다. 플리토는 번역 데이터셋을 활용한 AI 번역 서비스의 고도화에 활용했다. 수아랩은 제조업 불량 데이터를 활용한 품질 검사 솔루션을 내놓았다. 포티투마루는 딥러닝 기반의 음성합성 AI 모델을 개발했다. AI 허브의 한국어 대화 음성, 회의 음성, 한국어 방언 발화 데이터를 모델 개발 및 성능 향상에 활용하였다.

[대표 사례 1] '단 하나의 정답'을 찾는 질의응답. 솔루션 개발 - 포티투마루

포티투마루의 핵심 솔루션은 통합 질의응답QA, Question Answering 모델이다. 이 모델은 기계독해MRC, 유사 표현 판독paraphrasing 등의 고도화된 AI 기술을 활용하여 기업 내에 쌓여 있는 방대한 정형 문서와 비정형 문서를 구조화하여 사용자의 질의를 이해하고 이에 맞는 최적의 '단 하나의 정답'만을 제공한다. QA 모델은 AI 허브에 공개된 한국어 텍스트 유형의 데이터(일반상식, 전문 분야 말뭉치, 뉴스 기사 기계독해 데이터, 한국어 SNS 등)를 활용하여 제품을 상용화하고 고도화했다.

적용 사례는 나날이 늘고 있다. 'KT AI 스피커 GiGA지니' 'LGU+ 키즈워치' 등 스마트 디바이스에 엔진을 탑재하여 각종 백과사전 지식 질의응답 서비스를 제공했다. '한국언론진흥재단 빅카인즈의 이슈 질의응답 서비스' '국립중앙도서관의 전문 용례 검색 시스템' '신한 은행 일상대화 챗봇' '이마트 고객상담 챗봇' 등 텍스트 기반의 자연어 처리 AI 기술 개발에 적극 활용하고 있다.

특히 포티투마루의 기업 특화형 초거대 언어모델인 'LLM42'는 통합 질의응답(QA) 모델과의 연계를 통해 초거대 AI 모델의 최대 단점인 환각 현상을 99% 이상 제거하는 정확도를 확보하였다.

[대표 사례 2] 청각장애인을 위한 AI 기반 수어 번역 서비스 개발 – 이큐포올

이큐포올은 AI 등 최신 기술을 융합하여 사회적 약자를 돕는 솔루션 개발 기업이다. 이큐포올은 재난 문자와 다중이용시설의 안내방송을 청각장애인에게 수어 애니메이션으로 바꾸어 개인 스마트폰으로 전달하는 '수어통' 서비스로 유명하다.

수어 번역을 위한 AI 학습데이터의 경우 일반적인 언어와 달리 음성 언어를 동작 언어로 변환하기 위한 데이터 정보가 필요했다. 이는 한국어 문장과 매칭되는 수어 문법이 반영된 수어 문장, 수어 형태소, 수어 동작에 대한 시간 정보 그리고 수어 스크립트와 매칭되는 수어 발화 동영상으로 구성된다.

이큐포올은 이러한 수어의 특성과 전문성 때문에 공개 데이터를 확보하는 데 어려움이 있었다. 수어 번역 AI 모델 학습을 위한 학습데이터는 시간적이고 비용적인 이유로 일개 기업의 힘으로 구축하는 것이 거의 불가능에 가깝다. 하지만 AI 허브의 데이터 사용으로 해외 데이터와 비교해도 방대한 데이터양인 20만 건을 모델 학습에 활용할 수 있게 되었다.

아바타 수어 서비스를 제공하기 위해서는 한국어와 한국수어 번역 과정을 거친 후 수어 애니메이션 작업을 진행되게 된다. 기존에는 모든 번역 과정을 수어 전문가를 통해서 진행했어야 했기 때문에 번역 과정에서 많은 시간이 소요되었으나, AI 허브의 학습데이터로 학습된 한국어와 한국수어 AI 모델NLP과 문법 기반 번역 모델RBMT을 기반으로 빠른 초벌 번역이 가능해졌다.

이제 AI 모델을 이용하여 초벌 번역 결과물을 먼저 생성하고 이를 기반으로 수어 전문가의 수정 작업을 거치는 방식으로 바뀌었다. 덕분에 최종 번역 작업을 빠르게 완성할 수 있었다.

AI 허브와 관련하여 일부 데이터의 품질 수준이 떨어지고 데이터의 지속적인 업데이트 체계가 필요하다는 지적은 새겨들어야 한다. 짧은 기간 동안 1조 6,000억 원 예산의 사업을 벌이면서 모든 게 완벽할 수는 없다. 플랫폼은 고정되어 있지 않고 끊임없이 변화 발전한다. 플랫폼은 지속적인 운영이 중요하다. 이런 문제는 AI 허브 사이트를 운영하면서 지속해서 개선해야 할 것이다. 그러나 AI 학습용 데이터 구축 사업이 연구개발이 아닌 단기 일자리 창출 사업으로 변질되었다는 비판은 잘못되었다. 애당초 이 사업은 일자리창출과 AI 산업의 생태계 활성화를 위해 추진한 사업이다.

5. 디지털 뉴딜이 가져온 세 가지 변화

　정부 혼자의 힘만으로는 디지털 뉴딜의 목표를 결코 달성할 수 없다. 정부가 마중물을 부으면 여기에 민간이 펌핑Pumping으로 호응해줘야 성공한다. 투자를 확대하고 인력을 고용하고 기술개발과 시장 개척을 하는 주체는 여전히 민간이다. 디지털 뉴딜 책임수행기관의 책임자로서 시장에서 어떤 변화와 반응을 불러일으키고 있는가를 항상 주목했다. 놀랍게도 디지털 뉴딜이 진행되던 2년 동안 시장과 사회 곳곳에서 유의미한 변화가 일어나고 있음을 확인했다. 나는 세 가지 변화에 주목한다. 클라우드 산업의 성장, 기술기업과 스타트업의 성장, 개발자 대란 사태 등이다.

　첫째, 클라우드 산업이 상전벽해의 변화를 보였다. 이 얘기를 할 때마다 국내 클라우드 산업의 암담했던 현실을 기억나게 하는 개인적인 일화 한 토막이 떠오른다. NIA 원장 초기에 과기정통부 전임 차관을 따로 만나서 정보통신기술 정책과 관련한 이런저런 의견을 구한 적이 있다. 대한민국의 정보통신 정책을 총괄했던 그는 아주 진지한 표정으로 국내 클라우드 산업은 희망이 없다고 했다. 아마존, 마이크로소프트, 구글 등 글로벌 기술기업이 클라우드에 쏟아붓는 자본력과 기술력을 도저히 쫓아갈 수 없다는 것이다. IT 인프라 서비스를 제공하는 인프라 서비스IaaS도 역부족이지만, 특히 플랫폼 서비스PaaS와 소프트웨어 서비스SaaS는 대책이 없다고 했다. 연구개발 예산이 있다면 다른 분야에 투입하는 게 비용 대비 효과 측면에서는 낫다고 했다.

　클라우드 산업 육성에 대한 정부 당국의 무기력한 분위기를 보여주는 일화다. 앞서도 얘기했듯이 클라우드산업육성법은 만들어놓았으나 아무런 내실 있는 정책을 추진할 수 없었다. 국정원과 행안부의 규제 일변도의 보안 방침 때문에 공공부문의 민간 클라우드_{Public Cloud} 이용은 원천적으로 가로막혀 있었다. 그 사이에 아마존과 마이크로소프트 등 다국적기업은 국내 클라우드 시장의 70% 이상을 차지했다.

클라우드 산업은 AI 기술 발전의 기본 인프라다. AI 주권과 데이터 주권을 지키는 전략산업이다. 민감한 공공데이터와 산업 데이터는 자국 내에서 자체 처리가 가능해야 한다. 최근 소버린 AI의 중요성이 다시금 부각하는 데서 알 수 있듯이 국가안보라는 측면에서도 절대로 포기할 수 없는 산업이다. 꽉 막혀 있는 물꼬를 터준 게 2018년 8월 문재인 대통령의 '데이터 경제 선언'이었다. 민간 클라우드 이용 대상이 모든 중앙부처, 지자체, 공공기관으로 확대되었다. 등급제가 폐지되고 국가안보상의 비밀정보를 제외하고는 민간 이용이 허용되었다. 행정기관과 공공기관의 민간 클라우드 이용 가이드라인까지 개정 완료되었다.

디지털 뉴딜의 주요 분야 중의 하나가 '지능형 정부'이다. 이 중에서 가장 커다란 예산을 차지하는 중점 사업이 '행정기관과 공공기관의 클라우드 전환'이다. 1,200개 기관의 정보시스템을 전수조사하여 약 1만 3,000개에 달하는 정보시스템을 대상으로 클라우드 전환을 전면화한다는 계획이었다. 계획대로 하면 정보보안의 중요성이 상대적으로 낮은 대국민 서비스 시스템 등 상당 부분이 민간 클라우드로 전환된다. 불과 2년 전 행정기관의 민간 클라우드 이용을 원천 금지하던 시절과 비교하면 상전벽해의 변화라 하지 않을 수 없다. 이러한 정부의 정책 변화에 호응하여 네이버, KT, 카카오 등 IT 대기업들은 클라우드 분야에 각기 수천억에서 1조 원에 달하는 대규모 투자를 추진했다.

클라우드 서비스 이용 패턴에 맞추어 정부조달제도를 혁신한 '디지털 서비스 전문 계약제도'도 2020년 10월부터 시행에 들어갔다. 여기서 '디지털 서비스'란 주로 클라우드 컴퓨팅 서비스를 말한다. 그간 공공 조달의 계약 체계는 '소유' 중심의 물품 계약과 용역계약이었다. 클라우드 서비스처럼 '이용'을 전제로 하는 계약에는 잘 맞지 않았다. 행정기관과 공공기관은 새로운 계약제도를 통해 자신에 적합한 디지털 서비스를 적시에 이용할 수 있게 되었다. 기존 수개월 이상 소요되던 계약 기간이 1~2주 내로 단축되었다. 제도 시행 1년 만에 1,000억 원 이상의 계약이 성사되었고 기업들의 서비스 등록신청도 줄을 이었다. 2024년 4월 기준으로 디지털 서비스는 총 449건이 선정되고 등록되었고 총 1,264건과 4,624억 원 규모의 디지털 서비스 이용계약이 체결되었다. 이중 중소기업의 서비스 제품이 70% 안팎을 차지했다.

디지털 뉴딜은 국내 클라우드 시장에 상전벽해 같은 변화를 불러왔다. 네거티브 방식으로 규제를 개선하여 기초 환경을 정비했고, 공공부문 클라우드 전면 전환 사업으로 대규모 마중물을 부었다. 거래 유통을 활성화할 획기적인 계약 제도도 신설했다. 공공부문이 본격적으로 혁신적 유효시장 창출에 나섰다. 디지털 뉴딜은 국내 클라우드 산업에 골든 타임의 기회를 만들어준 시도였다. 윤석열 정부가 황금 같은 기회를 계속 살려가지 못한 점이 아쉬울 따름이다. 2023년 이후에는 공공부문 클라우드 전환 사업은 대폭 축소되었다.

둘째, 디지털 뉴딜은 기술기업과 기술 기반 스타트업의 전성기를 가져왔다. 디지털 뉴딜이 한창 진행되던 2021년 11월 기준 코스피의 시가총액 톱 10 기업 구성을 보면 놀라지 않을 수 없다. 반도체 기업 2개(1위 삼성전자, 2위 하이닉스), IT 플랫폼 기업 2개(3위 네이버, 4위 카카오), 바이오 기업 2개(5위 삼성 바이오로직스, 10위 셀트론), 2차전지 기업 2개

2021년 11월 기준 KOSPI 시가총액 TOP 10

1위. **SAMSUNG** 삼성전자

2위. **SK 하이닉스**

3위. **NAVER**

4위. **kakao**

5위. **SAMSUNG** 삼성바이오로직스

6위. **LG화학**

7위. **SAMSUNG** 삼성SDI

8위. **HYUNDAI**

9위. **KIA**

10위. **CELLTRION** HEALTHCARE

(LG화학, 삼성DSI), 자동차 기업 2개(현대차, 기아차)로 구성됐다. 일부러 이렇게 구성하려 해도 할 수 없을 만큼 완벽한 포트폴리오였다. 어떻게 한 나라의 시총 톱 10 기업에 반도체, IT 플랫폼, 바이오, 2차전지, 자동차 등 미래 성장산업을 대표하는 업종이 골고루 포진할 수 있단 말인가. 이는 세계 어떤 나라에서도 찾아보기 어려운 미래지향적인 산업구조였다.

미국, 중국, 일본의 톱 10 기업(2024년 11월 기준)과 비교해 보면 더욱 흥미롭다. 미국은 IT 플랫폼 기업에 과도하게 편중되어 있다. 1위부터 6위가 애플, 마이크로소프트, 엔비디아, 알파벳(구글), 아마존, 메타(페이스북) 순이다. 10위에 테슬라가 포함된다. 미국의 톱10기업은 제조업 기반이 절대적으로 취약하다. 중국은 텐센트와 알리바바 그룹이외에는 대부분 은행과 국영기업이 차지하고 있다. 중국공상은행中国工商银行, 페트로 차이나, 차이나 모바일 등이 대표적이다. 심지어 고량주로 유명한 구이저우 마오타이 그룹이 10위 안에 들어가 있다. 일본은 도요타 자동차, 소니, 소프트뱅크를 제외하면 은행, 통신, 유통 등 전통 대기업이 차지하고 있다. 혁신의 역동성이 두드러지지는 않는다.

우리의 대기업들은 세계와 경쟁하기 위해 도메인별로 성공적인 디지털 전환을 이루어내고 있다. LG 창원공장은 세계 최고의 스마트 팩토리이고 삼성전자는 AI 기술특허 신규 출원 숫자가 세계 최고 수준이다. 포스코와 LS 일렉트릭은 현장의 데이터를 활용하여 AI로 공정 최적화를 이루어 세계의 '등대공장'으로 선정되었다. 대한민국은 또 중요 도메인마다 독보적인 IT 플랫폼 기업을 보유하고 있다.

우리는 서방 진영에서 검색시장을 구글에 독점 당하지 않은 유일한 나라다. 네이버가 버티고 있기 때문이다. 네이버는 초거대 생성형 AI에서도 한국어 특화 모델을 무기로 경쟁하고 있다. 그리고 카카오, 쿠팡, 토스, 야놀자, 하이퍼커넥트 등의 플랫폼 기업이 세계시장에 도전하고 있다. 물론 전통 대기업과 IT 플랫폼 기업의 성장과 혁신이 디지털 뉴딜 덕분이라는 얘기는 아니다. 그러나 디지털 전환과 혁신성장을 지원하는 정부의 정책 의지는 직간접적으로 기업 경영에 영향을 미쳤을 것이다.

디지털 뉴딜 시기는 스타트업의 최전성기였다. 단군 이래 가장 활발한 스타트업 생태계가 만들어졌다는 얘기까지 나왔다. 스타트업 생태계는 인재, 투자, 시장의 3요소가 갖추어져야 한다. 우선 스타트업에 다양한 배경의 인재가 유입되었다. 해외 유학파, IT 대기업 출신의 창업자, 연구 중심 대학 출신 창업자가 많아졌다. 창업에 성공한 사람이 계속해서 창업에 도전하는 연쇄 창업자도 늘어났다. 미국에 일론 머스크와 같은 페이팔 마피아가 있다면 한국에도 장병규 크래프톤 의장, 이승건 토스 대표 등이 있다.

벤처투자액은 디지털 뉴딜 시기에 역대 최고를 기록했다. 2020년에 4.3조 원, 2021년에 7.7조 원에 달했다. 중소벤처기업부가 탄생했고, 한국벤처투자의 모태펀드와 성장 금융의 펀드 등에서 대규모 출자를 했다. 에인절 투자자 3만 명 시대를 맞았다. 돈이 없어서 스타트업을 창업하지 못한다는 얘기는 더 이상 들리지 않았다. 그만큼 호시절이었다. 마지막으로 시장 상황도 달라졌다. 한국 자체가 작지 않은 시장으로 성장했다. 국민소득 3만 달러 이상, 인구 5,000만 명 이상의 '30-50 클럽'에 속하는 7개국 중의 하나로 성장했다. AI 시대에는 시장의 국경이 없다. 처음부터 글로벌 무대를 노리고 해외 창업하는 일도 많아졌다. 분야별 거대 신생 기업의 성장도 두드러졌다.

셋째, 기술기업과 스타트업의 성장은 안타깝게도 또 한 번의 개발자 대란 사태를 가져왔다. 한국에서 개발자 대란 사태는 최근 30년 동안 2번 있었다. 1차 대란은 1990년대 후반에서 2000년대 초 인터넷이 본격화되고 IT 벤처 열풍이 활성화될 때였다. 이때 네이버, 다음, NC소프트 등 인터넷 1세대 기업이 등장했다. 정부의 벤처기업 육성 정책으로 정보기술 산업이 급성장했고 웹 개발자 수요가 급증했다. 1차 개발자 대란은 2000년 초 닷컴 버블이 꺼지면서 가라앉았다. 이때 개발자 대란은 상대적으로 미약했다. 왜냐하면 개발자 수요가 폭증했다고 하더라도 IT 기업에 한정된 문제였기 때문이다.

2020년대 초기의 2차 개발자 대란은 사정이 다르다. 디지털 전환이 모든 업종과 모든 분야에서 확산했기 때문에 모든 산업에서 개발자 수요가 급증했다. 1차 개발자 대란의 10배 이상의 수준으로 느껴진다. 코로나로 디지털 전환에 불이 붙었고 여기에 디지털 뉴딜 정책까지 더해지면서 소프트웨어 인력 문제가 더욱 심각해졌다. AI, 클라우드, 빅데이터, 모바일 앱 등 신기술 모든 분야에서 개발자가 부족했다. 네이버와 카카오와 같은 IT 대기업마저 '뽑고 싶어도 개발자가 없다.'라고 하소연할 정도였다. 대기업과 스타트업 간 인재 확보 경쟁이 심해졌고 중소기업과 스타트업의 우수 개발자 인력 유출 문제가 심각했다. 개발자 초봉 6,000만 원 시대가 열렸다. 개발자들이 선호하는 직장의 첫 글자를 합쳐서 '네카라쿠배'라는 신조어가 등장했다. 네카라쿠배는 나중에 '네카라쿠배당토직야'로까지 늘어났다(네이버, 카카오, 라인, 쿠팡, 배달의민족, 당근, 토스, 직방, 야놀자). 중소기업과 스타트업은 인재 확보의 어려움 때문에 사업을 축소하는 경우까지 생겨났다.

개발자 대란은 어느 정도 예고된 인재人災였다. 외환위기 여파로 한동안 소프트웨어 전공 기피 현상이 심해졌던 적이 있다. 서울대학교 컴퓨터공학과 같으면 2006년부터 2011년까지 6년간 미달 사태가 발생했다. 카이스트 전산과도 2004년 이후 7년간 매년 학과 정원이 미달이었다. 이들이 사회에 나와 경력 개발자로 한창 일해야 할 무렵에 인력 풀이 부족해질 수밖에 없었다. 게다가 수도권 대학 정원 규제정책 때문에 소프트웨어학과 정원을 늘리고 싶어도 늘릴 수 없었다. 대표적으로 서울대학교 컴퓨터공학과의 정원이 2008년 55명에서 2020년 70명으로 27% 증가하는 동안, 미국 스탠퍼드대학교 컴퓨터공학과 정원은 같은 기간에 141명에서 745명으로 428% 증가했다. 미국은 인재 양성 및 확보를 위해 국가 총력 대응 체계로 나서고 있는데 우리는 지방균형발전이라는 도그마에서 못 벗어나고 있었다.

안타깝게도 경기침체 여파로 개발자 대란이 주춤한 상태이다. 이럴 때 AI 인재 전쟁에 대비해서 장단기 대책을 차분히 세울 필요가 있다. 단기대책으로는 대졸 개발자 병역특례, 석사 전문 요원 병역특례를 확대할 필요가 있다. 또 경력 단절 개발자, 개발자로 경력 전환을 원하는 이공계 출신 여성, 기초가 검증된 비전공 개발자 등을 상대로 정부 지원 교육을 강화하면 개발자 양성에 도움이 될 것이다. 대학에서 양질의 복수 전공자를 키워 낼 수 있도록 대학 재정지원도 필요하다. 외국인 개발자에 대한 비자 요건도 완화하고, 필요하면 일부는 E7 비자 규제 개선 등 영주권 수준까지 완화한다. 장기 대책으로는 수도권 대학교 소프트웨어학과의 정원 규제를 풀어야 한다. 초중고 소프트웨어 교육도 확대해야 한다. 수업 시수時數 확대뿐 아니라 컴퓨터 사고법 Computational Thinking 교육을 늘리는 것도 필요하다. 외국인 인재 유치를 위해 이민청을 설립하는 것도 본격적으로 준비할 시점이다.

6. 대통령이 원한 최우선 과제는 무엇이었을까?

디지털 뉴딜의 세부 사업들이 처음 계획대로 모두 제대로 추진된 것은 아니다. 시범사업 수준으로 진행하다가 본사업을 추진하지 못하고 흐지부지된 사업들도 있다. 지금도 가장 안타깝게 생각하는 것이 5G 국가망 구축 사업이다. 5G 국가망 사업은 지능형 정부 분야의 대표 사업이었다. 처음 계획은 2025년까지 39개 중앙부처와 17개 광역시와 도에 5G 국가망을 전면 도입해 정부 업무환경을 유선에서 5G 기반의 모바일로 탈바꿈시킨다는 것이었다. 이를 위해 ISP도 수립하고 5개 기관을 대상으로 실증사업까지 진행했다. 그러나 그 이후 본사업을 진행하지 못했다. 2022년도에 정권교체로 인해 사업의 연속성이 끊어져 버린 것이다. 처음부터 이 사업을 보수적인 행안부가 주관한 것이 패착이었다.

5G 국가망 사업이 계획대로 진행되었으면 두 가지 점에서 커다란 성과가 있었을 것이다. 하나는 공무원의 일하는 환경이 획기적으로

개선된다. 유선 통신망과 데스크톱 기반의 고정형 업무환경이 5G 기반의 무선환경으로 바뀐다. 이로써 언제 어디서나 업무망 접속이 가능해진다. 업무의 패턴이 현장 중심의 모바일 행정으로 바뀌게 된다. 명실상부한 스마트 업무환경이 구현되고 세계 최고 수준의 디지털 정부 인프라를 갖추게 된다. 또 하나는 이 사업을 통해 5G망 인프라에 대한 안정적인 수요를 창출함으로써 이동통신사의 5G 기지국 조기 투자를 유도할 수 있다. 이는 5G 서비스의 품질 개선으로 이어지고 일반 국민의 5G 서비스 이용 혜택도 증가하게 된다. 5G 장비와 단말기의 수요 확대는 국내 5G 산업 활성화를 촉진하고 경제사회 전반의 디지털 전환을 가속한다. 대한민국의 정보통신 인프라 수준을 한 단계 끌어올릴 소중한 기회를 놓친 것이 두고두고 안타까울 따름이다.

지나고 보니 보이는 것들이 있다. 계획보다 실행이 더 중요하다고 했다. 실행을 위해서는 선택과 집중이 중요하다. 선택에는 정치적 리더십의 결단이 요구된다. 그런데 한국판 뉴딜은 마지막 순간까지 계속 계획이 확대되어 갔다. 계획에 담긴 그림은 아름다웠으나 반드시 달성해야 할 목표 지점은 선명하지 않았다.

한국판 뉴딜은 출발부터 워낙 규모가 큰 계획으로 시작했다. 사업의 목표 설정부터가 원대했다. 5년 임기의 문재인 정부를 넘어서 대한민국 새로운 100년의 설계도를 지향했다. 당면한 코로나19 경제위기 극복뿐만이 아니라 선도국가로 도약하는 국가 발전 전략으로 나아갔다. 2020년 4월에 한국판 뉴딜 첫 구상을 공식화했고 그해 7월에 1차 종합계획이 마련되었다. 그때가 대통령 임기까지 채 2년도 남지 않은 시점이었다. 그럼에도 계획은 계속 확대되었다. 문재인 대통령은 임기가 1년도 안 남은 2021년 7월 제4차 한국판 뉴딜 전략회의에서 한국판 뉴딜 2.0 계획을 발표했다.

 "한국판 뉴딜의 '디지털 뉴딜'과 '그린 뉴딜'에 추가하여 '휴먼 뉴딜'을 또 하나의 새로운 축으로 세우겠습니다. '휴먼 뉴딜'은 고용 안전망과 사회안전망을 한층 확대하고 발전시킨 것입니다. 이에 따라 한국판 뉴딜은 디지털, 친환경, 휴먼이라는 세 축을 세우게 되었고 지역 균형의 정신을 실천하는 포괄적 국가 프로젝트로 한 단계 더 진화하게 되었습니다…… 마지막으로 한국판 뉴딜의 진화에 따라 투자를 대폭 확대하겠습니다. 2025년까지 한국판 뉴딜 총투자 규모를 기존의 160조 원에서 220조 원으로 확대할 것입니다."

 마지막 순간까지 안전망 강화 분야가 휴먼 뉴딜로 재정립되며 계획이 확대되었다. 뉴딜이 뉴딜다워야 한다는, 사회 재계약의 의미를 담아야 한다는 진보 학자들의 명분론이 관철된 것이다. 한국판 뉴딜의 총투자 규모는 2025년까지 기존의 160조 원에서 220조 원으로 확대되었다. 취지는 좋았으나 어차피 책임을 질 수 없는 계획이었다. 임기 1년을 남겨둔 시점에서 향후 5개년 투자 규모를 제시하는 것은 공허할 수밖에 없었다.

 한국판 뉴딜은 마스터플랜과 전략계획이 뒤섞여 있는 걸로 보인다. 최소 10년 이상의 장기적인 관점에서 비전과 방향을 제시하는 것이 마스터플랜이다. 큰 그림의 기본계획이자 최상위 계획이다. 반면 전략계획은 2~3년의 중단기적 관점에서 핵심 목표 달성을 위한 실행계획이나. 여기서는 우선순위에 따른 전략목표의 설정이 가장 중요하다. 현실적인 제약 요건에 대한 객관적인 분석과 반드시 이루고 싶은 최우선의 주체적인 목표, 이 양자의 결합으로 전략목표가 설정된다. 시간과 자원의 제약 속에서는 전략목표에 집중해야 한다. 마스터플랜은 아름다울 수 있으나 전략계획은 아름다울 수 없다. 전략계획은 갈등과 다툼의 산물이기 때문이다. 서로 중요하다고 아우성치는 것들 속에서 버리고 자르고 싸워서 마지막에 살아남는 것이 전략목표이자 전략계획이 되어야 한다.

그래서 이 시점에서 묻고 싶은 게 하나 있다. 한국판 뉴딜 종합계획 안의 그 아름다운 목표들 속에서 문재인 대통령이 반드시 이루고 싶었던 최우선의 목표는 과연 무엇이었을까? 최우선의 목표 한 가지에 집중하는 전략계획을 세울 수는 없었을까?

한국판 뉴딜 계획이 워낙 규모가 큰 탓에 추진체계 역시 방대했다. 마치 당정 지도부를 옮겨놓은 듯했다. 최상위 의사결정 단위로 대통령이 주재하는 '한국판 뉴딜 전략회의'를 두었다. 범정부, 민주당, 광역지자체, 민간기업 등이 참여하여 범국가적 역량을 결집하는 회의체다. 그 산하에 '한국판 뉴딜 당정 추진본부'를 두었다. 부총리와 당 정책위의장이 공동본부장을 맡았다. 관계 부처 장관과 민주당 K-뉴딜 위원회 분과위원장이 참여한다. 그리고 기재부가 주관하는 실무지원단을 두어 뉴딜 실무를 뒷받침하도록 했다.

한국판 뉴딜로 한정한다고 했지만, 한국판 뉴딜의 계획이 방대하다 보니 기존의 의사결정 기구를 옮겨놓은 것과 별로 다르지 않았다. 추진체계 어디에도 전략적인 의사결정을 할 단위는 없었다. 의사결정이 왜곡되기에 딱 좋은 구조이자 일이 잘못되어도 아무도 책임지지 않는 구조였다. 이러니 5G 국가망 사업이 중간에 흐지부지되어도 아무도 책임지지 않는 결과를 낳는 것이다. 한국판 뉴딜 사업 중에 이런 과제들이 얼마나 많을 것인가.

7부

결론은 거버넌스 개편이다

22장
레거시 시스템을 바꾸는 게
혁신의 출발이다

:: 대한민국 전자정부의 위기는 역설적으로 레거시 시스템이 너무나도 유능했기 때문이다. 레거시의 빛이 밝을수록 이면의 그림자는 어둡고 짙게 드리운다.

1. 공무원 조직만 빼고 다 바꿔!

대한민국의 전자정부가 불안하다. 정부의 디지털 행정정보 시스템에서 크고 작은 장애가 계속되고 있다. 근래 들어 막대한 예산을 투입한 대규모 차세대 시스템은 제때 개통된 적이 없다. 지연에 지연을 거듭한 끝에 개통된 시스템은 온갖 오류투성이다. 디지털 선진 국가이자 전자정부 1등 국가 대한민국의 명성에 걸맞지 않은 일이다. 대한민국 전자정부에 그동안 어떠한 일이 생긴 것일까? 전자정부를 이끌어왔던 대한민국의 시스템이 총체적인 한계에 봉착한 것 같은데 과연 근본적인 개선책은 무엇일까?

문제가 터지면 정부는 항상 정부 주도의 비상 대응 조직을 만든다. 몇 차례 민관합동회의를 한 뒤에 '혁신종합계획'이란 것을 발표한다.

그러나 대부분 계획이 혁신을 앞세우면서도 언제나 '공무원 조직만 빼고 다 바꿔!'로 끝난다. 결국 혁신은 제자리걸음이고 도로 아미타불이다. 혁신 종합계획에서 혁신이 나오는 것이 아니다. 새로운 혁신적인 기술을 도입한다고 해서 혁신이 이루어지는 것도 아니다. 일하는 방식의 혁신이 진짜 혁신이다. 거버넌스를 바꾸고, 각종 법과 제도를 바꾸고, 채용과 평가 등 인사 시스템을 바꾸고, 민관 협업 방식을 바꾸고, 국가정보화 사업의 추진 방식을 바꾸고, 예산과 조달제도를 바꾸고, 정책과 전략을 바꾸는 게 혁신이다.

근본적인 문제점을 찾아 해결책을 제시하는 것은 상대적으로 수월할 수 있다. 정작 어려운 것은 아무리 작은 일이라도 일관된 방향으로 해결책을 실행에 옮기는 일이다. 단기성과에만 매몰되게 만드는 인사제도 속에서 공무원들이 장기적 전망을 설정하고 지금의 성과가 보이지 않는 일을 추진하기란 쉽지 않다. 그 결과 근본 대책은 뒷전이 되고 일하는 척 시늉만 내는 일이 반복된다. 이제는 이런 악순환의 고리를 끊어야 한다. 어디서부터 시작해야 할까?

2. 국가 대표 사이트가 멈춰 서다

2024년 4월 국민이 온라인으로 민원서류 발급받는 정부24 사이트에서 심각한 오류가 발생했다. 신청인이 성적 증명서와 졸업 증명서를 떼면 엉뚱한 제삼자의 서류가 발급되었다. 법인용 납세 증명서를 떼면 증명서에 사업자등록번호 대신 법인 대표의 주민등록번호가 찍혀 나왔다. 국가의 대표 사이트에서 어처구니없는 오류가 발생했는데도 행안부는 시스템 유지보수하는 회사에 책임을 떠넘길 뿐이었다. 자신들의 관리 책임에는 눈을 감았다. 수십 년째 계속되어온 익숙한 풍경이다.

국민이 더 생생하게 기억하는 장애 사태가 있다. 2023년 11월 지자체 공무원 전용 행정 시스템이 먹통이 되면서 지자체 주요 업무가 한동안 마비가 되었다. 이 시스템은 '새롭고 올곧은 행정'을 펼친다는 의미에서 '새올 시스템'이라 불린다. 전국 시군구의 공무원들이 각종 민원 서비스나 인허가 업무를 처리할 때 필수적으로 사용한다. 이처럼 중요한 업무 시스템에 아예 접속조차 하지 못하는 장애가 발생했으니 전국 주민센터와 지자체 민원실에서 행정업무가 일시에 중단될 수밖에 없었다. 이와 동시에 어떤 이유인지 정부24 서비스에도 장애가 발생하여 온오프라인에 걸쳐 모든 민원 서비스가 전면 중단되었다. 대한민국 국민은 이제껏 자기가 사는 곳과 상관없이 전국 어느 주민센터에서나, 혹은 집에서 인터넷으로 편리하게 각종 증명서를 발급받는 것을 당연하게 생각하며 살았다. 민원 처리가 전산화되고 자동화된 것은 행정업무의 기본이었고 특별히 자랑거리로 여기지도 않았다. 그런데 이 기본 시스템이 멈춘 것이다. 지방행정 시스템 장애는 재난에 버금가는 초유의 사태였다.

재난은 여기에 그치지 않는다. 1,000억 원 이상의 예산을 투입한 대규모 차세대 전자정부 시스템들이 줄지어 문제를 낳고 있다. 수년에 걸쳐 대규모 추진단 인력과 막대한 예산이 투입되었음에도 이 시스템들은 여러 차례 개통이 지연되거나 중대한 장애 상황이 확인되었다.

2020년부터 2,824억 원을 들여 개발한 4세대 지능형 나이스NEIS의 경우 접속이 지연되거나 먹통이 되는 오류는 약과였다. 엉뚱하게 다른 지역 시험 관련 자료가 출력되거나 입력해놓은 수행평가 자료가 없어지는 등 황당한 사고가 계속되었다. 극심한 혼란을 겪은 학교 현장에서는 '지능형 아닌 저능형 나이스' '4세대 아닌 마이너스 4세대 나이스'라는 혹평이 쏟아졌다.

이보다 더 심각한 것은 차세대 지방세입 정보시스템이다. 이는 서울을 제외한 16개 시도 지방자치단체(217곳)가 개별 관리하던 지방세 시스템과 세외수입 시스템을 하나로 통합 구축한 시스템이다. 지자체 담당 공무원 약 10만 명이 사용한다. 시스템 구축에 약 1,900억 원이 투입됐다. 프로젝트 중간에 주사업자가 바뀌는 등 우여곡절을 겪었다. 2024년 2월에 지연을 거듭한 끝에 어렵게 개통은 하였으나 역시나 우려했던 것처럼 오류가 너무 자주 발생했다. 민원인들이 가장 많이 이용하는 지방세 수납이 제대로 되지 않았다. 기존에는 가상계좌, 신용카드, 금융기관 자동화기기 등 여러 방식으로 지방세 납부가 가능했는데 개편 이후 시스템 오류로 인해 이 납부 기능이 마비됐다.

세무 행정은 국방과 치안 행정과 함께 국가 업무의 양대 기둥이다. 한때 전자정부 1등 국가였던 대한민국은 정보시스템의 오류로 인해 세무 행정이 마비되는 상황을 걱정할 지경에 이르렀다. 차세대 지방세 시스템에 장애가 극심하던 시점에 지방행정 공무원은 이렇게 한탄했다.

"지금 상황은 정부가 1,900억여 원을 들여 '성실 납세자'를 '체납자'로 만들고 있는 것처럼 느껴진다."

앞으로가 더 문제다. 현재 연이어 벌어지는 크고 작은 사고를 볼 때 조만간 5,000만 국민이 일상적으로 사용하는 전자정부 시스템에 감당하기 어려운 대형 사고가 반드시 터질 것 같은 불길한 예감이 든다. 대형 사고는 예고 없이 찾아오지 않는다. 대부분 대형 사고는 예고된 재앙이다. 산업재해 사례 분석을 통해 도출된 하인리히 법칙이 이를 잘 보여준다.

하인리히 법칙은 어떤 중대한 산업재해가 1건 발생하려면 그 전에 작은 산업재해가 29건, 재해의 징후라 할 가벼운 사건 사고가 300건 있다는 것이다. 소위 1:29:300의 법칙이다. 큰 사고가 일어나기 전에 반드시 유사한 작은 사고와 징후가 선행하게 된다. 대한민국 전자정부 시스템의 위기 징후는 이미 충분히 드러났다. 위기의 원인을 제대로 파악하고 근본적인 대책을 세우면 대형 참사를 방지할 수 있지만 징후에 눈 감고 위기에 미봉책으로 모면하려 들면 돌이킬 수 없는 대형 참사를 겪을 것이다.

그동안 대한민국의 전자정부가 국제 평가에서는 항상 최상위권을 유지해왔다는 점을 생각하면 현재의 위기 상황은 너무나도 급작스러운 변화다. 2010년대에 대한민국의 전자정부는 UN 평가에서 3회 연속 1등을 했고 최근 OECD의 디지털 정부 평가에서는 2회 연속 종합 1위를 달성했다. 그럼에도 정작 국내에서는 잦은 장애와 오류로 신뢰를 잃어가는 모순적 상황에 부닥쳐 있다. 이상하지 않은가?

3. 레거시, 승자의 저주가 되다

국제적인 평가의 적실성과 상관없이 대한민국 전자정부의 문제는 좀 더 구조적이고 근원적이다. 지금까지 대한민국은 전자정부 추진에 필요한 법적, 제도적, 재정적, 사업적 장치들을 적절히 갖추어 세계 최고 수준의 전자정부를 만들어올 수 있었다. 이 제도적 장치들을 통칭하여 레거시 시스템이라고 하자. 레거시 시스템을 구성하는 대표 항목들로 다음 다섯 가지를 꼽을 수 있다.

1. 법적 안정성: 전자정부법과 정보화촉진기본법 등 법체계
2. 재정 확보: 기금 등 장기적이고 안정적인 정보화 사업 재원의 확보
3. 거버넌스 체계: 부처 간 협력과 이해관계 조정 체계
4. 집행 능력: 대규모 프로젝트 수행에 필수적인 행정부 및 전담 기관의 능력
5. 조달 체계: SI 방식의 구축과 개발에 최적화된 국가 조달 체계

레거시 시스템은 1980년대 후반 국가기간전산망 사업을 추진할 때부터 꼴을 갖추기 시작하여 2000년대 김대중 정부와 노무현 정부를 거치면서 완성되었다. 레거시 시스템은 2010년대 초까지 20여 년간 너무나도 강하고 효과적으로 작동했다. 법과 거버넌스의 안정성을 갖춘 덕분에 전자정부 사업은 행정부의 교체와 무관하게 정책 방향의 일관성을 유지할 수 있었다. 강력한 추진력으로 사업추진의 적시성도 놓치지 않았다. 1990년대 중반에 출현한 정보기술 패러다임의 변화를 빠르게 포착하여 기존 업무를 전산화하고 온라인화하는 데 성공했다. 광대역 통신망, 웹을 이용한 정보 소통 환경, 데이터베이스 관리 시스템DBMS, Database Management System 기반의 데이터 구축과 활용 환경 등을 세계에서 가장 빨리 구축했다. SI 방식의 정보시스템 구축 사업을 뒷받침하도록 정교한 조달 체계가 마련되었다. 이에 따라 사업의 투명성과 공정성이 상위의 가치로 정착되었다. 대한민국은 잘 조화된 레거시 제도의 힘으로 세계 최고 수준의 전자정부를 만드는 데 성공했다. 아마도 2010년, 2012년, 2014년 UN 전자정부 평가에서 3회 연속 1위를 달성할 때가 레거시의 절정기라 할 것이다.

대한민국 전자정부의 위기는 역설적으로 레거시 시스템이 너무나

도 유능했기 때문이다. 산이 높으면 골이 깊다고 했다. 레거시의 빛이 밝을수록 이면의 그림자는 어둡고 짙게 드리운다. 레거시가 너무나 잘 작동하니까 급변하는 환경에 맞는 변화와 혁신을 제때 이루지 못하게 된다. 초기 성과에 안주한 나머지 혁신의 절박성이 사라지는 것이다. 소위 승자의 저주Winner's Curse 현상이다. 초기 성공으로 인해 고착된 제도와 정책이 오히려 미래 혁신의 걸림돌이 되는 역설적 상황이 벌어진다. 2010년대 이후 기술 환경을 비롯한 제반 사회적 환경이 근본적으로 바뀌었음에도 패러다임 전환은 자꾸 지연되고 있다. 과거의 성공이 미래를 보장해주지 않는다. 강고한 레거시의 유산이 대한민국 혁신의 길을 가로막고 있다.

시대가 바뀌면 과거에 레거시가 지닌 장점은 그대로 현재의 단점이 되어버린다. 거버넌스는 분산되고 부처 간 알력은 커진다. 정보화사업은 부처별로 파편화되고 부처마다 정보화 관련 산하 조직(각종 진흥원) 신설 경쟁에 나선다. 공공의 온라인 서비스 수준은 민간에 대비해서 부끄러운 수준까지 낙후된다. 국정원의 정보보안 간섭은 갈수록 강화되고 그에 따라 혁신은 퇴보한다. 공무원 조직은 자연히 리스크를 회피하는 방향으로 보수화된다. 정부의 관리 감독 기능은 무너지고 민간의 공공 SI 개발 생태계는 서서히 붕괴한다. 이제는 신기술을 적용하여 개발하려고 해도 제대로 된 기술 수준을 갖춘 개발 인력과 회사를 찾기가 어려울 정도다.

4. 행안부와 과기정통부 사이의 고질적인 알력

거버넌스 구조가 대표적으로 고질적인 문제다. 거버넌스의 안정성은 사라지고 분산에 따른 취약성만 커졌다. 과거에는 범정부 정보화추진위원회(전자정부특별위원회 등)를 통해 국가정보화의 사령탑 기능을 수행했다. 이 위원회는 법적으로는 자문 기구적 한계를 지녔지만, 실질적으로는 청와대 참모가 위원회 간사 역할을 맡으면서 부처 간 이견을 조정하는 권한을 행사할 수 있었다. 청와대, 담당 부처, 전담 기관 간의 협업 구조가 작동하면서 거버넌스의 안정성과 효율성이 작동했다.

그러나 지금은 이 시스템이 작동하지 않는다. 아무리 그럴듯한 범정부위원회를 만들어도 정권 초기에만 반짝 주목받을 뿐이다. 실질적 권한과 예산이 부재한 자문위원회의 한계를 극복하지 못하고 유명무실화되고 만다. 문재인 정부의 4차산업혁명위원회, 윤석열 정부의 디지털플랫폼정부위원회 모두 대동소이하다. 자리와 권한, 실적을 둘러싼 부처 이기주의는 갈수록 극심해지고 부처 간 칸막이는 더 높이 둘러쳐질 뿐이다. 국가정보화 정책, 데이터 정책, 클라우드 정책 등을 놓고 행안부와 과기정통부 사이의 알력은 기둥뿌리가 썩어나갈 정도로 심각하다.

법체계도 마찬가지다. 과거에는 전자정부법이나 정보화촉진기본법(현재 지능정보화기본법으로 전면 개정) 등의 개별법으로 전자정부 구현의 제도적 기반을 마련할 수 있었다. 전자정부가 행정업무를 전자화하고 온라인화하는 초기 수준이었기 때문에 몇 가지 개별법으로 충분히 뒷받침할 수 있었다. 그러나 지금은 디지털 성숙기로 접어들었다. 디지털을 기반으로 국가, 사회, 산업 등 모든 영역의 구조와 운영 방식을 재설계해야 하는 디지털 대전환의 시대다. 아날로그 시대에 만들어진 모든 법과 제도를 전면적으로 정비해야만 디지털 기술의 속도를 감당할 수 있다. 부처가 한두 개 개별법을 움켜쥐고 있다고 해서 해결될 일이 아니다. 스마트폰 세상에서 흑백 휴대폰을 손에 쥐고서 무얼 할 수 있겠는가?

예산편성과 조달 체계도 갈수록 경직화되고 있다. 무엇보다도 현재 기재부의 예산편성 시스템하에서는 새롭게 대세가 되는 애자일 개발 방법론을 적용해서 정보시스템을 개발하는 것이 불가능에 가깝다. 애자일 방식은 단기 반복 개발을 특징으로 하는데 정부의 연 단위 예산편성은 일괄 개발을 전제로 설계되어 있어서 유연한 적용이 불가능하기 때문이다. 조달 체계 역시 프로젝트 전체 내용을 사전에 확정하여 총액 계약이 일반적이어서 애자일 도입 취지에는 전혀 부합하지 않는다. 애자일 개발 방법론의 도입을 위해서는 정부의 기존 예산 시스템과 회계 시스템의 대대적인 혁신이 필요하다.

재원 조달과 운영 측면에서도 과거의 장점은 사라졌다. 2000년대 초반 전자정부 11대 사업과 31대 로드맵 구축 사업을 위해 연간 수천억 원이 넘는 막대한 예산이 투입되던 시기가 있었다. 이때 예산의 총액은 정해져 있었지만, 세부 내용의 사업 선정은 당시 거버넌스의 중심 역할을 한 '전자정부추진위원회'에서 결정했다. 거버넌스(위원회)가 우선순위를 정하면 부처는 여기에 따라야 했다. 위원회가 정한 방향에 맞게 계획을 만들고 성과를 점검받아야 시스템을 구축할 수 있었다. 거버넌스(위원회)가 이런 실질적인 힘을 가지고 있었기에 시스템 구축 등 투자의 우선순위, 시스템 간 상호 연계, 표준화 등을 주도적으로 이끌어갈 수 있었다.

초기에 전자정부 인프라 구축 사업의 핵심 재원이었던 정보화촉진 기금도 기금 고갈에 따라 역할이 축소된 상태다. 정보화 사업에서 기금을 활용하면 일반 예산 대비해서 안정적으로 재원을 확보할 수 있고 탄력적인 집행이 가능해서 정보화 사업의 연속성과 효과성을 높일 수 있었다. 현재는 시의성 있는 재정의 확보도 어렵고, 거버넌스는 잘 작동하지 않고, 부처 간 경쟁은 심해져서 사업 간 예산의 조정 기능은 매우 약해진 실정이다. 부처별 단위 사업 중심으로 예산을 편성하기 때문에 범정부 차원의 서비스 구현에는 어려움이 따른다.

최근 10여 년간 국정원이 공공부문의 사이버 보안 정책을 담당하면서 규제가 지나친 것도 커다란 장애요인이다. 국정원이 어떤 조직인가? 국가안보를 모든 판단 기준의 최우선 순위에 두는 조직이다. 자연히 국정원의 보안지침은 정보보호 입장에서 보수적인 방향으로 자꾸 강화될 수밖에 없다. 국정원의 정보보안 업무가 적절한 통제를 받지 않으면 업무 효율 저하는 불가피해지고 신기술 도입과 디지털 전환은 더디어질 수밖에 없다.

특히 국정원의 물리적 망 분리 정책은 악명이 높다. 정보 유통의 대세가 PC 기반의 온라인 환경에서 스마트폰 기반의 모바일 환경으로 전환되었음에도 정부와 공공기관은 물리적 망 분리 때문에 모바일 행정이 사실상 불가능하다. 국정원은 PC든 스마트폰이든 이동통신사의 무선통신망이나 무선 와이파이망을 사용하는 것 자체를 문제 삼는다. 분실 가능성이 있다는 이유로 스마트폰과 패드 등 모바일 기기를 사용하는 것조차도 규제한다. 대부분의 정보자원 관리가 클라우드 환경으로 전환되고 있으나 물리적 망 분리 정책 때문에 SaaS 이용 등에 제약이 크다. 전자정부 서비스를 민간 클라우드로 이동시키는 데에는 온갖 보안 규제가 따른다. 국정원은 기술혁신과 사업 발전의 입장보다는 국가안보와 정보보호의 입장에 서기 때문에 필연적으로 국내 클라우드 산업의 발전을 저해하는 결과를 낳는다. 국정원은 '국가안보'라는 조직의 임무에 충실할 뿐이다. 국정원이 일을 못 해서가 아니라 너무나 잘하려 들어서 문제가 생긴다.

5. 수명을 다한 레거시 시스템

대한민국 전자정부를 세계 최고 수준으로 이끌어준 레거시 시스템은 불행히도 이미 그 한계를 다 했다. 2023년 말부터 빈발하는 행정정보망의 사고가 붕괴의 조짐을 충분히 보여주고 있다. 현재 진행 중인 대규모 차세대 프로젝트 중에 제대로 되는 게 하나도 없다시피 하다. 이제는 공무원들이 징계받을까 봐 대규모 차세대 프로젝트에는 최대한 안 가려고 몸을 사린다는 얘기까지 들린다.

강고한 레거시 시스템을 바꿀 수 있는 근본적인 대안을 고민할 때다. 예산편성의 안정성만 따지며 유연한 사업추진을 가로막는 기재부, 조직의 권한과 자리보전만 우선시하는 행안부, 시대착오적인 보안 규정으로 모든 혁신을 가로막는 국정원, 공공 영역에서는 겉으로만 빙빙 도는 정통부, 그리고 전혀 사태 파악을 하지 못한 채 조율 기능을 상실한 대통령실 등등……. 정부 시스템이 제대로 작동하지 않는다. 기술의 문제나 개발자의 문제가 아니다. 정부가 일하는 제도적 기반을 바꾸는 게 가장 중요하다. 거버넌스를 바꾸고, 공무원 인사와 평가를 바꾸고, 사업추진 방식을 바꾸고, 데이터 정책을 바꾸고, 디지털 혁신전략을 바꾸어야 비로소 실마리가 찾아진다. "과거와 같은 방식으로 일하면서 다른 결과를 기대하는 것은 미친 짓이다." 아인슈타인의 말이다. 정부가 일하는 제도적 기반을 바꾸는 게 혁신의 출발이다.

23장
부처 간 갈등의 현장으로 들어가다

:: NIA 원장으로서 국가의 데이터 업무를 들여다보면 볼수록 가관이었다. 과기정통부와 행안부가 데이터 업무의 주도권을 놓고 서로 한 치의 양보도 없이 버티고 있었다.

1. 정부조직법 개정이 불가피하다

국가정보화와 전자정부를 담당하는 주무 부처가 이원화되고 다원화되어서 생기는 폐해가 막대하다. 과기정통부는 국가정보화 정책을 명목상 총괄한다. 행안부는 전자정부 정책과 공공데이터 정책을 총괄한다. 양 부처의 주도권 다툼으로 인한 갈등은 무수한 정책 갈등을 낳고 있다. 국가 데이터 업무가 이원화되고 클라우드 육성 정책이 유명무실화된다. 국가정보화라는 목표와 디지털 정부 구현이라는 핵심 수난이 따로 노는 데서 생기는 필연적 결과다. 누구나 알고 있지만 아무도 적나라한 실상을 얘기하고 있지 않을 뿐이다.

국가정보원(국정원)은 국가 사이버안보 사령탑으로서 보안 정책을 총괄한다. 개인정보보호위원회는 개인정보보호 및 활용 업무를 총괄

한다. 기재부는 국가 재정 운용 계획 수립과 예산편성을 주도하고 조달청은 정부 사업의 발주 및 계약을 전담한다. 돈 앞에 장사 없어서 양 기관은 국가정보화 정책에 매우 중요한 영향력을 행사한다. 금융 분야 마이데이터와 핀테크 육성 정책을 총괄하는 금융위원회의 중요성도 점점 커지고 있다. 국가정보화의 거버넌스 정비를 논의하려면 당연히 국정원, 개보위, 기재부, 조달청, 금융위 업무의 혁신과 조정을 논의하지 않을 수 없다. 교육부, 보건복지부, 산업통상자원부, 중소벤처기업부 등 정부 모든 부처에서 소관 영역의 디지털 전환을 추진하고 있는 까닭에 범정부 차원의 사령탑을 명확히 하는 일도 중요하다. 무늬만 사령탑이어서는 소용이 없다. 정책 결정권, 예산 조정권, 법안 제출권을 가진 실질적인 사령탑이어야 한다.

대한민국 공무원들은 매우 열심히 일을 한다. 다만 다들 부처의 칸막이 안에서만 열심히 달린다. 마치 눈가리개하고서 앞만 보고 달리는 경주마 같다. 부처 간 칸막이를 넘어서면 협업과 소통이 잘 안된다. 범정부적인 차원에서 국가정보화 정책을 추진할 목적으로 4차산업혁명위원회나 디지털플랫폼정부위원회 등과 같은 대통령 직속 자문위원회를 만들어도 잘 굴러가지 않는다. 설립 초기에만 반짝 힘을 받을 뿐이다. 결국 별다른 성과를 못 내고 무기력하게 종료되는 일이 반복된다. 이럴 때마다 국가정보화 거버넌스 체계가 논의된다. 국가 CIO와 국가 CDO를 명확히 해야 한다는 주장도 제기된다. 구체적인 밑그림도 없이 유행처럼 데이터청 설립 얘기를 한다. 국가와 사회의 디지털 대전환을 책임질 거버넌스를 정비하려면 어떤 식으로든 부처를 뛰어넘어 업무를 이관하고 통합해야 한다. 정부조직법의 개정이 불가피하다는 얘기다. 흔히 악마는 디테일 속에 있다고 한다. 다행히도 나는 국가정보화 현장에서 4년 넘게 일하면서 악순환의 고리가 어떻게 작동하는 지 생생하게 경험할 수 있었다.

2. 디지털 정부와 국가정보화의 이원화

국가정보화의 거버넌스 구조를 설계하기 위해서는 디지털 정부와 국가정보화의 상관관계를 명확히 할 필요가 있다. 엄밀히 정의하면 국가정보화는 디지털 정부를 포괄하는 더욱 폭넓은 상위의 개념이고 디지털 정부는 국가정보화의 핵심 영역 중 하나이다. 국가정보화라는 상위의 목표를 이루는 데 디지털 정부는 핵심 수단 역할을 한다. 양자 는 목표와 수단의 관계, 혹은 전체와 부분의 관계라고 해야 할 것이다.

국가정보화는 국가 경쟁력 강화와 국민 삶의 질 향상을 위해 정보기 술을 행정, 경제, 사회, 문화 등 국가 전 영역에 걸쳐 활용하는 것을 의 미한다. 국가정보화는 공공 영역의 정보화를 통해 정부혁신을 추동하 고 디지털 신기술 개발과 신산업 육성을 촉진하여 국가 경제의 경쟁력 을 높이는 중요한 역할을 한다. 주요 업무 범위는 인프라, IT 신기술 개 발, 공공 정보화, 신산업 육성, 디지털 포용, 정보보호 등을 포괄한다.

1. 초고속 정보통신 인프라 구축 및 고도화
2. 산업 경쟁력 제고를 위한 정보통신기술 개발 및 활용 촉진
3. 행정, 복지, 교육 등 행정업무와 공공 서비스 영역의 정보화 추진
4. 정보격차 해소와 정보 취약계층의 정보 접근성 보장
5. 데이터, AI, 클라우드 등 신기술 기반의 신산업 육성
6. 정보보호 및 사이버안전 확보, 정보보호 기술 개발 지원

디지털 정부의 핵심은 정보기술을 활용해 정부의 행정업무와 대국민 서비스를 효율화하고 고도화하는 데 있다. 즉 정보기술을 활용한 행정혁신이 디지털 정부의 본질이다. 구체적으로는 첫째, 정부 내 업무처리 과정의 전산화와 자동화로 효율성을 높인다(디지털 국가 예산회계 시스템, 온나라시스템). 둘째, 각종 민원 서비스의 온라인화로 국민 편의성을 높인다(정부24). 셋째, 부처 간 정보 공유 및 연계 강화로 협업 행정을 구현한다(행정정보 공동 이용 시스템). 넷째, 정책 결정 과정에 국민 참여를 확대해 열린정부나 투명한 정부를 구현한다(국민신문고). 이 중 온나라시스템이나 행정정보 공동 이용 시스템 등은 공무원 전용 업무 시스템이라 국민에게 익숙하지는 않지만, 이 시스템 없이는 공무원 업무가 불가능할 만큼 핵심적이다. 데이터 경제 시대에는 공공데이터를 개방해 민간이 활용하게 하는 것의 중요성도 계속 커지고 있다. 공공데이터 개방을 통해 정부는 투명성과 신뢰성을 높이고 민간은 새로운 비즈니스 기회를 창출한다.

개념적으로 디지털 정부는 국가정보화의 토대이자 핵심 수단으로서 공공부문의 디지털 전환을 선도하는 역할을 한다. 구체적인 정책과 사업 영역으로 들어가면 둘 사이의 업무 영역을 명확히 나누는 것은 칼로 물 베기만큼 어려운 일이다. 국가정보화, 즉 국가와 사회의 디지털 대전환이라는 목표와 디지털 정부 구현이라는 핵심 수단을 어떻게 떼어놓을 수 있겠는가? 만약 억지로 떼어놓는다면 그만큼 커뮤니케이션 비용과 조직 간 갈등 비용을 감내해야 할 것이다.

문제는 바로 여기에 있다. 현재 거버넌스는 이 두 가지 영역을 억지로 떼어놓은 모양새이다. 국가정보화 정책과 디지털 정부 사업 추진 체계가 과기정통부와 행안부로 이원화되어 있다. 크게 보면 과기정통부는 국가정보화 주관부처이며 행안부는 디지털 정부 주관부처이다. 과기정통부는 국가정보화 및 데이터 정책 수립, 정보통신기술 인프라 구축, 클라우드, 빅데이터, AI 등 신기술 활용 정책 추진, 정보화 관련 연구개발 및 기술 표준화 주관 등을 맡는다. 행안부는 디지털 정부 정책 총괄 및 추진, 공공부문 정보화 사업관리, 공공데이터 제공 및 이용 활성화, 국가정보자원 통합 운영 및 관리, 공공부문의 클라우드 도입 확산 업무들을 맡고 있다. 디지털 대전환 시대에 국가정보화라는 국가의 중요 업무가 정책 목표와 실현 수단이 따로 노는 꼴이다. 이런 업무 분담과 부처 이원화가 과연 현실에서 제대로 작동할까?

3. 결코 밖에서는 알기 어려운 이야기

나는 2018년부터 2022년 6월까지 만 4년 2개월 동안 '한국지능정보사회진흥원'이라는 한번 들어서는 도저히 알아듣기 어려운 긴 이름의 기관장으로 일했다. 본래는 '한국정보화진흥원'이었는데, 기관 설립의 근거가 되는 모태 법이 '지능정보화기본법'으로 전면 개정되면서 덩달아 기관명까지 바뀌었다. 다행히 'NIANational Information Society Agency'라는 기관의 영문 이름은 바뀌지 않아서 그나마 국제업무에서의 혼란은 피할 수 있었다.

NIA는 대한민국 전자정부와 국가정보화의 산증인과도 같은 기관이다. 전자정부가 본격화되기 시작한 1987년에 한국전산원NCA으로 출범했다. 설립 배경 자체가 현재 전자정부의 근간이 되는 5대 국가기간전산망(행정전산망, 금융전산망, 교육 및 연구전산망, 국방 전산망, 공안전산망)의 추진을 지원하기 위한 것이었다. 이때 주민등록정보, 부동산 정보, 자동차 정보 등 주요 행정정보의 전산화가 이루어졌다. 전자정부 기술 전담 지원기관으로서 김대중 정부의 전자정부 11대 중점 추진 과제, 노무현 정부의 전자정부 31대 로드맵 과제 등을 성공적으로 수행했다. 현재 국민이 보편적으로 사용하는 정부24, 홈택스 등의 대국민 서비스G4C, Government for Citizen와 '나라장터' 같은 기업 지원 서비스, 그리고 '행정정보 공동 이용 시스템' '시군구 행정종합정보 시스템' 등 행정업무의 근간이 되는 시스템이 이때 대부분 구축되었다. 문재인 정부 때에는 전자정부를 한 차원 더 업그레이드하는 '디지털 정부혁신 추진계획'을 주도했고 코로나19 시국에서 '디지털 뉴딜' 책임수행 기관으로 역할을 했다. 한마디로 NIA는 국가 디지털 대전환 선도기관을 자임하는 기관이다.

공공기관으로서 NIA의 특이점이 하나 있다. 행정부 산하 공공기관, 공단, 공사는 당연히 1년에 한 번씩 국회의 국정감사를 받는다. 그런데 NIA는 수많은 공공기관 중에서 거의 유일하게 두 군데 상임위로부터 국정감사를 받는다. 국회 과방위(과학기술정보방송통신위원회)에서는 네트워크, 클라우드, 데이터, 디지털 포용 업무 등 과기정통부 관련 업무에 대한 감사를 받는다. 그리고 국회 행안위(행정안전위원회)에서는 디지털 정부와 공공데이터 등 행안부 소관 업무에 대한 감사를 받는다. 기관의 업무가 과기정통부의 국가정보화 지원 업무에 절반, 행안부의 디지털 정부 및 공공데이터 지원 업무에 절반으로 나뉘어 있기 때문이다.

NIA의 원장은 '과기정통부 장관이 행안부 장관과 협의하여 임명한다.'라고 기관의 정관에 못 박혀 있다. 공식적으로는 양 부처 장관의 합의가 없으면 기관장을 임명하기 어려운 구조다. 기관의 이사회에도 양 부처의 담당 국장이 당연직 이사로 참여하도록 규정되어 있다. 양 부처가 기관의 업무와 조직을 사이좋게 양분하고 있는 형국이다. 기관 사정이 이러다 보니 웃지 못할 일이 수시로 벌어진다. 밖에서는 결코 알 수 없는 관료 행태의 신세계가 펼쳐진다.

원장 취임 후 두 달도 안 되었을 때의 일이다. 취임 전후로 주변의 많은 전문가에게 집중적으로 자문 의견을 구한 적이 있다. 'NIA 원장으로서 꼭 해야 할 핵심과제는 무엇인가?' '당신이 NIA 원장이라면 하고 싶은 게 무엇인가?' 놀랍게도 전문가 열에 여덟, 아홉이 데이터 문제를 꼽았다. 전문가들은 거의 만장일치라 할 정도로 데이터 문제의 심각성을 지적했다. 대한민국이 디지털 대전환의 시대, AI 시대에 낙오자가 되지 않으려면 국가 데이터 업무에 대대적인 혁신이 필요하다는 것이다. 데이터 개방의 양과 질을 획기적으로 높여야 한다는 것이 핵심이었다. 공공데이터를 기계가 읽을 수 있는 포맷으로 개방하는 원칙부터 확립하자, HWP 포맷으로 개방하는 부끄러운 관행만은 제발 그만하자, 데이터 활용을 근본적으로 제약하는 개인정보보호법을 전면적으로 개정하자, 부처 간에 흩어져 있는 데이터 거버넌스를 정비하자 등등…….

당연히 나는 취임 초부터 데이터 업무에 집중했다. "한 놈만 팬다."라는 유명한 영화 대사처럼 나는 '데이터 한 놈만 팬다.'라는 생각으로 NIA 원장 일을 시작했다. 그런데 막상 NIA 원장으로서 국가의 데이터 업무를 들여다보면 볼수록 가관이었다. 우선 과기정통부와 행안부가 데이터 업무의 주도권을 놓고 서로 한 치의 양보도 없이 버티고 있었다. 과기정통부는 민간의 데이터 개방과 활용을 촉진한다는 차원에서 빅데이터와 AI 데이터 업무를 주관했다. 행안부는 공공데이터 개방과 활용, 데이터 기반 행정업무를 주관했다. 양 부처 간의 시너지는 전혀 없었다. 국가의 전략적인 관점에서 데이터 정책을 조율하고 입안하는 역할은 어디에도 없었다.

공공기관을 흔히 부처 산하기관이라고 하지 않던가. NIA 역시 대체로 부처의 결정을 따라갈 수밖에 없다. NIA의 데이터 업무 조직 역시 과기정통부 지원조직과 행안부 지원조직으로 나뉘어져 있었다. 행안부를 지원하는 조직은 그나마 나았다. '공공데이터혁신본부'라는 단일 조직으로 체계가 잡혀 있었다. 이에 비해 과기정통부 빅데이터 업무를 지원하는 조직은 여러 부서에 사업별로 흩어져 있었다. 업무 자체가 태동기에 있었던 탓이다. 과기정통부 빅데이터 업무를 효과적으로 수행하기 위해서는 무엇보다 흩어진 조직을 통합하는 것이 선결과제였다. 관련 부서장들과 협의하여 '빅데이터단'을 신설하기로 했다. 여기까지는 순조로웠으나 정작 문제는 다음부터였다. 뜻밖에도 행안부에서 딴지를 걸고 나섰다.

"과기정통부를 지원하는 '단' 규모의 조직을 만들면 NIA의 업무가 그만큼 과기정통부 쪽으로 무게 중심이 쏠리는 것 아니냐? 조직의 균형을 맞추는 조치가 없는 한 행안부로서는 받아들이기 어렵다. 그리고 조직 명칭도 잘못되었다. 과기정통부 데이터 업무 지원조직에 왜 빅데이터란 이름을 독점적으로 사용하냐? 공공데이터는 빅데이터 아니냐? 조직 명칭도 바꿔 다오……."

억지도 이런 억지가 없었다. 행안부 업무와는 전혀 상관없는 과기정통부 지원조직의 개편 문제에 행안부가 반대하고 나선 것이다. 부처와 기관의 고유한 역할 분담에도 전혀 맞지 않는 억지였다. 기관장의 고유한 조직 운영 권한을 침해하는 명백한 월권행위였다. 나처럼 민간기업의 CEO로서 책임경영을 하다가 공공기관장으로 처음 부임한 사람에게는 도무지 상상도 못 할 일이었다. 기관장의 재량으로 조직의 효과적인 운영을 위해 작은 단위 조직 하나 정비하지 못한다는 말인가? 인원을 늘리는 것도 아니고, 예산을 더 쓰는 것도 아니고, 단지 흩어진 조직을 하나로 묶어서 효율을 꾀하겠다는 것뿐이었다.

도저히 납득이 안 가는 행태였지만 그렇다고 해서 내가 나설 수도 없었다. 아니 나서서는 안 되었다. 담당국장에게 따지고 장관과 상의하면 당장 문제야 풀릴 것이다. 그러나 나는 정해진 임기를 마치면 떠날 사람일 뿐이다. 공무원들과 호흡을 맞추어 계속 일해야 하는 NIA 직원들과 간부들이 이런 일로 눈 밖에 나면 얼마나 공무원들의 등쌀에 두고두고 시달릴 것인가?

결국 몇 번의 조율 끝에 절충을 이루어냈다. 조직은 신설하되 명칭은 바꾸기로 했다. '빅데이터단' 대신 '지능데이터단' 명칭을 사용하기로 했다. 조직의 역할도, 조직의 규모도, 조직의 인사도 달라진 것은 없었다. 오직 조직 명칭이 '빅데이터단'에서 '지능데이터단'으로 바뀌었을 뿐이다. 이것 하나 때문에 기관장의 고유한 경영권 행사에 딴지를 걸고 나온 것이다. NIA 원장으로 부임해서 한 달 반만의 첫 번째 조직 개편 때의 일이었다. 과기정통부와 행안부 간의 갈등이 상상 이상으로 심각하다는 걸 처음 피부로 느낀 사건이었다. 머리 좋고 실력 좋은 중앙부처의 고위 공무원들이 이런 쓸데없는 일에 에너지를 쏟는 현실이 진심으로 안타까웠다.

4. 클라우드 업무를 놓고 또 다시

그 후로도 어처구니없는 사건은 계속 불거졌다. 이번에는 클라우드 사업 조직을 둘러싼 갈등이었다. 클라우드 컴퓨팅은 별도의 인프라 준비 없이 최신의 개발 리소스나 서비스를 즉각적으로 도입해서 쓸 수 있는 디지털 대전환 시기의 필수 인프라다. 과기정통부는 '클라우드컴퓨팅 발전법'까지 만들어서 클라우드 산업의 발전과 기술 개발에 노력했으나 솔직히 그때까지 그리 성과가 많지는 않았다. SI 방식 위주의 한국적 개발 특성과 국정원과 행안부의 과도한 보안 규제 때문에 돌파구를 찾기가 쉽지 않은 실정이었다. NIA도 어려운 여건 속에서 SaaS와 PaaS 등 클라우드 신기술의 이용 활성화 사업 등을 수행하고 있었다.

코로나19가 클라우드 이용 환경을 전면적으로 바꾸어놓았다. 마치 코로나19가 대한민국의 CTO 역할을 하는 것 같았다. 코로나19로 인해 온라인 교육, 재택근무, 디지털 방역 시스템 등 디지털 수요가 급증했다. 문재인 정부는 급변하는 디지털 수요에 탄력적으로 대처하고 코로나19 경제위기를 성공적으로 극복하기 위해 '디지털 뉴딜'을 국가적인 사업으로 추진했다. 디지털 뉴딜의 중점 사업의 하나로 공공부문의 클라우드 전면 전환 사업이 선정되었다. 5개년에 걸쳐 공공부문의 정보자원을 클라우드로 전면적으로 이전하고 통합하는 총예산 8,000억 원 규모의 대규모 사업이었다. 그때까지 클라우드 전환에 이런저런 이유로 소극적이었던 행안부가 이 사업의 주관을 맡았다. NIA는 즉각적으로 행안부를 지원할 '공공클라우드사업단'을 신설했다. 결과적으로 NIA 한 기관 내에 과기정통부 사업을 지원하는 '클라우드기술지원단'과 행안부 사업을 지원하는 '공공클라우드사업단' 두 조직이 병존하게 되었다.

누가 보더라도 이 두 조직은 하나로 통합하여 운영해야 훨씬 더 많은 시너지를 낼 수 있었다. 클라우드 기술지원과 클라우드 전환 사업이라는 두 바퀴가 함께 구르면서 서로의 부족한 점을 채워주기 때문이다. 그러나 통합한 조직의 주도권을 어느 한 부처로 넘겨줄 수 없다는 양 부처의 고집 때문에 조직 통합은 결국 이루어지지 못했다. 한정된 인력에 엄청난 규모의 예산을 집행해야 하는 비상 상황임에도 조직을 따로 운영할 수밖에 없었다. 얼마나 기형적인가?

매사가 이런 식이었다. 국가 차원의 합리성과 효율성보다는 자기 부처와 자기 조직이 우선이었다. 디지털 뉴딜처럼 국가적으로 최우선 순위의 사업에 조직과 인력을 투입하려고 해도 자기 부처를 지원할 인력의 축소는 절대 받아들이지 않았다. 국가적으로 어떤 상황 변화가 오더라도 자기 부처 지원 인력 숫자는 건드리지 말라는 것이다. 정부 차원의 필요에는 눈을 감은 채 자기 부처의 역할과 과제 수행만 강요하는 꼴이다. 이런 실정에서 어찌 정보통신기술 전문기관으로서 자율적인 조직운영과 효율적인 인력 활용이 가능하겠는가? 아마도 전국의 모든 부처와 모든 공공기관에서 일상적으로 벌어지고 있는 고질적인 병폐일 것이다. 이러는 사이에 국가 경쟁력은 가랑비에 옷 젖듯이 약해진다.

5. 데이터 영역의 주도권 다툼

공공기관 내부에서 벌어지고 있는 부조리한 갈등은 국가적인 차원에서 확대 재생산된다. 국가정보화 업무의 이원화는 필연적으로 법, 세노, 정책에서의 심각한 갈등과 비효율을 낳는다. 국가정보화 거버넌스 구조의 진짜 심각한 문제는 여기에 있다.

정부는 법에 따라 움직인다. 모든 업무의 출발점이 되는 기본계획 수립도 법에 정해진 절차다. 과기정통부는 지능정보화기본법에 따라

3년 주기로 '지능정보사회 종합계획'을 수립하고, 종합계획을 토대로 매년 지능정보사회 실행계획을 수립한다. 행안부는 전자정부법에 따라 5년 주기로 '전자정부 기본계획'과 실행계획을 수립한다. 과기정통부와 행안부로서는 법에 따라 자신의 고유한 업무를 열심히 수행하는 것이지만 모든 중앙부처와 지방자치단체 처지에서는 유사한 계획을 이중으로 세워야 한다. 문재인 정부의 4차산업혁명위원회나 윤석열 정부의 디지털플랫폼정부위원회처럼 범정부 차원의 위원회가 만들어지면 범정부 차원의 디지털 계획을 또 수립한다. 그러면 부처별로 또 실행계획을 만든다. 똑같거나 유사한 내용을 이 계획이나 저 계획에 담아서 제출한다.

양 부처가 경쟁적으로 벌이는 정보화 사업에도 경계와 역할이 모호한 경우가 많다. 양 부처는 강점을 나눠 가지고 있다. 과기정통부는 신기술의 이해와 민간의 기술 역량 활용에 강점을 가진다. 행안부는 공공 내부의 시스템 상황에 정통하고 전국 지자체까지 아우르는 행정력을 지녔다. 양 부처가 협업을 잘 이루면 국가와 사회적으로 시너지가 훨씬 높아질 것은 불문가지다. 그러나 현실은 정반대로 돌아간다. 거버넌스가 분산되어서 생기는 필연적인 결과다.

데이터 업무는 과기정통부와 행안부 간에 대표적으로 경계가 모호하고 중첩되는 영역이다. 데이터법, 데이터 정책, 데이터 거버넌스를 둘러싼 갈등은 상상 이상으로 심각하다. 과기정통부는 데이터 산업을 육성하거나 인프라를 조성한다. 행안부는 공공데이터 개방 및 활용과 데이터 기반 행정업무를 주관한다고 되어 있지만 현실은 그렇게 간단하지 않다. 한 가지만 물어보자. 국가의 데이터 업무를 총괄하는 부처는 과기정통부인가, 행안부인가? 아무도 여기에 답을 하지 못한다. 두

부처가 업무를 나누어 가지고 있기 때문이다. 그러니 데이터 거버넌스 정비 얘기가 나올 때마다 데이터청廳, 데이터처處, 데이터부部 등 밑도 끝도 없는 얘기가 중구난방으로 터져 나오는 것이다.

몇 년 전에 데이터 업무의 주도권을 잡으려고 과기정통부가 의욕적으로 데이터산업기본법을 만들었다. 처음에는 국가 데이터 업무 전반에 관한 기본법을 만들려고 했으나 행안부의 강력한 반대에 부딪혔다. 행안부의 요구는 완강했다. 기존에 '공공데이터법'이 있으니 정부가 생산하고 관리하는 공공데이터에 관한 그 어떤 조항도 과기정통부가 새로 만드는 법에서는 빼달라고 했다. 행안부의 반대를 피해서 법을 만들려다 보니 어쩔 수 없이 법의 관할 범위가 '데이터 산업'으로 축소되었다. 법의 기본 취지가 데이터 생산, 거래, 활용을 촉진하여 데이터 산업의 기반을 조성하기 위한 것인데 공공데이터 영역을 빼놓고 정부가 나서서 생산과 활용을 촉진할 데이터가 얼마나 있겠는가? 게다가 산업통상자원부까지 나서서 스마트 팩토리 같은 산업에서 데이터 활용 업무에 관한 자신의 관할권을 주장했다.

결국 번지르르한 구색만 갖춘 법 조항들만 남게 되었다. 법에 알맹이는 빠지고 쭉정이만 남은 셈이다. 데이터산업기본법에는 최고의 심의기구로 국가데이터정책위원회를 둔다고 되어 있다. 위원회 이름이 얼마나 거창한가? 무려 '국가 데이터 정책'을 다루는 위원회이다. 국무총리가 위원장이고 정부 측 위원은 대체로 부처의 장관을 망라한 정도로 화려하다. 위원회의 간사위원을 과기정통부 장관과 행안부 장관이 사이좋게(!) 공동으로 맡고 있다. 그러나 딱히 심의할 안건이 없다. 2023년 1월 첫 번째 3개년 기본계획을 심의한 이래 개점휴업 상태이다.

과기정통부가 민간 데이터 영역을 관장한다면 행안부는 공공데이터 영역을 관장한다. 행안부는 '공공데이터법'에 따라 '공공데이터전략위원회'를 운영한다. 이 위원회도 국무총리가 위원장을 맡는다(민간 공동위원장 체제). 공공데이터법에 따라 행안부는 3년마다 기본계획을 수립하고 모든 부처와 지자체는 매년 실행계획을 세운다. 데이터의 이용과 활용을 촉진하기 위해서는 일관된 데이터 분류 체계와 표준화 등이 중요하지만 데이터의 소유자가 민간인지 공공인지에 따라 개별 법령이 정한 기준이 다르다. 이러한 정책을 결정하는 거버넌스는 같은 국무총리가 위원장을 맡고 있는데도 국가데이터정책위원회와 공공데이터전략위원회로 이원화되어 있다.

데이터산업기본법에는 또 데이터 생산, 거래, 활용에 관한 분쟁을 조정하기 위해 '데이터 분쟁조정위원회'를 설치하게 되어 있다. 공공데이터법에 규정된 '공공데이터 분쟁조정위원회'를 많이 참고한 조항으로 보인다. 그러나 이미 다른 데이터 관련 법에 분쟁조정 절차가 명시되어 있으므로 이를 피해 갈 수밖에 없다. 공공데이터 관련한 분쟁은 공공데이터법이나 데이터 기반 행정 활성화에 관한 법률에 따르고, 개인정보와 관련한 분쟁은 개인정보보호법에 따르며, 저작권과 관련한 분쟁은 저작권법에 따르도록 했다. 공공데이터의 분쟁은 공공기관이 공공데이터 제공을 거부하거나 중단할 때 조정을 하기 위한 것으로서 실제 분쟁조정 사례가 많다. 그러나 민간 데이터의 경우는 완전히 사정이 다르다. 데이터 거래 및 활용과 관련한 민간의 분쟁에서 정부가 조정할 일이 뭐가 있겠는가? 설사 분쟁이 있다고 하더라도 사법 절차를 통해 해결할 일이 대부분이다. 사정이 이렇다 보니 분쟁조정위를 만들어 놓았으나 역시 별 역할이 없다. 분쟁조정위원회 설치 이래 지금까지 심의 사례가 한 건도 없다.

개인정보보호위원회와의 조율도 문제다. 데이터 활용을 위해 중요한 게 데이터의 결합을 통한 활용이다. 또 데이터 결합 활용의 편의성을 높이려면 당연히 데이터 표준화가 중요하다. 데이터산업기본법에 데이터 결합을 위한 절차와 진흥책을 담아 놓았다. 데이터 결합 전문기관도 지정하고 데이터 안심 구역도 운영하고 있다. 제도가 정착하는 데 시간이 걸리더라도 차근차근 가야만 할 길임이 틀림없다.

문제는 데이터 가명화와 데이터 결합에 관한 최종 정책 결정 권한이 개인정보보호위원회에 있다는 점이다. 현재는 개보위에서 개인정보보호를 명분으로 데이터 결합 절차를 무지 까다롭게 규정해 놓았다. 데이터 결합 신청에서부터 결합한 결과의 반출까지 통상적으로 빨라야 두 달이 걸린다. 반면에 금융 데이터의 결합 절차는 신용보증법에 따라 금융위에서 관장하는데 절차가 훨씬 간편하다. 대한민국에서 최근 몇 년 사이에 핀테크 산업이 활발하고 내로라하는 핀테크 기업이 등장하는 것에는 이런 법적 제도적 뒷받침이 있기 때문이다. 내가 NIA 원장 재임할 때부터 개보위에 데이터 결합 절차의 개선을 계속해서 요구했으나 아직도 개선되지 않고 있다. 제도가 시행된 지 벌써 4년째인데 시간만 흘러가고 있다. 이런 비현실적인 규제 속에서 데이터 결합 활용의 실적이 나오기는 어렵다. 항상 피해는 민간의 몫이다.

행안부와 개보위가 다들 각자의 법적 근거하에 자신의 맷돌을 한쪽으로 열심히 돌리면 과기정통부가 독자적으로 할 수 있는 게 별로 없다. 그렇다고 해서 데이터 업무를 손 놓고 있을 수는 없다. 데이터야말로 AI 시대의 핵심 자원 아니던가. 미래의 원유, 혹은 햇빛처럼 무한히 쏟아지는 새로운 자원으로 가장 주목받는 영역이다. 데이터 업무에 관한 과기정통부 고유의 역할을 최대한 명토 박아놓는 것은 부처의 미래를 좌우하는 관건이 된다. 그래서 데이터 산업진흥법에 온갖 설익은 진흥책 조항이 만들어진다. 데이터 이용 활성화를 위한다는 명목으로 데이터 가치평가 업무와 데이터사업자 신고 규정을 만든다. 데이터 유통거래 촉진을 위한다는 명분으로 데이터 품질인증 제도와 데이터 거래사 등록제도를 만드는 식이다. 가치평가, 사업자 신고, 품질인증, 데이터 거래사…… 어디서 많이 들어본 용어들 아닌가? 모두 1980년대 산업화 시대에나 어울리는 제도들이다. 데이터를 공산품 취급하는 발상에서 나온 제도들이라는 의혹을 피하기 어렵다.

　데이터의 가치는 일률적인 잣대로 잴 수 없다. 수요자의 목적에 따라, 수요자가 가지고 있는 데이터와 결합하여 얼마나 새로운 가치를 낳을 수 있느냐에 따라 데이터의 가치는 천차만별로 달라진다. '데이터 거래사' 제도는 또 얼마나 시대착오적인가? 데이터가 부동산인가? 부동산 중개사 제도처럼 일정한 자격을 갖춘 사람만을 데이터 거래사로 등록하겠다는 발상이다. 데이터는 거래보다 분석 활용이 훨씬 중요하다. 데이터 거래는 부차적일 뿐만 아니라 데이터 속성상 결코 정형화될 수도 없다. 데이터 자체가 쪼개지고 결합해서 수시로 바뀌는 비정형성인 재화 아닌가. 데이터 거래사 제도는 자칫 잘못하면 현실에 전혀 쓸모없는 자격증 장사를 부추기는 결과만 낳을 수 있다. 현실에 동떨어진 제도는 데이터 산업 육성에 전혀 도움이 되지 않는다. 국가정보화를 둘러싼 기형적인 거버넌스 구조가 이토록 시대에 뒤떨어진 법을 낳고 있다.

24장
과학기술과 디지털 혁신의
새판을 짜자

:: AI 전환전략을 단지 기술개발 전략이나 산업전략이 아니라 국가전략 차원으로 격상해야 한다. 과학기술, 국가 디지털 전환, 혁신산업은 한 세트로 움직인다.

1. 처음부터 이원화 구조는 아니었다

지금까지 국가정보화 업무의 이원화·다원화 구조가 낳는 문제점을 사례 중심으로 살펴봤다. 정책의 비전 및 목표와 핵심 실현 수단 간의 불일치가 가장 큰 문제다. 소관 부처 간 연계와 조율이 부족하고 많은 비효율과 혼선이 발생한다. 국가와 사회의 디지털 대전환이라는 시대적 과제를 효과적으로 추진하기 위해서는 범정부 차원의 거버넌스를 재설계할 필요가 있다. 행정, 기술, 산업, 사회 전반을 아우르는 시령탑 역할이 그 어느 때보다 절실하다.

대한민국 국가정보화와 전자정부 사업의 거버넌스가 처음부터 이원화 구조로 출발한 것은 아니다. 국가정보화 업무가 태동과 성숙단계를 거침에 따라 정부 조직 구조는 계속해서 변화해 왔다. 초창기에는 국가정보화를 주관하는 단일부처와 단일 조정 기구 체제가 작동했다. 1980년대에 범정부 차원의 본격적인 국가정보화 사업의 효시라 할 국가기간전산망 사업은 대통령실 소속의 '전산망조정위원회'가 주관했다.

1980년대 말에 이 기능이 체신부로 이관되었다. 김영삼 정부 시절에 사상 최대의 조직 개편을 거쳐 정보통신부가 탄생했고 정보화촉진기본법까지 제정했다. 김대중 정부 때는 전자정부가 대통령 의제의 하나였고 이를 뒷받침하기 위해 정책기획수석실이 주도하는 '전자정부특별위원회'가 설치되었다. 김대중 대통령은 당시 정책기획수석에게 2주마다 전자정부 진행 상황을 보고하도록 할 만큼 관심을 기울였다. 이러한 보고 체계는 저절로 부처 간 조정력을 발휘했다.

현재와 같은 이원화 구조의 모태가 만들어진 것은 노무현 정부 때였다. 2004년 양 부처 간의 갈등과 수많은 논란 끝에 노무현 대통령의 결단으로 전자정부 주무 부처가 정보통신부에서 행정자치부로 이관되었다. 역사에 남을 결정적인 이관 조치였다. 이로써 전자정부 업무는 정통부의 국가정보화 업무와 분리되었다. 정보화정책과 기술지원은 정보통신부가 관장하고 정부의 정보화 사업은 행정자치부가 담당하는 식이었다. 그러나 필연적으로 양 부처 간의 갈등이 커질 수밖에 없었다.

이명박 정부는 디지털 혁신이 갈수록 중요해지는 시대에 정보통신부를 해체하는 시대착오적인 결정을 내렸다. 이는 국가정보화 업무의 이원화와 다원화에 기름을 붓는 역할을 했다. 국가정보화 업무를 총괄하던 정보통신부 기능은 각 부처로 뿔뿔이 흩어졌다. 정책 기획 기능은 행정안전부, 정보통신산업 육성과 연구개발 업무는 지식경제부,

디지털콘텐츠산업 육성 기능은 문화관광부로 이관되었다. 부처 간 업무조정을 위해 국가정보화전략위원회를 두었으나 추진력을 발휘하기는 힘들었다. 박근혜 정부 들어서서 다시 흩어진 기능을 모아 미래창조과학부(현 과기정통부)를 신설했으나 이원화 구조는 여전했다. 국가정보화 기본계획 수립과 정보통신 진흥 정책 등은 미래부가, 전자정부와 정부3.0 추진 등 행정 정보화 업무는 행안부가 계속 관할하도록 했다. 부처 간 정책 연계와 조정을 위한 기구로 정부3.0추진위원회가 있으나 실제적인 역할을 하기는 어려웠다.

국가정보화의 이원화 구조는 문재인 정부와 윤석열 정부에서도 변함이 없다. 현재의 거버넌스 구조로는 범정부 차원의 힘 있는 정책 추진이 잘 안되기 때문에 정부가 바뀔 때마다 새로운 범정부위원회가 만들어진다. 박근혜 정부의 정부3.0 위원회, 문재인 정부의 4차산업혁명위원회, 윤석열 정부의 디지털플랫폼정부위원회 등······ 아쉽게도 대부분 용두사미로 끝난다. 다들 열심히 노력하지만, 거버넌스의 구조적인 한계가 성과 창출을 제약한다. 다람쥐가 쳇바퀴를 아무리 열심히 돌아도 쳇바퀴를 벗어날 수는 없다. 쳇바퀴에서 뛰어내려야 그 자리를 벗어나서 달려 나갈 것 아닌가?

2. 최상위 국가전략 차원에서 고민해야 한다

국가정보화와 전자정부의 거버넌스를 재설계하는 것은 필연적으로 많은 논란을 불러일으킨다. '국가정보화'의 영역 자체가 너무 폭넓고 국가와 사회에 근본적인 변화를 가져다주기 때문이다. 디지털 대전환의 시대, AI 시대에 국가정보화 업무는 부처 미래의 운명을 좌우할 만큼 중요한 일이다. 조직의 존폐가 걸린 문제라서 개편 방향을 둘러싸고 첨예하게 대립할 수밖에 없다. 대통령의 리더십으로도 해결하기가 쉽지 않다. 그래서 누구나 문제를 알고 있지만 아무도 해결하지 못하는 상황이 지속되어 온 것이다.

이제는 고르디우스의 매듭을 끊어야 한다. 부처 간 갈등이 많고 첨예하게 대립할수록 오히려 문제 해결에 나서야 한다. 국가정보화의 거버넌스 문제는 부처의 운명을 뛰어넘어 대한민국의 운명이 달린 문제다. 현시기 국가 디지털 대전환의 중요성을 이해한다면 거버넌스 문제 해결의 절박성 또한 크게 느낄 것이다.

흔히 디지털과 AI 기술은 증기기관, 전기 등과 함께 범용 기술이라 불린다. 범용 기술이란 국가 및 사회와 경제 전반에 걸쳐 광범위하게 적용되어 패러다임의 근본적 변화를 일으키는 기술을 말한다. 범용 기술을 이해하려면 인류 역사상 가장 혁명적인 기술 중 하나로 꼽히는 전기를 떠올리면 된다. 전기는 단순히 어둠을 밝히는 전등으로 존재하지 않고 세계 만물과 결합하여 존재한다. 전기는 공장을 바꾸고(컨베이어벨트), 도시를 바꾸고(도시의 마천루), 생활을 바꾸고(세탁기 등 가전제품), 문화를 바꾸고(라디오와 텔레비전), 통신을 바꾸고 (전신과 전화), 기술을 바꾸고(의료와 과학), 전쟁과 국가안보를 바꾸었다. 전기는 생산성 향상과 경제성장의 토대가 되었고 도시화와 소비 문화의 폭발적 성장을 가져왔다. 또한 의학과 교육 등 사회 발전의 기반을 닦고 근대 국민국가의 기틀을 공고히 하는 핵심 동력이었다. 이처럼 전기는 20세기에 인류 삶의 모습을 근본적으로 바꿔놓은 범용 기술이었다.

그러나 전기가 세상을 바꿀 때도 전혀 순탄하지 않았다. 오늘날 우리에게 전기는 공기처럼 당연한 존재가 되었지만 불과 100여 년 전만 해도 전기는 낯설고 혁명적인 기술이었다. 대표적인 게 공장 설계의 변화다. 전기는 증기기관과 달리 기계마다 개별 동력을 공급할 수 있어서 공장 배치가 자유롭고 컨베이어 시스템 등 생산 공정을 자동화할 수 있었다. 공장의 동력원을 증기기관에서 전기로 바꾸어 생산 패러다임을 혁신하지 못한 기업은 수없이 망해 나갔다. 아무리 큰 기업이라도 예외가 아니었다. 반면 웨스팅하우스와 제너럴 일렉트릭 등 전기 산업의 성장을 선도한 기업들은 20세기를 대표하는 거대 기업으로 발돋움했다. 전기가 범용 기술로 자리 잡기까지 적어도 수십 년의 시간이 걸렸고 그사이에 수많은 기업의 부침이 있었다. 기술혁신을 새로운 기회로 포착하고 과감한 투자와 경영 혁신으로 대응한 기업만이 생존할 수 있었다. 기술혁신이 사회에 뿌리내리고 열매 맺기까지 수많은 시행착오가 필요했다.

21세기의 전기가 디지털이다. 지금 디지털 기술은 AI, 빅데이터Big Data, 클라우드Cloud 등 ABC로 대표된다. 특히 대규모 언어 모델(LLM)의 등장 이후 AI는 인공 일반 지능 시대의 도래를 예견할 정도로 급변하고 있다.

조지 슘페터는 경제의 장기 순환을 가져오는 근본적인 동인이 기술의 창조적 파괴에서 비롯된다고 했다. 앞으로 50년 동안 세계 경제의 부침은 AI 기술이 좌우할 것이다. 콘트라티에프의 장기 파동론의 틀을 빌리면, 세계 경제는 18세기 말 산업혁명 이래 6번째의 장기 파동에 접어들었다. 증기기관, 철도, 전기, 석유화학, 정보통신에 이어 6번째 파도가 밀려오고 있다. AI가 가져올 파도에 잘 올라타는 국가는 성공하고 올라타지 못하는 국가는 뒤처질 것이다. 세계 패권을 둘러싼 미국과 중국의 대결도 AI 기술 전쟁에서 승부가 갈릴 것이다.

큰 틀에서 접근해야 문제의 초점이 분명히 보인다. 국가정보화 거버넌스의 재설계는 디지털 대전환과 AI 전환을 어떻게 성공적으로 수행할 것이냐는 관점에서 추진해야 한다. 디지털 대전환과 AI 전환은 단지 신산업을 창출하여 경제구조를 개편하는 차원을 뛰어넘는다. 21세기 국제질서의 재편 속에서 국가의 안위와 존립을 결정짓는 최상위 국가전략 차원의 과제다. AI 전환전략을 단지 기술 개발 전략이나 산업전략이 아니라 국가전략 차원으로 격상해야 한다. AI는 과학적 발견에도 혁명적인 변화를 불러온다. 과학기술, 국가 디지털 전환, 혁신성장 등은 한 세트로 움직인다.

대한민국은 20세기에 전기라는 범용 기술을 활용하여 산업화에 성공하고 제조업 강국이 되었다. 마찬가지로 우리는 21세기 디지털과 AI 기술이라는 범용 기술에서도 응용 기술과 산업 활용에서 세계적인 강국이 될 수 있다. 한국이 지닌 산업적 강점과 행정적 강점과 결합하면 AI 활용 세계 1등 국가가 충분히 가능하다. 모든 국가적 목표를 여기에 맞추어야 한다. 국가정보화 거버넌스 역시 이 최상위 전략과제를 염두에 두고 설계해야 마땅하다.

3. 국가정보화 역사에서 교훈을 배우자

대한민국 전자정부와 국가정보화의 역사는 벌써 55년을 훌쩍 넘어섰다. 행안부는 공식적으로 1967년 당시 경제기획원에서 인구조사 통계업무 처리를 위해 IBM 컴퓨터를 도입한 것을 전자정부의 출발점으로 삼는다. 범정부 차원에서 대규모 예산이 투입된 1987년 국가기간전산망 사업부터 따져도 40년 가까운 세월이다. 그사이에 국가정보화 거버넌스는 많은 변화를 경험했다. 거버넌스가 비교적 잘 작동되었을 때의 추진체계와 작동 메커니즘을 분석해보면 현재의 문제를 해결하는 시사점을 찾을 수 있을 것이다.

서울대학교 엄석진 교수는 국가정보화 추진체계를 전담 조직, 정책 수단, 조정 체계, 지원조직 등 4가지로 구분한다. 전담 조직은 국가정보화나 전자정부 사업의 주관부처를 말한다. 정책 수단은 정책 추진을 뒷받침할 법과 예산제도다. 조정 체계는 부처 간 협조를 끌어낼 각종 위원회 등의 조직이다. 마지막 지원조직은 계획 추진을 뒷받침할 전문성 있는 공공기관의 존재를 말한다. 엄석진 교수는 '국가정보화사업 거버넌스 분석을 통한 예산 효율화 방안 연구'에서 우리나라 국가정보화 사업 중에서 성공적으로 평가받고 있는 전두환 정부의 '국가기간전산망 사업'과 김대중 정부의 '전자정부 11대 과제', 노무현 정부의 '전자정부 31대 로드맵' 시기의 거버넌스 특성에서 성공요건을 다음 4가지로 요약한다.

첫째, 국가정보화 사업의 목적이 분명하고 범위가 구체적이었다.
둘째, 강력한 범정부 조정 기제를 구성하고 효과적으로 운영했다.
셋째, 사업을 위한 법적 기반이 마련되고, 탄력적인 재정 운영을 위한 예산체계가 뒷받침되었다.
넷째, 대통령의 관심과 지지가 국가정보화 사업의 성공에 매우 중요한 요인으로서 작동한다.

역사에서 교훈을 찾기 위해 과거의 성공 요인을 정리해 보았다. 유감스럽게도 현재는 과거 성공 요건 중에서 어느 것 하나 제대로 작동하지 않고 있다. 국가정보화 전담 조직이 이원화되어 있는 상황에서 국가정보화의 목표와 범위가 명확할 리가 없다. 부처 간 협조를 위한 범정부위원회의 강력한 조정 기제는 거의 작동하지 않는다. 데이터산업기본법 사례에서 보았듯이 법체계는 허술하기 짝이 없다. 예산체계는 기재부의 강력한 통제 아래 전혀 탄력적이지 않다. 마지막으로 국가정보화 영역에서 대통령의 리더십은 노무현 대통령 이래 제대로 발휘되지 않고 있다. 이런 악조건 속에서 국가정보화가 제대로 추진될리가 없다. 최근 빈번하게 발생하고 있는 정부 정보시스템의 장애 상황과 대규모 차세대 개발사업의 잇단 실패 사례가 심각한 위기의 증거이다.

4. 전담 조직의 핵심을 설계하자

이제 국가정보화를 책임지는 정부 부처를 명확하게 정비할 시점이되었다. 지금처럼 과기정통부 따로, 행안부 따로 노는 '따로국밥' 체제로서는 죽도 밥도 안 된다. 기획과 실행은 분리될 수 있지만 어떻게 기획 업무가 따로 놀 수가 있는가? 지금은 양 부처가 사이좋게 국가정보화 기획 업무와 디지털 정부 기획 업무를 나눠서 하는 실정이다.

디지털 정부는 단순히 행정 효율화의 수단을 넘어 국가 디지털 대전환의 추동력이자 플랫폼 역할을 해야 한다. 정부가 AI, 빅데이터, 클라우드 등 급변하는 기술 환경에 민첩하게 반응하려면 산업계와의 긴밀한 협력 또한 필수적이다. 부처 간 칸막이를 극복하고 일관된 정책 추진을 위해서는 분산된 기능을 통합하고 조정하여 국가정보화 사령탑의 위상과 권한을 대폭 강화하는 거버넌스 체계의 재설계가 시급하다.

국가정보화 사령탑의 모습을 대강 그려보면 이렇다. 국가와 사회의 디지털 대전환을 책임질 부처를 신설한다. 명칭은 '디지털혁신부', 혹은 '국가디지털전환부' 등 국가와 사회의 디지털 혁신과 디지털 전환의 책임부서를 나타내는 걸로 정한다. 신설 부처의 장이 당연히 '국가 CDO', 국가 최고AI책임자CAIO, Chief AI Officer 역할을 맡는다. 부처 업무 는 현재 과기정통부의 제2차관실 업무, 행안부 디지털 정부혁신실 업 무, 그리고 국정원의 정보보안 정책 수립 업무 등을 골자로 한다. 구체 적으로 AI와 디지털 혁신 기술 개발, 디지털 혁신산업 육성, AI 안전 및 정보보호, 전 국민 디지털 리터러시 제고, 디지털 인재 양성, 디지털 정 부혁신 추진, 공공데이터 개방, 정보보안 정책, 디지털 포용 등을 총괄 한다.

'디지털혁신부'(가칭)는 국가와 사회의 디지털 전환 정책을 총괄하 며 부처별 디지털 정책의 우선순위를 조정하고 감독하는 권한을 갖는 다. 이를 위한 정책 수단으로 국가정보화에 관한 자율적인 예산편성 권을 갖는다. 노무현 정부 때 각 부처의 예산편성 자율성을 높이기 위 해 도입하려다가 포기했던 '총액배분 자율편성Top-down budgeting 제도' 나 프로젝트별 총액예산제도 등 다양한 제도를 국가정보화 사업 영역 에서 시범적으로 운영해 볼 수 있다. 총액 배분 자율 편성 제도의 도 입은 우리나라 재정 운용의 일대 전환점이 될 것이다.

또 국정원이 국가안보라는 명목하에 지나치게 경직된 방향으로 정 보보안 업무를 수행하고 있는데 신설 부처가 국민의 기본권 보장과 혁신산업의 육성이라는 관점에서 적절하게 통제할 수 있어야 한다. 디지털 관련 보안 규정 및 각종 정보보안 지침 수립을 관할한다. 부처 산하에 전문 기술지원 조직을 설치하여 국가정보화 사업의 전 단계에 걸쳐 전문적인 기술지원을 수행하도록 한다.

디지털혁신부에 과학기술과 연구개발R&D 업무를 함께 편제하는 것도 적극 고려해야 한다. 영국의 과학기술혁신부DSIT, Department for

Science, Innovation and Technology가 대표적인 사례이다. 영국의 과학기술혁신부DSIT는 과학기술 연구 및 혁신 지원, 디지털 경제 육성, 디지털 인프라 구축, 데이터 정책 수립, AI 등 신기술 발전 촉진 등을 포괄하는 부처이다. 부처 산하로 국가 디지털 전환전략을 수립하는 CDDO과 디지털 서비스 구현을 책임지는 GDS를 이관함으로써 디지털 정책의 통합성을 획기적으로 높였다. 과학기술, 디지털 전환, 혁신산업을 하나의 부처에서 총괄함으로써 정책의 일관성과 시너지를 높일 것으로 기대된다.

AI의 발전 속도를 생각하면 과학기술 정책과 AI 정책은 함께 다루는 것이 타당하다. AI는 과학 발전에 혁명적인 변화를 불러올 것으로 예상된다. 이미 AI 연구자가 노벨 물리학상과 노벨화학상을 수상하는 시대로 접어들었다. 2024년 노벨화학상을 수상한 구글 딥마인드 연구진은 알파폴드AlphaFold와 같은 AI 모델로 단백질 구조 예측을 혁신적으로 개선하여 신약 개발의 가속화를 예고했다. AI는 양자역학과 입자물리학 등 기초과학 분야에서 복잡한 이론적 모델을 검증하고 새로운 가설을 제시할 것이다. AI와 인간 연구자의 협력은 과학의 새로운 황금기를 열 수 있는 잠재력을 가지고 있다. 과학기술, 디지털 혁신, 국가 디지털 전환은 떼려야 뗄 수 없이 밀접하다. 이 점을 고려하면 '과학기술디지털혁신부'를 설계하는 것이 시대 흐름에 부합한다고 하겠다.

5. 고르디우스의 매듭을 잘라낼 때다

AI와 데이터 경제 시대를 맞아 범정부 데이터 거버넌스 체계를 정비해야 한다는 요구가 많았다. 대표적인 게 '데이터청' 설립 주장이었다. 여기에는 여야가 없었다. 한때 김종인 위원장까지 나서서 국가 데이터를 종합 관리하는 기구로 데이터청 설립을 요구했다. 최근에도 염재호 국가인공지능위원회 부위원장이 빅데이터청 설립을 주장하고 나섰다. 시대가 바뀌었으므로 통계청을 빅데이터청으로 개편하자고 했다. '데이터청'이란 말이 그럴듯하게 보이는지 너도나도 데이터청 주장이다. 하지만 얼마나 알맹이 없는 주장인지는 조금만 들여다보면 금방 알 수 있다.

데이터 전담 기구 설립을 한목소리로 주장하는 것 같지만 조직의 구체적인 형태는 제각각이었다. 데이터 전담 기구가 수행해야 할 기능과 역할을 어떻게 설정할 것이냐에 따라 부部, 처處, 청廳의 문제는 결정될 것이다. 정치권에서 요구했던 데이터 전담기구는 단지 데이터만을 전담하는 조직이 아니다. 국가정보화의 사령탑으로서 국가와 사회의 디지털 전환과 AI 전환을 책임지는 조직이다.

부, 처, 청은 법률상 권한과 행정상 권한의 차이가 있다. 부部는 전국을 관할구역으로 하는 독립된 중앙행정기관으로서 포괄적인 정책 결정 및 집행 기능을 수행한다. 법률안을 직접 제출할 수 있다. 처處는 국무총리 소속의 중앙행정기관이다. 여러 부部에 관련된 기능을 종합하고 조정하는 참모의 업무를 수행한다. 국무총리를 거쳐 법률안을 제출할 수 있다. 법제처가 대표적이다. 청廳은 각 부처의 소관 사무 중 독자성이 인정되는 집행적 성격의 업무를 수행한다. 법률안을 직접 제출할 수 없으며 소속 장관을 통해 제출해야 한다. 국방부 산하 병무청이나 기재부 산하 관세청 등 20개 외청 조직이 있다.

여기서 부, 처, 청이 수행하는 업무 성격의 차이가 중요하다. 우선 청廳 단위 조직은 소관 부처의 업무 중에서 집행적 성격의 업무를 수행한다. 각 부처의 정책을 조율하고 통제하는 권한이 없다. 그래서 데이터청은 애당초 번지수를 잘못 찾은 발상이다. 데이터 업무 총괄조직은 부처 간 업무 조정 기능이 핵심이기 때문이다. 데이터청 신설 주장은 매력적으로 들릴지는 몰라도 전혀 실질적이지 않다. 처處 단위의 조직은 보통 국무총리 소속 기관이다. 대통령 중심제하에서 국무총리 소속 기관은 부처의 정책을 조율하고 조정하는 데에 근본적인 한계를 지닌다. 개별 부처의 기득권에 막혀서 국가 데이터 정책이 힘 있게 추진되기 어렵다. 국가 데이터 정책과 AI 전략을 조율하고 집행할 전담 조직으로서 '처處' 성격의 조직은 적합하지 않다.

이론적으로 따져보면 부部 단위 조직을 신설할 수밖에 없다. 앞서 거버넌스 개편에서 언급했듯이 디지털혁신부 혹은 과학기술디지털혁신부 등을 본격적으로 검토할 시점이 되었다. 그러나 이는 만만치 않은 과제이다. 행안부, 국정원, 방통위, 통계청 등 관련 부처에서 자기 살점이 떨어져나가는 것을 지켜만 보고 있지 않을 것이다. 그동안 무수히 많은 데이터 거버넌스 얘기에도 불구하고 아무런 진척이 안 되는 이유가 여기에 있다. 그만큼 복잡하고 어렵지만 더 이상 피할 수 없는 지경에 이르렀다. 과감히 고르디우스의 매듭을 잘라낼 때다.

나오는 말

여긴 서울이야!

영화 「비긴 어게인」. 모두가 좋아하는 영화다. 나도 서너 번은 본 것 같다. 사랑에 배신당한 싱어송라이터 역의 여주인공 키이라 나이틀리가 참으로 매력적인 영화다. 뉴욕의 거리를 스튜디오 삼아서 상징적인 장소들을 돌아다니며 노래를 녹음한다는 이야기도 인상적이었다. 즉석에서 거리 밴드를 모아내고 거리의 소음까지 배경음악으로 담아내는 설정이 뉴욕의 자유로움을 선물로 주는 듯했다. 진짜로 부르고 싶은 노래를 통해 영화에 등장하는 모두가 자신의 인생을 다시 시작하게 되는 결말까지도 아름다운 음악영화였다.

최근에 인생 영화 「비긴 어게인」을 다시 봤다. 그동안 전혀 들리지 않던 대사 한마디가 들리는 게 아닌가. 인생 최악의 순간에서 빠진 키이라가 뉴욕의 허름한 뮤직바에서 노래를 부르는 대학 때 음악 친구를 찾아갔다. 대학 친구가 키이라에게 노래 한 곡 부를 것을 청하는데 키이라가 머뭇거리자, 귓속말 한마디를 던진다.

"여긴 뉴욕이야!"

굉장한 말이다. 나에게는 이 대사가 이런 뜻으로 들렸다.

"뉴욕은 재능과 아이디어와 인맥이 넘치는 곳이야. 어느 곳, 어느 자리에 세계 최고의 기획자나 음반 프로듀서가 나타날지 몰라. 여기서 노래 한 곡 부른다는 것은 너에게 엄청난 기회가 될 수도 있어. 뉴욕은 그런 기회의 땅이야."

실제로 영화에서 키이라는 달랑 기타 하나 메고서 자작곡을 부른다. 마침 그 자리에 와 있던 천재 음반 프로듀서가 이 노래를 듣고 그렇게 「비긴 어게인」의 이야기는 풀려나간다.

"여긴 뉴욕이야!"

이처럼 자부심이 넘치는 말이 어디 있겠는가? 자타가 공인하는 세계 경제, 금융, 문화의 수도 뉴욕. 브로드웨이와 메트로폴리탄 미술관의 도시, 재즈와 힙합의 도시, 미술과 패션의 도시, 세계 공연예술의 중심도시, 예술가들로 잠들지 않은 도시.

그런데 이러한 거대한 상징 자본을 가진 뉴욕도 흔들리고 있다. 코로나19는 의료 시스템의 붕괴뿐만이 아니라 예술 분야에도 심각한 타격을 주었다. 미국 경찰의 흑인 조지 플로이드 살해 사건이 불러일으킨 흑백 갈등은 또 얼마나 심각한가? 문화 예술의 수도 뉴욕이 살육의 거리, 피바다가 돼버렸다. 살인적인 고물가와 젠트리피케이션 현상은 도시의 창의적 생태계를 위협한다. 이미 뉴욕은 세계의 다른 도시들과 경쟁에 들어섰다. 디지털 대전환과 지정학적인 대전환이 동시에 진행되는 새로운 세계질서 속에서 미국이 앞으로도 여전히 문화적으로 세계를 호령하던 권위를 누릴 수 있을까? "여긴 뉴욕이야!"라고 하던 문화적 자부심을 계속 내세울 수 있을까?

세계 문화 수도 뉴욕의 자리를 서울이 꿈꿔볼 수는 없을까? 이미 세계 젊은이들 사이에 한국으로 한번 가보자는 조짐이 생겨났다. 세계의 디지털 노마드들이 한국으로, 서울로 모여들고 있다. 한국은 디지털 인프라가 세계 최고 수준이어서 원격근무에 전혀 지장이 없다.

의료, 교통, 생활, 문화 시스템이 정상 작동하고 민주적 질서와 치안도 세계 1등이다. K컬처에서 알 수 있듯이 문화 수준도 높고 자연환경까지 좋다. K팝은 서울을 글로벌 음악 산업의 핵심 도시로 만들었다. 전 세계의 청년들은 한국의 음식, 언어, 미용, 웹툰, 패션 배우기 열풍이다. 서울은 전 세계 디지털 노마드의 성지가 될 모든 조건을 갖추고 있다.

AI 시대에는 디지털 산업이 전면적으로 꽃을 피우는 디지털 르네상스 시대가 필연적으로 올 것이다. 디지털 르네상스 시대는 글로벌 기회의 시대다. 대한민국이 평화적 방법으로 세계의 중심이 될 수 있는 시대다. 원래 대한민국 국민은 신기술, 신제품, 새로운 서비스에 가장 개방적이고 적극적인 얼리어댑터라는 평가를 받고 있다. 한국에서 성공하면 세계에서 성공할 수 있다. 우리가 가진 디지털의 열정과 능력, 새로운 기회를 적극 활용하면 우리나라는 동방의 작은 등불에 머무르지 않고 디지털 르네상스 시대를 선도하는 모델 국가가 될 수 있다. 대한민국에는 이런 구호가 필요하다.

"디지털 르네상스의 미래를 보려면 한국으로 오라!"

우리나라는 세계에서 유일하게 직접 글자를 만들어낸 나라다. 세계에서 가장 오래된 금속활자 책을 찍어냈다. 1997년 외환위기 속에서도 초고속 인터넷 시대를 열어 정보화 1등 국가를 만들었다. 디지털 시대의 정보를 담는 그릇이라 할 반도체 생산 1등 국가이기도 하다. 이제 디지털 르네상스 시대를 맞아 대한민국 전체가 거대한 미래의 실험실이 되고 전 세계로 디지털 에너지를 뿜어내는 활화산이 돼야 한다. 우리에게는 디지털 르네상스 선도국가라는 비전이 중요하다.

우리는 꿈을 꾸어야 한다. 그러면 서울이 지금의 뉴욕과 같은 상징성을 갖춘 세계의 디지털 르네상스 문화 수도가 될 수 있다.

"여긴 서울이야!"
"여긴 한국이야!"

머지않아 이런 말을 하는 시대가 오리라 믿는다. 이 책에 '디지털 선도국가 부활의 길'이란 부제를 붙인 까닭이다. 대한민국은 지금까지 세계 모든 사람들이 불가능하다고 생각한 일을 이루어온 위대한 성취의 나라다. 이번에도 해내리라 믿는다. 읽어주신 모든 분들께 감사드린다.

일하는 방식의 혁신이 진짜 혁신이다
디지털 선도국가 부활의 길

초판 1쇄 인쇄 2025년 2월 7일
초판 1쇄 발행 2025년 2월 14일

지은이 문용식
펴낸이 안현주

기획 류재운 **편집** 안선영 김재열 **브랜드마케팅** 이민규 **영업** 안현영
디자인 표지 정태성 본문 장덕종

펴낸 곳 클라우드나인 　　**출판등록** 2013년 12월 12일(제2013-101호)
주소 우) 03993 서울시 마포구 월드컵북로 4길 82(동교동) 신흥빌딩 3층
전화 02-332-8939 　**팩스** 02-6008-8938
이메일 c9book@naver.com

값 22,000원
ISBN 979-11-94534-06-8 03320